हिन्दी के शब्दों एवं अभिव्यक्तियों का सटीक अंग्रेजी रूपान्तरण

(हिन्दी-अंग्रेजी शब्दकोश)

English Equivalents of Hindi Words & Expressions

शब्द संकलन व सम्पादन

बी.बी. सिन्हा

यूनीकॉर्न बुक्स

प्रकाशक

यूनीकॉर्न बुक्स

F-2/16, अंसारी रोड, दरियागंज, नई दिल्ली-110002

☎ 23275434, 23262683, 23250704 • फैक्स: 011-23257790

ईमेल : info@unicornbooks.in • वेबसाइट : www.unicornbooks.in

शाखा : मुंबई

23-25, जाओबा वाड़ी, ठाकुरद्वार, मुंबई-400002

☎ 022-22010941, 022-22053387

E-mail: rapidex@bom5.vsnl.net.in

ISBN : 978-81-7806-331-7

प्रथम संस्करण : 2013

द्वितीय संस्करण : 2016-17

मुद्रकः परम ऑफसेटर्स, ओखला, नई दिल्ली

भूमिका

हिन्दी भाषा में प्रयुक्त होने वाली अभिव्यक्तियों का सटीक एवं सर्वोपयुक्त अंग्रेजी रूपान्तरण ढूँढ़ना कभी भी आसान कार्य नहीं रहा है। विशेषत: उन क्षणों में यह और भी अधिक कठिन लगने लगता है जब हमें इसकी सर्वाधिक आवश्यकता होती है – जैसे किसी से बात करते समय अथवा कोई महत्त्वपूर्ण पत्र अथवा निबंध लिखते समय। हम अंग्रेजी में कुछ कहना या लिखना चाहते हैं किन्तु सटीक रूपान्तरण करने में असमर्थ होने के कारण हमें शब्दों से समझौता करना पड़ता है। अधिकतर हिन्दी भाषी इसी समस्या का अनुभव करते हैं। इसके बावजूद इस विषय पर कोई शब्दकोश या पुस्तक ढूँढ़ पाना हमारे लिए अत्यंत कठिन कार्य है।

यह शब्दकोश शायद अपनी तरह का पहला ऐसा शब्दकोश है जिसे इसी समस्या को ध्यान में रखकर निर्मित एवं संकलित किया गया है। इसका मुख्य उद्देश्य ही पाठक को हिन्दी भाषा की अभिव्यक्तियों का उपयुक्त अंग्रेजी रूपान्तरण उपलब्ध कराना है। लेखक ने इन अभिव्यक्तियों एवं शब्दों का चुनाव भी हिन्दी में आमतौर पर होने वाले वार्तालापों से ही किया है, तथा उनका संकल्न भी हिन्दी वर्णमाला के आधार पर किया है, जिससे यह शब्दकोश और भी सार्थक बन पड़ा है। हमें आशा है कि आप इसे अवश्य ही अत्यन्त उपयोगी पाएँगे।

Preface

This is not the usual Hindi-English dictionary. The words have been collected from routine conversations in Hindi rather than scholastic source. The objective of the book is to provide apt English equivalence of expressions in Hindi, which can be easily referred to as and when one finds himself stuck up in recollecting.

Hopefully, the readers will find this book useful.

अनुक्रमणिका

अक्षर	पृष्ठांक
अ	5
आ	25
इ	37
ई	38
उ	39
ऊ	48
ऋ	49
ए	49
ऐ	50
ओ	50
औ	51
क	51
ख	69
ग	77
घ	84
च	87
छ	94
ज	98
झ	106
ट	109
ठ	111
ड	112
ढ	114
त	115
थ	121
द	122
ध	134
न	138
प	148
फ	161
ब	165
भ	180
म	187
य	198
र	200
ल	205
व	210
श	222
ष	229
स	229
ह	254
क्ष	262
त्र	263
ज्ञ	263
श्र	263

अ

अंकित करना (मापक को) Graduate *The measuring scale has been graduated in centimeters

अंकुरना (बीज का) Sprout *Half of the seeds did not sprout

अंकुश (लगाना) (गलत काम पर) Check *Check lawlessness

अंकुश से खोदकर जानवर को काम करने पर मजबूर करना Goad, Prod *The horseman constantly prodded the horse to keep it moving

अंकुश से खोदकर किसी चीज को उसके स्थान से बाहर निकालना Gouge *The thorn was gouged out of the skin

अंकुशी Hook

अंग Limb *His limb was severed in accident

अंग-भंग Mutilated (body) *Mutilated bodies were lying at accident site

अंगार Cinder, Ember *He stoked the ember to rekindle the fire

अंगीभूत Affiliated *This college is affiliated to Patna University

अंजाम Consequence

अंडा पारना/देना Lay eggs

अंडा सेना Hatch *Hatch eggs

अंडे के रूप में प्रजनन करनेवाली (प्रजाति) Oviparous (opp. Viviparous)

अंत (जीवन का/प्रक्रिया का) Demise *His demise was an irreparable loss *Demise of his family life culminated in divorce

अंतःकरण शुद्ध करना Cleanse *Cleanse one's mind of bad thoughts

अंततः सही साबित होना (be) vindicated *His opinion stood vindicated when everything he said came true

अंततः अपनी बात रहना to have the last laugh

अंततोगत्वा Ultimately *He succeeded ultimately

अंतर्यामी Prescient *God is prescient

अंतहीन काल Eternity

अंतहीन काल तक चलाते रहना Perpetuate *Every ruler wants to perpetuate his regime

अंतरंग Intimate

अंतर्ध्यान Vanish

अंतरात्मा में चुभन (पापकर्म करने के कारण) Compunction *A hardened criminal has no moral compunction

अंतरात्मा में काम के अनैतिक होने का संशय Scruple

अंतरात्मा में असहजता/बेचैनी का एहसास (गलत काम करते समय) Qualm

अंतिम (क्रम में) Last *He is the last one in the queue

अंतिम (प्रक्रिया के चरण में) Ultimate *My ultimate objective is to win

अंतिम (चरण, जीवन, आदि में) Latter *Latter stage of life *Latter part of a job *Latter of the two

अंतिम चेतावनी Ultimatum

अंतिम भाग (प्रतियोगिता, खेल का) Final *Final match of the football tournament

अंतिम भाग (नाटक, कार्यक्रम का, संगीत आदि का) Finale *The finale of the event was marked with fireworks

अंतिम से एक पहले (क्रम में) Penultimate *November is the penultimate month of the year in a calendar

अंतिम सांस लेना Breathe one's last, Expire

अंत्येष्टि (see शवदाह संस्कार) Funeral *The dead person's funeral rites were performed by his eldest son

अंत्येष्टि के अवसर जैसा गमगीन Funereal *Funereal face

अंदर से बाहर फेंकना (गैस, धुआँ) Emit *Chimney emits noxious fumes

अंदर से बाहर फेंकना (तरल पदार्थ) Ooze *The festering wound oozed pus *The leaking pipe oozed water

अंदर से बाहर फेंकना (दुर्गन्ध, आत्मविश्वास) Exude *Miasma exudes foul smell *He exuded confidence

अंदरूनी Internal

अंदरूनी भावना का अनचाहे प्रकट होना (हाव-भाव से) Betray *His fidgeting betrays his nervousness

अंदरूनी भावना को प्रकट होने से रोकना Dissemble *He could not dissemble his boredom

अंदेशा (किसी बात का) Inkling *I have no inkling about his whereabouts

अंदेशा (भविष्य में घटने वाली घटना का) Anticipation

अंदेशा (खराब बात का) Apprehension

अंदेशा करना (आगामी घटना का) Anticipate

अंधकारमय Gloomy

अंधमतावलंबी Bigot

अंधविश्वास Superstition

अंधाधुंध Indiscriminate *Indiscriminate firing claimed several lives of innocent people

अंधेरे से भय लगने की मानसिक कमजोरी Nyctophobia

अंश (किसी कार्य, विषय, संस्था में विद्यमान) Element *There is an element of danger in adventure

अंशदान करना Contribute *Contribute one's might

अंशमात्र Iota (of), Modicum *He did not show even an iota of remorse

अकड़ कर चलना (घमंड में) Strut

अकड़ ढीली करना Chasten *Repeated failures have chastened the braggart

अकड़न (शरीर में) Rigidity, stiffness

अकड़न (मृत शरीर में) Rigor mortis *Rigor mortis sets in a dead body after a few hours of death

अकथनीय Ineffable *Ineffable sufferings

अकर्मण्य Passive *Passive supporters

अकर्मण्य करना Passivate

अकलमंद Wise

अकष्टकारी Benign *Benign disease (opp. अनिष्टकारी) (opp. Malignant)

अकाट्य (तर्क, प्रमाण) Incontrovertible (evidence, proof)

अकारण Unwarranted *His anger was unwarranted

अकाल Famine

अकुशल (काम करने वाला) Unskilled, Maladroit, Inept, Clumsy

अकेला Alone *He can do it alone *He lives alone

अकेला एक (बिना किसी अन्य के साथ) Lone *It is a lone house built here recently

अकेलापन Lonely *He feels lonely

अकेलेपन की स्थिति Solitude *He lives in solitude

अकेले खुद बोलते रहने वाला संवाद Monologue

अकेले किसी स्थान में (रहना, कैद होना) Solitary (living, confinement in jail)

अक्खड़ Obstinate

अक्षरशः Literally *He abused me literally *Literal meaning of a word

अक्षम Incapable

अक्षम (निर्णय लेने में अयोग्य होने के कारण काम को करने में) Incompetent

अक्षम्य अपराध करने वाला Felon

अक्सर Frequently, oftenly *He falls ill frequently

अखंड भाग Integral part

अखंडता Integrity

अगम्य Inaccessible (place)

अगरबत्ती Incense

अगरबत्ती जला कर सुगंधित करना Cense

अगरबत्ती जलाने वाला पात्र Censer

अगल-अगल स्थित Collateral

अगल-बगल में रखना (मिलान करने के लिए) Juxtapose

अगवा करना (वाहन को) Hijack *An aeroplane was hijacked

अगवा करना (व्यक्ति को) Abduct *A kid was abducted from the road in daytime

अगवा करना (व्यक्ति को छोड़ने के एवज़ में धन लेने के लिए) Kidnap *Kidnapping has become a profession

अगोचर Invisible

अगोचर होना Evanesce *His fever evanesced after taking febrifuge

अग्नि-परीक्षा (अपने को निर्दोष सिद्ध करने के लिए) Ordeal by fire

अग्रणी (किसी अभियान में) Pioneer

अग्रिम Advance

अग्रिम पंक्ति में चलने वाला Vanguard *He is in the vanguard of struggle

अग्रिम भूमिका अदा करना Call the shots *His wife calls the shots in the family affairs

अड़ंगा (किसी काम में) obstruction, obstacle

अड़चन (काम की प्रगति में) Bottleneck

अड़ जाना (आगे बढ़ने की बजाय पीछे जा कर) Jib *The horse jibbed on the road

अड़ियल (व्यक्ति) Contrary *He is the most contrary man I have ever seen

अचंभा Wonder

अचंभित करना Surprise, Astonish, Astound

अचल (संपत्ति) Immovable

अचलायमान Stationary *Board a bus when it is stationary

अचानक अत्यधिक उछाल Quantum jump (in career/in cost inflation)

अचानक अवांछनीय परिस्थिति पैदा करने वाला कार्य Precipitate action. *Do not take any precipitate action in a huff

अचानक उतार-चढ़ाव से ग्रसित (मानसिकता, भावना) Temperamental *Temperamental mood

अचानक उत्पन्न गड़बड़ी (मशीन में) Snag

अचानक घटित होने वाला Flash *Flash flood *Flash strike

अचानक झिंझोड़ कर रख देने वाला (आघात) Rude *Rude shock

अचानक टूट जाना/तोड़ना Snap *He snapped a string with a jerk. *He snapped friendship with his friend

अचानक तीव्र रूप धारण करना (विरोध/बीमारी, आदि का) Fulminate *His fever fulminated

अचानक तेजी से भागना Dart, Bolt, Scoot *The dog darted behind its prey

अचानक प्राप्त सफलता (प्रयास में) Breakthrough *Police made a breakthrough in the investigation of crime

अचानक फट पड़ना (क्रोध, ज्वालामुखी का) Burst out *His anger burst out *Volcano burst out

अचानक फट पड़ने की क्रिया (क्रोध आदि का) Outburst *Public outburst of anger

अचानक बदलाव (मूड में) Caprice *The caprice in his mood is unpredictable

अचानक बदलाव (परिस्थिति में) Vagary *Vagary of weather

अचानक बदलाव (भाग्य में) Vicissitude *Vicissitude of luck

अचानक बाढ़ Spate *The river is in spate *He got spate of complaints

अचानक बाढ़ जो सब कुछ बहा कर ले जाए Deluge *Heavy rain washed away houses and trees in consequent deluge

अचानक मुड़ जाना (चलते-चलते) Veer *The cow veered around to charge on a dog.

अचानक मुड़ जाना (गाड़ी का रोड के एक तरफ) Swerve

अचानक शुरू होना (युद्ध, बीमारी) Break out *War broke out *Epidemic broke out

अचानक शुरू होने की घटना Outbreak (of epidemic/war)

अचानक सफलता की ओर अग्रसर अभियान / उपक्रम Bandwagon *Everybody wants to jump on the Information Technology bandwagon

अचानक समस्या का उठ खड़ा होना Crop up *A serious problem has cropped up

अचानक सुर्खियों में आने वाला अनजान व्यक्ति Dark horse *A dark horse defeated the stalwarts in the election

अचूक Unfailing

अचेतन अवस्था Unconscious

अच्छा करना (काम) Fare well

अच्छा-खासा (मात्रा/संख्या) Fair/Considerable *He spends cosiderable amount of his income on his children's education

अच्छा-खासा परिचित होना (be) acquainted with *I am acquainted with him

अच्छा प्रभाव डालने वाला (सुझाव/दंड) Salutary (advice/punishment) *Tough discipline gives salutary effect

अच्छा प्रभाव डालने वाला (स्वास्थ्य, मन आदि पर) Wholesome *Wholesome food/diet/reading material

अच्छी आदत से किसी को अभ्यस्त करना Inculcate *Inculcate good hygienic habits in children

अच्छी भावना को किसी के मन में बूँद-बूँद बैठाना Instil *Instil respect for elders in youngsters

अच्छी भावना से किसी के मन को ओत-प्रोत करना Imbue *Imbue someone with patriotism

अच्छी शारीरिक हालत में In fine fettle

अच्छे आचरण के शर्त पर कैदी की रिहाई Release on probation

अच्छे उद्देश्य को अर्थहीन करना Negate *Delayed punishment negates the essence of justice

अछूत Untouchable

अछूत समझा जाने वाला व्यक्ति Pariah *Lepers are social pariah

अछूता Intact

अजनबी Stranger

अर्जित करना (धन) Earn

अर्जित करना (ज्ञान, संपत्ति) Acquire

अजीबो-गरीब Peculiar

अजीबो-गरीब (हरकत) Eccentric (behaviour)

अजीबो-गरीब आकृति की वस्तु (जानवर/मनुष्य जैसा) Gargoyle *His hall is adorn with human and animal gargoyles

अजीबो-गरीब धारणा (स्व्यं की महत्ता की) Conceit *He is a man full of conceits

अजीब डर पैदा करने वाला (कार्य) Uncanny, Uncanny rituals of the Tantriks

अजीब बेढंगा दिखाई देने वाला (जीव/वस्तु) Queer *Queer insect/ideas

अजीब लगने वाला (दूसरे ग्रह/स्थान का होने के कारण) Alien *Alien custom, person

अजीब लगने वाला (अपरिचित जैसा) Strange

अजीब लगने वाला (अनजान स्थान का होने के कारण) Outlandish *Outlandish custom

अजेय Invincible

अटकना Stuck up

अटकना (किसी जगह फँस जाना) (be) stranded

अटकल लगाना/अटकल Conjecture

अटपटा Absurd

अटल Unwavering

अट्टहास Guffaw

अज्ञात Unknown

अज्ञात व्यक्ति (नाम से) Anonymous *Anonymous call

अज्ञानता/अज्ञानी Ignorance/Ignorant

अज्ञानी व्यक्ति Ignoramus

अड़चन Obstacle

अडिग (अपने निर्णय पर) Adamant

अड़ियल Recalcitrant

अड़ियल (व्यक्ति) Contrary *He is the most contrary man I have ever seen.

अत: Hence *The player fouled, hence shown

अड़ंगा Obstacle, Obstruction

अड़ जाना (एक जगह पर) Jib, Baulk

अत: Hence *The player fouled, hence he was shown the red card

अता-पता/ठिकाना (होने का) Where abouts

अता-पता/ठिकाना Trace *There is no – trace of the culprit

अति आवश्यक Essential, Vital

अतिक्रमण करना (किसी के क्षेत्र, अधिकार सीमा में) Encroach *His house encroaches upon someone else's land

अतिक्रमण करना (किसी के क्षेत्र में बिना अनुमति के) Trespass *Kids trespassed into a garden to pluck fruits from trees

अतिक्रमण करना (अपनी खुद की अधिकार-सीमा का) Transgress *The officer is guilty of transgression of his powers

अतिथि सत्कार Hospitality

अतिथि सत्कार करने वाला Host

अतिक्रमण करना (नियम, समझौता, शर्त, कानून का) Violate *He was fined for violating traffic rules

अतिथि को उसके बैठने के स्थान या घर में ठहरने के स्थान या मंच तक पहुँचाने वाला

प्रदर्शक Usher *He ushered me to my seat *The usher led him to his seat

अतिरंजित Exaggerated

अतिरंजित भावनापूर्ण भाषण Rhapsody

अतिरंजित भाषा युक्त भाषण Rhetoric *Politicians oftenly resort to rhetorics

अतिरंजित भावनापूर्ण प्रशंसा गान Dithyramb

अतिरिक्त (आवश्यकता के) Extra *He purchased some extra grocery

अतिरिक्त (अलावा) Besides *He gets perks besides salary

अतिरिक्त (संभावित आवश्यकता पर काम आने के लिए) Spare *Vehicles are provided with one spare wheel

अतिरिक्त (आवश्यकता से अधिक होने के कारण) Superfluous *The rich man has superfluous money

अतिरिक्त (अनुपयोगी हो जाने के कारण) Redundant *Factory closure makes the workers redundant

अतिरिक्त बल प्रदान करना Reinforce *More troops were rushed to the troubled site to reinforce those already there *Steel is used in buildings to reinforce it

अतिरिक्त साजोसामान (गाड़ी में लगा कर आकर्षक बनाने के लिए) Accessory

अतिरिक्त सहायता देने के काम आने वाला (किसी उद्यम, रक्षा-बल, आदि को) Auxiliary *The home guards are auxiliary force

अतिरिक्त साधन मुहैया कराने वाला (किसी उद्यम को) Ancillary *Ancillary industries supply parts to the main manufacturer of a machine

अतिशयोक्ति (अतिरंजना) Exaggeration

अतुष्टनीय Implacable *The God of death is implacable

अत्यंत आकर्षक भाग (भोजन पदार्थ, कार्यक्रम का) Piece d' resistance *His musical performance was the piece d' resistance of the programme

अत्यंत छोटा Tiny, Weeny, Wee

अत्यंत गिरा हुआ (व्यवहार, स्थिति) Abysmal *His abysmal poverty deserves sympathy *A man of abysmal morality

अत्यंत मुनाफा देने वाला (उपक्रम, सौदा, शेयर) Bluechip *A bluechip company is a favourite choice of the employment seekers

अत्यंत प्रसन्न मुद्रा में होना be on cloud nine

अत्यंत प्रसन्नता का इज़हार Raptures *The people were in raptures over the victory of their cricket team

अत्यंत प्रिय अनुचर या अधीनस्थ व्यक्ति Blue-eyed boy

अत्यंत सफल कार्यक्रम Blockbuster *The organized event was a blockbuster *The new investment scheme became a blockbuster

अत्यधिक (आवश्यकता से) Excessive

अत्यधिक (सामान्य से) Inordinate *Inordinate delay

अत्यधिक कीमत चुका कर जीत (हासिल किया गया) Pyrrhic victory *U.S.A. won a pyrrhic victory in Afghanistan (at a big toll of lives)

अत्यधिक लाड़-प्यार करना (अपने बच्चों) Dote (on) *Mother dotes on her child

अत्यधिक संख्या/मात्रा में किसी जगह में होना Abound (in) *The market abounds in goods

अत्यधिक मात्रा में बाजार में सप्लाई की स्थिति (बिक्री से अधिक) Glut *There is a glut of vegetables in the market

अत्यधिक संख्या में किसी प्राणी का किसी जगह में भर जाना Teem (with) *The market teems with the people on holidays *The pond teems with fishes

अत्यधिक संख्या में कीड़े-मकोड़े, चूहे आदि (हानि पहुँचाने वाला प्राणी) का किसी स्थान में भर जाना Infest *The godown is infested with rodents.

अत्यधिक संख्या में उड़ने वाले कीट का किसी स्थान में भिनभिनाना या मंडराना Swarm *Bees swarmed over his head *Flies swarmed over the sweets in the shop

अत्यधिक संख्या में पैदा करना (अंडा, समस्या) Spawn *Fish spawns eggs *Spawn sympathy

अत्याचार Atrocity

अतृप्त Insatiated *He is a man of insatiated desires

अथक Indefatigable, Unflagging *He is endowed with an unflagging spirit

अथाह (गहराई) Fathomless

अथाह (गंभीर, ज्ञान, दुख) Profound

अथाह गोपनीयता का एक छोटा दृष्टिगत भाग Tip of an iceberg

अर्थ होना (शब्द का) Denote *Poverty denotes lack of resources

अर्थ होना (शब्द का – संपूर्ण परिवेश सहित) Connote *Slum connotes dirty living area full of ill-built huts, infested with flies and insects, etc.

अर्थ होना (शब्द का – निष्कर्षित रूप में) Construe

अर्थहीन (वार्ता, आदि) Inane *His inane talk was boring

अर्थहीन (तर्क) Absurd

अर्थहीन (बयान) Gibberish

अर्थहीन Meaningless

अर्थहीन (कारण, कार्य) Nonsensical, Senseless

अर्थी ढोने वाली गाड़ी/अर्थी Hearse/Bier

अर्द्धचेतना (किसी आकर्षण के प्रभाव में होने के कारण) Trance *Devotional songs sent the people in a trance

अर्द्धचेना Half consciousness

अर्द्धचेता (अक्रिभाव में, ध्यान मग्न अवस्था में) Trance

अदला-बदली (एक ही प्रकार की वस्तुओं का एक-दूसरे से) Barter

अदला-बदली (एक मुद्रा से अन्य मुद्रा का/किसी वस्तु को लौटा कर दूसरा ले लेना) Exchange *Exchange dollar with rupees *Exchange a shirt with another piece

अदला-बदली (एक सामान से अन्य सामान का) Swap *He swapped his pen with my story-book

अदला-बदली करने लायक Fungible

अद्‌भुत गुण/क्षमता वाला व्यक्ति Prodigy *A child prodigy

अद्‌भुत गुण से युक्त Prodigious

अदम्य/अवशीभूतीय Indomitable *Indomitable courage

अदृश्य (छिपा होने से) Invisible, Hidden

अदृश्य परिस्थिति/मंशा को भाँप लेने वाली क्षमता युक्त (व्यक्ति) Perspicacious *A shrewd perspicacious person cannot be hoodwinked.

अद्वितीय Non-pareil, unparallel *He is a leader non-pareil

अधम व्यक्ति Reprobate

अधर्मी Heretic *He is heretic

अधर (में लटका हुआ) (be in) Limbo *His fate is in limbo

अधिक पसंद करना Prefer *Students prefer science to language

अधिक पैदा करने वाली Prolific *Prolific mother of six kids

अधिक पैदा करने की क्षमता युक्त Fecund *Fecund mind of an author

अधिक पैदावार की क्षमता युक्त (जमीन) Fertile (land)

अधिक फैलाव/प्रसार Proliferation *Proliferation of nuclear weapons is a danger

अधिक मात्रा में बहाव (द्रव्य का) Profuse *Profuse bleeding

अधिक मात्रा में बहाव (गैस का) Copious *Copious fumes or smoke

अधिक लंबा (भाषण/लेख) Prolix (speech)

अधिकतम दुष्प्रभाव (प्रकोप, आदि का) Brunt *Poor suffer the brunt of inflation

अधिक लाड़-प्यार का इजहार करना Fawn (on)

अधिक सेवन से उबकाई से ग्रसित (be) cloyed (with) *He was cloyed with luxury *Excess sugar in tea cloyed him

अधिक सेवन से उब गया (व्यक्ति) Blase *Blase viewers ignored long-drawn television serial

अधिक स्पष्ट दिखने वाला Prominent

अधिक मात्रा में उपलब्ध कराना Surfeit *The guests were surfeited with delicacies

अधिकता (उपलब्ध वस्तु की) Abundance *Vegetables are available in abundance

अधिकता (पूर्ति की) Glut *There is a glut of vegetables in the market

अधिकता (सेवन से, जो उब पैदा करे) Surfeit *Surfeit of luxury makes one weary

अधिकता (किसी वस्तु का – जो लाभ की जगह हानिकारक हो जाए एवं कम करना श्रेयस्कर हो)

Plethora *Plethora of staff in the offices hampers efficiency and causes loss in profit, hence needed to be cashiered

अधिकार (दिया गया) से वंचित करना Divest *The officer was divested of his powers

अधिकार देना Vest *Immense power is vested in this post

अधिकारपूर्वक प्राप्त होने वाला (किसी को) Due *Give him his due credit

अधिकार क्षेत्र (कानून प्रदत्त) Jurisdiction

अधिकार क्षेत्र (व्यक्तिगत) Bailiwick

अधिकार क्षेत्र (सत्ता का) Domain

अधिकार क्षेत्र (विशिष्ट ज्ञान का) Province *The knowledge of English language is not my province

अधिकार क्षेत्र (अलौकिक शक्ति का) Realm *Space is the realm of the Nature

अधिकृत (वरिष्ठ अधिकारी द्वारा - किसी काम को करने के लिए) Authorised *None other than spokesperson is authorised to brief the press

अधिकृत (कानून द्वारा) Competent *Lower courts are not competent to adjudicate on the matters of constitution

अधिकृत (किसी व्यापारिक संस्था द्वारा उसका व्यापार चलाने का) Franchised

अधिकृत (सरकारी मान्यता प्राप्त कार्य के लिए) Accredited

अधिग्रहण/अधिग्रहण करना Acquisition/Acquire

अधिभार Duty

अधीनता Subjugation

अधीनस्थ (व्यक्ति) Subordinate

अधीनस्थ राज्य Colony

अधीर (सहनशीलता की कमी के कारण) Impatient *He became impatient to know the results

अधीर (जल्दीबाजी के कारण) Impatient *He became impatient to know the results

अधीर (जल्दबाजी में लिया गया) Impetuous, Rash *Rash action *Impetuous decision

अधीरता से चहलकदमी करना Fidget

अधीरता में काम करने वाला Impetuous, Impulsive

अधीरता में किया गया (कार्य) Precipitate (action)

अधो:पतन (स्थिति में) Degradation *Environmental degradation is caused by deforestation

अधो:पतन (मान-सम्मान में) Abasement *Abasement in dignity

अर्धनारीश्वर Androgyne

अध्यात्मिक Spiritual

अध्यादेश Ordinance

अनर्गल Absurd

अनगिनत (संख्या में) Myriad *Myriad problems

अनगिनत बार (कुछ करना) Umpteen times

अनचाहे-अनजाने Unwittingly *I breached the traffic rules unwittingly

अनछुआ Intact *The thief took away cash, leaving other things intact

अनजान Unknown, unfamiliar

अनजान प्रदेश का निवासी Alien

अनजान प्रदेश का लगने वाला Outlandish

अनजाने में Unknowingly, Inadvertently

अनदेखा करना (आँख फेर कर) Turn blind eye to

अनदेखा करना (महत्व हीन समझ कर) Ignore

अनदेखा करना (आँख मूँद कर) Connive *Connive at someone's mistake.

अनदेखी करना (अनजाने में) Overlook

अनदेखी करना (जानबूझ कर किसी की गलती को) Wink

अनन्तकाल (पूर्व में) Aeons

अनन्तकाल (भविष्य में) Manana

अनन्त खाई Abysm, Abyss *Abysm of ocean is fathomless

अनपच Dyspepsia

अनपढ़ Illiterate

अनभिज्ञ (अज्ञानता के कारण) Ignorant *Ignorant person

अनभिज्ञ (आसपास होने वाली घटना से) Oblivious *Oblivious of what is happening around him

अनभिज्ञ व्यक्ति (योग्यता विहीन होने के कारण) Lay (person)

अनभिज्ञ व्यक्ति (योग्यता विहीन होने के कारण) Laity

अनभिज्ञ व्यक्ति (ईश्वर के अस्तित्व से) Agnostic
अनमोल Precious
अनश्वर Immortal
अनसुना करना Ignore
अनहोनी Mishap
अनाच्छादित Bare *Bare teeth
अनाज भंडार Granary
अनाड़ी Cad, Novice
अनाथ Orphan
अनाथालय Orphanage
अनादर Disrespect
अनादि/अनादिकाल Eternal/Eternity *Eternal existence
अनाधिकार निर्माण एवं विक्रय (किसी वस्तु का) Piracy *Piracy of softwares *Pirated copy of new films
अनाप शनाप Absurd
अनावश्यक बातों में समय गंवाना Fiddle *Fiddle with trivial issues instead of taking urgent decision
अनावश्यक बात को महत्व देना Make fetish (of) *Do not make fetish of technicality
अनावश्यक मुद्दा Obtuse point
अनावश्यक रूप से अधिक Superfluous *Superfluous employees have to be removed
अनिच्छा Reluctance, Unwillingness, Indisposition
अनिच्छा से ग्रसित होना Be unwilling
अनिच्छा से ग्रसित (मन नहीं होने से) Disinclined
अनिच्छा से ग्रसित (शारीरिक कष्ट होने के कारण) Indisposed *He is indisposed to work due to cold and cough
अनिद्रा Insomnia
अनियंत्रित Uncontrolled, Unrestrained
अनियंत्रित (क्रिया-कलाप) Abandoned *Abandoned revelry *Drink with abandon
अनियंत्रित (संलिप्तता) Intemperate *Intemperate indulgence in crime
अनियंत्रित (उछल-कूद) Frenetic *Frenetic kids
अनियंत्रित (उद्यण्डता) Wanton *Wanton youngsters
अनियंत्रित (आत्मसंयम) Incontinent *Incontinent in eating and drinking
अनियंत्रित (जोश) Frenzied *Frenzied crowd
अनियंत्रित (मेल-जोल) Promiscuous *Promiscuous intimacy
अनियंत्रित गति से चलना/बढ़ना Hurtle *He hurtled down the slope
अनियमित Irregular
अनिवार्य (आवश्यकता) Necessary *Requirement of experience is necssary for this post
अनिवार्य (आधारभूत) Essential *Nutrition is essential for a healthy body
अनिवार्य (पालनार्थ) Obligatory *Obeying rules is obligatory
अनिवार्य सैनिक सेवा में भर्ती करना Conscript *The army conscripted the young men
अनिश्चित Uncertain
अनिश्चितकालीन (स्थगन) Sine die *The college was shut down sine die after the campus violence
अनिश्चितता की स्थिति Suspense *Suspense on the outcome of negotiations continued till the last moment
अनिश्चितता की स्थिति में लटका हुआ होना Hang fire *The decision on several vital issues is hanging fire
अनिष्टकारी Malignant *Malignant tumour
अनिष्ट Harm
अनिष्ट करने की क्षमता रहित Inoffensive *Infirm old person is inoffensive
अनिष्ट रहित Harmless, Unoffending *Unoffending spirit of dead ancestors
अनिष्ट रहित (हानिकारक जीव) Innocuous *Innocuous snake/dog does not bite unless provoked
अनुकम्पा Grace
अनुकरण करना Emulate
अनुकूल (विषय के) Germane *Argument is not germane to the topic
अनुकृति (व्यक्ति की - हू-ब-हू एक जैसा) Dummy
अनुकृति (मानव की - विरोध प्रदर्शन के लिए) Effigy *Demonstrators burnt the effigy of the chief minister
अनुकृति (वस्त्र प्रदर्शन के लिए मानव की) Mannequin *Shops use mannequins for

displaying fashion clothes

अनुकृति (कलाकृति की) Replica

अनुगृहीत (उपकार के लिए बंधा हुआ) Obliged *I am obliged to him for his favours to me

अनुग्रह Gratitude

अनुग्रह राशि Gratuity

अनुगृहित (ईश्वर के प्रति) Thankful

अनुगृहित (ईश्वर के प्रति) Thankful *One should be thankful for what he gets

अनुगृहित करना Oblige

अनुचित Unfair, Unjust

अनुचित रूप से अधिक (कीमत) Exorbitant (price)

अनुचित रूप से अधिक सूद Usury *Some banks profit on usury

अनुचित रूप से आघात करना Hit below the belt

अनुचित श्रेय लेना Arrogate *Arrogate credit of achievement

अनुदान/अनुदान देना Grant

अनुनय Entreaty

अनुनय करना Entreat, Wheedle

अनुदान (खर्च का एक हिस्सा के रूप में) Subsidy

अनुदान (संस्था को दिया गया) Subvention

अनुपात में होना/आनुपातिक (be proportionate (to)/proportional

अनुपूरक Supplementary

अनुबद्ध Annexed *A table of figures was annexed

अनुबंध Indenture *Indentured workers

अनुभव Experience

अनुभवहीन (चतुराई, निर्णय लेने में) Naive *Naive in bargaining

अनुभवहीन (काम में नया होने से) Novice

अनुभवहीन (परिपक्वता की कमी से) Callow *Callow trainee

अनुभवहीन (पेशे में/विधा में) Amateur *Amateur musician

अनुभवहीन (योग्यता) Inept *Inept worker

अनुभूति Feeling

अनुभूति विहीन (अंग) Numb *Fingers were numb with cold

अनुभूति क्षमता Perception

अनुभूति होने लायक Palpable *Tension in the people is palpable

अनुमान लगाना (अंदाजे से) Guess *I guess that he will win the match

अनुमान लगाना किसी के लिए मुश्किल होना (be) anybody's guess *Who will win is anybody's guess

अनुमान लगाना (बिना आधार के) Surmise *Surmise the election outcome

अनुमान लगाना (अंधेरे में तीर चला कर) Conjecture *It is just a conjecture about outcome

अनुमान लगाना (लागत का, नाप का) Estimate *Estimate the area/cost

अनुमति (प्रस्ताव पर) Approval

अनुमति लेना (कोई कार्य करने से पहले) Permission

अनुमोदन Endorsement

अनुपम Superb

अनुयायी Follower

अनुयायी गण (प्रभावशाली व्यक्ति का) Cohort, Acolyte

अनुयायी (अपराधी का) Henchman

अनुयायी (कट्टर) Fanatic

अनुयायी (पार्टी, धर्म का) Zealot

अनुपयोगी होने के कारण दांव पर लगाने वाली (वस्तु, व्यक्ति) Expendable

अनुरूप (गुनाह के) दण्ड Condign (punishment)

अनुरूप (विषय के) Cogent *Cogent argument

अनुरूप (सहः अतित्व के) Compatible *Compatible relation

अनुरूप (तर्क के) Rational *Rational decision

अनुरूप (लय के) Consonant *Consonant musical notes

अनुरूप (समानता में) Corresponding to

अनुरूप (माप में) Commensurate with *Pay is not commensurate with work

अनुरोध Plea

आनुवांशिक Hereditary

अनुसरण करना Follow

अनुसार According to

अनुसूचित Scheduled

अनुशंसा Recommend

अनुशासन Discipline

अनुष्ठान Rite *Religious rite

अनुज्ञा Disobedience

अनुज्ञा करना Disobey

अनुज्ञाकारी Disobedient

अनूठा (प्रकार में) Unique

अनूठा (नयापन में) Novel *Novel idea

अनेकता Diversity *Unity in diversity is our strength

अनेकानेक Numerous *He is facing numerous problems

अनेकों कार्य युक्त (जवाबदेही) Manifold (responsibility)

अनेकों प्रकार का (कार्य) Multifarious *Multifarious (activities)

अनेकों कार्यों में संतुलन बनाना Juggle *He juggles with several duties

अनेकों छल्लों को एक साथ उछाल कर पकड़ने वाला Juggler

अनेकों पदार्थों का मिश्रण (पेय)/पेय तैयार करना Concoction/Concoct *Concoct a drink

अनेको बार Many a time

अनेको प्रकार के कार्य में निपुण Versatile

अनैतिक Immoral

अनैतिक आचरण करने वाला Profligate, Dissolute

अनैतिक संबन्ध बनाने का प्रस्ताव करना Proposition

अनौपचारिक Informal

अन्त्येष्टि Last rites

अन्तर (समानता में) Difference *Difference in opinions/colours

अन्तर (कथनी-करनी में) Discrepancy *Discrepancy in statements of witnesses

अन्तर (आँकड़े में) Margin *We won the match by a margin of one goal

अन्तरमन में झाँकना Introspect *Introspect to identify the cause of defeat

अन्तरविद्यमान (किसी के अन्दर) Immanent *God is immanent in all of us

अन्तरतम Innermost

अन्तरण करना Transfer

अन्तरविराम (कार्यक्रम के बीच में) Intermission, interval

अन्तरविराम (दो शासनकालों के बीच - जब सामान्य शासन नहीं होता है) Interregnum *Governor rule is imposed during interregnum

अन्तरविरोध Contradiction

अन्तर विद्यमान Immanent *God is immanent in all of us.

अन्तरागमन Influx

अन्तराल Interval

अन्तरिम Interim *Interim arrangement pending final

अन्तर्निहित (अर्थ) Implied

अन्तर्निहित (साथ में चिपका हुआ) Inherent *Baseness is inherent in some politicians *Certain powers are inherent in posts

अन्तर्निहित (जन्म से) Innate *Urge of self-preservation is innate in human beings.

अन्तर्निहित (अन्दर में विद्यमान) Intrinsic *Intrinsic merit

अन्तर्निहित क्षमता को बाहर निकालना Educe *Educe courage to fight

अन्तर्निहित निष्कर्ष Implication

अन्तर्मुखी (व्यक्ति) Introvert

अन्तःपुर Gynaeceum

अन्तहीन Interminable *Interminable sufferings

अन्दर मन में दबी हुई (भावना) Pent up *Pent up emotion is released by catharsis

अन्दर की ओर सतह में धंसाना Dent *The impact made a dent/indented into smooth surface

अन्दाजन Approximately

अन्देशा Anticipation

अन्धविश्वास/अन्धविश्वासी Superstition / Superstitious

अन्न Cereal

अन्य के साथ-साथ Inter alia

अन्य भाषा में अनुवाद Translation

अन्य भाषा के लिपि में लिखना Transliteration

अन्य से अधिक लाभ की स्थिति Edge over others *He has a clear edge over his competitors

अन्य देशों में फैला हुआ किसी देश का वासी Diaspora *Indian diaspora has excelled in their fields

अन्य क्षेत्र/भवन को अपने क्षेत्र/भवन में मिला लेना Annex

अन्य से अधिक स्पष्ट (दिखने में) Prominent *Red is prominent in coloured pattern

अन्य से अधिक नामी (किसी क्षेत्र में) Eminent *Eminent businessman

अन्य से अलग Exclusive *He has exclusive taste *Officers have their own exclusive club

अन्य से अलग-थलग Secluded

अन्य व्यक्ति की पहचान धारण करना (ठगने के लिए) Imposture

अन्य व्यक्ति का पहचान धारण करने वाला व्यक्ति (ठगने के लिए) Impostor *An impostor defrauded him

अन्यथा Otherwise

अन्यथा/असंबन्धित बातों से प्रेरित (फैसला, विचार) Subjective *A country's foreign policy is guided by subjective considerations

अन्यथा बातों से अप्रेरित (निर्णय) Objective *Objective decision

अन्यमनस्क Lackadaisical, Tardy (worker, etc.)

अन्याय Injustice

अन्यायपूर्ण Iniquitous, unfair, unjust *Iniquitous distribution

अन्यायपूर्ण ज्यादती Excesses *Excesses of police on innocents

अपठनीय (लिखावट) Illegible *Illegible handwriting

अपना अपमान समझना (किसी के गलत आचरण का) Take umbrage *He took umbrage of my remark

अपना प्रतिरूप रूपी व्यक्ति/अंतरंग मित्र Alter ego *He is my alter ego

अपना-अपना Respective *Let us take our respective seats

अपनाने से इन्कार Disown *He disowned his family *He disowned the responsibility

अपनाने से इन्कार करना (गलत, अयोग्य होने से) Repudiate *He repudiated his wayward son

अपना दल छोड़ने वाला (मौके के लाभ के लिए) Turncoat *Political turncoats switch party for ministry

अपनी उपलब्धि पर इतराना Gloat

अपनी देखभाल खुद करना Fend for oneself *He was left to fend for himself

अपनी संपत्ति को गर्व से निहारना Gloat over *A miser gloats over his accumulated possession

अपनी मर्यादा की रक्षा करना Protect jealously *He jealously protects his diginity *He is jealous of his self-esteem

अपनी गिरफ्तारी देना Court one's arrest

अपनी तरफ लोगों का ध्यान आकर्षित करने से बचने वाला (व्यक्ति) Unassuming (person)

अपनी देख-रेख में रखना/रखने वाला Keep in custody/custodian

अपनी पार्टी, धर्म छोड़ने वाला दलबदलू व्यक्ति (बिना कटुता के) Apostate *The party welcomes apostates back in the party

अपनी पार्टी छोड़ने वाला (मन में कटुता लेकर) Renegade *Renegades pour venom against the former party

अपनी बात पर अड़ना Stick to one's gun

अपनी मंशा मन में ही रखना *Keep one's own counsel

अपनी विद्वता का प्रदर्शन करने वाला व्यक्ति Pedant *A pedant parades his knowledge

अपनी विद्वता का ढोंग करने वाला अज्ञानी Charlatan

अपनी खूबियों को स्वयं जाहिर नहीं करना Efface onself

अपनी तरह का अकेला एक/एक व्यक्ति Unique/ Non-pareil

अपनी प्रजाति का माँस खाने वाला प्राणी (जैसे आदमखोर मनुष्य) Cannibal

अपने अन्दर में समा कर रखना Contain *The glass contains water

अपने अन्दर में कुछ रखने वाला बर्तन Container *Water has been stored in this container

अपने-आप से वार्ता करने वाला संवाद Soliloquy *Actor's soliloquy

अपने-आप को अन्य से अलग रखना Keep oneself aloof

अपने-अपने घर से लाया हुआ भोजन मिला कर सभी का खाना Potluck *They enjoyed potluck in company

अपने काम से काम रखना To mind one's own business

अपने काम का नहीं होने पर भी किसी वस्तु को अन्य को उपयोग करने से वंचित करने वाला व्यक्ति Dog in the manger

अपने को किसी महत्वपूर्ण व्यक्ति का कृपा-पात्र बना लेना (खुश करके) Ingratiate oneself with an important person

अपने को निकृष्ट बनाना या करना Demean oneself *Demean oneself by accepting bribe

अपने को परिस्थिति के अनुसार ढालना Adjust oneself (with)

अपने को संकट से निकालने वाला (कदम/कार्रवाई) Expedient

अपने को श्रेष्ठ नैतिकतापूर्ण आचरण करने वाला होने का दंभ भरने वाला व्यक्ति Prig

अपने गुण/क्षमता के अनुरूप किसी के लिए कुछ करना Afford *A less educated person can't afford to coach his children

अपने घटिया कार्य से किसी अन्य व्यक्ति के काम का तुलनात्मक महत्व बढ़ाने वाला व्यक्ति Foil *A comedian usually acts as a foil of a hero in the Indian films

अपने जगह-जमीन से निर्वासित (उखाड़ फेके गए) **लोग** Deracine

अपने धर्म, आस्था, पार्टी का विरोध बर्दाश्त नहीं करने वाला व्यक्ति Bigot, Fanatic, Zealot

अपने मन का खुद मालिक व्यक्ति Maverick *He is a maverick politician

अपने पास रख लेना (किसी वस्तु को) Retain *He sold everything, but retained his house

अपने पीछे-पीछे आने के लिए लोगों को आकर्षित करने वाला व्यक्ति Pied piper

अपने बुरे दिन को कोसना Rue *He rued the day he decided to settle in this town

अपने महत्व को प्रदर्शित करते हुए अकड़ कर चलना या अन्य व्यवहार करना Swagger *He swaggered his famous family lineage

अपने रूप पर मोहित होने वाला (व्यक्ति) Narcissist

अपने लिए समाज में महत्वपूर्ण स्थान बनाना Carve niche for oneself

अपने विचार से लोगों को अवगत कराना Drive one's view home to someone

अपने सम्मानित स्तर के लायक नहीं समझना (कोई काम करने में) Do not deign to do something

अपने सम्मानित स्तर से नीचे गिरना (कोई काम करके) Stoop low *I can't stoop so low as to deceive my friend

अपने से नीचे सामाजिक स्तर के लोगों से मेलजोल करना Condescend

अपने स्तर के अनुरूप नहीं होने से किसी काम को करने से परहेज करना Do not deign to

अपने भीतर झांकना Introspect

अपने स्वास्थ्य के प्रति अनावश्यक चिंता करने वाला व्यक्ति Valetudinarian

अपने स्वास्थ्य के प्रति अनावश्यक रूप से बीमारी की कल्पना करके चिंता करने की मानसिकता/मानसिकता से ग्रसित व्यक्ति Hypochondria/Hypochondriac

अपने ही रचे चक्रव्यूह में फँसना Be hoist by one's own petard

अपराध (अवयस्क, बच्चे द्वारा किया गया) Juvenile delinquency

अपराध (अक्षम्य) Felony

अपराध (क्षम्य) Venial

अपराध (मामूली) Misdemeanour

अपमानित करना (शर्मसार कर के) Mortify

अपमानित करना (आत्मसम्मान को चोट पहुँचा कर) Humiliate

अपमान Insult

अपमान (मन को चोट, गुस्सा पैदा करने वाला) Affront *His remark was an affront to me

अपमान (सम्मान-प्रतिष्ठा पर चोट करने वाला) Indignation

अपमान (पवित्र चीज, स्थान का) Sacrilege *Entering a sacred place with shoes put on is an act of sacrilege

अपमानजनक तरीके से (धर्म के विरुद्ध) **व्यवहार करना** Profane *Act of profanity

अपमानजनक अवस्था Indignity

अपमानजनक तरीके से धर्म/पवित्र वस्तु के बारे में बात करना/की गई बात Blaspheme/Blasphemy *Do not blaspheme religion of other's faith

अपमान युक्त भाषा का प्रयोग/अव्यवहार Contumely

अपमान से मर जाने जैसा महसूस करना (be) Mortified *He felt mortified when accused of stealing

अपयश (असम्मानपूर्ण) Disgrace *Corruption charges brought disgrace upon him *Corruption charge is a matter of disgrace

अपयश (बदनामीपूर्ण) Opprobrium

अपराध-बोध Guilt-feeling

अपराध कर्म/कर्मी (गैर-कानूनी काम) Crime/Criminal *He is a criminal *He has committed a crime

अपराध कर्म (अक्षम्य) Felony

अपराध कर्म (बच्चों का) Contumely

अपराध कर्म (क्षम्य) Misdemeanour

अपराध कर्म में लिप्त होने का तथ्यों द्वारा ईशारा करना Incriminate *New facts incriminated him

अपराध के लिए सजा की न्यायालय में सुनवाई Trial

अपराध अन्यवेषण से संबन्धित (जाँच) Forensic (examination)

अपराध गुट/गुट का सदस्य Mafia/Mafioso (pl. Mafiosi)

अपराध स्वीकार करना Confess *The accused person confessed his crime

अपराधी (खास गलती करने का) Guilty *He is guilty of violating the traffic rules

अपरिपक्व Immature

अपराजेय Invincible *Invincible enemy

अपराधी का सहकर्मी Accomplice *An accomplice in the crime spilled the beans

अपरिचित स्वाद Caviar *Chinese delicacy is caviar to the ordinary Indians

अपरिष्कृत तौर-तरीके वाला Uncouth, Crude *An uncouth person

अपरिहार्य Indispensable, Sine qua non

अपरिलक्षित Latent *Latent emotion finally burst into anger

अपर्याप्त (not equal to the need) Inadequate *The grant was inadequate to the expenses required

अपर्याप्त (not enough) Insufficient *The salary is insufficient to meet his family's ends

अपर्याप्त (उपलब्द्धता) Scarce *Scarce fund *The fund was scarce to keep the work going

अपवाद (त्रुटिपूर्ण) Aberration *Mendacity is an aberration in his otherwise impeccable character

अपवाद (सामान्य से भिन्न) Exception *Exception to the rule

अपवित्र Defiled

अपवित्र करना Defile

अपशकुन Portent *Drought is portent of famine *Screech of an owl is a portent

अपशकुन होना Portend *Screech of an owl portends disaster

अपहरण करना Abduct *Criminals abducted a policeman

अपहरण करना (फिरौती के लिए) Kidnap *Kidnapping has become a trade

अपार Immense *He has earned immense wealth

अपारदर्शी Opaque

अपारदर्शी (केवल रौशनी के आर-पार जाने देने वाला) Translucent (Opp. पारदर्शी See पारदर्शी)

अपूर्णता Deficiency *Deficiency of vitamins in food has to be supplemented

अपूर्ण कार्य का ढेर Backlog *His absence was the cause of backlog of pending work

अपेक्षा करना/अपेक्षा Expect/Expectation *I have no expectation from him

अपेक्षाकृत Comparatively

अर्पण करना Offer

अप्रकट Hidden, Latent

अप्रचलित हो गया हुआ (पुराना हो जाने से) Obsolete *Obsolete model car *This fashion has become obsolete now

अप्रत्यक्ष Indirect

अप्रत्यक्ष इशारा (किसी के गलत काम की तरफ) Insinuate *He insinuated his friend's complicity in crime

अप्रवासी Emigrant *U.S.A. has a large number of Indian emigrants

अप्रभावकारी Ineffective, Inefficacious

अप्रशिक्षित चिकित्सक Quack

अप्रभावित रहने की क्षमता (बीमारी से) Immunity *Innoculation develops immunity against infection

अप्रभावित रहने की क्षमता (दण्ड से) Impunity *Potent persons breach rules with impunity

अप्रभावित रहने की क्षमता (आघात, हानि से) Invulnerable *His reputation is invulnerable to cheap denigration

अप्रत्याशित Unexpected

अप्रिय Unpleasant

अप्रिय लगने वाला (स्वाद/गंध/व्यवहार) Unpalatable/Noisome/Abnoxious

अप्सरा Nymph

अफरातफरी (कोलाहल पूर्ण) Pandemonium *A pandemonium broke out in the public meeting

अफरातफरी (धक्का-मुक्की युक्त) Melee *Several persons were injured in the melee

अफवाह Rumour

अफवाह उड़ाना Bruit

अफवाह फैलाने से रोकना Hush rumour

अफसरशाह/अफसरशाही Bureaucrat/ Bureaucracy

अफसोस नाक Lamentable

अफसोस प्रकट करना (अपने पूर्व निर्णय पर) Rue *He rued the day he came here

अफसोस प्रकट करना (किसी के लिए सहानुभूति में) Commiserate *Commiserate with victims

अफसोस प्रकट करना (बुरी घटना पर) Lament *Lament the death of his friend

अफसोस प्रकट करना (गलती पर) Regret *He regrets for his misdeed *People regret fall in educational standards

अबोध Innocent

अभद्र (व्यवहार) Indecent, Vulgar, Scurrilous

अभद्र लगने की आशंकायुक्त (व्यवहार) Risque *He was cautious of his inadvertent risque behaviour

अभद्र लगने वाले शब्द का मधुर पर्याय Euphemism *'Pass wind' is euphemism of 'to fart'

अभद्र व्यक्ति Brat

अभद्र मजाक Ribaldry

अभयदान Impunity

अभयारण्य Sanctuary

अभागा (घटना का मारा) Hapless *Hapless victims of flood

अभागा (किस्मत का मारा) Unfortunate, unlucky

अभाव Scarcity, Dearth, Want, Lack

अभाव होना (आवश्यक चीज का) Lack *He lacks experience

अभिकर्ता Agent

अभिलेखागार Archive *Important documents are preserved in the archive

अभिजात वर्ग Aristocrat

अभिधारणा Assumption

अभिनन्दन करना Greet, Felicitate

अभिप्रमाणित करना (सत्यता को) Attest *Attest certificates

अभिप्रमाणित करना (असली होने का) Authenticate *Authenticate genuineness

अभिप्राय Intention

अभिपुष्टि करना Substantiate

अभिभावक Guardian

अभिभूत Overwhelmed

अभिमान (सफलता पर) Pride *A son is his father's pride

अभिमानित (सफलता पर होने वाला एहसास) Proud *Do not feel proud *Success has made him proud

अभिमान (स्वयं पर) Conceit *A conceited brat

अभिमान (जो नष्टकारी हो) Hubris *Hubris is the cause of downfall

अभिमान (दिखावटी/खोखला) Vainglory, Vanity

अभिमान का पद (महत्वपूर्ण स्थान पाने का) Pride of place *Elected posts are pride of place for anyone

अभियान (लक्ष्य प्राप्ति के लिए) Campaign, Drive *Polio eradication drive *Election campaign

अभियान (सैनिक कार्रवाही का) Operation

अभियान (किसी उद्देश्य के लिए साहसिक कारनामा) Expedition *Expedition to explore new islands

अभियान (अच्छे उद्देश्य की प्राप्ति के लिए) Movement *Freedom movement

अभियान छेड़ना (किसी के विरुद्ध) Wage a slanderous campaign against someone

अभियोग Accusation

अभियुक्त Culprit

अभियोजन Prosecution

अभिशप्त Accursed

अभिशाप देना Curse

अभिशाप देना (अधार्मिक कार्य के लिए धर्मगुरू द्वारा) Anathematise *The pope anathamatised violence

अभिशाप (जो जीवन को नरकीय बना दे) Bane (opp. Boon) *Pollution has become a bane for mankind

अभिव्यक्ति Expression

अभिव्यक्ति पर लगाम लगाना Muzzle *Government muzzled the press from reporting

अभिलाषा Desire

अभिलेखागार Archive

अभिवादन करना Greet

अभिवादन करना (घुटने टेक कर) Genuflect *Genuflect in prayer

अभिवादन करना (घुटना मोड़ कर) Curtsy *Women in Japan extend curtsy to show respect

अभिवादन करना (सिर से टोपी उतार कर) Vail *Magicians vail before the sepectators before performing magic

अभिषेक Coronation

अभिशप्त Accursed

अभिशाप Curse

अभूतपूर्व Unprecedented *Unprecedented flood

अभेद्य Impervious *Impervious fort

अभ्यर्थी Candidate

अभ्यस्त (आदत का) Habituated *A habituated liar

अभ्यस्त (मौसम का) Acclimatised *Acclimatised to cold weather

अभ्यस्त (किसी काम को करने का) Wont

अभ्यस्त (नशीले पदार्थ का) Addicted *He is now addicted to smoking

अभ्यस्त (खतरनाक काम करने का) Inured *Stunt performers are inured to risky performances

अभ्यास (कसरत) Exercise *Students exercise daily to hone up their skills

अभ्यास (प्रतिदिन करने वाला) Practice *Players' practise on a regular basis is a must

अभ्यास करना (प्रश्नोत्तर का) Exercise *Exercise to solve the questions

अभ्यास करना (खेलने आदि का प्रतिदिन) Practise *Practise playing guitar daily

अभ्यास करना (भूमिका, संगीत आदि के कार्यक्रम से पहले) Rehearse *Rehearse before staging the programme

अमंगलकारी Inauspicious

अमर Immortal *His sacrifice made him immortal in the people's memories

अमल करना Execute/Implement *Execute a plan/order

अमल में लाने लायक (योजना आदि) Practicable

अमानत गृह Cloak room

अमान्य Unacceptable

अमानवीय (कार्य) Inhuman *Inhuman cruelty/treatment

अमानवीय (अवगुण) Inhumane *Cruelty is inhumane

अमापीय Immense

अमिट (लिखावट, छाप) Indelible *Indelible impression

अमीर (जायदाद, पैसे से) Rich

अमीर (लगातार धन की प्राप्ति करने वाला) Affluent *Affluent businessman

अमीर (अपार धन वाला) Wealthy *A wealthy person

अमीर (शाही खर्च करने वाला) Opulent *Opulent persons splurge in partying

अमृत (मधुर स्वाद में) Ambrosia

अमृत (आयुवर्द्धक) Elixir *Elixir of life

अमृत (देवता का पेय) Nectar

अयोग्य (कुछ करने में) Unable

अयोग्य (योग्यता में) Unqualified

अयोग्य घोषित करना Disqualify

अयोग्य (प्रतियोगिता में भाग लेने से) Hors concours *The members of the organising committee are declared hors concours for taking part in the competitions

अयोग्य (लड़ाई में भाग लेने से) Hors d'combat *The player became hors d'combat due to injury

अरमान Ambition

अराजकता Anarchy *A situation of anarchy is prevailing

अरुचि Aversion *He is suffering from aversion to food

अलंकृत करना Adorn *He was adorned with the award in an investiture ceremony

अलंकरण समारोह Investiture ceremony

अलंकारिक Ornamental

अलग (भोजन की तालिका से) Hors d'oeuvre *Appetizers like soup, pickles, etc. are hors d'oeuvres in some restaurants

अलग करके रखना (कार्य विशेष के खर्च के लिए) Appropriate *Sufficient fund has been appropriated in the budget for road construction

अलग करके रखना (जब्त करके) Sequester *The assets of the bankrupt were sequestered for the loan repayments.

अलग करना (एक किनारे) Exclude

अलग करना (संबन्ध तोड़ कर) Dissociate

अलग करना (एक-दूसरे से) Separate *Two fighting kids were separated by someone

अलग करना (संगति से, जुड़े हुए अन्य से) Isolate *Friends isolated him from the company *Isolate the electrical point before working on it

अलग करना (छाँट कर) Segregate *Books were segregated into categories of titles

अलग करना (किसी प्रकार की आदत से, किसी पर भरोसे से) Wean *Wean away from the habit of taking sweets

अलग करना (गुट, संघ से) Secede *A country seceded from the commonwealth

अलग करना (आदत से, लागत से) Wean

अलग करना (समूह से) Seclude *Prisoners are kept secluded in separate cells

अलग करना (छूत की बीमारी से ग्रासित रोगी को) Quarantine *An infected person was quarantined in a room

अलग दिशा में Diverse, Divergent *Divergent tree branches spread in all directions

अलग से मिला कर कमी को पूरा करना Supplement *Supplement income with extra work *Supplement food with necessary vitamins

अलग-थलग Secluded, Aloof

अलग रहने वाला (व्यक्ति) Seclusive (person)

अलग रहने वाला व्यक्ति Recluse

अलग पहचान वाला (गुण) Distinctive *Distinctive features

अलगाव पैदा करने वाला (काम) Fissiparous, Divisive *Fissiparous tendency of the separatist leaders in politics

अलगाववादी Separatist

अलविदा Adieu *Say adieu to your friend before departing

अलविदा लेना/कहना (दिनचर्या को) Call it a day *He calls it a day at 9 p.m.

अल्पकालिक/क्षणिक Ephemeral *Ephemeral existence

अल्पमत Minority

अल्पमात्रा Meagre *Meagre amount

अल्पमात्रा (चुटकी भर) Pinch *A pinch of salt

अल्पविराम (कार्रवाही के मध्य में) Recess *Recess in school periods *Recess in court's proceedings

अल्पविराम (काम करने के बीच में) Short shrift *Workers in the shops hardly get a short shrift

अल्पसंख्यक बाहुल्य शहर का इलाका Ghetto *Minority people tend to live in ghettos

अल्पावकाश Recess

अल्पाहारी Abstemious

अल्पाहारी Abstemious

अलावा (बाकी के) Except

अलावा (अन्य के) Besides

अलावा (छोड़कर) Sans *He has everything sans happiness

अलावा (किसी चीज के अतिरिक्त) to boot *He is a litterateur and a magician to boot

अलौकिक Spiritual

अलौकिक प्रेरणा Afflatus

अलौकिक शक्ति समझ कर पूजनीय वस्तु Fetish *Do not make fetish of the sannyasis

अलौकिक शक्ति की वस्तु (जाति विशेष के लिए) Totem

अवकाश (त्योहार के लिए) Holiday

अवकाश (अपने काम के लिए) Leave

अवकाश (दीर्घ कालिक) Vacation

अवकाश क्षण में करने वाला काम (पसंद का) Pastime *Listening to music is his favourite pastime

अवकाश क्षणों में व्यस्त रहने के लिए किया जाने वाला काम Occupation

अवगत होना Be aware of

अवगत कराना (परिस्थिति से) Advise (of) *The president was advised of the situation in the country by the P.M.

अवगत कराना (स्थिति से परिचित कराने के लिए) Intimate *I intimated him of my decision

अवगत करना (किसी जानकारी से) Apprise *He was apprised of the situation on an important issue/of my decision to resign.

अवगत कराना (महत्व से) Impress upon *He was impressed upon the need of the people

अवगुण (चरित्र में) Vice (opp. virtue) *Vices in one's character

अवगुण (व्यक्तित्व में) Demerit *Lacking in taking bold decisions is his demerit

अवतार Incarnation

अवधारणा (Perception, Notion) *He has a strange perception about life in the U.S.A.

अवधि Duration

अवधि (लागू रहने की, कार्यकाल की) Tenure

अवधि समाप्त होना Expire, Lapse *The validity of the licence has lapsed

अवनति की ओर उन्मुख Retrograde *Conservation makes the society retrograde

अवनति की ओर जाना Retrogress (opp. Progress) *Conservative society will retrogress

अवनति Downfall

अवमानना Contempt *He holds me in contempt *Contempt of courts is an offence

अवमानना करना Contemn *He was punished for contemning the courts

अवमानना के भाव से भरा हुआ (व्यक्ति) Contemptuous *He is contemptuous of authority

अवमानना के लायक Contemptible *Indulgence in violence by people is contemptible

अवमूल्यन Devaluation

अवमूल्यन करना Debase *Mixing with cheap metals debases the gold

अवयस्क **Minor** *A minor criminal is tried in a javenile court

अवयस्क (कीड़ा) Larva *Caterpillar is a larva which finally metamorphoses into an adult butterfly

अवरुद्ध करना (गति धीमी करके) Hinder *Lack of resources hinders work progress

अवरुद्ध करना (रुकावट खड़ी करके) Obstruct *A tree is obstructing the clear view of the mountain peak

अवरुद्ध करना (रास्ते में खड़े होकर) Stymie *A player stymied the forward movement of the opponent player

अवरुद्ध करना (नली में बहाव) Clog *The deposited cholesterol clogs the blood flow

अवरुद्ध करना (भीड़ करके) Jam *Heavy traffic jammed the road

अवरोध खड़ा करना Block obstruct *A huge stone blocks the passage

अवरोध खड़ा करना (रास्ते में) Barricade *The road was barricaded to stop the traffic

अवरोध (अन्दर-बाहर होने से रोकने के लिए) Blockade *The police put up blockade around the meeting ground

अवरोध (रास्ता रोकने वाला) Barricade

अवरोध (आर-पार जाने से रोकने वाला) Barrier

अवलोकन Observation

अवशीभूतीय/अदम्य Indomitable *Indomitable zeal

अवशेष (नष्ट वस्तु का) Remains *Remains of a ruined house

अवशेष (संजो कर रखा गया) Relic *Relic of a deceased holy person

अवशेष (उपयोग के बाद बचा हुआ) Stub *Stub of used-up pencil

अवशेष (कटे पेड़ का) Stump *Stumps of the fallen trees

अवशेष (काटने के बाद बचा हुआ) Stubble *Stubble of beard or cropped up hair

अवशेष (विलुप्त वस्तु/रिवाज का बचा हुआ) Vestige *Vestige of extinct civilization as coins & pottery was excavated

अवशेष (अस्तित्वहीन वस्तु का प्रमाण-स्वरूप) Extant *Not even modicum of decency in his behaviour is extant

अवश्यंभावी Inevitable *His downfall is inevitable

अवसर Occasion *Victory is an occasion to celebrate

अवसर (सही समय का) Opportunity *He is waiting for an opportunity to take revenge

अवसरवादी Opportunist

अवस्था परिवर्तन Metamorphosis *A caterpillar undergoes metamorphosis to become a butterfly

अवज्ञा Disobedience

अवज्ञा करना Disobey

अवज्ञा करना (खुलेआम विरोध करके) Defy

अवाँछित व्यक्ति Persona non grata

अवाँछनीय परिणाम से भरपूर Fraught (with) *Country's economy is fraught with many uncertainties

अवाक करना (आश्चर्य से) Flabbergast

अविचलित (कठिनाई से) Undaunted *A courageous person is undaunted by hardships

अविचलित (धमकी से) Undeterred *He remains undeterred by threats

अविचलित (याचना, प्रार्थना के बावजूद) Impassive

अनिनाशी Indestructible

अविरल Incessant

अविलंब (बिना समय गँवाए) Forthwith *Do it forthwith

अविलंब ध्यान देने लायक Urgent

अविलंब (शीघ्रता से) Dispatch *He completed his task with dispatch

अविवाहित पुरुष Bachelor

अविवाहित औरत Spinster

अविश्वास (धोखेबाज होने के कारण) Distrust *He distrusts his neighbour

अविश्वास (धोखा होने के खतरे के कारण) Mistrust *One mistrusts the strangers

अविश्वास/अविश्वासी (प्रमाण के अभाव में) Skeptism, Scepticism/Skeptic

अविश्वास/अविश्वासी (व्यक्ति की अच्छी मंशा पर) Cynicism/Cynic *He is a cynic – does not believe in anyone's good intention

अविश्वास/अविश्वासी (ईश्वर के अस्तित्व में) Atheism/Atheist

अविश्वास योग्य (सामान्यत: संभव नहीं होने के कारण) Incredible *Incredible story

अविश्वास के लायक (सामन्य धारणा के आधार पर) Unbelievable *The defeat of this strong team is unbelievable

अविनाशी Indestructible

अविरल Incessant

अवैध (गैर-कानूनी होने के कारण) Illegal *The decision was illegal, i.e., was in contravention of law

अवैध (इजाजत नहीं होने से) Illicit

अवैध (सामाजिक मान्यता के विरुद्ध होने से) Illegitimate *Illegitimate relationship/marriage/child

अवैध (गैर-कानूनी ढंग से निर्मित) Bootleg *Bootleg C.D. *Bootleg electricity connection

अवैध (आयात-निर्यात) Contraband *Contraband goods are sold in the grey market

अवैध संबन्ध (एक मर्द और एक औरत में) Liaison

अव्यक्त Implicit, Implied *Implicit dislike for someone is indicated in his actions

अव्यवस्था Disorder

अव्यवस्था (अशांतिपूर्ण) Chaos *The orderly meeting suddenly turned into chaos

अव्यवस्था (सामाजिक) Anomie

अशान्ति Unrest

अशिष्ट (भाषा के प्रयोग में) Vulgar *Vulgar speech/talk

अशिष्ट (व्यवहार) Rude *Rude behaviour

अशिष्ट (यथोचित सम्मान देने में Insolent or Impertinent *Insolent person *Impertinent youngman

अशुभ (घड़ी, पल) Inauspicious

अशुभ घटना का आभास Presentiment

अशुभ घटना का पूर्वाभास Presentiment

अशुभ घटना का संकेत देने वाली (घटना, आदि) Harbinger *Owl is understood to be the harbinger of destruction by many

अश्लील (दृष्य, व्यवहार) Obscene
अश्लील भाषा में मजे लेने वाला व्यक्ति (Punk (opp. Prude)
अश्लील (शब्द प्रयोग में) Ribald, Scurrilous *Scurrilous abuse
अश्लील अर्थ वाला (दो में से एक) दोहरे अर्थ के **शब्द** Double entendre
अश्व प्रजाति Equine
अश्वारोहण कला Dressage
असंख्य Umpteen *He is facing umpteen problems
असंगत (तालमेल रहित) Inconsistent *Argument is inconsistent with premise
असंगति Anomaly
असंतुलित Unbalanced *Unbalanced nutrition
असंतुलित (एक तरफ झुका हुआ) Lopsided *Lopsided beam
असंतोष/असंतुष्ट Dissatisfaction/Dissatisfied
असंतोषप्रद स्थिति से नाखुश (व्यक्ति) Fastidious *He is fastidious about cleanliness
असंतोषप्रद स्थिति से नाक की भौं सिकोड़ने वाला Finicky *He is finicky about cleanliness
असंतोषप्रद स्थिति से शिकायती अंदाज अपनाने वाला Fussy *He is fussy about cleanliness
असंबन्धित (एक-दूसरे से) Unrelated *They are unrelated to each other
असंदिग्ध An indubitable
असंबन्धित (किसी विषय से) Irrelevant/ Impertinent *His reply was irrelevant to the question
असंबन्धित (विचाराधीन विषय से बाहर) Extraneous *Extraneous to the topic
असंयत (शारीरिक क्रिया) Incontinent *Incontinent urination *Incontinent indulgence in eating
असंयत (व्यवहार) Intemperate *Intemperate behaviour
असंवेदनशील Insensitive
असली Genuine
असुरक्षित Insecure
असफल/असफलता (उद्देश्य में) Unsuccessful/ Unsuccess
असफल (प्रयास, परिणाम रहित होने से) Futile *He made a futile attempt to cross the ditch
असफल होना Fail
असफल होना (धराशायी होना) Come a cropper *The plan came a cropper
असफल होना (परीक्षा में) Flunk
असभ्य Uncivilized
असमय घटित घटनाएँ Contretemps
असमर्थ (शरीर से अपंग होने के कारण) Physically challenged
असमर्थ (दिमाग से पंगु होने के कारण) Mentally challenged
असम्मानजनक शब्द से संबोधित करना Pejorate
असम्मानजनक शब्दों से युक्त (संबोधन) Pejorative
असमानता/अन्तर (दो संबन्धित परिस्थितियो में) Disparity *Disparity in status of two
असमानता (दो संबन्धित तथ्यों में) Discrepancy *Discrepancy in accounting *Discrepancy in the statements of the two witnesses
असर (संबन्धित होने से) Bearing *Rising prices has no bearing on the rich people
असर (परिणाम स्वरूप) Effect *Disastrous effect of an earthquake
असर करना Affect
असमंजस (निर्णय लेने में) Dilemma
असमंजस (परिस्थिति जन्य) Predicament
असमंजस (दिमाग चकरा देने वाला) Quandary
असहजता (शारीरिक) Discomfort
असहजता (मानसिक) Discomfiture
असहज (महसूस करने में) Awkward *He felt awkward when someone shouted on him
असहज (काम करने में) Clumsy *Clumsy workers quarrel with tools
असहज महसूस करना (किसी के अपमानजनक व्यवहार से) Smart (Under)
असहनीय (नापसंद होने से) Intolerable, Unbearable *Intolerable behaviour
असहनीय (दर्द) Excruciating *Excruciating pain
असहनीय (दुर्गन्ध) Obnoxious *Obnoxious fumes' odour
असहनीय (घमंड, उदंडता) Insufferable

असहनीय परिस्थिति में सुधार करना Ameliorate *Ameliorate sufferings

असहमत (व्यक्ति) Dissentient (person)

असहमति Dissension, Dissent

असहमत होना Disagree

असहयोग Non-cooperation

असहाय Helpless

असाधारण (अक्सर नहीं दिखने वाला) Unusual *Unusual event

असाधारण रूप से अच्छा Exceptional *Exceptional quality

असाधारण (महत्व का) Extraordinary *Extraordinary meeting

असाधारण (अधिकता, मात्रा में) Phenomenal *Phenomenal success/growth

असाधारण कुशलता युक्त Extraordinaire *He is a musician extraordinaire

असाधारण (व्यक्ति, घटना) Phenomenon *He is a phenomenon in politics *Solar eclipse is a phenomenon in celestial occurrence

असाधारण क्षमता का व्यक्ति Prodigy

असाधारण (अन्य की तुलना में अच्छाई में, विशेषता में) Outstanding *Outstanding performance

असाधारण (बुराई में) Egregious *Egregious cruelty

असामान्य जन्मा बच्चा (शारीरिक अक्षमता में) Freak

असामान्य जन्मा बच्चा (मानसिक अक्षमता में) Cretin

असावधान (जानबूझकर) Negligent

असावधान Inattentive

असीमित Unlimited

असीमित स्रोत (अच्छी चीजों को मुफ्त में देने वाला) Cornucopia *Nature is the cornucopia of the needs of the living beings on the earth

असुविधा Inconvenience

अस्थायी Temporary *Temporary post

अस्थायी काल के लिए Protem *Protem appointment

अस्थायी पड़ाव (शरणार्थी के लिए) Camp

अस्थायी पड़ाव (सैनिकों का, छावनी से बाहर) Billet

अस्थायी रोक Abeyance, Moratorium *Enforcement of new rule was kept in abeyance

अस्पष्ट (पढ़ने में) Illegible *Illegible handwritings

अस्पष्ट (समझने में) Un-intelligible *An un-intelligible speech

अस्पष्ट (दोहरा अर्थ, मतलब होने के कारण) Ambiguous *An ambiguous meaning of a statement

अस्पष्ट (वक्तव्य, भाषण) Incoherent *Incoherent speaker

अस्पष्ट (दिखने में) Obscure *Obscure visibility

अस्पष्ट (विचार, ज्ञान) Vague *Vague knowledge of an incident

अस्पष्ट दिखाई देना (आगामी संकट) Loom *Spectre of famine looms over the country

अस्त-व्यस्त (बिखरा, बेतरतीब) Haphazard *Haphazard implementation of schemes

अस्त-व्यस्त (करीने से सजा हुआ नहीं होने से) *Untidy (room)

अस्त-व्यस्त (बिखरा केश घर, बगीचा) Unkempt *Unkempt hair/garden/house (anything which should be kept tidy)

अस्त-व्यस्त (असमर्थता के कारण) Dishevelled *Dishevelled life of a busy businessman

अस्त-व्यस्त करना (केश, पंख) Ruffle *Ruffled feathers were preened by the bird

अस्त-व्यस्त, रहन-सहन वाला (व्यक्ति) Slovenly *Slovenly slattern

अस्त-व्यस्त, रहन-सहन वाली (औरत) Slut

अस्तित्व Non-existence

अस्तित्व Existence

अस्तित्व में आने की प्रक्रिया में Nascent

अस्तित्व में बने रहने की स्थिति Continuance *Continuance of a goverment depends on its successive wins in elections

अस्तित्व में रहने की स्थिति को लंबे समय तक खींचना Continuation *Continuation of the government even after completing its term is possible only in case of emergency in the country

अस्वीकार करना (असहमति के कारण) Refuse *Permission was refused

अस्वीकार करना (सच्चाई नहीं होने से) Deny *He denied his involvement *He denied him credit

अस्वीकार करना (तिरस्कारपूर्वक) Spurn *He spurned my advice

अस्सी वर्षीय उम्र का व्यक्ति Octagenarian *He is an octagenarian

अस्त्र-शस्त्र Weapon

अस्त्र-शस्त्र भंडार Ordnance

अस्थि कलश Urn

अस्थिर Unsteady, Unstable

अहं Ego

अहंकार Hubris

अहम Significant *Significant requirements

अहानिकारक (खतरनाक समूह का होते हुए भी) Innocuous *Innocuous variety of snakes

अहानिकारक (अक्षमता के कारण) Inoffenisve *Inoffensive odour *Inoffensive old man

अहानिकारक (निर्जीव वस्तु) Unoffending *An unoffending object

अहितकारी (विरोध कर के) Adverse *An adverse remark caused the denial of promotion in ranks

अहितकारी (साथ नहीं देकर) Unfavourable *Unfavourable voters caused his defeat in the election

आ

आँकड़ा Data (Singular : Datum)

आँकड़ा (संग्रहित) Statistic

आँकड़ा संग्रह शास्त्र Statistics

आंकलन (आय, हानि) Assessment *Assessment of income for tax collection

आंकलन (विषय, स्थिति का) Appraisal *Appraisal of law and order situation

आंकलन करना (आमदनी, क्षति का) Assess

आंकलन करना (विषय, स्थिति का) Appraise

आंकलन करना (अन्य के मुकाबले) Rate *He rates himself superior to me

आंकलन किया जाने वाला Assessee

आंकलन करने वाला Assessor

आंकलन (काम, परीक्षा का) Evaluation *Evaluation of exam's answersheets

आंकलन करना Evaluate

आंकलन करना (लगभग सही) Estimate *Estimate the cost of house construction

आँख झपकाना Blink

आँख डबडबाना Tear swell into the eyes

आँखों का तारा (व्यक्ति) Blue-eyed boy

आँखों को भाने वाला (आकर्षक व्यक्ति) Cynosure

आँखों के आगे अंधेरा छा जाना (बेहोशी के क्षण) Blackout *A weak person blacked out

आँखों की बीमारी का डॉक्टर Oculist, Ophthalmologist

आँखों की दृष्टि Eyesight

आँखों की दृष्टि क्षमता मापक कर्ता (व्यक्ति) Optimetrician

आँखों की दृष्टि से संबन्धित Ocular

आँखों का भैंगा (व्यक्ति) Squint

आँखों देखा हाल बताने वाला Commentator

आँखों पर पट्टी बंधा हुआ/बांधना Blindfolded/Blindfold

आँखों की दूरदृष्टि में कमी Myopia *He is suffering from myopia

आँखों की दूरदृष्टि में कमी वाला (व्यक्ति) Myopic

आँखों से ओझल Hidden

आँखों से देखने से संबन्धित Optical *Optical illusion

आँखों को चुभने वाला (दृश्य, कुकृत्य) Flagrant *Flagrant criminal act

आँख को धोखा देकर ठगना Hoodwink

आँख के बदले आँख पर आधारित बदले की कार्रवाई/नियम Lex talionis

आँख झपकाना Blink

आंगन Courtyard

आंतरिक दृढ़ता (कठिनाई से जूझने की) Mettle

आंदोलन Movement, Compaign

आंशिक Partial

आकर्षक (ध्यान खींचने वाला, लाभकारी होने से) Attractive

आकर्षक (लालच पैदा करने वाला) Alluring

आकर्षक (पसंद होने के कारण) Fanciful *Fanciful dress

आकर्षण (पसंद होने के कारण) Fancy *He has a fancy for exotica

आकर्षक विदेशी वस्तु Exotica

आकर्षक (चेहरा, व्यवहार) Cute *Cute face *Cute behaviour

आकर्षक नजारा (देखने लायक) Spectacle *Solar eclipse is a spectacle *The child's tantrum is a spectacle to the onlookers

आकर्षक सतह से खुरदरे सतह को ढ़कना Veneer *Veneer the rough surface of the furniture

आकर्षक लिखावट/लिखावट में लिखना (लाल स्याही में) Rubric/Rubricate * Rubricated letters on a hoarding * Rubricate letters (in red ink)

आकर्षक लिखावट (सुन्दर अक्षरों में) Calligraphy

आकर्षण Attraction

आकर्षण का केन्द्र Cynosure *He is the cynosure of all the eyes in the party

आकर्षक चमक का घेरा (अपने चारों तरफ) Aura *He has created an aura of greatness

आकर्षक चमक का घेरा (सिर के पीछे) Halo *Halo of holiness

आकर्षण में बाँधना (मोहित कर के) Fascinate *Exotic goods in the shop fascinated the buyers

आकर्षण में बाँधना (ध्यान खींच कर) Captivate *Music captivated the audience

आकर्षित करना (फायदा दिखाकर) Attract *Attract the voters with the promise of the development of their place

आकर्षित करना (लालच दे कर) Lure or Allure *Promises of loan waivers lured the farmers to vote

आकर्षित करना (मन में चाहत की आग लगा कर) Entice *The new model of the car entices the people

आकर्षित करना (विवेक हरण करके) Tempt *Lure of lucre tempts everyone to take bribe

आकर्षित करना (कामुक भावना जगा कर) Seduce *Seduced by a temptress

आकर्षित कर के खून चूसने वाला/वाली Vampire

आकस्मिक (अवसर पर आधारित) Contingent *Contingent situation may need funds to meet the exigencies

आकस्मिक (बिना सोच-विचार के) Casual *Casual remark

आकस्मिक परिस्थितिजन्य आवश्यकता Contingency *Contingency may arise anytime

आकार Size

आकार (वृहत्त) Magnitude

आकार (दायरे में) Dimension

आकार (अमापीय) Immensity

आकार (भयंकरता में) Enormity *Enormity of cruelty

आकार (माला का) Catenary

आकार (कटे चंद्रमा का) Crescent

आकार (सीढ़ी का) Echelon

आकार (जाल का) Reticulate

आकार (कुंडली का) Whorl

आकार (अंगूठी का) Annulus

आकार का नाप Dimension *Dimensions of the room *Dimension of the problem

आकार का तेजी से बढ़ना Snowball

आकार में क्रमशः वृद्धि होना (चंद्रमा के) Wax *Moon waxes daily until it is full moon

आकार में वृद्धि होना (शरीर के किसी अंग का) Dilate *His heart/liver has dilated

आकार बढ़ाना (लेंस से देखकर) Magnify *Microscopes magnify the object seen through it

आकार लंबा करना (खींच कर) Elongate

आकाश जैसा नीला Azure

आकाश में होने वाली (घटना) Celestial *An eclipse is a celestial event

आकांक्षा Ambition

आकांक्षा Aspiration

आकांक्षा करना Aspire *Aspire to become a doctor

आकृति की बाह्य रेखा Contour *Dainty contour of a woman's body

आकृति का अस्पष्ट दिखाई देना (अंधेरा, धुंध, बादल के कारण) Loom *Mountain's peak looms large *A fearsome figure looms across in the dark

आक्रमण करना Invade

आक्रमण झेलना Run the gauntlet

आक्रमण Aggression

आक्रमण (बीमारी, आघात का) Attack *Attack of fever

आक्रमणकारी Aggressor

आक्रमण करने का दिखावा करना (मुक्केबाजी, तलवारबाजी में) Spar

आक्रमण करने में प्रतिपक्षी को चकमा देना Feint

आक्रान्त Afflicted

आक्रामक Aggressive

आक्रामक (व्यवहार) Offensive *Offensive behaviour

आक्रामक नीति का पक्षधर (किसी पार्टी, सत्ता में) Hawk *Hawks in the government provoke to take aggressive action

आक्षेप लगाना Blame

आक्षेप लगाना (परोक्ष रूप से) Cast aspersion

आग में घी डालना Aggravate

आग में आहुति देना Immolate *He was immolated by the crowd

आग से खेल खेलने का फितूर Pyromania

आगजनी Arson

आग जलाने के लिए बत्ती (लकड़ी, कागज की) Splint *He lit the candle with a burning splint

आग जलाना Kindle

आग जलाना (ज्वलनशील पदार्थ में) Ignite *Ignite cracker

आग पकड़ना Catch fire

आग पकड़ाने के लिए लकड़ी/कागज की बत्ती Spill, Fidibus

आग बुझाना Extinguish, Douse

आग बबूला Furious

आग बबूला करना Infuriate

आग भड़काने वाला (पदार्थ, बयान) Incendiary

आग पकड़ने वाला (पदार्थ) Inflammable *Petrol is inflammable

आग की लपट Blaze

आग की लपट बुझने के बाद जलते रहना Smoulder *A burnt heap is still smouldering with smoke

आग में जलना Burn

आग में झुलस कर काला हो जाना Char

आग से जलकर सतह का झुलसना Singe *Bristles of the animal's hide are singed with the flame *A candle flame singed his fingers

आग पर द्रव्य पदार्थ को उबालना Scald *Scald the milk

आग की गर्मी या भाप की गर्मी से झुलसना Scald *Boiling water scalded his fingers

आग बबूला करना Incense, Enrage *He was incensed over his subordinate's lapse

आगजनी Arson

आगमन (गन्तव्य स्थान पर) Arrival

आगमन (किसी स्थान पर) Visit

आगमन (भूत-प्रेत का) Visitation *The fort is haunted by the visitation of the ghosts

आगमन (महत्वपूर्ण व्यक्ति या समय का) *Advent of the day is heralded by sunrise *Advent of Mahatma Gandhi in the freedom movement

आगमन का संकेत देना Usher

आगत (आमदनी, बिक्री से) Proceeds *Proceeds of ticket sale

अगवानी Reception

आगामी (किसी अन्य के बाद होने वाला) Subsequent *Subsequent event

आगामी (शीघ्र होने वाला) Forthcoming *He will appear in the forthcoming exams

आगामी खतरे का पूर्वाभास Foreboding, Presentiment

आगामी घटना का पूर्वाभास Premonition

आगामी माह Proximo measure, Proximo mensem *He will return proximo mensem

आगामी तिथि से (लागू) Prospective date *The new rule will become effective with the prospective date

आगामी घटना को पहले ही भाँप लेना Anticipate *He had anticipated what happened today

अगामी घटना का पूर्व आभास Hunch *I have a hunch that he will deceive me

आगामी स्थिति का खाका खींचना Envisage *The government envisages good growth

आगार (एकत्र करने का स्थान) Depot *Bus depot

आगाह करना Warn

आगे-आगे चलने वाला (किसी अन्य के) Precursor *Good monsoon is the precursor of good harvest

आगे-आगे चलने वाला (अप्रिय घटना के) Harbinger *Lull is the harbinger of storm

आगे-आगे घोषणा करने वाला (पहुँचने वाले का) Herald *The crimson horizon heralds sunrise

आगे-आगे तैयारी करने वाला (आगामी घटना का) Prelude *Election is prelude to the formation of the government

आगे जाना Proceed

आगे ढकेलना Push

आगे की तरफ निकालना Protrude, Project *Do not protrude your arms out of the train's window

आगे की तरफ निकाला हुआ होंठ Spout

आगे की तरफ होंठों को निकालकर मुँह से पानी की धार निकालना Spout, Squirt

आगे-पीछे स्थित (दो का समूह) Tandem *They are sitting on the seats in tandem *The carriage was drawn by two horses in tandem

आगे बढ़ कर काम करने वाला (काम) Proactive

आगे बढ़ना Progress

आगे बढ़ने से रोकना Intercept

आगे बढ़ने में मदद करना Promote

आगे का भाग पीछे होने से किसी वस्तु/जीव-जन्तु की उटपटांग लगने वाली (स्थिति) Preposterous *Preposterous plan

आगे की तरफ बढ़ाना Extend *He extended his hand

आगोश में समा जाना (नींद, बेहोशी के) Lapse *He lapsed into sleep *He lapsed into unconsciousness

आगोश में समा जाना (गर्म, आरामदेह, सुरक्षित स्थान के) Ensconce *The kid ensconced in the lap of his mother

आग्रह करना Solicit, Entreat

आग्रह करना (नतमस्तक होकर) Supplicate

आग्रह करना (बार-बार जिससे कोई तंग हो जाए) Beseech

आग्रह करना (बहुत जरूरी स्थिति होने से) Implore, Importune

आघात Onslaught

आघात (मानसिक) Shock, Trauma

आघात (दिमाग सुन्न करने वाला) Stun

आघात (पटकने का) Impact *The impact of a heavy body's fall made a crater

आघात (चोट करने का) Stroke *He fell in one stroke of fist

आघात (असफलता का) Debacle *Debacle in his career ruined him

आघात (प्रगति में) Setback *The progress of the project suffered a setback

आघात (मानसिक या शारीरिक) Trauma *The accident survivors suffered trauma

आघात (अस्तित्व समाप्त कर देने वाला) Coup d'grace, Final blow *He gave coup d'grace to the dying animal

आघात (सैनिकों द्वारा सत्ता पलटने वाला) Coup d'etat *Coup d'etat ended the established rule

आचरण (विशेष प्रकार का) Behaviour *Graceful behaviour

आचरण (सलीकापूर्ण) Conduct

आचरण (प्रतिष्ठा अनुरूप) Comportment *Comportment of an aristocrat

आचरण (हावभाव से दिखने वाला) Deportment *Deportment of a well-mannered person

आचरण (अपने स्तर के अनुरूप) Demeanour

आचरण करना Behave *He behaves graciously

आचरण करना (समय की नाजुकता के अनुरूप) Conduct *He conducted with tact

आचरण करना (प्रतिष्ठा अनुरूप) Comport *A man is judged by how he comports

आचार संहिता Conduct rules

आचरण करना (अपने स्तर के अनुरूप) Demean

आच्छादन Envelope *A pal of smoke enveloped the area

आच्छादन रहित Denuded *A large-scale cutting of the trees denuded the forest

आज से पहले Heretofore

आज के बाद Henceforth

आज तक Hitherto

आजिज Annoyed, Fed up

आजिज करना Annoy

आजिज करना (किसी काम के लिए याचना करके) Pester *Pester with persistent requests

आजिज करना (आलोचना करके) Nag *His wife constantly nags him for not doing what she wants

आजीविका Livelihood *He earns his livelihood by selling vegetables from door to door

आज्ञा का पालन करना Obey

आज्ञा का खुलेआम उल्लंघन करना Defy

आज्ञाकारी Obedient

आडम्बर Pomp, Ostentation *Behaviour full of pomp

आडम्बर युक्त Pompous *Pompous decorations

आड़ (छिपने के लिए) Lee *A huge stone gave him a lee from the storm

आड़ (भागने के लिए) Leeway *Darkness provided the absconder a leeway

आड़ में छिपना Lurk *The lion lurked behind a bush in wait of its prey

आड़ा-तिरछा होकर चलना Siddle *He siddled along a wall

आतंक Terror

आतंकवाद Terrorism

आतंकवादी Terrorist

आतंकित करना Terrorise

आतंकित करना (संभावित खतरे से) Frighten *Apparition of the ghost frightened him

आतंकित करना (डरावने दृश्य से) Horrify *A gory accident's site horrified him

आततायी शासक/आततायी शासन Tyrant/ Tyranny

आततायी Tyrant

आततायी व्यक्ति Tormentor

आतिशबाजी Pyrotechnic

आतुर (जानने के लिए) Curious *He is curious about his new neighbour

आतुर (उतावला होकर, अधीरतापूर्वक) Eager *He is eager to know the exam results

आतुर (आवेशयुक्त) Agog *They are agog with the chance to watch a cricket match

आत्मकथा Autobiography

आत्म-ग्लानि (दिल में चुभन महसूस करके) Compunction *He does not feel compunction for his sinful acts

आत्मग्लानि (दिल में कचोट महसूस करके) Contrition

आत्मघात Harakiri

आत्म-त्याग Abnegation

आत्म-तुष्ट (अपनी सफलता से) Complacent

आत्म-तुष्ट (अपनी सफलता के कारण अन्य से उच्च स्तर वाला समझने के कारण) Priggish

आत्म-तुष्ट (अपनी सफलता के आगे कम सफल व्यक्ति के प्रति तिरस्कार युक्त) Smug

आत्म-तुष्टि (मन में) Self-satisfaction

आत्म-तुष्टि (अपनी सलामती से - संभावित खतरे से अनजान होने से) Euphoria

आत्मदाह Immolation

आत्म-मंथन/मंथन करना Introspection Introspect

आत्ममुग्धता Narcissism

आत्म-संयम Continence

आत्मसम्मान Self-respect

अत्मसम्मान हरण करना Demoralise, Humble *A brat was humbled by the disclosure of truth about him

आत्मसम्मान हरण करना (सार्वजनिक रूप से) Humiliate

आत्मविश्वास Self-confidence

आत्मविश्वास की कमी (कुछ करने में) Diffidence

आत्महत्या Suicide

आत्मसंयम Continence

आत्मसात करना Assimilate, Imbibe *Assimilate knowledge

आत्मा का शरीर त्याग (मृत्यु पर) Metempsychosis

आत्मा का अन्य शरीर धारण Metensomatosis

आत्माभिमान Self-esteem

आर्तनाद Cri de coeur

आर्तनाद करना (मृत्यु पर) Keen *Women keened over the dead body

आर्थिक (देश की अर्थव्यवस्था से संबन्धित) Economic

आर्थिक (संस्थागत अर्थव्यवस्था से संबन्धित) Financial *Company's financial matters are looked after by him

आर्थिक (व्यक्तिगत स्थिति से संबन्धित) Pecuniary *His pecuniary condition is not good

आर्थिक (रुपये-पैसे से संबन्धित) Monetary *Bank work involves monetary transactions

आर्थिक स्वायत्ता Autarky

आर्थिक सम्पन्नता Affluence

आदत Habit

आदत छोड़ाना (बच्चे के स्तनपान का, नशा करने का) Wean away

आदत की विशेषता (व्यक्ति की) Idiosyncrasy

आदत से लाचार होना (किसी काम को करने की) Wont *He is wont to lying

आदत से लाचार होना (चोरी करने के) Kleptomania

आदत से लाचार होना (झूठ बोलने का) Mendacity

आदतन शिकायत करने वाला (चिढ़कर) Querulous, Peevish

आदतन चिढ़ कर मुँह फुला लेने वाला Petulant

आदतन चिढ़ जाने वाला (मन माफिक कुछ नहीं होने पर) Fractious *Fractious child

आदर (गुणवान का) Respect *Respect of the learned person

आदर (पूजनीय का) Reverence *Revere saints/ Reverence of saints

आदर (प्रशंसायुक्त) Esteem *Hold him in high esteem

आदर (विशिष्ट व्यक्ति का) Honour *Honour of the dignitaries

आदर (उच्च विचार युक्त) Regard *I have high regards of him

आदरयुक्त भय Awe *Awe of spiritual power

आदर करना Respect *Respect the learned

आदर करना Revere *Revere the saints

आदर करना Honour *Honour the judges

आदर करना (जो पवित्र हो) Hallow

आदर करना Regard *I regard you

आदर-सत्कार Hospitality

आदर्श Ideal *Ideal hero

आदर्श (जो केवल कल्पना भर हो) Utopian *Utopian social harmony

आदर्शवादी (विचार आदि जो अव्यावहारिक हो) Quixotic

आदर्शवादी व्यक्ति (अव्यावहारिक रूप से) Don Quixote

आदान-प्रदान करना (किसी चीज का) Exchange *Exchange pleasantry

आदान-प्रदान करना (एक-दूसरे से गाली-गलौज, दोषारोपण) Bandy trade *Bandy blows *Bandy accusations

आदान-प्रदान करना (सवाल-जवाब, हँसी-मजाक) Repartee *Repartee witty remarks

आदान-प्रदान करना (एक वस्तु दे कर बदले में अन्य लेना) Swap *He swapped his book with someone for his pen

आदान-प्रदान (सहायता के बदले कुछ अन्य से) Quid pro quo

आदिपूर्वज Primogenitor

आदिमानव Neanderthal

आदिवासी Aboriginal

आदि पूर्वज Primogenitor

आदेश (आधिकारिक) Order *Official order to ban the public assembly was issued

आदेश (सैनिक) Command *Military command

आदेश (कानून सम्मत) Decree *The government decreed to levy additional tax

आदेश (मर्जी के विरुद्ध मानने के लिए विवश करना) Dictation (v. Dictate) *He tried to impose his dictation on me

आदेश (गैरवाजिब) Diktat *Subordinates are constrained to follow their boss' diktats

आदेश (सरकार द्वारा घोषित) Edict *The government issued an edict

आदेश (अधिकारी को सरकारी फरमान) Fiat *The government issued fiat to arrest the trouble-makers

आदेश (भाग्य, नियति का) Ordain *Fate has ordained him to suffer

आदेश (वैधानिक, जनता द्वारा चुने हुए प्रतिनिधि को) Mandate *The government. has to obey the people's mandate

आदेश (व्यक्तिगत) Behest *He abused me at someone's behest

आदेश (न्यायिक) Injunction *Court's injunction forbidding any unilateral action becomes a binding

आदेश देना (हिदायत स्वरुप) Enjoin *The doctor enjoined the patient to take medicine regularly

आदेश पालन करने वाला मानसिकता का (व्यक्ति) Docile *He is a docile person

आदेश पालन करने वाला व्यक्ति (समझा-बुझाकर) Tractable * He is not docile, but a tractable person

आदेश पालन करना Comply (with) *Everyone is expected to comply with the rules/orders

आदेश पालन के लिए सदैव तत्पर (be) at someone's beck and call

आदेश पालन नहीं करने वाला Recusant

आदेश लागू होने से रोक कर रखना Keep in abeyance

आदेश वापस लेना (चालू आदेश को निरस्त करके) Revoke *The order of dismissal from the service was revoked

आधार (तर्क, विश्वास का) Basis *What is the basis of his culpability?

आधार (निर्णय, कार्रवाई का) Grounds *The decision must be based on incontrovertible grounds

आधारभूत (न्यूनतम आवश्यक) Basic *Basic requirement

आधारभूत (उस पर टिका होने वाला) Cardinal *Cardinal principles of life

आधारभूत (नीव के समान सर्वोच्च महत्व का) Fundamental *Fundamental importance

आधारहीन (प्रश्न) Hypothetical

आधारित होना (किसी के कर्तव्य/जवाबदेही पर) (be) Incumbent upon *The welfare of the people is incumbent upon good governance

आधारित होना (किसी संभावित स्थिति/घटना पर) (be) Contingent upon *Good harvest is contingent upon good monsoon

आधिपत्य Command

आधिपत्य (व्यक्ति पर) Dominance

आधिपत्य (देश पर) Hegemony

आध्यात्मिक Spiritual

आनन-फानन में Frantically

आनन-फानन में किया गया (काम) - चिंताग्रस्त होकर Frantic *A frantic search was made when the boy went missing

आनन-फानन में किया गया (काम - व्यस्तता के साथ) Hectic *Hectic activity in the office got him tired

आनन्द की अनुभूति की पराकाष्ठा Bliss *Perfect conjugal life is a bliss

आनन्द की चरम अनुभूति Ecstasy *Devotional songs transport him to ecstasy

आनन्द की अनुभूति करने वाली बातों में अरुचि (उदासीपूर्ण मानसिक स्थिति के कारण) Melancholia

आनन्ददायक (मन को) Delightful *Delightful scenery

आनन्ददायक (भोजन, पेय) Delectable *Delectable menu

आनन्ददायक (सुगन्धित) Delicate *Delicate perfume

आनन्ददायक (देखने में) Dainty *Dainty decor

आनन्ददायक (हँसाने लायक, प्रफुल्लित करने लायक) Hilarious *Hilarious performance

आनन्दमय Blith

आनन्द विभोर अवस्था Rapture

आनन्दित Delighted

आनन्द से मग्न कर देना (संगीत) Enrapture *The melodious music enraptured the audience

आनन्द से मग्न कर देना (मजाकिया बात से, मनोरंजन कर के) Regale *His talks/speech regaled us

आनन्द लेना Enjoy

आनाकानी करना (काम करने में देरी कर के) Dillydally

आना-जाना करना (घर से रोजाना ऑफिस, कार्यस्थल के बीच) Commute *He commutes by local train

आना-जाना करना (बस, ट्रेन, आदि का दो जगहों के बीच में) Ply, Shuttle *This bus plies between the railway station and the airport

आने-जाने वाला व्यक्ति (कुछ देर रुक कर) Transient *Transient occupants of a hotel

आने-जाने वाली (भावना) Transitory *Transitory feeling of anger soon vanishes

आने वाले समय (भविष्य) के बारे में सोचने की क्षमता Foresight

आने वाली (घटना, स्थिति, आदि) Forthcoming *Help is forthcoming

आपत्ति करना (असहमत होने से) Object *He objected to the decision

आपत्ति करना (दोषारोपण पर) Protest *He protested against the accusation levelled on him

आपत्ति करना (आहत करने वाली बात पर) (take) Exception or (take) Umbrage *He took an exception to my remark

आपत्तिजनक Exceptionable *Exceptionable remark

आपदा (हानिप्रद) Calamity *9/ll terror attack was a great calamity

आपदा (प्राकृतिक) Disaster *Flood disaster

आपदा (अचानक आने वाली) Catastrophe *The celebration turned into a catastrophe

आपदा (व्यक्तिगत जीवन में) Misfortune *Misfortune ruined him

आपदाकारक Disastrous *Disastrous earthquake

आपदा की भविष्यवाणी करने वाला (व्यक्ति) Cassandra *All the cassandras of economic recession proved wrong

आपसी मतभेद भुलाकर एक होना Close ranks *Leaders were called upon to close ranks, and work for the weal of the people

आपसी Mutual *Mutual friendship

आपसी मधुर संबन्ध (व्यक्तियों में) Bon homie *They enjoyed family bon homie on the occasion of the festival

आपसी मधुर संबन्ध (साथियों में) Camraderie *Camaraderie amongst the party comrades

आपसी मधुर संबन्ध एवं एकता (एक ही profession के लोगों में) Esprit de corps (as in medical professionals)

आपसी मधुर संबन्ध से युक्त Congenial *Congenial relations

आपसी लेन-देन Quid pro quo

आपाधापी Melee

आपातकाल Emergency

आपातकालीन परिस्थिति Exigency

आपे से बाहर होना Exasperate *Annoyance caused by someone's pestering exasperated him

आप्रवासी Immigrant

आफत Havoc

आबंटन करना (एक-एक भाग/हिस्सा) Allot *Quarters were alloted to the employees

आबंटन करना (धन, संसाधन) Allocate *Funds were allocated for each project at hand

आबंटन करना (हिस्सा बाँट कर) Apportion *He apportioned his property amongst his sons

आबंटन करना (काम, जवाबदेही) Assign *Each worker was assigned a specified duty

आबंटित कार्य Assignment *The students got holiday assignments

आबंटित समय Slot *Each participant was alloted a half-an-hour slot to perform on the stage

आबंटित मात्रा Stint *He completed his stint of duty * He lives on stinted supply of food

आबादी Population

आबादी युक्त स्थान Habitation *There is no habitation on this island

आभार व्यक्त करना (प्रशंसा युक्) Compliment

आभार Obligation *I shall never forget your obligation *He expressed his obligation to someone who had helped him

आभार (मदद के लिए) Gratitude

आभारी Grateful, Thankful

आभारी (अनुग्रह के लिए) Grateful *I am grateful to you

आभारी (ईश्वर के प्रति) Thankful *Thankful to God for what He has bestowed on me

आभारी (कर्ज से बंधा होना) Beholden *I am beholden to him

आभास (शक पर आधारित) Inkling *There was no inkling of what was happening in his mind

आभास (आगामी घटना का) Anticipation

आभास (आगामी अशुभ घटना का) Presentiment

आभास (मन में आने वाला ख्याल) Hunch

आभास (बिना उचित कारण के मन में आने वाला) Intuition *I was struck with an intuition that something is amiss here

आभासित Virtual *Virtual image
अभिनेता Actor, Thespian
अभिनय से संबन्धित Thespian
आभूषण रखने का बक्सा Casket
आमंत्रण Invitation
आम जनता Hoi polloi, common people
आम जनता (नीचे तबके का) Plebeian
आम सदस्य (पार्टी, गुट, सेना, संस्था का) Rank and file
आमना-सामना (संघर्षमय) Encounter *Police encounter with criminals
आमना-सामना (किसी व्यक्ति से अचानक भेंट होना) Rencontre
आमने-सामने Face to face *They are sitting face to face
आमने-सामने स्थित Vis-a-vis *They were sitting vis-a-vis in the meeting
आम सहमति (किसी विषय पर) Consensus
आम सहमति से/निर्विरोध (निर्णय आदि) Unanimous
आमादा (किसी काम को करने पर) Bent upon
आमोद-प्रमोद समारोह Carnival/Jamboree
आमोद-प्रमोद Mirth
आमूल-चूल (परिवर्तन, कदम, कार्य, आदि) Radical *Radical change
आयाम Aspect
आया Maid, Nanny
आयुक्त Commissioner
आयुवर्द्धक पेय Elixir
आयोग Commission
आयोजन Event
आयोजन करना Organize
आरज़ू Desire
आर-पार दिखाई देने वाली आँखों के सामने की स्क्रीन (हेलमेट में) Visor
आर-पार दिखने वाला (पदार्थ) Transparent
आर-पार दिखने वाली (वस्तु) Diaphanous
आर-पार नहीं दिखने वाला (पदार्थ) Opaque
आराधक Devotee
आराम (कठिनाई से) Ease
आराम (तकलीफ से) Comfort
आराम करना Rest
आरामदेह (शरीर के लिए) Comfortable *Comfortable sofa
आरामतलबी Indolent
आरामदेह (नरम एवं गर्म एहसास वाला) Snug
आरामदेह (नरम एहसास देने वाला) Cosy *Cosy rooms in hotels
आरामदेह रहित Uncomfortable
आरामदेह एवं सुरक्षित स्थान में शरण लेना Ensconce *The kid ensconced himself in his mother's lap
आरामदेह एवं गर्म स्थान में शरण लेना Snuggle *Cold weather forced us to snuggle into bed
आरी (चीरने वाली) Saw
आरी के दाँतों जैसा Serrated *Serrated mountain peaks
आरोग्यकारी Curative
आरोप (अपराध का)/आरोप लगाना Accusation/Accuse
आरोप (प्रमाण विहीन)/आरोप लगाना Allegation/Allege
आरोप (भर्त्सना के लायक अपराध का)/**आरोप लगाना** Indictment/Indict
आरोप (गंभीर अपराध - देश या संविधान के विरुद्ध) Impeachment/Impeach
आरोप-प्रत्यारोप में उलझना Quibble
आरोहण/आरोहण करना Ascend
आलसी (काम नहीं करने वाला) Lazy
आलसी (काम की अनिच्छा से) Indolent
आलसी (धीरे-धीरे हाथ हिलाने वाला) Sloth
आला Stethoscope
आलिंगन में लेना Embrace
आलेख Text
आलेख के अन्त में अतिरिक्त लेख जोड़ना Append
आलेख के अन्त में जोड़ा गया अंश Addendum
आलेख के अन्त में जोड़ा गया अंश (अतिरिक्त में) Appendix
आलेख के अन्त में जोड़ा गया अंश (आंकड़ों का, तथ्यों का) Annexure
आलेख के अन्त में जोड़ा गया (अशुद्धियों की शुद्धीकरण सूची) Corrigendum
आलेख को छोटा करना (काट-छांट कर) Concise

आलेख को छोटा करना (बिना संपूर्णता हटाए) Abridge

आलेख में से हटाना (अनावश्यक अंश को) Bowdlerise

आलेख में से हटाना (आपत्तिजनक अंश) Expunge

आलेख में से हटाना (एक अंश को) Expurgate

आलेख में से हटाना (अंश/शब्द को काट कर) Delete *Deleted his name *Delete unwarranted portion

आलेख मिटाना (रबड़ से रगड़ कर) Erase

आलेख का प्रारूप तैयार करना Draft

आलोचक (साहित्यिक/कला विषय का) Critic

आलोचक (व्यक्ति का) Baiter

आलोचना (गलत कार्य की) Criticism

आलोचना (साहित्यिक रचना, कला की) Critique

आलोचना (मौखिक आक्रमण कर के) Diatribe

आलोचना (मौखिक अपशब्द के प्रहार के साथ) Invective

आलोचना (जोरदार सार्वजनिक भर्त्सना कर के) Obloquy

आलोचना (आपत्तिजनक बयान के रूप में) Stricture

आलोचना करना Criticise

आलोचना करना (प्रतिकूल बातों से) Animadvert

आलोचना करना (बिना उस विषय के ज्ञान के) Ultracrepidate

आलोचना करना (किसी बात से असहमत होने से) Censure *Censure someone's wrong decision

आलोचना करना (निंदनीय कार्य/परिस्थिति की) Deprecate *The state of education in the government schools is deprecated by the people

आलोचना करना (गलत काम के लिए) Expostulate

आलोचना करना (अपमानजनक भाषा में) Vituperate

आलोचना करना (अत्यंत कड़वाहट भरा) Inveigh

आवभगत Hospitality

आवश्यक (अति महत्वपूर्ण होने से) Essential

आवश्यक (जरूरी होने से) Necessary

आवश्यक (जरूरी/पालनार्थ) Imperative *Imperative orders

आवश्यक होना Necessitate

आवश्यकता के बराबर Adequate

आवश्यकता से काफी Sufficient

आवश्यकता के लिए भरपूर Enough

आवश्यकता (जरूरी) Need *Food is the first need of people

आवश्यकता (कमी होने के कारण) Want *Want of money

आवश्यकता से कम Deficient *Deficient supply of water caused hardship to the people

आवश्यक वस्तु की उपलब्धता में कमी Paucity *Work was stopped due to paucity of funds

आवश्यक वस्तु/मौके से वंचित रखना Deprive *He was deprived of opportunity to study in college due to paucity of money

आवश्यक वस्तु की कमी (जीवनयापन के लिए) Privation *Poor people live in privation

आवश्यक Necessity

आवश्यकता से अधिक सुख-सुविधा देना Pamper

आवरण Cover, Veil

आवास Abode, Residence

आवासीय Residential

आवासीय व्यवस्था Lodging

आवासीय भोजन व्यवस्था Board *The hostel provides lodging and boarding in the campus

आवारा (मारा मारा फिरने वाला) Vagabond, Tramp, Vagrant

आवागमन Movement

आवाज (कर्कश - गाड़ी में ब्रेक लगाने पर होने से, उल्लू पक्षी के बोलने की) Screech (of owl) *The train screeched to an abrupt halt

आवाज (तेज शोर युक्त) Stentorian (Siren/loudspeaker)

आवाज (तेज खर्राटे लेने की) Stertorous (breathing/snoring)

आवाज (तेज शोरगुल, कोलाहल का) Strident (traffic)

आवाज (पानी छलकने की) Splash

आवाज (दरवाजे, फर्नीचर के चरमराने का) Creak *Rickety furniture creaks

आवाज (पंख फड़फड़ाने की) Flap

आवाज (सिक्के के खनखनाहट की) Jingle *Coins jingle

आवाज (भारी वस्तु के धम से जमीन पर गिरने की) Thud *A heavy stone fell with a thud on the ground

आवाज (वाद्य यंत्र के तारों की झनकार) Twang *Twang of a guitar

आवाज (ठाँय ठाँय गोली चलने की) Staccato *Staccato of gun shots was heard

आवाज (काँच के बर्तनों के टकराने की) Clink

आवाज (धातु के चम्मचों के टकराने की) Clatter

आवाज (घंटी के टनटनाने की) Clang

आवाज (मक्खियों के उड़ने की) Drone, Hum

आवाज (धातु की वस्तुओं के आपस में टकराने की) Rattle *Rattle of a fast running train

आवाज (घोड़े के पैरों के टाप की) Clop

आवाज (कुरकुरे खाद्य पदार्थ के टूटने की) Scrunch *The scrunch of crunchy biscuits on being chewed

आवाज (बम फटने की) Crump

आवाज (छोटे पटाखों के फटने की) Squib

आवाज (तेल में तलने की छन्न-छन्न) Sizzle

आवाज (फूंफकारने की) Hiss

आवाज (पेय पदार्थ से गैस के बुलबुले निकलने की) Fizz

आवाज (कीचड़ में चलने से चभ-चभ की) Squelch

आवाज (हथियार के हवा में तेजी से घुमाने पर) Swish

आवाज करना (हड्डी के चटखने की) Crepitate

आवाज करना (बादल गरजने की) Thunder

आवाज करना (शेर के गरजने की) Roar

आवाज करना (व्यक्ति के गरजने की) Shout

आवाज करना (तेज हवा की साँय-साँय) Susurrate *Wind blowing at high speed susurrates

आवाज करना (सूखे पत्तों का दबने से) Rustle *Dry leaves make a rustling sound when someone walks over

आवाज करना (बिल्ली के गुर्राने की) Purr

आवाज का लहजा (बोलने का) Tone *He spoke in an angry tone

आवाज की तीव्रता का स्तर (व्यक्ति के बोलने की) Tenor

आवाज का लहजा एवं तीव्रता (किसी के कुछ कहने की) Tone and tenor *Tone and tenor of his speaking to me was offending

आवाज की खासियत जिससे बोलने वाले व्यक्ति को पहचानने में मदद मिलती है Timbre

आवाज की तीव्रता बढ़ाना Amplify

आवाज रहित Mute

आविर्भाव Advent

आवेदन करना/आवेदन Apply/Application

आवेश Impulse *He shouted in an impulse of anger

आवेश से भरपूर Impulsive *Impulsive action may be a cause to repent later

आशंका (भविष्य की) Premonition, Foreboding

आशंका/आशंका करना (अप्रिय घटना होने की) Apprehension/Apprehend *I have an apprehension about his ability to do it

आशा के विपरीत घटना में अचानक मोड़/अन्त Anticlimax

आशातीत Expected

आशावादी (opp. निराशावादी) optimist (opp. pessimist)

आशा की किरण दिखा कर ठगना Take someone for a ride

आशा से भरपूर Optimistic

आशा करना Expect

आशिक Paramour

आश्चर्य Surprising

आश्चर्य/आश्चर्यचकित करना (असामान्य कार्य/घटना से) Surprise

आश्चर्य/आश्चर्य करना (प्रशंसा के साथ) Wonder *I wonder how easily he does his work

आश्चर्य/आश्चर्य करना (अत्यंत प्रशंसनीय होने से) Marvel *We marvelled at the beauty of Taj Mahal

आश्चर्यचकित होकर कुछ कहने में असमर्थ Dumbfound

आश्चर्य में मुँह खुला होना Gape *He gaped at the incredible feat of the stunt man

आश्वस्त Assured

आश्वस्त करना Assure

आश्वासन Assurance

आश्वासन (शर्त पूरी होने का) Guarantee *Give the guarantee of something to be fulfilled as promised

आश्वासन (कर्ज अदायगी का) Guaranty *Give the guaranty of loan refund

आश्वासन से मुकरना Renege (on) *Renege on one's promise

आश्रम (संन्यासी का) Hermitage

आश्रय Shelter

आश्रय (खतरे से दूर रखने वाला) Shelter *Shelter for the homeless

आश्रय (बीमार की सेवा के लिए) Asylum

आश्रय (आँधी, वर्षा से बचने के लिए) Lee *A huge stone becomes a lee from rain and storm

आश्रय (पकड़े जाने से बचने के लिए) Haven *Politics is a favourite haven of the scoundrels

आश्रय (घर-बार से भागे हुए के लिए) Refuge *Refuge for persons displaced from their homes

आश्रय (जंगली जानवरों का स्वाभाविक वातावरण का) Sanctuary

आश्रित Dependent

आश्रित व्यक्ति Dependant

आश्रित होना (किसी के सहारे टिका हुआ) Depend *Success depends upon luck

आश्रित होना (किसी के सहारे से बंधा हुआ) Rely *Rely on someone's help

आश्रित होना (अप्रत्याशित घटना पर) Contingent (upon)

आश्रित होना (किसी की कर्तव्यनिष्ठा पर) Incumbent upon

आसक्ति (भावनात्मक) Passion *Passion for social service

आसक्ति (मानसिक) Obsession *Obsession for music

आसक्ति (मूर्खतापूर्ण) Infatuation *Infatuation for a girl has blinded him

आसक्ति (किसी काम के प्रति बेकाबू) Mania *He has a mania for sports

आसक्ति (चोरी करने की बेताबी) Kleptomania *A person suffering from Kleptomania cannot resist his temptation to stealing

आसक्ति (झूठ बोलने की बेताबी) Mythomania

आस-पास स्थित Vicinal *We live in vicinal buildings

आस-पास मंडराते खतरे से सावधान Circumspect

आसान Easy

आसानी से प्रथम स्थान पर रहने वाला व्यक्ति Facile princeps *He becomes facile princeps where-ever he goes

आसानी से संभव Feasible *It is not feasible to accomplish the task in one day

आसानी से किसी का विश्वास करने वाला Credulous

आसानी से समझ में आने वाला Obvious

आसानी से किसी के द्वारा ठगा जाने वाला Gullible

आसानी से अपने लिए मुख्य स्थान बनाने वाला व्यक्ति Facile princeps

आसानी से प्राप्त Facile

आसमान में बिजली की चमक, गरज के साथ Bolt *Bolt from the blue

आसमान में सीधा ऊपर उठना Soar *The balloon soared up in the sky

आसमान में अधिकतम ऊँचाई (opp. पाताल में अधिकतम गहराई) Zenith (opp. Nadir)

आसुरी Demonic

आस्था Faith

आस्था को तोड़ने वाला व्यक्ति Iconoclast

आह भरना (दर्द में) Groan *Groan in pain

आह भरना (सुखद एहसास में) Moan

आहट Approaching sound

आहत (शरीर) Injured

आहत (भावना) Outraged

आहत करने वाला Offending *Strident traffic noise was offending to the ears

आहत भावना Outrage *Arouse outrage in someone by an offending action

आहत भावना कम करना Assuage *Assuage hurt feelings of someone

आहार Diet, Aliment

आहार संबन्धी Dietary

आहार विशेषज्ञ Dietician

आहार संयमी Abstemious *An abstemious person

आहार सामग्री Victuals *The supplier of victuals is called a victualler

आहार सामग्री विक्रेता Victualler

आहुति देना Immolate

आह्वान Invocation

आह्वान करना (दैविक शक्ति का) Invoke

आह्वान करना (लोगों का) Exhort *He exhorted people to stand against injustice

इ

इकट्ठा (सब मिला कर, जोड़ कर) Aggregate *Aggregate marks of all subjects

इकट्ठा करना Collect

इकट्ठा करना (बिखरे हुए को) Gather *Gather flowers

इकट्ठा करना (धन, पानी आदि को थोड़ा-थोड़ा जमा करके) Accumulate *Accumulate wealth/water

इकट्ठा करना (सूचना, वोट) Garner

इकट्ठा करना (अनाज के दानों को खेत में से) Glean

इकट्ठा करना (संसाधन आदि को) Marshall *Marshall resources to meet the needs

इकट्ठा करना (अपने अन्दर से निकाल कर, आंतरिक इच्छा, ताकत, हिम्मत) Summon *Summon courage to fight

इकट्ठा करना (कार्यस्थल पर, कुछ करने के लिए) Muster *Muster labour force

इकट्ठा जनसमूह Gathering, Throng *He was lost in the throng

इकट्ठा रहने वाला (जीव, प्राणी) Gregarious

इकट्ठा होना (एक स्थान पर) Assemble *Students assembled in auditorium

इकट्ठा होना (अत्यधिक संख्या में) Throng *Tourists thronged there

इकट्ठा होना (प्रवचन, प्रार्थना के लिए) Congregate *Devotees congregate for communion

इकट्ठा होने का पूर्वनिर्धारित स्थान Rendezvous

इकट्ठा होने का पूर्वनिर्धारित गुप्त स्थान Assignation *An isolated place is used by thieves as their assignation

इकबालिया बयान Confession

इच्छा (कुछ पाने की मन में) Desire *To fulfil one's desire

इच्छा (मन में पालने वाली) Wish *God will grant my wish *I wished him success in life

इच्छा (दृढ़-निश्चय से युक्त) Will *He wanted to impose his will on us *He made his will on transferring his property *Will power must be strong to succeed

इच्छा (लक्ष्य प्राप्ति की, जिसके लिए प्रयास किया जाए) Conation *Salvation is everyone's conation

इच्छा (मर्जी के अनुरूप) Volition *He renounced luxurious living on his own volition

इच्छा (उत्कट - जिसे रोकना कठिन हो) Craving, yearning *An addict's craving is desperate *He craves for his own fame

इच्छा के विरुद्ध किसी पर थोपना Foist *Foist one's opinion on someone

इच्छा रखने वाला व्यक्ति (कुछ बन जाने की, परन्तु असफल रह गया हो) Manque *He is a film hero manque

इच्छा रखने वाला व्यक्ति (कुछ बन जाने की) Wannabe *Stage singer wannabes thronged for the audition test

इच्छा पत्र (संपत्ति बंटवारा) Testament

इच्छुक Desirous

इच्छित असर/असर पैदा करना (प्रेरित करके कुछ काम करने/करवाने के लिए) Inducement/ Induce *Good salary is an attractive inducement to join a private company *Allurement of money induces us to commit a crime

इच्छित असर पैदा करने वाला (दवा, योजना) Efficacious

इजाद करना/इजाद Invent/Invention

इठला का चलना/इठलाना Strut

इठलाना (अपनी सफलता पर) Gloat

इधर-उधर (उत्साह या उत्तेजना में) **दौड़-भाग करना** Bustle *Boisterous kids bustled around

इधर-उधर भाग-दौड़ करना (घबराहट में) Flurry

इधर-उधर भाग-दौड़ (बिना कारण के) Fuss, Ado *There was a fuss in celebration – people moving around as if very busy *There was much ado about nothing in the pandal

इधर-उधर भागना (घबराहट में) Run helter-skelter

इधर-उधर हवा में उड़ती हुई स्थिति में/उड़ते रहना Adrift/Drift

इधर-उधर पानी की सतह पर तैरते हुए/तैरते रहना Afloat/Float

इनकार करना (देने से, स्वीकार करने से) Deny *Deny to have done something *Deny him promotion/opportunity

इनकार करना (लेने से, आदेश आदि मानने से) Refuse *He refused to accept the award *He refused to obey the orders

इनकार करना (अपनाने से) Repudiate *He repudiated my offer of friendship *He repudiated his wayward son *He repudiated the allegations against him

इनकार करना (सच्चाई से, सहमत होने से) Gainsay *There is no gainsaying the fact that law & order has collapsed

इनाम (प्रतियोगिता जीतने पर) Prize

इनाम (किए गए अच्छे काम के लिए) Award *Award for bravery

इनाम (सहायता, चापलूसी के बदले) Reward *Reward for loyalty

इमारत (मुख्य इमारत से जुड़ा हुआ) Annexe *His office is in annexe

इरादा Intention

इलाज Treatment

इल्म Knowledge

इल्म Clue *I have no clue about his whereabouts

इशारा (तथ्य, सच्चाई, घटना की तरफ) Hint *Give a hint to solve a problem *He gave a hint about his plan

इशारा (अप्रत्यक्ष रूप से किसी बात की तरफ) Allusion

इशारा (**संभावना की तरफ**) Indication *Vivacity is an indication of good health

इशारा (किसी के बारे में अप्रिय बात, आक्षेप की तरफ) Insinuation

इशारा (सचेत करने के लिए) Signal *Signal to stop gossipping

इशारा (कुछ शुरू करने के लिए) Cue *He got a cue for fleeing the spot *His success gave others cue to emulate him

इशारा (समस्या, पहेली सुलझाने के लिए) Clue *Clue to solve a riddle/a crime

इशारा (भाव-भंगिमा से मन की बात बताने के लिए) Tender *He made many tenders of his dislikes for someone by way of politely refusing his gifts

इशारा करना (अप्रत्यक्ष रूप से कह कर किसी बात की तरफ)/इशारा Allude/Allusion *He alluded to my laziness

इशारा करना (अप्रत्यक्ष बात से किसी पर आक्षेप लगाने के लिए) Insinuate *He insinuated to my complicity in crime

इशारा करना (किसी बात की तरफ घुमा-फिरा कर Intimate *Intimate about a possible action against someone

इशारा करना (ऊँगली दिखा कर) Beacon *He beaconed me to keep silence

इशारा करना (सिर हिला कर) Nod *He nodded in agreement

इशारा करना (कुहनी से धक्का मार कर) Nudge *He nudged me to come closer to him

इशारा करना (आँख झपका कर) Wink *Winked to keep mum

इश्तहार पट्ट Hoarding

इश्तहार (दीवार पर लिखा/चिपकाया हुआ) Advertisement

इसी महीने (Compare : **पिछला महीना एवं अगला महीना**) Instant mensem (Comp. Ultimo mensem and Proximo mensem) *He will go to Delhi on 10th instant mensem *He will go to Delhi on 10th proximo mensem

इसी क्षण/क्षण में Instant/Instantly *He replied instantly

इस्तेमाल करना Use, utilize (see **उपयोग करना**)

इस्तेमाल करना (अपना अधिकार, दबदबा, आदि) Wield *He wields his authority to control disobedience *A dictator wields his authority brazenly *He wields immense influence in the society

ई

ईंट फेंक कर मारना Pelt stones (on)

ईमान Conscience *His conscience does not allow him to do wrong

ईमान युक्त Conscientious *He is a conscientious person

ईमानदार Honest

ईमानदारी Honesty

ईश्वर-अनुकंपा Providence *We should be thankful to the providence for what has been granted to us

ईश्वरीय अनुकंपा से Providential *He has a providential escape from injury in accident

ईश्वरीय दया से युक्त Propitious *Luck is propitious to give success

ईश्वर की प्रार्थना के भरोसे (स्थिति) Precarious *The condition of his health in precarious

ईश्वर के अस्तित्व में विश्वास करने वाला व्यक्ति Theist

ईश्वर के अस्तित्व में विश्वास नहीं करने वाला व्यक्ति Atheist

ईश्वर के अस्तित्व से अनभिज्ञ व्यक्ति Agnostic

ईश्वर द्वारा परित्यक्त व्यक्ति (व्याभिचारी होने के कारण) Reprobate

ईश्वर से नैसर्गिक संबन्ध/संबन्ध स्थापित करना Communion/Commune *Prayer is a way to commune

ईश्वर का अपनी अलौकिक शक्ति का त्याग (मानवीय अवतार में) Kenosis

ईर्ष्या Envy *I envy your success

ईर्ष्यालू Envious *He is envious to my possession

ईर्ष्या करना Envy

ईर्ष्या करना (किसी की सफलता से सीखने के लिए) Covet *I covet his success

उ

उंकड़ू बैठना Squat

उंगलियों से खुरचना (टटोल कर पहचान के लिए) Scrabble *He scrabbled for the lights' switches in darkness *He scrabbled his feet for the foothold on the slope

उंगलियों के नाखून के किनारे की त्वचा Cuticle

उंगली से इशारा करना Beacon

उंगलियों से ठोकना Percuss *The doctor percussed the patient's stomach to diagnose

उंगलियों में फँसा कर पकड़ना Clasp *He clasped a pencil

उकसाना (अन्य लोगों द्वारा) Instigate *The leader instigated people by inflammatory speech to revolt

उकताना/धैर्य खोना Lose patience

उकसाना (खुद के अन्दर उपजी भावना द्वारा) Incite *Acute anger incited him to revolt

उकसाना (चिढ़ाने के लिए) Provoke

उखाड़ना (घास-फूस) Weed out

उखाड़ना (जड़ से) Eradicate, uproot

उखाड़ फेंकना (गलत धारणा) Disabuse *Disabuse superstition from people's mind

उखाड़ देना (अपने घर-बार से) Deracinate *People were deracinated from their homes for the construction of a dam on that site

उगलना (मुँह से बाहर, होंठों को सिकोड़ कर) Squirt *Squirt water after swilling around in the mouth

उगलना (खाया हुआ भोजन) Vomit

उगलना (मुंह से बाहर) Eructate

उगलना (पेट से डकार) Belch

उगलना (अंदरूनी भाग से बाहर) Disgorge *Volcano disgorged lava

उगलना (पेट से भोजन वापस मुँह में) Regurgitate *Birds regurgitate food into the chicks' mouth

उगलना (धुआँ) Reek, spew *Chimney reeks smoke

उगलवाना (तथ्य, सत्य) Elicit

उगाही करना/करने वाला (बकाये का) Dun

उग्र (स्तर में) Intense *Intense heat/pain

उग्र (व्यवहार) Aggressive

उग्र (स्वभाव में) Ferocious

उग्रतापूर्ण (संबन्ध, भावना) Tempestuous

उग्र आँधी Tempest, Hurricane, Typhoon

उग्र करना (जो पहले से ही खराब हो) Aggravate *Don't aggravate his anger *Aggravate situation

उग्र करना (फिर से स्थिति को) Recrudesce *His fever recrudesced

उग्र करना Intensify *Violence in the city intensified

उग्रता (स्थिति) Intensity *Violence erupted with more intensity

उग्रता (व्यवहार में) Aggressiveness

उग्रता कम होना (स्तर में) Subside *Anger subsides *Pain subsides

उग्रता कम होना (तीव्रता में) Abate *Storm abates

उग्रता कम होना (प्रयास, निश्चय, भावना की) Relent *His passion relented *His determination relented

उधड़ना (सिलाई) Unravel

उघाड़ना (ढंकने वाले परत को हटा कर) Expose *Remove bark to expose the tree trunk *Smile exposed the teeth

उघाड़ना (आवरण हटा कर) Bare *Bared his chest *The snarling dog bared its teeth

उचक-उचक कर चलना Hobble

उचकना Rear one's head

उचटना (मन) Feel dejected, feel tedium

उचित (अधिकार, विचार-विमर्श, देखभाल, समय) Due *Pay him due respect *Give due consideration to the proposal *Do something in due course

उचित (विवेकपूर्ण, सही होने के कारण) Righteous *Righteous behaviour

उचित मर्यादापूर्ण (व्यवहार) Seemly *His conduct was hardly seemly

उचित (न्यायपूर्ण) Just *He got his just deserts

उचित आधार (कार्य, व्यवहार का) **पर टिका हुआ** Rational *Rational decision/behaviour/approach

उचित आधार (कार्य, निर्णय, आदि का) Rationale *What is the rationale of your decision/action?

उचित आधार पर सही ठहराना Rationalize *Do not rationalize your wrong act

उचित चिंता से रहित विचार/मानसिकता (किसी महत्वपूर्ण विषय पर) Cavalier attitude

उचित ठहराना Justify

उचित ठहराने लायक (कार्य, निर्णय) Tenable *Tenable decision

उचित ढंग से किसी के साथ पेश आना Treat someone fairly

उचित दंड (अपराध के अनुरूप) Condign punishment

उचित दंड देना Mete out *The judge meted out condign punishment to the culprit

उचित सामाजिक परिस्थिति/मर्यादा के अनुरूप (व्यवहार) Decorous (act)

उचित सामाजिक मर्यादा के अनुरूप व्यवहार Decorum *One should be careful of decorum in social gathering

उच्च उद्देश्य का समर्थन करना Espouse *Espouse the cause of peace *Espouse simple living

उच्च कोटि का, उत्कृष्ट (आदर्श, आदि) Sublime

उच्च विचार/स्तर में अचानक आई गिरावट Bathos *Lofty ideal ended in bathos when people were asked for money

उच्च (विचार/उद्देश्य) Lofty *Lofty ideals

उच्च स्थान Niche *He carved a niche for himself in the society

उच्च स्तर से अचानक हास्यास्पद स्तर पर गिरावट Bathos *Patriotic speech ended in bathos when people were asked for money

उच्चारण का तरीका जो व्यक्ति के निवास स्थान पहचानने में मदद करे Shibboleth

उच्चतम बिन्दु/शिखर (ऊँचाई का) Vertex *Vertex of slope

उच्चतम बिन्दु (चित्र, बनावट का) Apex *Apex of a triangle

उच्चतम बिंदु (उत्थान, प्रगति, ऊँचाई का) Pinnacle *Pinnacle of rock/career/fame

उच्चतम बिंदु (पहाड़ की चोटी का) Peak *Mountain peak

उच्चतम बिंदु (आकाशीय ग्रह मार्ग का) Zenith

उच्चतम बिंदु (धीरे-धीरे बढ़ते हुए शोर, आवाज, संगीत का) Crescendo *Uproar/clamour of the crowd reaches its crescendo *Music reached its erescendo before decreasing to a diminuendo

उच्चवर्गीय (व्यक्ति सामाजिक प्रभाव वाला) Elite

उच्चवर्गीय (सामाजिक स्तर का) Aristocracy/Aristocrat

उच्चारण Accent

उच्छंखल Indisciplined, wayward

उच्छवास/उच्छवास छोड़ना Sigh/suspire

उछल-कूद करना (मौज-मस्ती में) Caper *Kids caper joyously

उछल-कूद करना (खुश होकर) Frolic *Kids frolicked on the sea beach

उछल-कूद करना (जानवर का मौज-मस्ती में) Gambol *Calf gambolled in the field

उछलना (जमीन से ऊपर) Jump

उछलना (बर्तन से बाहर) Spill

उछल कर आगे की ओर बढ़ना (झपटने के लिए) Lunge *He lunged forward to catch me

उछल कर चलना Hop *The kids were hopping on single foot

उछाल कर फेंकना Lob

उछाल कर फेंकना (सिर से मारकर) Bunt

उछाल कर फेंकना (हाथ से मारकर) Punt

उछाल कर फेंकना (फेंकने के लिए) Fling *He flung the book in despair *He flung me on the ground

उछाल कर फेंकना (हवा में ऊपर) Toss *Toss a coin *Sea waves tossed the boat

उछाल कर फेंकना (किसी दिशा में) Hurl *Mob hurled stones towards the policemen *Hurl abuse on someone

उछाल कर फेंकना (आक्रमण के लिए) Pelt *Mob pelted stones

उछालना (उपर की तरफ) Catapult

उजड़ना (be) ruined

उजागर करना (ध्यान आकर्षित करने के लिए) Highlight *Television channels highlight the injustice perpetrated by the high-ups *Mark important line of the text to highlight it

उजाड़ (स्थान) Desolate

उजाड़ना Ruin

उज्जड़ Uncouth

उठंग कर पड़े रहना (सीट पर) Loll (on)

उठना (किसी के सहारे) Recline, Lean on

उठना (आवश्यकता का, बिस्तर से, विरोध में) Arise *He arises early morning *People arose in protest *A need arises

उठना (समस्या, बात का अचानक) Crop up *A problem cropped up in project implementation

उठना (जमीन से ऊपर) Rise *The sun rises in the east

उठना (जमीन से ऊपर) Lift

उठना (हवा में) Levitate *His body levitated in strong current of air

उठना-बैठना (बड़े लोगों के साथ) Hob-nob

उठाना Lift

उठाना (उत्साह, प्रयास, आदि) Boost *Boost export *Boost morale

उठाना (मजबूती प्रदान करके) Bolster *Bolster courage/confidence

उठाना (गुण, गुणवत्ता) Enhance *Purity of gold enhances its price *Enhance good reputation

उठाना (पद, प्रतिष्ठा) Exalt *Exalt someone in the society

उठाना (नींद से, भावना का एहसास आदि) Rouse *He was roused by noise *Rouse strong emotions

उठाना (शंका का भाव, लगाव का भाव) Arouse *Arouse interest/suspicion

उड्डयन Aviation

उड़ेलना Pour

उड़ेलना (किसी के दिमाग में) **ज्ञान, सीख** Infuse

उड़न खटोला Llying saucer

उड़न-छू होने वाला (गायब हो कर) Vanishing

उड़न-छू होने वाला (अन्य रूप में परिवर्तित होकर) Volatile *Volatile solvent *Volatile mood is liable to change

उड़न-छू होने वाला (कुछ ही देर में) Transitory *Transitory happiness

उड़ना Fly

उड़ान Flight

उड़ान पर जाने से रोकना (हवाई जहाज को) Ground *The aircraft was grounded due to snag

उड़ान से नीचे जमीन पर उतरना Land *The aircraft landed on the tarmac

उड़ा कर ले भागना (हवाई-जहाज को किसी के idea को) Hijack

उड़ा कर ले भागना (व्यक्ति को) Abduct

उड़ा कर ले भागना (शादी के लिए, प्रेमी को) Elope

उड़ा देना (गोली से, बम से) Blow up

उड़ेलना Pour, Infuse

उतराने की स्थिति/गुण Buoyancy *Buoyancy kept the light matters afloat

उतराना Buoy *The light particle buoyed *He kept himself buoyed in water

उतरना Descend, come down

उतारना (वस्त्र) Strip

उतारना (छिलका) Peel *Peel the banana

उतारना (भेड़ का बाल) Fleece

उतारना (जानवर की चमड़ी) Flay

उतार-चढ़ाव (मूड में) Caprice

उतार-चढ़ाव (समझ से परे, पूर्वानुमान रहित) Vagary *Vagary of weather

उतार-चढ़ाव (मात्रा, स्तर में) Variation *Variation in prices

उतार-चढ़ाव (अनियमित) Fluctuation *Fluctuation in temperature

उतार-चढ़ाव (मौसम में) Vagary

उतार-चढ़ाव (भाग्य में) Vicissitude *Vicissitude in fortune

उतारा हुआ Buoyant

उतावला Rash *Rash decision

उतावला (कुछ करने के लिए) Raring

उतावलापन में किया गया (काम) Rash *Rash decision

उत्कट लालसा होना (भौतिकीय चाहत की) Crave *Crave for smoking

उत्कट लालसा होना (पाने की उत्सुकता युक्त) Yearn *Yearn for fame

उत्कट लालसा होना (तीव्र इच्छापूर्ण) Long *Long for luxurious living

उत्कृष्ट (कार्य करने में, गुण में) Excellent *Excellent performance

उत्कृष्ट (देखने में) Magnificent

उत्कृष्ट (अन्य की तुलना में) Outstanding

उत्कृष्ट (चमक में) Splendid *Splendid decoration

उत्कृष्ट (अत्यंत अधिक/सर्वाधिक) Superb *Superb knowledge/skill

उत्कृष्ट (प्रशंसनीय) Sublime *Sublime beauty

उत्कृष्ट अवस्था में बदलना Sublimate *The mundane person sublimated into spiritualism

उत्पाती Mischievous

उत्पत्ति Genesis

उत्प्रवाह/उत्प्रवाहित Effluence/Effluent *Industrial effluent

उत्पाद Produce, Product

उत्पादन करना Produce

उत्पादक-संघ (व्यापारिक स्पर्धा से बचने के लिए) Cartel *Producers form a cartel to fleece the customers

उत्पात Turmoil/Havoc *Calamity of flood played havoc

उत्पात मचाने वाला व्यक्ति Miscreant

उत्पीड़न/उत्पीड़न करना Persecution/Persecute *Cultural vigilante persecute the heretics

उत्सव/उत्सव मनाना Celebration/Celebrate

उत्साह (उफान, आवेश के साथ) Zeal

उत्साह Enthusiasm

उत्साहित करना Enthuse *Success enthused him

उत्साहित (बढ़ावा देकर) Encouraged *The friends' support encouraged him to fight back the odds

उत्सुक/आतुर (अधीरता युक्त) Eager *Eager to know the exam results

उत्सुक (किसी के बारे में जानने के लिए) Inquisitive

उत्सुक (तीव्रतापूर्ण) Keen *Keen to know something

उत्सुक (आवेशित होकर) Agog *Agog to watch the forthcoming match

उत्सुक व्यक्ति (मौके का लाभ उठाने के लिए) Eager beaver

उत्तमता का प्रतीक Hallmark

उत्तरदायी (गलती के लिए) Answerable *He is answerable for the lapse in his duty

उत्तरदायी (आचरण के लिए) Responsible *He is responsible for his behaviour

उत्तरदायी (सुझाव के पालन के लिए) Amenable *He is amenable to suggestion

उत्तरदायी (कानून पालन के लिए) Liable *He is liable to his action

उत्तराधिकारी (पूर्वज का) Heir *He is the heir to his father's property

उत्तराधिकारी (स्वाभाविक) Heir apparent *His son is the heir apparent

उत्तराधिकारी (नकारने लायक) Heir presumptive *Heir presumptive may lose his claim if a nearer kin is born

उत्तराधिकार में पाना (पूर्वज से) Inherit

उत्तराधिकार से वंचित करना Disinherit

उत्तराधिकार में मिली हुई (किसी से मिला हुई)/**विरासत** Legacy *The ruined economy is the legacy of the previous government

उत्तराधिकार में मिला (पूर्वज से मिला हुआ) Inheritance *He got this property as inheritance

उत्तराधिकार में मिले हुए को पुश्त-दर-पुश्त सहेज कर रखने वाली कीमती वस्तु Heirloom *Successive generations preserve the family heirlooms

उत्तेजना Excitement

उत्तेजक (भाषण आदि) Inflammatory

उत्तेजक Stimulus

उत्तेजक (भावना, क्रोध भड़काने वाला) Provoking/ Inflammatory

उत्तेजना से पागल (मानसिक स्थिति) Delirious *Delirious person spoke something incoherent

उत्तेजना से पागल (अनियंत्रित, जोशपूर्ण) Hysterical *Hysterical supporters of the leader gate crashed to reach him

उत्तेजनापूर्ण (भावना) Excited *Excited mood

उत्तेजनापूर्ण (क्रिया, कार्य) Vehement *Vehement protest

उत्तेजित करना (भावना) Excite *Excite someone to arouse anger

उत्तेजित करना (चुभा कर, सहला कर कुछ करने के लिए) Stimulate

उत्तेजित करना (इच्छा, भूख को) Whet

उथल-पुथल (अशांति, हंगामे के कारण) Turmoil, Upheaval *Turmoil in the town

उथल-पुथल/उल्टा-पुल्टा Topsy-turvy *The boat went topsy-turvy in the strong wave

उथला Shallow *Shallow river *Shallow knowledge

उथला रास्ता (नदी के आर-पार) Ford *One can cross a river along its ford

उदगम Origin

उदय (दिन का)/**सूर्य का** Dawn/Sunrise

उदार (भेद-भाव रहित स्वभाव) Catholic *A man of catholic nature does not discriminate on caste or creed

उदार (दण्ड देने में) Lenient

उदार (दानकर्म में) Generous

उदार (अन्य के विचार, अधिकार के प्रति) Liberal

उदारता (हृदय की)/**उदार** (हृदय का) Magnanimity/Magnanimous

उदास (नाखुशी के कारण) Sad *Sad person

उदास (हताशा के कारण) Gloomy *Gloomy countenance

उदास (स्वभावगत) Melancholy *Melancholy disposition

उदास (निराश होने से) Forlorn

उदास (मातमपूर्ण भावना युक्त) Lugubrious *Lugubrious face

उदास (मन खिन्न होने से) Atrabilious

उदासीन (कोई व्यक्तिगत झुकाव नहीं होने से) Uninterested *I am interested in politics

उदासीन (अन्य के मामले से) Disinterested *I am disinterested in others' affairs

उदासीन (कोई मतलब नहीं होने से) Indifferent *One is indifferent to strangers

उदासीन (पसंद नहीं होने से) Averse *He is averse to my suggestions

उदासीन Indifferent, Uninterested, Unconcerned

उदासीन (उत्साह रहित होने के कारण) Lackadaisical, Listless

उदासीन (भावनात्मक लगाव रहित) Dispassionate

उदासीनता (किसी की तकलीफ के प्रति) Apathy

उदासी से भरा हुआ Dolorous

उदाहरण (गुण, नियम आदि दर्शाने वाला) Example *Parents should set an example for their sons to emulate *An example is given to illustrate a rule

उदाहरण (तथ्य, विचार दर्शाने वाला) Instance *Corruption in the system is an instance of venality

उदाहरण (स्पष्टीकरण के लिए) Illustration

उदाहरण के तौर पर Exempli gratia (e.g.)

उदाहरण प्रस्तुत करने वाला (कार्य, निर्णय) Exemplary *Exemplary conduct/punishment

उद्गार Cri de coeur

उद्घोषक (सूचना का) Announcer

उद्घोषक (महत्वपूर्ण व्यक्ति/घटना के आने की सूचना देने वाला) Herald *Bright sunrise is the herald of a sunny day

उद्घोषक (अप्रिय घटना के आने की सूचना देने वाला) Harbinger

उद्घाटन Inauguration

उद्भेदन Disclosure

उद्यम/उद्यम Enterprise

उद्यमी Entrepreneur

उद्धरण Quote

उद्धार (सांसारिक बंधन से) Deliver/Deliverance *Deliverance is everyone's conation

उद्धार (सामाजिक बन्धन/गुलामी से) Emancipation *Emancipation of poor people from the thrall of slavery

उद्धार करना (प्रशासनिक गुलामी से) Enfranchise

उद्धृत करना (तर्क के पक्ष में उदाहरण के तौर पर) Cite *Cite precedent judgements to prove one's point

उद्धृत करना (किताब में लिखित अंश, किसी के बयान का अंश) Quote

उद्विग्न (मन को शांत करने में अक्षमता के कारण) Disconsolate

उद्विग्न (मानसिक परेशानी/शर्मिन्दगी पैदा होने से) Discomfit *Barking dogs disconfitted the thief

उद्विग्न (किसी के चिढ़ाने, तंग करने से) Disconcert *Their teasing disconcerted him

उद्विग्न करने में सक्षम होना Faze *No amount of criticism can faze him

उद्विग्न (नर्वस होने, चिंतित होने से) Rattle *Unexpected defeat rattled the team

उद्विग्नता रहित Tranquil, serene *Tranquil face

उद्वेलित Agitated *People were agitated due to severe crunch of drinking water in the locality

उद्वेलित भावना, शांत करने की क्रिया Catharsis *Weeping is the best means of catharsis

उद्देश्य (पाने के लिए प्रयास करने वाला) Aim, goal *His aim is to become an engineer

उद्देश्य (अस्तित्व, कुछ करने का) Purpose *What is the purpose of your life?

उद्देश्य (प्रयास से पूरा करने का) Objective

उद्देश्य पूर्ति रोकना/नाकाम करना Defeat *Delayed justice defeats the very purpose of the delivery of justice

उद्देश्यपूरक Effectual *Stringent measures proved effectual in controlling the prices

उद्देश्यपूर्ति में अक्षम Effete *Effete archaic laws

उधार मांगना Borrow

उधार मांगना (जिसे लौटाने की मंशा नहीं हो) Scrounge *Scrounge a cup of sugar from the neighbour

उधार वसूलने का तकाजा/तकाजा करने वाला Dun

उधार/उधारदाता Credit/Creditor

उधेड़ना (जानवर की चमड़ी के ऊपर के बाल, ऊन) Fleece *Fur was fleeced off the sheep's skin

उधेड़-बुन (मन में पैदा) Dilemma *He is in a dilemma over what to do under the circumstances

उन्नति Progress

उन्नति करने की क्षमतायुक्त Promising

उन्नति की ओर अग्रसर Progressive

उन्मत्त Berserk *The berserk mob indulged in arson and vandalism

उन्मत्त होकर दौड़ना Run amok *The berserk mob ran amok on the streets

उन्मुक्त (कामुकता में) Libertine, Licentious,

उन्मुख होना Advert *He said that he would advert to me soon after completing his urgent work

उन्मूलन Eradication *Eradication of illiteracy/malaria

उपकरण Equipment

उपकार का ऋण Obligation

उपकार का ऋणी Obliged

उपचार Remedy

उपचार जनित (बीमारी) Iatrogenic *Wrong treatment causes iatrogenic diseases

उपजाऊ (जमीन) Fertile

उपजाऊ (जनने वाली औरत, लेखक) Prolific *He is a prolific author

उपजाऊ (फल देने वाला) Fecund *Fecund tree

उपद्रव Riot

उपदेश (धार्मिक गुरु का) Sermon

उपदेश (सीख देने वाला) Lesson

उपदेश (कहानी से मिलने/सीखने वाला) Moral *Panchatantra stories carry useful morals

उपदेशात्मक (कहानी) Didactic *Didactic story

उपदेश देना (धार्मिक) Sermonize *Monks sermonise the disciples

उपदेश देना (कर्तव्य के बारे में) Preach *He used to preach his son about the values in life

उपदेश देना (पोप, धर्मगुरु द्वारा) Pontificate

उपनगर Suburb

उपनिवेश Colony

उपभोक्ता Consumer

उपभोग करना Consume

उपभोग Consumption

उपमा (गुण, विशेषता पर आधारित) Epithet *Subhash Chandra Bose earned the epithet of Netaji

उपमा (कारनामों पर आधारित) Appelation *His antics earned him appelation of Mr. Jocker

उपमा (विशेष ख्याति पर आधारित) Sobriquet *Gandhiji earned the sobriquet of Mahatma

उपयुक्त Proper, Suitable

उपयोग में लाना (किसी वस्तु की क्षमता को) Harness *Harness the energy of the falling water or solar energy to produce electricity

उपयोग/उपयोग करना (किसी वस्तु का) Use *Use napkins

उपयोग करना (विशेष कार्य के लिए) Utilize *We utilize petrol to run the car

उपयोग के बाद फेंक देने वाला (सामान) Disposable

उपयोगिता Utility, Usefulness

उपयोगी Useful

उपयोग करना (किसी काम में) Use

उपयोग करना (लाभकारी काम के लिए) Utilize

उपयोग करना (किसी चीज के उद्देश्य पूर्ति के लिए) Bring something to bear *Bring influence to bear upon someone to get the work done

उपयोग करना (किसी को अपनी स्वार्थ सिद्धि के लिए) Exploit

उपयोग करना (प्राप्त मौके का, अपने फायदे के लिए) Avail oneself of

उपयोग करना (वश में करके) Harness *Harness sunlight for producing energy

उपयोग करना (किसी की संपत्ति को बिना नुकसान पहुँचाए) Usufruct

उपयोग किए जाने के लिए अपने को किसी के आगे समर्पित करना be at disposal of someone

उपलब्ध Available

उपलब्ध कराना (जरूरत का सामान) Purvey, Provide

उपलब्ध कराना (भोजन, माँग का सामान) Cater, Supply

उपलब्ध करना (सूचना आदि) Furnish

उपलब्ध मौके का लाभ उठाना Avail oneself of the opportunity

उपलब्धता की कमी Paucity *Paucity of funds

उपलब्धि (लक्ष्य) Attainment

उपलब्धि (योग्यता, प्रयास से प्राप्त) Achievement

उपसंहार Epilogue

उपहार स्वरूप देना (धन, सहायता) Endow *Endow money to charity/educational institution

उपहार स्वरूप देना (क्षमता, अधिकार) Endue *Endue the women with political powers

उपहास (हावभाव की नकल से) Mockery *Students indulge in mockery of their teachers

उपहास (ऊट-पटाँग हास्य से परिपूर्ण) Farce *The debate was a farce

उपहास (हास्यास्पद रूप से गलत पेश करके) Travesty *His misrepresentation of the facts was a travesty of truth

उपहास (व्यंग्य से पूर्ण) Satire *The film was satire on social system

उपहास उड़ाना (हावभाव की नकल करके) Mock *Students mock their teachers

उपहास उड़ाना (असम्मानपूर्वक) Deride *They derided their opponent

उपहास उड़ाना (हँसी उड़ा कर) Ridicule *They ridiculed his claim to have fought with the thief

उपहास उड़ाना (Comment **पास कर के)** Taunt

उपहास उड़ाना (तेज आवाज में चिल्ला कर) Hoot

उपहास उड़ाना (बेढंगी हंसी से) Fleer

उपहास उड़ाना (चिढ़ा कर) Heckle

उपहासपूर्ण (व्यंग्य) Sarcastic *Sarcastic comment

उपहासपूर्ण (बेढंगा) Ludicrous *Ludicrous talks

उपहासपूर्ण (हंसी) Sardonic *Sardonic laugh

उपहासपूर्ण (कारनामा) Ridiculous *Ridiculous decision

उपाधि Title

उपाधि से संबन्धित Titular

उपाधि से अलंकृत करना Confer

उपाय का कारगर होना Click

उपाय (मतलब साधने का) Ploy *The ploy to befool him clicked

उपेक्षा (किसी काम में) Negligence

उपेक्षा (कर्तव्य निभाने में) Dereliction *Dereliction of duty

उपेक्षा करना (उचित ध्यान/महत्व नहीं देकर) Neglect *He neglected his studies *He neglected the study of the language

उपेक्षा करना (जानबूझ कर) Ignore *He ignored the visitors who wanted to see him

उपेक्षा करना (असम्मानजनक) Disregard *He disregarded the visitors who wanted to see him

उपेक्षित (उचित ध्यान, महत्व के अभाव से) Neglected *A neglected house becomes dilapidated in the course of time

उपेक्षित (जानबूझ कर) Ignored *The ignored guests felt slighted

उपेक्षित (इस्तेमाल में नहीं होने से) Derelict *Derelict toys are lying at one corner of the house

उपेक्षित (सफल होने की उम्मीद नहीं होने से) Forlorn *Forlorn hope

उर्फ (नाम) Aka *Rajesh aka Raju

उर्फ (पुकार का नाम) Alias

उर्फ (शादी के बाद का नाम) ne'

उर्फ (शादी के बाद का नाम औरत का) ne'e

उफनना Effervesce

उफान (उपर उठने में) Upsurge *There is upsurge in the demand of cars

उफान (बहाव में) Turbulence *Turbulence in air-flow

उफान युक्त (पानी, हवा का बहाव) Turbulent *Turbulent flow of river

उफान युक्त (शारीरिक ऊर्जा) Ebullient *Ebullient kids

उबकायी आना (ज्यादा मात्रा में सेवन से) Cloy *Cloyed with excess sugar in tea *Cloyed with eating in excess

उबकायी का एहसास Nausea *He is feeling nausea

उबकायी आना Nauseate *He nauseated due to stink

उबकायी से पेट, शरीर में ऐंठन होना Retch *His body retched in vomitting

उबकायी महसूस करने वाला (व्यक्ति) (दुर्गन्ध से, गंदगी से) Squeamish *A squeamish person

उबड़-खाबड़ Rugged *Rugged road/surface

उबाऊ Boring

उबाऊ (काम की एकरसता के कारण) Tedious *Household chores are tedious

उबाऊ काम Drudgery

उबासी लेना Yawn

उभयचारी (जमीन एवं पानी दोनों में रहने वाला) Amphibian *Frog is an amphibian creature

उभय लिंगी (दोनों लिंगों के होने की असामान्यता) Hermaphrodite (creature)

उभय लिंगी (दोनों लिंगों के समुचित गुणों वाला) Androgyne (having grace of woman and valour of male)

उभयलिंगी (दोनों लिंगों के कुछ-कुछ गुणों वाला) Epicene *An epicene woman lacks in femininty and passes some of the male characteristics

उभयहस्त (दोनों हाथों से काम में दक्ष) Ambidextrous

उभरना (पानी, घर के अन्दर से बाहर) Emerge *He emerged from the house to meet the visitors waiting for him

उभरना (शरीर पर अनावश्यक अंग का) Excrescence

उभरना (शरीर की त्वचा पर) Erupt *Blisters erupted on his burnt skin

उभरा हुआ दाग (त्वचा पर मार की चोट से) Wale, welt

उभरा हुआ दाग (त्वचा पर कीड़े के काटने से) Weal, wheal

उमंग हीन Listless

उमस एवं गर्मी से बेचैनी महसूस करना Swelter *Swelter in summer

उम्मीद पर खरा उतरना Live up to someone's expectations

उम्मीद पर पानी फिरना Dash hope *His hope was dashed

उम्रदराज व्यक्ति Elderly person

उम्र में बड़ा (किसी अन्य से) Older (than) *He is two years older than me

उम्र में बड़ा (अपने भाई-बहन से) Elder (brother/sister) *He is my elder brother

उम्रदराज औरत की महिला संरक्षक (नवयुवती की) Chaperone

उम्रदराज औरत का पुरुष संरक्षक Gigolo

उलझन (निर्णय लेने में, चुनने में) Dilemma *Dilemma of choosing from an equally unfavourable option

उलझन (कठिन परिस्थितिपूर्ण) Imbroglio *Imbroglio over women quota haunts the parties

उलझन (परेशानी युक्त) Predicament *It is difficult to come out of the predicament which has puzzled him

उलझन (अनिश्चित परिस्थिति युक्त) Quandary *He is in a quandary over what to do

उलझनपूर्ण स्थिति Imbroglio

उलझाना (समस्या को) Complicate *Complicate the matters into a problem

उलझाना (अन्य बातों से) Confound *His statement confounded the confusion to make it worse

उलझाना (गाँठ को) Entangle *Entangle the strands of the rope

उलझाना (भ्रम पैदा करके) Confuse *The ambiguous reply confused him

उलझाना (मस्तिष्क को चकित करके) Baffle *The tough mathematical problems baffled him

उलट-पलट करना (कुछ खोजने में) Riffle *He riffled the box for an important document kept in it

उलट-पलट करना (किताब के पन्नों को) Riffle (through) *He casually riffled through the pages of the book to browse

उलटना (नाव का) Capsize

उलट-फेर (असफल होने से) Debacle

उलटना Invert *The bucket was inverted

उलटना-पलटना (किताब के पन्नों को) Riffle

उलाहना देना Reproach *His wife reproached him for coming home late

उल्का Meteor

उल्टा (पूर्ववर्त्ती बयान में प्रयुक्त क्रम का) Vice-versa *I hate him and vice-versa (that is, he also hates me)

उल्टा (एक के गुण से दूसरे के गुण का) Antithesis

उल्टा (पीछे की दिशा में जाने वाला) Reverse

उल्टा (क्रम के अनुसार रखे हुए का) Converse

उल्टा (एक बयान से दूसरा बयान) Contradictory

उल्टा (ऊपर का भाग नीचे) Inverse *The bucket is kept in an inverse position

उल्टा-पुल्टा Topsy-turvy

उल्टा हो जाना (पलटकर) Turn turtle

उल्टा असर करना (किसी को हानि पहुँचाने के प्रयास का) Boomerang *His attempt to harm someone may sometime boomerang upon him

उल्टा असर करना (सही काम का) Backfire *His attempt to mollify someone's anger backfired and made him annoyed

उल्टा प्रभाव डालने वाला Adverse *Adverse remarks

उल्टा-सीधा एक समान शब्द Palindrome *RADAR is a palindrome

उल्टा बोल कर कटाक्ष की भाषा Irony

उल्लंघन (नियम-कानून का) Violation

उल्लंघन (सार्वजनिक स्थान की शांति का) Affray *Affray of public peace

उल्लंघन (नियम, समझौता) Breach

उल्लंघन (कानून का) Delict

उल्लंघन करना Violate

उल्लंघन करना Breach

उल्लंघन करना (नियम का जानबूझकर पालन नहीं करके) Flout

उल्लंघन करना (अपने कर्तव्य की सीमा का) Transgress *Transgress one's moral values

उल्लंघन करना (व्यक्तिगत जमीन, अधिकार क्षेत्र, का) Encroach *Encroach upon neighbour's open land *Encroach upon someone's privacy

उल्लंघन करना (किसी के मिले हुए अधिकार का) Infringe *Infringe upon the rights of freedom of speech by censorhip

उल्लंघन करना (आदेश का) Contravene *Contravene an official order

उल्लू बनाना (बेवकूफ बनाकर) Make an ass of *He made an ass of himself

उल्लू बनाना (ठग कर) Take someone for a ride *The sales agent took me for a ride by making me buy his defective goods

ऊ

ऊपर उठना Levitate

ऊपर उठना (सामान्य स्तर से) Transcend

ऊँचा उठाना (स्तर) Enhance

ऊँचा उठाना (गरिमा) Exalt

ऊँचा उठाना (कीमत) Appreciate

ऊँचा उठाना (आवाज) Amplify

ऊँचा उठाना (जमीन से) Raise

ऊँचा उठाना (वजन को) Lift *Lift a heavy object

ऊँचा उठाना (स्तर को) Raise *Raise income/ living standard

ऊँचा उठाना (अंग को) Rear *The horse reared its head

ऊँचा उठाना (सतह को) Elevate

उँचा उठाना (खींच कर) Hoist *The flag is hoisted to the top of the mast

ऊँचा उठाना (पेंदी में जोर लगा कर) Heave *His chest heaved due to the breathing problem *Boats are heaved up by waves in the sea

ऊँचा उठाना (मनोबल) Boost *Boost someone's sagging morale

ऊँचा उठाना Ascend *Missile ascended towards the sky

ऊँचा उठाना (तेजी से) Soar *Prices soar to an unaffordable level

ऊँचा स्थान/पद पर रखना Keep on high pedestal

ऊँचा खानदान (व्यक्ति का) Ancestry, Lineage *He parades his noble lineage

ऊँचाई पर समतल स्थान Plateau

ऊँचाई से सीधे नीचे गिरना Plunge *A flying bird plunged headlong

ऊँचाई से वर्षा, बर्फ का जमीन पर गिरना Precipitate *Atmospheric moisture precipitates as rain

ऊँचाई पर करतब दिखाने वाला झूला Trapeze *Acrobats in circus perform on trapeze

ऊँचाई पर करतब करने वाला Acrobat

ऊँचाई पर करने वाला करतब Acrobatics

ऊँचाई पर बसा हुआ शहर Acropolis *Mostly forts are acropolis

ऊँचाई से नीचे देखने पर होने वाला भय Acrophobia *He suffers from acrophobia

ऊँचाई (जमीन से) Height

ऊँचाई (समुद्रतल से) Altitude

ऊँचाई पर ले जाना Escalate *A lift in a high-rise building escalates people to the desired storeys *Traders escalated the prices

ऊँचा खानदान (जानवर का) Pedigree *Dogs' value and worth is judged by their pedigree

ऊँचा छत वाला रास्ता (दोनों तरफ घर के बीच में) Arcade *The arcade in a mall is flanked by shops

ऊँची आकाँक्षा Ambition

ऊँची छत वाला रास्ता (दुकान/घर के आगे) Cloister

ऊँची कीमत दे कर खरीदना Buy on premium

ऊँचे स्तर से नीचे स्तर पर गिरना Plummet *The commodity prices plummeted this season

ऊँचे उद्देश्य का समर्थन करना Espouse *Espouse the cause of peace *Expouse simple living

ऊँचे विचार/स्तर में आया अचानक गिरावट Bathos

ऊँचे स्तर से अचानक हास्यास्पद स्तर पर गिरावट Bathos *Patriotic speech ended in bathos when people were asked for money

ऊटपटांग (कारनामा) Antics *Funny antics of the child amused us

ऊटपटांग (डर पैदा करने वाला) Bizarre *Bizarre rituals

ऊटपटांग (कुरूपता के कारण) Grotesque *Grotesque animal

ऊटपटांग (विचित्र बनावट के कारण) Preposterous *Preposterous animal

ऊपर उठना Levitate

ऊपर उठना (सामान्य स्तर से) Transcend

ऊपरी मंजिल Upstairs

ऊब (मन नहीं लगने से) Boredom *He, being alone in the house, tries to evade boredom by reading the newspapers

ऊब (काम की एकरसता से) Tedium *Routine work engenders tedium

ऊब (कोई करने लायक काम की कमी से) Ennui *Ennui of a retired person

ऊब (बहुत दिनों तक एक काम को करते रहने से) Doldrums *Doldrums caused by a long period of working makes one temporarily disinterested in the work

ऊबाऊ Boring

ऊबाऊ (एकरसता के कारण) Tedious *Houshold chores are tedieous

ऊबा हुआ (बहुत ज्यादा संपर्क से) Blas'e *Blas'e viewers of the long-drawn T.V. serial

ऊबा हुआ (अधिक सेवन से) Surfeited/Jaded *Surfeited user

ऋ

ऋतु Season

ऋण/ऋणदाता Debt/Lender, Creditor

ऋणी Indebted

ऋणी होना Owe (to)

ऋण-मुक्त Absolved, free from obligation

ए

एक काल में उत्पन्न Coeval *Coeval mountains *Coeval planets

एक काल में उपलब्ध Contemporaneous *Friendship is generally contemporaneous with the period of living together

एक काल में अस्तित्व वाला (समकालीन) Contemporary *He was a contemporary in his college

एक-पक्षीय Unilateral

एक बार फिर (का नारा/कुछ करना) Encore *He did an encore by winning the election the second time

एकमुश्त (सब मिलाकर) Consolidated

एक ही झटके में In one fell swoop *He was ruined in one fell swoop of misfortune

एक साथ मिलकर In unison, en masse *They protested en masse *To shout in unison

एक ही बात को भिन्न शब्दों में दोहराना Tautology

एक गाड़ी को दूसरी गाड़ी के पीछे बाँध कर खींचना Tow

एक जगह नजर टिकना Transfix

एक ही अक्षर से शुरू होने वाले शब्दों का प्रयोग/प्रयोग करना Alliteration/Alliterate

एक किनारे Aside *He was pushed aside

एक तरफ झुका हुआ Lopsided

एकत्रित करना Gather

एकत्रित होना Assemble

एक-दूसरे को पछाड़ने की होड़ करना Vie *They vied for grabbing plum posting

एक नम्बर का/सर्वश्रेष्ठ Numero uno

एकनिष्ठ Monomaniac

एक पैर पर शरीर को नचाना Pirouette

एक-ब-एक Abrupt

एकमुश्त (बिना किश्तों में बाँटे) Lumpsum

एवम् अन्य et. al

एक हाथ से ताली नहीं बजती It takes two to tango

एक शब्द के अक्षरों के स्थान में हेर-फेर कर के बना अन्य शब्द Anagram

एक साथ जन्मे दो/तीन/चार बच्चे Twin/Triplet/Quadruplet

एक साथ गाना Chant

एक साथ मिल कर किया गया (काम/प्रयास) Concerted

एक समान लागू होने वाला (नियम आदि) Uniform
एक समान दिखने वाला Identical
एक समान (गुण में) Akin
एक समान (देखने में) Alike
एक समान उच्चारित शब्द समूह Homophones
एक समान अक्षरों का शब्द समूह Homonyms
एक साथ बहने वाला Confluent (rivers)
एक साथ होने वाला Concurrent (events)
एक समय में साथ-साथ अस्तित्व में होने/रहने वाला Contemporary
एकाएक जादू के समान बदलाव Presto chango *There is always an element of presto chango in one's luck
एक सिंहा (जानवर) Unicorn
एक सीध में करना/दिशा में करना Align/Orient
एक्स-रे करने वाला डॉक्टर Radiologist
एकान्त Lonely
एकान्तप्रिय Recluse
एकान्तवासी सन्त Hermit
एकान्तवासी सन्त का आश्रम Hermitage
एकाधिकार (व्यापार, वस्तु के विक्रय पर) Monopoly
एकाधिकार (वस्तु की खरीद पर) Monopsony
एकाधिकार युक्त स्वामी (संस्था का) Proprietor
एकता के सूत्र में बांधना Integrate
एकता Unilateral
एकता (लोगों में) Unity
एकता (विचारों में) Unanimity
एकता (समाज में, देश में) Integrity
एकीकृत Integrated
एकीकरण (अनेक संस्थाओं का) Amalgamation

ऐ

ऐंचा ताना Squint eyed
ऐंठन (रस्सी में, मांसपेशी में) Kink
ऐंठन (नमी के कारण लकड़ी में) Warp
ऐंठन (मांसपेशी में) Cramp
ऐंठन (शारीरिक अंग में) Spasm
ऐंठना (शरीर का) Wiggle
ऐंठना (मोड़ने के लिए) Twist *Twist strands of ropes together
ऐंठना (ढक्कन को - खोलने के लिए) Prise *Prise the seal open
ऐंठना (निचोड़ने के लिए) Wring *Wring wet clothes
ऐंठना (स्वाभाविक आकार में बदलाव लाने वाला) Contort *He contorted his lips in disgust
ऐंठना (आकार खराब कर देने के लिए) Distort *Accident distorted the body of the car
ऐंठना (पैसा) Extort *Extort money from the businessmen
ऐक्छिक Voluntary
ऐतिहासिक Historical
ऐतिहासिक (घटना) Momentous
ऐतिहासिक मोड़ (समय में, परिस्थिति में) Turning point, watershed
ऐश्वर्य Opulence
ऐतिहासिक Historical
ऐन वक्त पर In the nick of time
ऐब Defect
ऐयाश Debauch
ऐयाश Profligate
ऐलान Proclaim
ऐशो-आराम Luxury
ऐहसान Obligation

ओ

ओजस्वी Brilliant/Fervent
ओझल होना/ओझल Disappear /obscure
ओत-प्रोत करना (भावनात्मक विषय से) Imbue (with) *Docile people are imbued with hate against the society to initiate them in terrorism
ओरियानी Eaves *Eaves of sloping roof
ओलावृष्टि Hailstorm
ओस Dew
ओसाना (फसल से भूसा हटाने के लिए) Winnow

औ

औंधा होना Overturn
औचित्य/औचित्य सिद्ध करना Propriety/Justify
औजार Tool *Mechanic
औपचारिक Formal
औपचारिकता Formality
औरत Woman
औरत (विशाल काया की) Buxon
औरत (योद्धा) Amazon
औरत (झगड़ालू) Shrew *She is a shrew
औरत (मर्दाना स्वभावी) Vigaro
औरत (जानलेवा सुन्दर) Feme fatale *The actress was femme fatale
औरत (दबंग स्वभाव की) Termagant
औरत (पहलौठी, पहली बार गर्भवती) Primigravida
औरत (पहला बच्चा जन्म देने वाली) Primipara
औरत (प्रसूति के बाद पूर्व अवस्था में शरीर के आने की प्रक्रिया में) Puerpera
औरत (मर्दों को फाँसने वाली) Circee
औरत (संभ्रान्त) Bon feme
औरत (मर्दों के साथ मेल-जोल करने वाली) Coquette
औरत (बाँझ) Nullipara
औरत (बिना ब्याही) Spinster
औरत (बदनाम चरित्र की) Trollop
औरत (लोमड़ी जैसी चतुर) Vixen
औरत (गंदा रहने वाली) Slut, Slattern (masculine sloven)
औषध Medicine
औषध ज्ञान Pharmacy
औषध संबन्धी Pharmaceutical
औसत Average

क

कंकड़ Gravel
कंकाल Skeleton
कंगाल Pauper
कंजूस (पैसा रहते हुए कम खर्च करने वाला) Miser
कंजूस (अत्यंत कृपणता से खर्च करने वाला) Niggard *A niggard will manage with 1/2 kg meat for the family of six
कंजूस (दूसरों को देने में, उस पर खर्च में) Stingy *A stingy person is not willing to treat his friends, even though, he enjoys theirs
कंजूस (बहुत मुश्किल से खर्च करने वाला) Parsimonious *A parsimonious person will grudge to spend on his son's education
कंजूस (गरीब जैसा रहन-सहन दिखाने वाला) Penurious *A penurious person wears dirty clothes to divert others' attention from his wealth
कंजूस (सोच-समझकर खर्च करने वाला) Thrifty
कंजूसी से खर्च करना Stint (on) *He stinted on the available resources
कंठस्थ याद करना Learn by rote, Cram
कंधा Shoulder
कंधा उचकाना (अनभिज्ञता, शंका, असहाय जाहिर करना) Shrug *He shrugged off to deny the knowledge of something asked for
कंपन Tremor *Tremor of the earthquake was felt everywhere
कंपन करना (तेजी से) Quiver
कंपन युक्त (नर्वस, कमजोरी के कारण) Tremulous *He received the award with tremulous hands
कंपन युक्त (लौ) Lambent *Lambent flame of a candle
कंपन पैदा करने वाला (अन्य में अपने विशाल कद, ताकत से) Tremendous *Tremendous strength/power
कंपन करना (जोर-जोर से) Quake *The earth quaked for 15 seconds, causing devastation
कंपन करना (आवाज का) Quaver *His voice quavered in anger
कंपन करना (ठंड से शरीर का) Shiver *He shivered due to cold
कंपन करना (भय से) Shudder *Thunderbolt made him shudder
कंपन करना (क्रोध, चिंता, कमजोरी से) Tremble *He began to tremble on hearing the shocking news
कंपन युक्त आवाज (बोलने, गाने की) Trill *He sings in a trilling voice

कंपन युक्त आवाज (पक्षी की) Warble *The nightingale warbles melodiously

कुंठा Frustration

कुंडली/कुंडली मारना Curl *The snake curled itself

कुंडली मारने के समान किसी से लिपटना Wreathe *A snake wreathed around a pole

कुंडी Latch *Remove the window's latch to open it

कुंदा Butt *Butt of a gun

कर्कश आवाज (चिल्लाने, रोने की) Shrill *Shrill cry

कर्कश आवाज (उल्लू के बोलने/गाड़ी के ब्रेक की) Screech *Screech of sudden braking

कर्कश (तेज, फटी हुई आवाज, हंसी की) Raucus (voice) *Raucus laugh

कर्कश (अप्रिय लगने वाला) Harsh

कर्कश ठहाका Guffaw

कर्कश (शोर-गुल की आवाज) Cacophonous (noise)

कर्कश (तेज आवाज) Stentorian (voice) *Stentorian loudspeaker

कर्कश (मिली-जुली आवाजों का शोर) Strident *Strident traffic noise

कर्कश (खर्राटा) Stertorous (snoring)

कर्कश स्त्री Shrew

कगार/किनारे (घटना होने की) Verge *The country is on the verge of war

कगार (सड़क, रास्ते की) Kerb *Kerb of a road should be tapered to avoid accidents

कगार (चट्टान की) Cliff

कगार (खतरे की) Brink *Global warming has pushed the low-lying lands to the brink of going into the sea

कगार (कप, ग्लास, बाल्टी की) Brim *The bucket is full with water to its brim

कगार (सतह की) Edge

कचरा/कूड़ा-कर्कट (घर से निकलने वाला) Garbage *Throw garbage in the municipal bin

कचरा (बेकार समझ कर फेंका हुआ) Refuse

कचरा (खुले में बिखरा हुआ) Litter *The park was full of litter

कचरा (टूटे-फूटे टुकड़ों का) Trash *Trash of broken glass, crockery, etc

कचरा (अनुपयोगी हो गई बेकार वस्तुएँ) Rubbish *He cleaned his room by throwing out rubbishes

कचरा (नाली में जमा) Sullage *Sullage was removed from sewerage

कचरा (चाय, द्रव्य के तल में जमा तलछत) Dregs, Lees

कचरा (बगीचे में जमा पत्तियों का) Peat *Peat rots to become useful manure

कचरा फेंकने का कार्य Disposal *Garbage/ Sewage disposal

कचूमर निकालना (कुचल कर) Squash

कचोट (पाप का प्रायश्चित करने के लिए बाध्य करने वाला) Attrition *Attrition for the past misdeeds

कचोट (प्रायश्चित स्वरूप पाप स्वीकार कराने वाला) Contrition *He confessed to relieve himself of contrition

कचोट (गलत/पाप कर्म करते समय मन में उठने वाला) Compunction *He did not feel an iota of compunction while doing dirty work against his own friend

कच्चे चिट्ठे का पिटारा (किसी के काले कारनामों का) Skeleton in the cupboard *He is always apprehensive of the skeletons coming out of the cupboard

कच्चा चिट्ठा उजागर करना Spill the beans *His accomplice in the crime spilled the beans

कक्ष Cabin

कक्षा Class

कर्ज के एवज़ में रखा बंधक (कीमती सामान) Pawn *Ornaments are deposited as pawn to pawnbroker who lends money

कर्ज के एवज़ में रखा बंधक (धन जमा के रूप में) Surety *He pledged fixed deposits as surety to the bank for giving loan

कर्ज के एवज़ में रखा बंधक (संपत्ति के कागजात) Collateral *He deposited the ownership papers of his house as collateral for loan

कट्टर Diehard

कट्टर (समर्थक) Staunch *Staunch supporter

कट्टर समर्थक (धर्म, पार्टी का) Zealot

कट्टर समर्थक (लड़ने-मरने को तैयार) Bigot

कट्टर समर्थक (अपने देश, समाज का) Jingo, Chauvinist

कट्टर पाठ पढ़ाना Indoctrinate *Jehadis indoctrinate docile youths to dedicate themselves to the cause

कटना (तेज धार से लग कर) Nick *He nicked his finger with a sharp blade

कटना (तेज हथियार से चोट करके) Slash *The blow of a sword slashed his arm

कटघरा Dock

कटाक्ष (व्यंग्यपूर्ण बातों से) Barb, Sarcasm *Remarks full of sarcasm

कटाक्ष (खिल्ली उड़ाने के लिए) Satire *The drama was a satire on the social evil of dowry

कटाक्ष (हावभाव, मुस्कुरा कर, आँख मार कर किया गया) Innuendo *He was embarrassed by the innuendoes of people sitting around

कटाक्ष (इशारे से कहा गया, अप्रत्यक्ष) Insinuation *He was offended with insinuation about his relations with her

कटीला (पौधा आदि) Thorny

कटीला (तार, हुक आदि) Barbed

कटुता बढ़ाना Exacerbate

कटुता पैदा करना Exacerbate *A misunderstanding exacerbated their already strained relationship

कटु यादें मिटाने वाला Nepenthes *Time is the best nepenthes, which heals the deepest sufferings

कटोरा Bowl

कठपुतली (अन्दर में हाथ घुसा कर चलाने वाला) Puppet

कठपुतली (धागे से चलाने वाला) Marionette

कठपुतली (परिधान प्रदर्शित करने के लिए) Mannequin *Mannequins in show windows are adorned with fashion garments

कठिन (प्रयास युक्त) Difficult *Difficult task

कठिन (परिश्रम युक्त) Laborious *Laborious work

कठिन (थकाऊ) Arduous or Strenuous *Arduous work of climbing on a mountain

कठिन परिश्रम युक्त Gruelling *Gruelling task

कठिन परिश्रम करना (लक्ष्य के लिए) Strive

कठिन प्रयास करना (लक्ष्य के लिए) Endeavour

कठिन परिस्थिति में होना Be in dire strait *He is in dire strait

कठिन परिश्रम करना (काम करने के लिए) Toil *A labourer toils whole day to earn his daily meals

कठिन परिश्रम करना (एक निश्चित अवधि तक) Slog *He slogged four hours daily

कठिन परिस्थिति में मानसिक संतुलन बनाए रखने वाला व्यक्ति Stoic

कठिन परिस्थिति झेलना Bear

कठिन परिस्थिति में झेलने वाला कष्ट Trial & tribulation

कठिन परिस्थिति झेलने का आत्मबल Grit *He faced hard time with utmost grit

कठिन परिस्थिति से धैर्यपूर्वक रोजमर्रा की तरह निपटना Take it in one's stride *Take problems in life in one's usual stride

कठिनाई (किसी काम को पूरा करने में) Hitch *There is a hitch in implementing the plan

कठिनाई से लड़खड़ाते हुए चलना Flounder (see **लड़खड़ाना**)

कठिनाई से लड़खड़ाते हुए चलना Stagger (see **लड़खड़ाना**)

कठिनाई से परिश्रम करके चलना Trudge, plod

कठोर (वचन/बर्ताव) Harsh *Harsh talk/treatment

कठोर (सजा) Rigorous *Rigorous imprisonment

कठोर (कार्रवाई) Stern *Stern action against guilty

कठोर (नियम आदि) Stiff, rigid *Rigid rules

कठोर (डराने वाला परिणाम, आदि) Dire *Dire situation/consequence

कठोर (दर्द, असहनीय) Severe *Severe pain *Severe climate

कठोर (कानून, नियम) Stringent *Stringent law

कठोर (दूरगामी प्रभाव) Drastic *Drastic control on expenses)

कठोर (चेहरा, हाव-भाव) Austere *Austere face of the boss

कठोर (आदेश, अनुशासन) Strict *Strict order
कठोर अनुशासनप्रिय व्यक्ति Martinet
कठोर (कड़ा) **हो जाना** (सूख कर) Indurate
कठोर (कड़ा) **हो जाना (चमड़ी** (त्वचा) **का)** be callous
कठोर शब्द का मधुर पर्याय Euphemism *Demise is used as euphemism of death
कठोर हो गई हुई त्वचा (रगड़ से) Callus
कड़-कड़ करना Crackle
कड़कना (बादल का) Thunder
कड़वा (स्वाद) Bitter
कड़वा (स्वाद, जुबान) Acerbic *Acerbic taste *Acerbic tongue
कड़वा (जलाने वाला द्रव्य) Mordant *Mordant liquid
कड़वाहट (संबन्ध में) Acrimony
कड़वाहट भरा हुआ (संबन्ध) Acrimonious *Acrimonious relations
कड़ाह Cauldron
कर्ण कटु Blatant *Blatant abuse
कर्णभेदी Ear-splitting, shrill (noise)
कतरन Clippings
कतरना (पूरी तरह हटाने के लिए) Clip *Clip the wings of the bird
कतरना (भेड़ की ऊन हटाने के लिए) Shear *Shear wool off the sheep's skin
कतरना (छोटा करने के लिए, सजाने के लिए बेतरतीब भाग को) Trim *Trim hairs/hedge
कतराना (कन्नी काटना) Evade, slink away
कत्ल (व्यक्ति का) Murder
कत्ल (राजनेता का) Assassination
कत्ल करना (प्रतिशोध में) Murder
कत्ल करना (महत्वपूर्ण व्यक्ति, राजनेता का) Assassinate *Rebels assassinated the king
कत्ल करना (लड़ाई में) Kill *He killed his enemy
कत्ल करना (माँस के लिए जानवर का) Slaughter *Slaugher the animal for eating meat
कत्ल करना (प्रत्येक दश में भारी संख्या में) Decimate *The muslims were decimated in a riot
कत्ल करना (बिना कत्ल के निशान के) Burke
कत्लेआम (वर्ग विशेष के लोगों का) Genocide *Communal genocide
कत्लेआम (अधिक संख्या में लोगों का) Carnage
कत्लेआम (सरकारी संरक्षण में) Pogrom *The sikhs' pogrom in 1984 took a heavy toll
कत्लेआम (निर्दोष लोगों का, बर्बरतापूर्ण) Massacre *Hitler massacred the Jews
कर्तव्य (नियत कार्य निभाने का) Duty *Official duty
कर्तव्य (परिवार, समाज, आदि के प्रति) Obligation *He has failed in his social obligation
कर्तव्य (जवाबदेही युक्त) Responsibility
कर्तव्यनिष्ठ/कर्तव्यनिष्ठा Diligent, Diligence
कर्तव्य निर्वाहन Discharge of duty
कर्तव्य निर्वाहन का भार Liability
कर्तव्य पलायन/पलायन करना Abdication/Abdicate *He has abdicated his responsibility
कर्तव्य परायण Dutiful
कर्तव्य पालन में चूक Dereliction of duty
कर्तव्यमुक्त करना Absolve
कर्तव्य हनन Malfeasance *Malfeasance of the government officials
कर्तव्यहीनता Delinquency *Delinquency of workers
कतार (खड़े लोगों का एक के पीछे एक) Queue *People stand in queue on public counters
कतार (एक के बगल में एक खड़े सैनिकों की) Rank *Officers are standing in the front rank
कतार (रखी हुई वस्तुओं की) Row *Chairs are kept in rows
कतार (एक के पीछे एक सैनिकों की) File *Soldiers marched in a file
कतार (एक साथ चलने वाली) Coterminous rows *Coterminous rows of houses
कद (व्यक्ति का समाज में) Stature
कद-काठी (शरीर की) Stature *Robust stature
कदाचार Malfeasance/Misconduct
कद्दावर व्यक्ति (विशालकाय) Triton *He is a triton amongst minnows
कद्दावर व्यक्ति (व्यापार जगत का) Magnate *Business magnate *Steel magnate

कद्दावर व्यक्ति (परिवार, समाज का) Doyen *Doyen of the family

कद्दावर व्यक्ति (उद्योग जगत का) Tycoon *Business tycoon

कनखी से देखना Look askance

कनछा Twig/Shoot

कनपटी Temple (adj. Temporal)

कनिष्ट Youngest/Junior

कन्नी काटना Evade

कपट Guile

कपट आचरण करना Dissemble

कपटी (बेईमान आचरण करने वाला, जानते हुए भी अनभिज्ञ होने का नाटक करने वाला) Disingenuous

कपटी (छल करने वाला मन में भाव/नियत को छिपा कर आचरण करने वाला) Dissembler

कपड़ा (जूता, बैग बनाने के लिए) Canvas

कपड़ा (वस्त्र बनाने के लिए) Fabric

कपड़े के वस्त्र पर मोड़ कर सिली हुई पट्टी Pleat

कपड़े का किनारा (मोड़ कर सिलाई किया हुआ) Hem *Hem protects the edge of the cloth from unravelling

कफ Phlegm

कफ निकालना Expectorate

कफ निकालने की दवा Expectorant

कफन Shroud

कबाड़/कबाड़ी Scrap/Scrap-dealer

कबूतर Pigeon

कबूतर जैसा पक्षी Dove

कबूतर का रहने का स्थान Dovecote

कब्जा (खिड़की, दरवाजे का) Hinge

कब्जा करना (किसी के जमीन संपत्ति का) Grab

कब्जियत Constipation, Dyspepsia

कब्र Grave

कब्र में दफन करना Bury

कब्र से गड़ा मुर्दा खोद कर निकालना Exhume

कब्रिस्तान Cemetery, Graveyard

कभी नरम, कभी गरम व्यवहार करना Blow hot and cold

कम (आवश्यकता से) Insufficient *Insufficient fund

कम (नाकाफी मात्रा में) Inadequate

कम (विशेष गुण/भाग में) Deficient *This food is deficient in vit. A

कम उम्र का सयाना (बच्चा) Precocious *A precocious child attains mental maturity at tender age

कम करके आँकलन करना (परिस्थिति की गंभीरता को) Underestimate

कम करके आँकलन करना (किसी के अपराध की गंभीरता को) Extenuate

कम करके आँकलन करना (किसी गंभीर घटना के महत्व को) Underplay *Underplay the danger of terrorism

कम करना (मात्रा में, मूल्य में न्यूनतम स्तर तक) Minimize *Minimize requirements

कम करना (स्तर में, नाप में) Diminish *Diminish the grade of excellence *The size of moon gradually diminishes

कम करना (स्टॉक, संगृहित मात्रा) Deplete *The depleted stock has to be replenished, lest it gets exhausted

कम करना (काट-छाँट कर) Curtail *Curtail expenses

कम करना (लंबाई काट कर) Truncate *Truncate the length of the stick

कम करना (वेग, तीव्रता) Decrease *Decrease the speed

कम करना (नाप, मात्रा) Reduce *Reduce the plan size

कम जगह में समाया हुआ Compact

कम करना (डर, शंका, चिंता) Allay *Allay people's fear of severe price rise in the coming months

कम करना (दर्द, समस्या) Alleviate *Clove oil alleviates toothache

कम करना (किसी बात की गंभीरता) Mitigate *Mitigate the seriousness of threat to law and order

कम करना (आहत भावना) Assuage *Assuage someone's wrath

कम करना (बीमारी के लक्षण की तीव्रता) Palliate

कम दूरी के बीच गाड़ी का आना-जाना करना Shuttle *A train shuttles between the two nearby stations

कमजोर करना (क्षमता विशेष को) Impair *Impair ability of hearing

कमजोर को धमकाना/धमकाने वाला Bully *A bully torments his peers in the school

कमजोर (शरीर) Frail *Frail body

कमजोर (आसानी से टूटने वाला) Fragile *Fragile glass

कमजोर करना (शक्ति, ताकत) Attenuate *Attenuate physical strength *Attenuate radio waves

कमर Waist

कमर का घेरा Girth *A man having large girth

कमर कसना (कठिनाई का सामना करने के लिए) Gird the loins *Gird the loins to flight the challenges

कमर में बाँधना Girdle

कमर पर हाथ रख कर खड़ा होना Stand with hands akimbo *He is standing with his left hand akimbo

कमरे में छत के नीचे बने सामान रखने की जगह Attic

कमरे में खुद को बन्द करना (वार्ता, पढ़ाई के लिए) Closet *He closetted himself for talking on the telephone) *They closetted themselves in a room to discuss the secret matters

कमरे में अपने को बन्द करना (एकान्तवास के लिए) Cloister

कमरे में अपने को बन्द करना (कर्तव्य निर्वाहन के लिए) Immure *Immure oneself to complete the pending work

कमरे के अन्दर की वार्ता को बाहर से कान लगा कर सुनना Eavesdrop *Eavesdrop someone's conversation with a person

कमी (बनावट में) Flaw, Defect *Flaw in a machine

कमी (असफलकारी) Drawback *Drawback in planning

कमी (धन, संसाधन की उपलब्द्धता में) Paucity *Paucity of money

कमी (आवश्यक वस्तु की) Scarcity *Scarcity of foodgrains

कमी (खाली भाग/अंश के होने से संपूर्णता में) Lacuna *There is a lacuna in the proposed draft of legislation

कमी (कार्य करने की क्षमता में) Handicap *He suffers from mental handicap

कमी (आचरण/चरित्र में) Weakness *Weakness in character

कमी (लालच में पड़ कर गलत काम करने के स्वभाव में) Fraility *Venality is our common fraility

कमी (बाल-सुलभ आचरण में - जो बुरा न लगे) Foible *Kids foible of telling embarrassing truths in front of others

कमी (मूर्खतापूर्ण आचरण करने की) Folly *Folly in behaviour

कमी (स्वभाव में, जिसका खुद आभास भी नहीं हो) Failings *Ego is our usual failing

कमी (दुर्गुण से भरे हुए आचरण की) Vices *His character is full of vices

कमी दूर करना (मशीन में खराब पुर्जों को बदल कर) Revamp

कमी दूर करना (पुराने घर में मरम्मत करके) Renovate *Renovate the old house

कमी दूर करना (मशीन में अलग से पुर्जा लगा कर) Retrofit *The old model car was retrofitted with components which are available in the new model

कर्म/कुकर्म Deed/Misdeed

कर्मठ Diligent

कर्मठ/कर्मनिष्ठ Diligent *Diligent student/worker

कर्मफल Deserts *Everyone gets his just deserts

कर्मचारी Employee

कर्मचारीगण Staff

करतब Performance

करतल ध्वनि (प्रशंसा में) Plaudit, Applause *The orator was greeted with plaudits

करतूत Misdeed

करने में आसान (काम) Facile

करारी चोट करना Clobber

कराहना (दर्द में) Groan

कराहना (दर्द में आराम मिलने पर, आनन्द में) Moan

कराहना (जानवर का) Bellow

करिश्मा Miracle

करीने से सजा कर रखना Stow

करीब-करीब वास्तविक लगने वाला Virtual *He is the virtual head of the department *A virtual image

करुणा Compassion *A heart full of compassion for those who are suffering

करुणारहित Ruthless

करुणा का भाव जागृत करने की क्षमता (साहित्य, संगीत, संवाद में) Pathos

कलंक Ignominy *His misdeeds brought ignominy for him

कलंकारोपण Calumny *He felt hurt with his friend's calumny

कलंकारोपण करना Calumniate

कलगी Head plume

कलछुल Scoop, Ladle

कल-पुर्जों को जोड़ना Assemble

कलह Conflict

कलश Urn

कलहकारी (बयान, बहस, व्यवहार) Polemic (opp. Eirenic) *Do not engage in polemics

कलाकृति Art

कलाकृति वस्तु Artefact *The emporium sells artefacts

कलाकार Artist

कलाकारी की हुई चादर Tapestry *A tapestry spread over a table

कलाकार का प्रशंसक Fan *He is a fan of Amitabh Bachchan

कला प्रदर्शक Artiste *Ensemble of artistes performed on stage

कला प्रदर्शक (घूम-घूम कर गाना/लोकगीत गाने वाला) Minstrel *Village minstrel regales people with folk songs

कला प्रदर्शन करना Perform *The percussionist gave a thrilling performance *He performed on stage today

कला पारखी Connoisseur *He is a connoisseur of classical dance

कला प्रेमी Dilettante

कलाबाजी Somersault

कलुषित Contaminated

कल्पना करना Imagine

कल्पना करना (अजीबो-गरीब स्थिति की) Fancy, Fantasize

कल्पना दृष्टि Vision *Nehru had a great vision for future India

कल्पना दृष्टि से पूर्ण व्यक्ति Visionary *Jawahar Lal Nehru was a great visionary

कल्पना शक्ति युक्त Imaginative

कल्पित भ्रम Phantom *Phantom feeling of pain in abdomen *Phantom withdrawal of money from his bank account (which was, in fact, not true)

कल्याण Wealfare

कवच Armour

कष्टकारक समय/प्रयास Travail *Travails of journey *Travails of enduring poverty

कष्टकारक अनुभव Ordeal *Ordeal of journey/prison

कष्ट से छुटकारा Relief *Medicine gives relief from pain

कष्ट से छुटकारा देना Relieve *Medicine relieved him of pain

कष्ट से ग्रसित होना/करना Afflicted/Afflict *He is afflicted with pain/injury/disease *The disease has afflicted a large number of people

कसम खा कर झूठा बयान देना Perjure

कसम खाना Swear

कसम Oath

कसम तोड़ना (कोर्ट में सच बोलने की) Perjure

कसमसाना Squirm

कसाई Butcher

कसौटी/कसौटी पर खरा उतरना Criterion/Pass muster

कहर ढाना Wreak havoc

कहानी Story

कहानी (अप्रत्यक्ष उपदेश, सच्चाई बताने वाला) Allegory

कहानी (जानवर, पक्षी को आधार बना कर संदेश देने वाला) Fable

कहानी (पुरानी धारणा पर आधारित) Legend *Ram is an incarnation of God and his story is a legend

कहानी (नैतिक पाठ का तुलनात्मक संदेश देने वाला) Parable

कहानी (वीरतापूर्ण कारनामे पर आधारित) Saga
कहानी (अलौकिक व्यक्ति/घटना पर आधारित) Mythology
कहानी (हास्यास्पद एवं मनगढ़ंत) Cock and bull story
कहानी (षड़यंत्र पर आधारित) Cloak and dagger story
कहानी सुनाने वाला Raconteur
कहानी का नाटकीय अंत Anticlimax
कहानी में नाटकीय मोड़ Coup d' theatre
कहावत (साधारण, सच्चाईपूर्ण) Adage
कहावत (सर्वमान्य सच्चाई या धारणापूर्ण) Axiom
कहावत (आदर्श कथनपूर्ण) Dictum
कहावत (व्यावहारिक नियम-कायदे बताने वाला) Maxim
कहावत (सर्वविदित मान्यतापूर्ण) Truism *One should never lie in a truism
कहावत Saying, Dictum
कहावत (अनुभव पर आधारित) Adage, Proverb
कहावत (कठोर सच्चाई पर आधारित) Aphorism
कहावत (सर्वमान्यता प्राप्त) Axiom
कहावत (सामान्य सच पर आधारित) Maxim, Precept
कहावत (स्वयं सिद्ध सच पर आधारित) Truism
कहावत (मार्गदर्शन करने वाला) Motto
कहावत (उपदेशात्मक) Moral
कृशकाय Emaciated
कृशकाय करना Emaciate *Prolonged suffering has emaciated him
काँच की छोटी शीशी/बोतल Ampoule/vial, phial
काँच का टुकड़ा (खिड़की/दरवाजे में लगने वाला) Pane *Window panes are coloured
काँच को खिड़की/दरवाजे पर लगाना Glaze
काँटा (पौधे का) Thorn
काँटा (जानवर के शरीर की सतह पर उभरा हुआ) Prickle
काँटा (हुक, तार, तीर में उभरा हुआ, जो गड़ने के बाद निकलने में रुकावट दे) Barb *Barbed wire is used for fencing a boundary
काँटी Nail *Nail is used for fixing in wall or wood work
काँटी (चौड़े सिरे की) Tack *Tacks are used for pinning the paper sheet on a wooden board
कागज मोड़/काट कर कलाकारी Origami
कागजी शेर Papier mache lion
काछ Groin
काज Button hole
काट कर सतह में बना गढ्ढा Groove
काटना (पूँछ, पगार, अर्जित स्कोर) Dock
काटना (धड़ से अंग) Dismember *Criminals dismembered the right hand of the victim
काटना (धड़ से सिर) Decapitate *Maoists decapitated the suspected police informer
काटना (पेड़ से डाली) Lop *Lop twigs
काटना (नाखून, पंख) Pare *He pared his nails
काटना (एक झटके में) Sever *A heavy blow of the axe was enough to sever the tree branch
काटना (बेतरतीब बढ़े हुए हिस्से को) Trim *Trim the edges
काटना (छड़ी आदि की लंबाई कम करने के लिए) Truncate
काठ मारना (डर से) Petrify *He was petrified with horror
काढ़ा Gruel
कान का डॉक्टर Otologist
कान में जमने वाला मैल Wax, earwax, cerumen
कान में जलन Otitis
कान में दर्द Otalgia
कान, नाक, गले का डॉक्टर E.N.T. specialist/ Otorhynolaryngologist
कान से संबन्धित (बाहरी भाग से) Auricular
कान से सुनाई देने से संबन्धित Aural
कानफाड़ (आवाज) Shrill
कानाफूसी करना Whisper
कानों को चुभने वाला/कर्णकटु (आवाज) Blatant *Blatant lie/radio
कानून/कानूनी Law/Legal
कानून-व्यवस्था के भंग होने की स्थिति Anomie
कानून बनाना Enact law
काफिर Infidel
काफिला (See कारवाँ)
काफी (आवश्यकता से) Enough *He has earned enough money

काफी (मात्रा में) Considerable *Considerable amount of money was paid as penalty

काफी (दिखने, लगने में) Appreciable *He donated appreciable amount in charity

काफी (महत्व में) Substantial *He received substantial help from the government

काबू में करना (जानवर को, उच्छृंखल व्यक्ति को) Tame

काबू में करना (दुश्मन को) Over power

काबू में करना (कठिन परिस्थिति को) Overcome

काम के लायक होना (be) Worthwhile

काम करने का उत्साह कम करने वाला (कदम, कारण) Disincentive

काम करने की आजादी देने की नीति Laissez faire

काम करने की आजादी पर सरकारी नियंत्रण की नीति Dirigism

काम करने में निर्णय लेने की छूट Carte blanche

काम करने की जिम्मेदारी देना Assign *He was assigned an important work

काम करने की शुरुआत अच्छे से करना Put one's best foot forward

काम करने के बीच में अल्पविराम Recess *He gets half-an-hour recess in office

काम करने के बीच में नाममात्र का विराम Short shrift *Salesmen in shops get short shrift during business hours

काम करने के लिए आवश्यक इन्तजाम Paraphernalia

काम करने के लिए आवश्यक सुविधा Infrastructure

काम करने के लिए चुना गया तरीका Modus operandi

काम करने से जी चुराना Shirk *Do not shirk duty

काम करने से जी चुराने वाला Scrimshanker

काम करने से मना करना (आदेश दे कर) Forbid *He was forbidden to address the news reporters on the official matters

काम करने से मना करना (कानून, नियम बना कर) Prohibit *Smoking is prohibited in public places

काम करने से रोकना (सामने खड़ा होकर) Prevent *He prevented him from leaving the meeting

काम करने से रोकना (बाधा उत्पन्न कर के) Inhibit *Legal hurdles inhibited the action against the accused

काम करने से रोकना (मजबूर, लाचार करके) Restrain *Court orders restrained him from taking any action

कामचोर Scrimshanker

कामदेव Cupid

कामना/कामना करना Wish *I wish him success

काम पूरा करना Accomplish *He could not accomplish his task within the timeframe

काम बिगाड़ना (असावधानीपूर्वक करने से) Botch up *Careless workers botched up the work

काम बिगाड़ना (फलीभूत होने से रोक कर) Frustrate *He frustrated our plan due to inept handling

काम बिगाड़ना (विरुद्ध में काम से) Thwart *Timely action thwarted their plan to harm

काम में अनैतिकता का अंश होने से सावधान रहने वाला Scrupulous *He is scrupulous in taking a gift from the one whose case is pending with him

काम में अपना योगदान देना Do one's bit *All of us should do our bit for the good of the country

काम करने में जोर लगाना Strain

काम में टालमटोल करना (कल पर टाल कर) Procrastinate *The government deliberately procrastinated on the implementation of the controversial issues

काम करने में टालमटोल करना Dilly dally, Dally *Disgruntled workers deliberately dilly dally in doing work

काम करने में टालमटोल करना (धीरे-धीरे काम करके समय नष्ट करते हुए) Dawdle

काम में भूल करने से/हो जाने से डरने वाला Meticulous *He is a meticulous perfectionist

काम में भूल करने/हो जाने से सावधान रहने वाला Punctilious *He is a punctilious worker

काम में लगाना (मजदूर दल, सैनिक दल को)

Deploy *Workers were deployed in the construction of the bridge

काम में लगाना (कार्य विशेष करने के लिए) Detail *A contractor company was detailed to build a bridge

काम में लगाना (किराया, फीस देकर) Engage *A lawyer was engaged to argue his case in the courts

काम में लगाना (मशीन को) Commission *A pump was commissioned to take out flood water

काम में लापरवाही/लापरवाही करना Remissness/ Remiss

काम से खिलवाड़ करना Triffle

काम से हटाना Dismiss, Cashier

कामना Wish

कामुक (इच्छा से पूर्ण) Amorous

कामुक (इच्छा जागृत करने वाला) Erotic

कामुक (आकर्षण से पूर्ण) Sensuous

कामुक (अभद्रतापूर्ण) Lewd *Lewd remark

कामुक (इच्छा प्रदर्शित करने वाला) Lascivious *Lascivious gesture

कामुक इच्छा Concupiscence

कामुकता जागृत करने वाला Lascivious

कामोत्तेजक Aphrodisiac

कायर Coward

कायर (कलेजा रहित) Pusillanimous

कायरतापूर्ण दुष्ट Dastard

कायरतापूर्ण धोखेबाज Recreant

कायरतापूर्ण दुष्ट का काम Dastardly act

कारोबार (व्यस्त रखने के लिए) Occupation *Reading books is his occupation

कारोबार (कमाई के लिए) Profession *Law practice in courts is his profession

कारोबार समेटना (व्यापार को बन्द करके) Wind up *Wind one's business up

कारोबार समेटना (कंपनी को बेच कर) Liquidate *The owner liquidated his company by selling assets

कारीगर Artisan

कारगर (उपाय) Effective

कारगर (प्रभाव में) Efficacious *Quinine is efficacious in malaria

कारगर (इच्छित परिणाम देने में) Effectual

कारवां (पैदल यात्रियों का काफिला) Caravan

कारवां (घुड़सवारों का) Cavalcade

कारवां (मोटरगाड़ियों का) Motorcade

कार्यक्रम संचालक (समारोह का) Emcee

कार्यक्रम संचालक (स्टेज प्रोग्राम का) Compere

कार्यक्रम संचालक (रेडियो आदि पर वार्ता का) Moderator, Anchor

कार्यक्रम व्यवस्थापक Impresrio

कार्य-कुशल (कार्य विशेष में) Adept *He is adept at handling weapons

कार्य-कुशल (शीघ्र करने वाला) Deft *Deft worker

कार्य-कुशल (चतुराईपूर्ण) Adroit *Adroit magician

कार्य-कुशल (निर्माण कार्य में) Proficient

कार्य-कुशलता Ability, Proficiency

कार्य-कुशलता (आत्मविश्वास से पूर्ण) Aplomb *He accomplished his task with aplomb

कार्य दल (काम करने वालों का) Contingent *A contingent of workers/troops

कार्य दल (व्यवस्था लागू करने वाला) Posse' *A posse' of senior officials was sent to quell the riot in the city

कार्यनिर्देश Brief *The officer briefed the workers on how they have to do the work

कार्य-प्रणाली (सरकारी कामकाज की) Protocol

कार्यवाही (सभा की) Proceedings *Proceedings of the Parliament are obstructed oftenly by the members

कार्य सूची (मीटिंग की) Agenda *Not even a single agenda could be discussed in the meeting

कार्यशील करना (जानवर को पैने से खोदकर) Spur, Goad

कार्यशील करना (व्यक्ति को) Activate *A lot of motivation could activate him to start doing the work

कार्यशील करना (मशीन को) Actuate *The turbine is actuated by force of steam

कार्य क्षमता Efficiency

कार्यान्वित करना Execute, Implement

कार्यान्वित होने लायक Feasible

काल-कोठरी Solitary cell

कालिख Soot
कालिख पोतना (मान-सम्मान पर) Denigrate or Besmirch
काल्पनिक (कथा, आदि) Fictitious *Fictitious story/name
काल्पनिक अस्तित्व की वस्तु, अनुभव Phantom *He feels phantom pain in his chest
काल्पनिक अस्तित्व वाला Imaginary *Paranoia is an imaginary feeling of mistrust in others
काल्पनिक बात (जो तथ्य के रूप में पेश की जाए) Figment of imagination *His claim of having noble lineage is a figment of imagination to impress others
काल्पनिक भ्रम जाल Phantasm
काल्पनिक दृश्यों का ताँता (स्वप्न में दिखने जैसा) Phantasmagoria *Phantasmagoria of living like a king vanished as he was face to face with hard reality of life
काल्पनिक कथा (तथ्य से परे) Fiction *His statement was a fiction
काल्पनिक कहानी Myth
काहिल Sloth
किचकिच Wrangle
किडनी-रोग का डॉक्टर Nephrologist
किडनी-रोग से संबन्धित Renal
किताब पढ़ने का शौकीन Bibliophile
किन्नर Eunuch
किनारा (see **कगार**) **नदी का** Bank
किनारा (समुद्र का) Coast
किनारा (सिली हुई पोशाक का) Border, Hem
किम्कर्तव्य विमूढ़ होना Bewilder or Be at one's wit's end
किराया (मकान का) Rent
किराये पर देना (मकान, आदि) To let *He let his house on a hefty monthly rent
किराये पर लेना (सेवक, गाड़ी आदि) Hire *He has hired a servant *He took a taxi on hire
किलकारी Giggle
किल्लत Scarcity
किला Fort
किलेबन्दी करना (किसी स्थान की) Fortify
किवदंती Folklore
किश्त (कर्ज अदायगी की) Installment
किश्त (सहायता राशि की) Tranche'
किश्त (धारावाहिक अथवा नाटक की) Episode
किशोरावस्था Adolescence
किशोर Adolescent
किशोर अवस्था से संबन्धित Juvenile
किसी काम में हाथ आजमाना Dabble
किसी काम में महत्वपूर्ण योगदान देना To do yeoman's service (to)
किसी के इशारे पर नाचना Dance to someone's tune
किसी के ऊपर पैरों को दोनों तरफ करके बैठना/खड़ा होना Straddle
किसी के देखा-देखी वैसा ही काम करना Follow suit
किसी के प्रति मन में घुमड़ता हुआ विद्वेष भाव Rancour
किसी के प्रति प्रतिशोध पूर्ण विद्वेष भाव Spite
किसी के आगे समर्पण करना Surrender
किसी के आगे-पीछे करना Dance attendance to
किसी के आगे हाथ बढ़ाना (मदद देने के लिए) Proffer
किसी के आगे हाथ फैलाना (माँगने के लिए) Panhandle
किसी के ऊपर पड़ी हुई (स्थिति) Superincumbent
किसी के जगह पर उसकी अनुपस्थिति में काम करने वाला व्यक्ति Locum tenens *Locum tenens took care of the patients in the absence of the doctor on duty
किसी के जगह पर उसकी अनुपस्थिति में निर्णय लेने/वोट देने का अधिकार प्राप्त व्यक्ति Proxy
किसी के बच्चे को अपनी कोख से जन्म देने वाली (औरत) Surrogate
किसी के जगह पर पहले काम करने वाला Predecessor
किसी के जगह (पद) **पर उसके बाद काम करने वाला** Successor
किसी के जैसा सफल व्यक्ति बनने की कोशिश करना Emulate someone

किसी के जैसा बनने की इच्छा रखने वाला Wannabe *He is a wannabe Tendulkar

किसी के जैसा बनते-बनते रह गया हुआ Manque *He is an actor manque

किसी के डींग हांकने का भांडा फोड़ना Call someone's bluff

किसी की मनोदशा को उसकी जगह पर खुद को रख कर महसूस करना Empathise (with)

किसी के नीचे पड़ा हुआ (स्थिति) Recumbent

किसी के प्रति नाराजगी Grouse

किसी के प्रति मन में भरा जहर उगलना Pour one's spleen upon someone

किसी के प्रति द्वेषभाव Grudge *He harbours grudge against me

किसी के प्रति सहानुभूति प्रकट करना Sympathize

किसी के पीछे पड़ना (तंग करने के लिए) Witch hunt *Witch hunt one's opponent

किसी के पीछे खड़ा होना (समर्थन में) Rally *His friends rallied behind him in need

किसी के पीछे पागल होना (be) Infatuated *He is infatuated with a girl

किसी के बाद अपना महत्व देना Play second fiddle to *The uxorious husband plays second fiddle to his wife in any decision

किसी के आगे घुटने टेकना Cower

किसी के आगे दुम हिलाना Fawn (on)

किसी के विश्वास को जीतना Conciliate *Conciliate one's adversary

किसी के साथ मतभेद मिटाना Patch up, Bury the hatchet, Mend fences with

किसी के लेखन/लिखित कृति की चोरी करके अपनी कहना Plagiarize *Plagiarize the data from others' books

किसी के कहने पर (कुछ करना) At someone's behest/instance *He did it at someone's behest

किसी के लिए अतिआवश्यक (जीवित रहने के लिए) Vital *Food/nutrition is vital for us

किसी के लिए अतिआवश्यक (आधारभूत सार) Essential

किसी के लिए अतिआवश्यक (जिसके बिना काम न चल सके) Indispensable

किसी के साथ अवांछनीय गुप्त संबन्ध रखना Play footsie with someone

किसी के सुपुर्द करना (जिम्मेदारी, संपत्ति) Entrust

किसी के सुपुर्द करना (दूसरी जगह भेजने के लिए) Consign *Consign goods for transporting

किसी के सुपुर्द करना (देख-रेख में रखने के लिए) Commit *Prisoner is committed to prison

किसी के सुपुर्द करना (उसके पते पर आया हुआ पत्र, सामान को) Deliver *Deliver letters/goods to the addressee

किसी के हटने पर उसकी जगह लेना Succeed

किसी के हटने पर उस जगह काम करने वाला Successor

किसी के हाव-भाव से उसकी बात को समझने का खेल Charade

किसी के अन्दर से बाहर निकलना (प्रवाहित होकर जैसे विचार, योजना, भय, आशा) Emanate *New ideas, plans emanate from him

किसी के अन्दर छिपी शक्ति, क्षमता को बाहर निकालना Educe

किसी के दिमाग में भरना (कोई बात, डर, भय) Instil *Instil fear in the mind of a child

किसी के मन में भावनात्मक गुण उड़ेलना Infuse *Infuse love for literature in the students

किसी की कलाकृति की चोरी की हुई (फिल्म, कला, आदि) Pirated *Police confiscated the pirated C.D.s of the new films

किसी की कार्यक्षमता की जाँच-पड़ताल करना Put one through their paces *The fighter planes were put through their paces before buying

किसी की चतुराई का पर्दाफाश करना Call someone's bluff

किसी की बातचीत को दूर से सुन लेना Overhear

किसी की बातचीत को छिप कर सुनना Eavesdrop

किसी की हवा गुम कर देना Take wind out of one's sails

किसी की सेवा में लगे रहना Wait upon
किसी की नजर में अच्छा बनना Be in someone's good books
किसी का खुद से बाहर निकालना (हवा, आवाज) Emit *Emit wind out of mouth in belching
किसी का अपने से बाहर निकलना (आत्मविश्वास, पसीना, गंध) Exude *He exuded confidence
किसी का अपने से बाहर निकलना (मवाद) Ooze *Festering wound oozed out pus
किसी का अपने से बाहर निकालना (छिद्र से) Transude *Pores of skin transude sweat
किसी को खींच कर ले जाना Whisk away
किसी को अनैतिक काम करने का प्रस्ताव देना Proposition
किसी को अपने पास भींच लेना Cuddle, Hug
किसी को उसकी कार्यक्षमता की जांच से गुजारना Put someone/something through their paces
किसी को नाममात्र की भी अहमियत नहीं देना Give short shrift
किसी को कट्टरता का पाठ पढ़ाना Indoctrinate
किसी को परेशान करना (बार बार आकर) Haunt *His memory haunted me *He is haunted by a ghost
किसी को कुछ अनिच्छापूर्वक देना Grudge someone *I grudged him his share of credit
किसी को भगवान का दर्जा देना Apotheosize
किसी को किसी स्थान से बाहर निकालना Expel *Expel from the class
किसी को उसके घर से/पद से बाहर निकालना Oust *Ousted from the post
किसी को दूसरे से बदलना Replace
किसी को पीछा करके खोज निकालना Track down
किसी को भयाक्रांत करना Send shudder down someone's spine
किसी को हटा कर उसकी जगह खुद जम जाना (चालाकी, बल से) Supplant
किसी को हटा कर उसकी जगह खुद ले लेना (पदाधिकारी की, कानून की) Supersede *The junior officer superseded his senior on a higher post *The new law superseded the old law
किसी को खुश करने के लिए पार्टी देना Treat
किसी को भावनात्मक बात से ओत-प्रोत करना Imbue *They were imbued with nationalism
किसी में अच्छी आदत डालना (बार-बार सिखा कर) Inculcate *Inculcate respect for the elders
किसी पर कुत्ता ललकारना Bait
किसी पर झपटना Pounce upon
किसी पर टिका हुआ (किसी सहारे पर) Recumbent *He is sitting with his back recumbent upon a pillow
किसी पर टिका हुआ (कर्तव्य, जवाबदेही का) Incumbent *It is incumbent upon him as a duty to look after the family
किसी पर टिका हुआ (संभावित परिणाम) Contingent upon *Success is contingent upon hard work
किसी पर नजर रखना Keep track of, keep tab on
किसी पर टूट पड़ना Crack down upon *Police cracked down upon the criminals
किसी से जानकारी निकालना Elicit *Elicit information from someone
किसी से पैसा ऐंठ कर निकालना Extort
किसी से आग्रह करना/विनती करना Solicit *Solicit for help
किसी काम को करने से बचना Skip *Skip dinner occasionally *Skip from attending a meeting
किसी काम को अंजाम देने का तरीका Modus operandi
किसी काम को करने से अनिच्छा जाहिर करना Excuse oneself *He excused himself from attending the meeting
किसी काम को करने से परहेज करने वाला/परहेज करना Recusant/Recuse
किसी काम में अच्छा/बुरा करना Fare well/bad (in) *They fared well in exams
किसी काम में लिप्त होना (अवांछनीय काम होने के कारण) Indulge *Do not indulge in any unlawful activities
किसी काम में लग जाना Involve *He is involved in social activity

किसी काम का कुपरिणाम Repercussion *Lawlessness has serious repercussion on development

किसी काम का क्रेडिट किसी में जुड़ना Redound *His good work for the society redounds on him

किसी कीमत पर At all costs

किसी गाड़ी को अन्य गाड़ी से जोड़ना (खींचने के लिए) Tow *A defunct car was towed to the garrage for repairing

किसी जगह तक एवं वापस (जाना) (go) to and fro *To and fro journey to Delhi

किसी जगह पर फँसना (be) Stranded

किसी जगह पर बार-बार आना Frequent *He frequents his home to see his parents

किसी जज का सुनवाई करने से अपने को अलग करना (किसी केस में) Recuse oneself *The judge recused himself from this case due to anonymous calls threatening him

किसी जमा वस्तु को खर्च करके समाप्त कर देना Exhaust *He exhausted the stock of water in the tank

किसी जमा वस्तु को खर्च करके कम करना Deplete *Coal reserve is depleted by mining

किसी द्रव्य में किसी वस्तु को गोतना Soak, Steep *He steeped bread in hot milk

किसी देश के नागरिकों का दुनिया में फैला हुआ जन-समूह Diaspora *Indian diaspora is scattered all over the world

किसी बात के महत्व को लोगों को समझाना Bring home, Drive home (the importance)

किसी प्रक्रिया को समाप्त करना Terminate

किसी बेकार कानून को/वस्तु को अन्य से बदलना Supersede *Ineffective law was superseded with new one

किसी वस्तु के प्रयोग में सिद्धहस्त Savvy *He is a computer savvy person

किसी वस्तु से किसी अन्य को जोड़ना/बांधना Hitch *A pole has been hitched to the window with a rope

किसी वस्तु को गैर-जरूरी महत्व देना Make fetish of

किसी वस्तु को गलत जगह रख कर भूलना Misplace

किसी वस्तु में गुणवत्ता बढ़ाने के लिए मिलाई हुई किसी अन्य वस्तु की थोड़ी मात्रा Dash *A dash of spice makes the food tasty

किसी वस्तु की गुणवत्ता घटाने के लिए मिलाये जाने वाले अन्य पदार्थ की थोड़ी मात्रा Taint *A taint of adulterating kerosene debases the quality of petrol

किसी वस्तु को रंग प्रदान करने के लिए मिलाये जाने वाली अन्य वस्तु की थोड़ी मात्रा Tinge *A tinge of dye was added to impart colour to the liquid

किसी वस्तु/व्यक्ति को हटा कर अन्य को रखना (किसी काम को करने के लिए) Substitute *The injured player was substituted with another player

किसी विषय पर किसी का अपनाया हुआ रुख Stance

किसी विषय पर विभिन्न लेखकों का लिखा संग्रह Anthology

किसी विषय पर विस्तार से बोलना (अधिक समय तक) Dwell upon *The speaker dwelt upon lawlessness in the society

किसी विषय पर विस्तार से बोलना (विस्तृत जानकारी दे कर) Expatiate *The speaker expatiated on the theory of gravity

किसी विचारधारा को आगे बढ़ाने वाला Proponent *He is the proponent of harnessing youth power

किसी विचारधारा को प्रस्तावित करना Propound *He propounded a new theory

किसी व्यक्ति के विचार का प्रारंभिक संदेह या विरोध के बाद अंततः परिणाम द्वारा सही सिद्ध होना (be) Vindicated *His warning against the lax attitude in dealing with the Maoists was vindicated when vicious offensive was mounted by them

किसी व्यक्ति द्वारा दूसरे की भावना के समान महसूस होने वाली (भावना) Vicarious (feeling) *Supporters shouted wildly in vicarious pleasure when their team won the match *A voyeur enjoys vicarious please

किसी व्यक्ति/वस्तु को हटा कर अन्य को रखना (बदलने के लिए) Replace

किसी व्यक्ति/वस्तु को हटा कर अन्य को रखना (स्तर में सुधार के लिए) Supersede

किसी व्यक्ति की आवाज की विशेषता जो उसको पहचानने में मदद करे Timbre *He is easily recognized by his baritone timbre

किसी व्यक्ति की आदत की विशेषता जो उसको पहचानने में मदद करे Idiosyncrasy

किसी व्यक्ति के बोलने/उच्चारण करने/रहन-सहन के तरीके की विशेषता जो पहचानने में मदद करे Shibboleth

किसी विशेष गुण का जीता-जागता नमूना Epitome *He is an epitome of laziness

किसी विशेष गुण का श्रेष्ठतम नमूना Paragon *He is a paragon of virtues

किसी सुखद स्थिति में आनन्द लेना Bask *Bask in the sun

किसी स्थान पर निवास करना (स्वाभाविक तौर पर) Inhabit *Wild animals inhabit in forests

किसी सवारी गाड़ी को खींचने के लिए जानवर को जोतना Harness *Bullocks are harnessed to the yoke of the cart

किसी स्थान पर निवास करना Reside

किसी स्थान पर निवास करने वाला व्यक्ति Inhabitant *Fish is an aquatic inhabitant

किसी स्थान को आकर्षक बनाने वाली आस-पास का दृश्य Landscape *The hotel is situated amid green landscape

किसी स्थान से पैदा होकर अलग निकलना Stem from *Branches stem from the trunks of the trees

किसी शब्द का अक्षरों का स्थान बदल कर अन्य शब्द Anagram

किसी सिद्धांत से जुड़े रहना/पर टिकना Adhere *Adhere to one's religious faith

किसी सिद्धांत पर टिकने वाला व्यक्ति Stickler *He is stickler of strict discipline

कीचड़ उछालना (किसी के चरित्र पर) Mud Slinging

कीचड़ में चलना Plod, Wade

कीचड़ में चलते समय उत्पन्न आवाज/आवाज होना Squelch *Walking through mud with squelch

कीट जन्तु Insect

कीट (फसल को नष्ट करने वाला) Pest

कीट (सामान को कुतर कर बर्बाद करने वाला) Rodent *Mouse is a rodent

कीटनाशक Insecticide/Pesticide

कीट से ग्रसित (स्थान)/**ग्रसित करना** Infested (with)/Infest *The house is infested with rodents

कीटाणु Germ

कीड़ा (क्रियाशील, किसी सुखद) Worm

कीमत/कीमती (चुकाने वाला) Cost/Costly *Costly cars *Luxury car costs a lot

कीमत/कीमती (किसी वस्तु का दाम) Price/Precious *Gems are precious

कीमत चुकाना (अपनी करनी की) Pay the price *You will have to pay the price of your misconduct

कीमत चुकाना (गैरवाजिब भाव की वस्तु का) Pay through one's nose/Shell out

कीमत बढ़ना (संपत्ति की, शेयर की) Appreciate (opp. Depreciate)

कीमती (अनाप-शनाप दाम) Expensive *Medicines are expensive

कीमती (महंगा एवं बहतरीन) Sumptuous

कीर्ति Fame

कील (काँटी) Nail

कील (चौड़े सिरे वाला) Tack

कुंठा Frustration

कुंडी Latch

कुंडली मारना Curl

कुंडली मारने के साथ किसी से लिपटना Wreathe *A snake wreathed around a pole

कुन्द (धार) Blunt

कुन्द करना (बढ़ोत्तरी) Stunt (growth)

कुकर्म Misdeed

कुकुर खाँसी Hooping cough

कुकुरमुत्ते की तरह फैलने वाला Mushroom *Mushroom growth of cities is too rapid

कुख्यात/कुख्याति (व्यक्ति, घटना) Infamous/Infamy

कुख्यात/कुख्याति (अपराधी) Notorious/Notoriety

कुचक्र Conspiracy

कुचलना (ताकत से दबा कर) Crush *A person was crushed under the speeding vehicle

कुचलना (दबा कर पिद्दी निकाल के) Squash

कुचलना (पैरों के नीचे दबा कर) Stamp *He stamped an insect

कुचलना (विद्रोह, अनुशासनहीनता) Quell

कुचलना (गाड़ी से दबा कर) Mowdown

कुचक्र रचने वाला गुट Cabal

कुछ करने के लिए मजबूर करना Constrain (to)

कुछ करने के लिए किसी को राजी करना (बारंबार प्रयास करके) Coax *He coaxed me to help him

कुछ करने के लिए राजी करना (लाभ का लालच देकर) Blandish *The leaders blandish the voters for getting votes

कुछ करने के लिए राजी करना (चापलूसी करके) Cajole, Wheedle *He cajoled me to accompany him to the market

कुछ करने के लिए राजी करना (चालबाजी, चतुराई से) Manipulate *He manipulated me to accept his offer

कुछ करने के लिए राजी करना (समझा-बुझा कर) Persuade *I persuaded him to join the job in my office

कुछ करने की शक्ति क्षीण होना/करना Enervate *Luxurious life enervates one to accept a challenging task

कुछ करने की क्षमता से युक्त Potential *He has a potential to succeed in the competition

कुछ करने पर आमादा Bent upon, Intent upon, Determined to

कुछ करने पर विचार करना Contemplate *I am contemplating to start my own business

कुछ करने से परहेज करने पर मजबूर करना Restrain (from)

कुछ करने से रोकना Dissuade

कुछ करने से स्वयं को रोकना Desist, Refrain, Forebear *Desist from laughing in solemn rites

कुछ गड़बड़ है There is something amiss

कुछ गड़बड़/गलत होने का अंदेशा होना Be amiss *There is something amiss with him

कुछ गलत करने से रोकना (परिणाम का भय दिखा कर) Deter *Hefty fine will deter people from violating the traffic rules

कुछ बनते-बनते चूक जाने वाला (व्यक्ति) Manque *An actor manque

कुछ बनने की इच्छा के कारण वैसा ही हाव-भाव अपनाने वाला (व्यक्ति) Wannabe *Wannabe actor

कुछ बनने की इच्छा करना Aspire *He aspires to become an engineer

कुछ बनने की इच्छा करने वाला व्यक्ति Aspirant

कुछ होने की संभावना से युक्त Prospective *He is a prospective winner in this competition

कुटिल Crooked *A crooked person

कुटिल व्यक्ति Crook *He is a crook

कुड़ा-कर्कट Rubbish

कुढ़ना Fret

कुढ़ने वाला Querulous

कुतरना (दाँतों से काट-काट कर) Gnaw *Rodents like rats habitually gnaw whatever is available

कुतरना (खाद्य पदार्थ को खाने के लिए) Nibble

कुत्ता प्रजाति Canine *Jackal is a canine

कुत्ता प्रेमी Cynophile *He is a cynophile

कुत्ते का डर Cynophobia

कुत्ते के काटने से होने वाली बीमारी Hydrophobia

कुत्ता-घर Kennel

कुपरिणाम (किसी कार्य से उत्पन्न) Fallout *Runaway inflation is the fallout of economic mismanagement

कुपित (स्वभाव से) Morose *A morose temperament

कुपित (रूठने पर) Sulky *A sulky mood

कुपित (मुँह लटका कर चुप-चाप रहने वाला) Sullen *Sullen face

कुपोषण Malnutrition

कुप्रचार Disinformation

कुप्रभाव से बचाव करने वाला Buffer *The stored grains stock is as a buffer from famine or drought

कुबड़ Hunchback
कुर्बानी Sacrifice
कुम्हलाना Wither *Hot summer withered the plants
कुरकुरा Crunchy, Crisp *Crisp biscuit
कुरकुरे पदार्थ को दाँतों से तोड़ना Crunch *He crunched the crisp biscuit
कुरकुरे पदार्थ को दाँतों से तोड़ने से उत्पन्न आवाज Scrunch
कुरूप Ugly
कुर्की Confiscation, Attachment
कुरेदना (खोदना) Poke
कुलदीपक Scion *Rahul Gandhi is the scion of the nehru Family
कुलश्रेष्ठ (परिवार का) Patriarch
कुलश्रेष्ठ (समाज विशेष का) Doyen *Doyen of society/medical fraternity
कुलीन Aristocrat
कुलीन वर्ग Aristocracy
कुल्ला करना Swill mouth
कुल्हा Haunch
कुल्हाड़ी Axe, Hatchet
कुर्सी की कतारों के बीच में रास्ता Aisle *He walked through the aisle to the front row
कुहासा Fog
कुशल (कार्य विशेष को करने में) Adept (in) *He is adept in electrical work
कुशल (काम करने की योग्यता से पूर्ण) Competent *Competent officer/judge
कुशल (मशीन) Efficient *Efficient engine
कुशल (काम करने में) Proficient *Proficient worker
कुशल-क्षेम Well-being, Welfare
कुशलता (आत्म-विश्वास से पूर्ण) Aplomb *He does his work with aplomb
कुशल Skillful, Adroit, Deft, Adept, Dextrous
कुशलता (हाथ से काम करने में) Dexterity
कुशलता (दोनों हाथों से काम करने की) Ambidexterity
कुशलता (किसी काम को करने की) Adroitness
कुशलता (किसी कला में) Expertise
कुशलता (कठिन काम को आसानी से करने में) Finesse
कुशलता (परिस्थिति अनुसार निर्णय लेने में) Savoir faire
कुशाग्र Brilliant, Talented
कूटनीति Diplomacy
कूटनीतिज्ञ Diplomat
कूड़ा (see कचरा) Garbage
कूड़े के ढेर में से खाने लायक, चुनने लायक चीज खोजना Scavenge
कूड़े में फेंकना Dump
कूड़े में से चुन कर निकालना Scavenge *A pig scavenged eatables from the garbage
केंचुल/केंचुल छोड़ना (सांप के द्वारा) Moult, Molt
केंचुल छोड़ना (त्वचा, पंख, सिंहों का) Slough, shed, Moult
केंचुल छोड़ने की प्रक्रिया Ecdysis *Annual ecdysis
केक आदि जैसा मीठा पदार्थ Confectionery
केक आदि जैसा मीठा पदार्थ बनाने की जगह Confectionary
केवट Oarsman
केश का डॉक्टर Trichologist
केश काटने वाला नाई Barber, Coiffeur (fem. Coiffeuse)
केश झड़ना Alopecia
केश नोंचने का फितूर Trichotillomania
केश विहीन (व्यक्ति) Bald
केश-सज्जा Coiffure
केश से भरपूर (शरीर) Hirsuit *Hirsuit chest/ armpit
केश साफ करना (लोशन लगा कर) Depilate
केश साफ करने का लोशन Depilatories
कै करना Vomit
कै करने का एहसास Nausea
कैद करना (जेल में) Imprison
कैद करना (घर की चार-दिवारी के अन्दर) Immure
कैद करना (सीमित दायरे के अन्दर) Intern
कैन्सर का डॉक्टर Oncologist

कैन्सर विज्ञान Oncology

कोई भी हथकंड़ा अपनाने से परहेज नहीं No holds barred

कोंचना Poke

कोकिल कंठा Nightingale

कोठी Bungalow

कोड़ा Lash

कोड़े से मारना Flog

कोढ़/कोढ़ी Leprosy/Leper

कोताही करना Procrastinate

(see **काम में टालमटोल करना**)

कोमल Tender *Tender age *Tender touch

कोरा Blank

कोरी कल्पना Figment of imagination

कोलाहल Noise *Traffic noise

कोलाहल (भीड़ द्वारा) Uproar/Pandemonium *Pandemonium broke out in the meeting

कोलाहल (झगड़े-झंझट के दौरान) Rumpus *They engaged themselves in a rumpus

कोलाहल (धक्का-मुक्की करते हुए भीड़ का) Commotion *Commotion of the crowd in the meeting

कोलाहल (जोश में भीड़ की चिल्लाहट से) Tumult *Tumult of the spectators in the stadium

कोलाहल (विरोध में भीड़ की चिल्लाहट से) Clamour *Clamorous protest of the people

कोलाहलपूर्ण (चिल्लाहट) Vociferous *Vociferous shouting

कोलाहलपूर्ण (यातायात) Strident *Strident traffic

कोलाहल युक्त झगड़ा (अनेक लोगों के बीच में) Brawl *Family brawl was annoying to the neighbours

कोलाहलपूर्ण झगड़ा (कौन किस तरफ है, इसका जानना मुश्किल) Broil *Confusing broil

कोलाहलपूर्ण झगड़ा (कम लोगों के बीच में) Fracas

कोलाहलपूर्ण झगड़ा Rumpus *Rumpus amongst the students on the campus

कोलाहलपूर्ण झगड़ा (अन्य लोगों का ध्यान आकर्षित करने वाला) Row *Neighbours row over collecting water from the public tap

कोसना Curse

कोसना (धार्मिक गुरु द्वारा धर्म विरुद्ध आचरण को) Anathematise *The pope anathematised people who indulge in irreverent activities

कोष (कार्यविशेष के लिए आवंटित) Fund *Fund granted for a task

कोष (जमा राशि का) Corpus *A corpus of lakhs of rupees of the contributors will be used for helping the needy students

कोहनी Elbow

कोहनी से धक्का मारना Nudge *He nudged me out of the room

कोहरा Fog

कोहराम (भीड़ में) Pandemonium

क्रियाशील करना/कार्यशील करना (मस्तिष्क, दल, संस्था की गतिविधि को) Activate

क्रियाशील करना (मशीन को) Actuate

क्रूर (व्यक्ति) Cruel

क्रूर (जानवर) Ferocious

क्रूरता (जुल्म ढाने वाला) Atrocity

क्रूर शासक Tyrant

क्रोध (क्रोधी) Anger/Angry

क्रोध (असीम) Wrath

क्रोध (दहकता हुआ, दबाने में अक्षम) Rage *Mad with rage

क्रोध (अत्यंत अधिक) Ire

क्रोध भड़काना (आग बबूला करना) Incense *His abusive language incensed me

क्रोध भड़काना (क्रोध से पागल करना) Infuriate

क्रोध में दांत पीसना Gnash

क्रोध में उबलना Seethe *He seethed in anger

क्रोध में पागल जैसा दौड़ना Rampage, Run amok = [Ramp + (Ra)ge]

क्रोध में उबलना Fume, Simmer

क्रोध में हाँफना Pant

क्रोधित Furious

क्रोधित होने वाला (आसानी से) Irascible

कृतघ्न/कृतघ्न व्यक्ति Ungrateful/Ingrate

कृतज्ञ (व्यक्ति के प्रति, उसकी मदद के लिए) Grateful

कृतज्ञ (ईश्वर के प्रति) Thankful

कृतज्ञ (व्यक्ति के एहसान के तले दबे होने से) Obliged

कृतज्ञतापालन से मुकरना Welsh (on) *Welsh on one's obligation

कृतार्थ Gratified

कृतार्थ करना Gratify

कृति (लेखक की) Opus

कृति संग्रह Oeuvre

कृत्रिम (बनाया हुआ) Factitious *Factitious artefacts

कृत्रिम (नकल किया हुआ) Sham *Sham courage/sympathy

कृत्रिम (ठगने के लिए) Spurious *Spurious goods look like genuine ones

कृत्रिम (सस्ते रूप में) Artificial *Artificial ornaments

कृत्रिम अंगों का रोपण/रोपण करना Prosthetics/Prosthesis

कृत्रिम समरूप/समरूप तैयार करना (जीव का) Clone *Clone of an animal

कृपण Miser

कृषकाय Emaciated, Gaunt

कृषकाय करना Emaciate

कौतूहल Curiosity

कौर Morsel

कौशल Skill, Prowess, Bravura

क्यारी Furrow *Furrows on his forehead show his annoyance *Furrow in the field is used for watering it

क्लास से दूर रहना Bunk *Students tend to bunk the classes

क्लास से दूर रहने वाला विद्यार्थी Truant *A habitual truant was rusticated from the school

क्लेश Affliction

क्लिस्ट Intricate, Complicated

क्रमशः Gradually

क्रमशः आगे बढ़ना (ग्रेड में) Graduate *He graduated to class VII this year

क्रमशः कम/हल्का होना (रंग, याद) Fade

क्रमशः घटना (लहर, शरीर की ताकत, लगाव) Ebb *Strong sea waves now ebbed *His energy is ebbing with advancing age

क्रमशः घटना (तीव्रता का) Abate *Intensity of storm/love is abating

क्रमशः घटना (कीमत) Depreciate

क्रमशः घटना (उफान का) Subside *Upsurge in prices began to subside

क्रमशः घटना (सतह की चौड़ाई का या मोटाई का एक छोर से दूसरे छोर तक) Taper *Thickness of the stick tapers from its top towards the other end

क्रमशः घटना (चंद्रमा का आकार) Wane

क्रमशः पीछे की तरफ खिसकना (केश का सिर पर, बाढ़ के पानी का) Recede *Flood water recedes

क्रमशः बढ़ना (चंद्रमा का आकार) Wax *The size of moon is waxing and waning alternately

क्रमशः घटता हुआ (घटते आय पर टैक्स की दर) Degressive *Train fares are degressive with increasing distance of travel *Income tax rates are degressive with decreasing income

क्रमशः घटता हुआ (बढ़ते आय पर टैक्स की दर) Regressive *Regressive rate increases with decreasing amount of income, or decreasing distance of travel

क्रमशः विकसित होना Evolve *Idea evolves with more and more discussion

क्रमशः विकसित होने की प्रक्रिया Evolution

क्रमानुसार Respectively *He and she are male and female respectively

क्रमानुसार (एक के बाद दूसरा करके) Successive *Successive holders of this post

क्रमानुसार (एक के बाद सामान्यतः आने वाला दूसरा) Consecutive *1, 2, 3 are consecutive digits

क्रमानुसार (घटनाओं का होने के समय के अनुसार) Sequence *Sequence of events

क्रय-विक्रय सामान Commodity

क्रांति Revolution

क्रांतिकारी Revolutionary

ख

खंखार Sputum

खंखार कर किसी का ध्यान आकर्षित करना Hem

खंगालना (बर्तन में पानी डालकर चारों तरफ हिलाते हुए) Swill, Rinse *Poured water in the bucket is swilled vigorously before throwing it out

खंडहर (खंडन करना) Ruin

खंदक (जिसमें बरसात का पानी जमा हो) Ditch *The road is damaged – full of ditches

खंदक (खोद कर बनाया हुआ) Pit *Garbage is thrown in pits especially made for the purpose

खंदक (सुरक्षित छिपने के लिए बनाया हुआ) Trench *Troops take shelter in trenches to evade detection by the enemy

खंदक (सतह पर ढका हुआ, जिसमें गिर कर फंसने का डर हो) Pitfall *Pitfall is used for trapping an unwary victim

खंभा (निर्मित भवन में बना हुआ) Pillar *Large pillars of verandah

खंभा (रेलिंग संभालने वाला) Baluster *Balusters support the railings of the stairs' sides

खंभा (भारी वस्तु को टेक लगाने वाला) Stake

खंभा (चार-दिवारी का) Palisade *A boundary of iron palisades

खंभा (बिजली का उच्च वोल्ट के तारों को संभालने वाला) Pylon *High voltage electric supply wires are supported on pylons

खंभा (बांस आदि का जमीन में गाड़ने वाला) Pole *A bamboo pole

खंभा (छोटे आकार का यातायात रोकने के लिए) Bollard *Traffic police set up bollards on the road to stop the traffic

खंडन करना (दोषारोपण का, किसी के बयान का) Contradict *He contradicted allegations levelled against him *He contradicts whatever I say

खंडन करना (झूठा करार करके किसी के बात का) Rebut *Rebut someone's exaggerated claims

खंडन करना (तथ्यों से गलत सिद्ध करके किसी की बात का) Refute

खंडन करना (तथ्यों से किसी प्रतिपादित सिद्धाँत, विचार का) Confute

खंडित Broken

खंडित टुकड़ा (किसी वस्तु के टुकड़े-टुकड़े होने पर) Fragment *Fragments of broken mirror

खंडित टुकड़ा (संपूर्ण भाग से टूट कर अलग होने वाला) Splinter *Splinters of a wood log

खंडित टुकड़ों का बिखरा हुआ ढेर Smithereens

खंडनीय Breakable

खगौलिक Celestial *Celestial planets constantly revolve on their own path of rotation

खच-खच करना Quibble

खर्च लगना Cost *This house has cost me a lot

खर्च करना Spend *He spends very judiciously

खर्च करना (गैर-जरूरी चीजों पर) Squander *He squanders on lavish parties

खर्च करना (समय, ताकत, प्रयास–किसी के लिए) Expend

खर्च (किसी काम पर लगने वाला) Expense *Expense of house construction is very high

खर्च (किसी काम पर किया गया) Expenditure *He made a huge expenditure on constructing his house

खर्च की भरपाई (दण्ड स्वरूप) Costs *The accused was made to pay the costs

खर्च की गई राशि का वापस भुगतान करना Re-imburse *The company re-imbursed the money spent by me on official work

खर्च पर लगाम लगाने वाला (कदम, कानून) Sumptuary *Ban on employees travelling by aeroplane on tours was a sumptuary step

खर्च करने में संयमित Thrifty *A thrifty person spends prudently

खचाखच भीड़/भीड़ करना Throng *A throng of people assembled to hear the speech *A large number of people thronged the city centre

खजाना (कीमती, बहुमूल्य हीरे-जवाहरात का) Treasure *Treasure of rare gems

खजाना (धन रखने की तिजोरी) Coffer *The coffers of a loss-making company are empty

खजाना (सरकारी आमदनी जमा करने वाला) Fisc *Tax collections are deposited to the fisc

खजाना (सरकारी खर्च जमा करने के लिए) Treasury

खजाना (छिपा हुआ, अज्ञात व्यक्ति का गाड़ कर रखा हुआ) Treasure trove

खट-खट की आवाज करना Rattle *A rattle-snake rattles its tail

खटका (मन में) Apprehension

खटखटाना Knock *He knocked at my door

खटने वाला काम Drudgery *A labourer barely earns his living from day-long drudgery

खटपट Tiff

खटमल Bug

खटारा गाड़ी Jalopy

खटाऊ काम करने वाला व्यक्ति Drudge

खड़-खड़ करना Rattle

खड़ा (सीधा) Erect *He is standing erect *Erect hairs are called bristles

खड़ा बाल Bristle *A brush is made of bristles

खड़ी चढ़ाई Steep *Steep road in hills

खड़े होने का स्वाभाविक ढंग Posture

खड़े होने का जानबूझ कर अपनाया गया ढंग Stance

खतरा (डराने वाला) Menace

खतरा (हानि होने का) Danger *Avoid danger of skin burn from intense summer sun

खतरा (जान-बूझ कर किये गये काम से उत्पन्न) Risk *Risk is involved in dare-devilry

खतरा (हानि, गलत होने की संभावना का) Hazard *Hazard of guessing without any idea *Business is exposed to hazards

खतरा (किसी वस्तु/व्यक्ति के अस्तित्व से उत्पन्न) Threat *He is a threat to the society because of being an incorrigible criminal

खतरा (हानि होने की शीघ्र संभावना युक्त) Peril *You can pick up a fight with a powerful person at your own peril

खतरा (परिस्थिति के कारण हानि होने या न होने का बराबर-बराबर) Jeopardy *Working on a height above the ground without proper safety gears may put you in jeopardy

खतरा (हानि की संभावना से भयभीत करने वाला) Menace *Lawlessness and tendency of people to indulge in violence is a menace to the social order

खतरा मोल लेना (असफल होने का, हानि होने का) Hazard *He was unwilling to hazard a guess on the election outcome

खतरे में डालना (परिस्थिति के कारण) Jeopardise *Proximity with police could jeopardise one's life in the Naxal-affected villages

खतरे में डालना (जानबूझ कर किए गये काम से) Risk *You can risk your life by venturing into the jungle infested with poisonous snakes

खतरे की संभावना से भरपूर Fraught *The journey through the sea route is fraught with dangers

खतरे से खेलने का शौक Brinkmanship

खतरे से सावधान (भाँप लेने में सक्षम) Alert *He was alert in detecting any possible danger

खतरे से सावधान (सचेत रह कर) Cautious *Remain cautious while moving in the dark

खतरे से सावधान (चारों तरफ नजर घुमा-घुमा कर) Circumspect *He was circumspect of possible danger while moving ahead

खतरे से सावधान (शंका होने के कारण) Wary *Be wary of someone's suspected motive

खतरे से सावधान (अपरिचित व्यक्ति से पूछताछ करके) On the qui vive *The sentry was on the qui vive during the night to prevent the entry of any stranger

खतरनाक (किसी काम में निहित खतरा होने से) Dangerous *Dangerous stunts *Dangerous chemical

खतरनाक (किये गये काम का परिणाम) Risky *Going out at midnight is risky, anything may happen

खतरनाक (हानि करने वाला) Hazardous *Redioactive radition is hazardous to health

खतरनाक (जान जोखिम में डालने वाला) Perilous *Perilous stunts

खतरनाक (डराने वाला) Menacing *His style of driving the car is menacing

खतरनाक (सुरक्षा भगवान भरोसे होने की स्थिति में) Precarious

खतरनाक (अचानक चपेट में लेने वाला) Treacherous *Treacherous friend

खतरनाक काम (साहसी व्यक्ति के द्वारा करने वाला) Adventure *Adventure of mountain climbing or trekking through desert

खतरनाक काम (विशेष क्षमता का प्रदर्शन करने वाला) Stunt *Daredevils perform stunts to impress the spectators of their skill

खतरनाक काम करने वाला व्यक्ति Daredevil

खदान (कोयला, सोना आदि खनिज की) Mine *Coal Mine

खदान (पत्थर आदि पदार्थ की) Quarry *Stone/gem/diamond quarry

खदेड़ना Chase away

खनखनाहट (चूड़ियों की, सिक्कों की) Jingle

खपड़ा Shingle

खपच्ची (टूटी हड्डी को सहारा देने के लिए बांधने वाली) Splint *A broken bone is supported by splint tied over both the ends of a broken point

खपच्ची (फाँक में घुसा कर फैलाने वाला) Wedge *Drive a wedge to widen the split

खपत Consumption

खबर देने वाला (सूचना/घटना की) Informant *Police rushed to the accident site on an informant's call

खबर देने वाला (किसी व्यक्ति द्वारा नियुक्त) Informer *Informer collects information of someone's adversary

खबर देने वाला/खबरी (पुलिस का) Nark

ख्याति Fame

ख्याति प्राप्त (अपने काम से) Famous *Famous artist

ख्याति प्राप्त (अपने नाम से) Renowned *He is a renowned person in his locality

ख्याल करना (उसके हितों की रक्षा करके) Accommodate *I hope he will accommodate me with a loan from his bank

ख्याल करना (देखभाल कर के) Take care of

ख्याली पुलाव पकाना Imagine utopia

खर-पतवार Weed

खरमण्डल करना Mess up, Botch up

खरा-खरा कहना/बात करना Talk turkey *He talks turkey even if unpleasant to the hearer

खरा-खरा कहना (जो सच हो, भला हो या बुरा हो) Call a spade a spade

खरा उतरना Measure up to *He did utmost to measure up to his boss's expectation

खर्राटे लेना/खर्राटा Snore/snoring

खराब करना Spoil

खराब स्थिति को और बदतर बनाना Make the situation worse

खराब समय में साथ छोड़ने वाला मित्र Fair-weather friend

खराब सेहत Ailment

खराब हालत में सुधार करना Ameliorate

खराबी Defect

खरी-खोटी सुनाना Upbraid, Reproach

खरीददारी करने का फितूर Oniomania

खरोंच Scratch

खर्चीला (अधिक कीमती सामान होने से) Costly *The gold ornament is costly because it is precious

खर्चीला (महंगा, Value से अधिक) Expensive/Dear *Green vegetables have become expensive, these would be dear at even half the price

खर्चीला (उत्तम प्रकार का होने के कारण) Sumptuous *Sumptous meals in 5-star hotels cost a fortune

खर्चीला (शानो-शौकत पर लुटाने वाला) Prodigal *Prodigal rulers lavished on public wealth even as people starved

खर्चीला व्यक्ति (आमदनी से अधिक) Spendthrift *A spendthrift will soon turn a destitute

खर्चीला व्यक्ति (छूट कर खर्च करने वाला) Extravagant/Profligate

खर्चीला व्यक्ति (पैसा बर्बाद करने वाला) Wastrel

खलनायक Villain

खलबली/अफरा-तफरी Turmoil

खस्ता/कुरकुरा Crisp

खाऊ Glutton

खाई (संबन्ध में) Chasm

खाका (प्लान का) Blueprint

खाट Cot

खाते में जमा राशि/राशि जमा करना Credit

खाते से राशि निकालना Debit

खातिरदारी Hospitality
खाद्य पदार्थ Eatable
खाद्य पदार्थ (जीवनदायी) Aliment
खाद्य सामग्री Provisions, Victuals
खानदान की वंशावली Lineage, Ancestry
खानदान की वंशावली (जानवर की) Pedigree
खाना Eat
खाना (जिंदा रहने के लिए, पोषण के लिए) Feed on *He feeds on milk on maigre days
खाना (ठूस-ठूस कर) Devour
खाना (जल्दी-जल्दी) Gorge
खाना (अत्यधिक मात्रा में) Gobble
खाना (कुतर-कुतर कर थोड़ी-थोड़ी मात्रा में) Nibble
खाना खिलाना Feed *To feed a child
खाना-बदोश Nomad
खाने की इच्छा Appetite
खाने में अरुचि (भूख नहीं लगने के कारण) Anorexia
खाने में अरुचि (वजन कम करने के फितुर से उत्पन्न मानसिक बीमारी के कारण) Anorexia Nervosa
खाने में अरुचि (खाना देखकर विरक्ति होने से) Sitophobia
खाने में रुचि (खाने की बीमारी) Bulimia
खाने योग्य (पदार्थ) Edible
खाने के विशेष पदार्थ के स्वाद के प्रति लगाव Palate *He has a palate for sweets
खाने में जानवर का अचानक मुँह मारना Snap *The stray animal snapped into the vegetables
खामियाजा (आक्रमण, दुर्घटना का) Brunt
खारा (पानी) Brackish
खारिज करना (केस, अफवाह आदि) Dismiss
खारिज करना (अपील, आपत्ति) Overrule
खाल (मनुष्य की त्वचा) Skin
खाल (पेड़ की) Bark
खाल (जानवर की) Hide
खाल (रोयेंदार जानवर की) Pelt
खाल (फल का पतला छिलका) Peel
खाल (फल का मोटा छिलका) Rind
खाल उतारना (मृत जानवर की) Flay
खाल में भूसा भरके जानवर का आकार देने की कला Taxidermy
खाली स्थान/खालीपन Void
खाली (सामान से) Empty
खाली (रहने वालो से) Vacant
खाली करना (बर्तन में रखे सामान को) Empty
खाली करना (घर/निवास स्थान को) Vacate
खाली करना (स्थान को, उस जगह पर रहने वाले को, या रखे पदार्थ को) Evacuate *Evacuate bowels *Evacuate a place of its occupants *Evacuate a house on fire
खाली करना (टंकी से गैस को) Vent
खाली करना (होटल में किराए पर लिए हुए कमरे को) Check out
खाली जगह (वहाँ रहने वालों से) Vacant *Vacant house is devoid of its occupant people
खाली जगह (वहाँ रखे जाने वाले सामान से) Empty *Empty house is devoid of usual furnishings
खाली जगह पर अनाधिकारिक डेरा डालना Squat
खाली जगह ग्रहण करना Occupy
खाली जगह ग्रहित होने की दर Occupancy *Occupancy in hotels is high in the tourism season
खाली जगह ग्रहण करने वाला Occupant
खाली समय बिताना (बिना काम के) While away *A lazy person whiles away leisure time
खाली समय बिताना (कुछ उपयोगी काम करके) Beguile *He beguiled his time by coaching the neighbourhood kids
खाली समय बिताना (तेजी से) Fleet
खाली गाड़ी/डब्बे का वजन (बिना रखे सामान के) Tare (weight)
खास अंदाज में बोलना या बयान करना Wax *He waxed eloquent about his achievements
खास प्रकार के काम, भोजन, आदि से परहेज का दिन Maigre day
खास प्रकार के काम के लिए प्रशिक्षित करके तैयार करना Groom
खास जगह में पाई जाने वाली (बीमारी) Endemic (disease)

खास मद में खर्च के लिए रुपया मुहैया कराना Defray *Scholarship was granted to defray college fee

खासियत Speciality

खिड़की में शीशा लगाना Glaze

खिचाव (शरीर के अंग में) Strain

खिचाव (रस्सी में) Tension

खिझाना Irritate, Annoy

खिड़की से बाहर फेंकना Defenestrate

खिन-खिन करना Whine

खिन्न स्वभावी Atrabilious

खिलवाड़ करना (किसी चीज से) Fiddle (with)

खिलवाड़ करना (गंभीर विषय से) Play ducks and drakes with

खिलना (फूल का) Bloom

खिलना (फल के पेड़ में फूल का) Blossom *Mango tree blossomed

खिलना (कली का क्रमश: बड़े आकार में) Burgeon

खिलाना (बच्चे को, जानवर को) Feed *Feed the dog

खिलाफ में (शिकायत, बयान, रिपोर्ट) Adverse *Adverse report

खिलाफ करना (किसी को नाराज कर के) **खुद के** Antagonise

खिलाफत करने वाला व्यक्ति Antagonist

खिलाफ में काम करने वाला व्यक्ति Adversary

खिल्ली उड़ाना (हँसी उड़ा कर) Deride

खिल्ली उड़ाना (नकल उतार कर) Mock

खिल्ली उड़ाना (झिड़कने वाला, बात से) Scoff

खिल्ली उड़ाना (मजाक उड़ा कर) Ridicule

खिल्ली उड़ाना (चिढ़ाने वाले व्यंग्य से) Taunt

खिल्ली उड़ाना (कटु भाषा का प्रयोग करके) Revile

खिल्ली उड़ाना (किसी के खिलाफ लेख लिख कर/छपा कर) Lampoon

खिल्ली उड़ाना (अपमानजनक हावभाव, बयान से) Sneer

खिल्ली उड़ाना (तेज आवाज में चिल्ला कर) Jeer

खिल्ली उड़ाना (उटपटांग प्रश्न पूछ कर) Heckle

खिल्ली उड़ाना (हल्ला मचा कर) Hoot

खिल्ली उड़ाना (पक्षियों के चहकने की आवाज करके) Tweet

खिल्ली उड़ाने के लिये तेज आवाज में जानवर के आवाज की नकल Catcall

खिल्ली उड़ाने के लिए किया गया अपमानजनक (बयान, हावभाव) Snide (remark, expression)

खिल्ली उड़ाने के लिए अपमानजनक दुष्प्रचार का दिवारों पर चिपकाया हुआ पोस्टर Pasquinade

खिलवाड़ करना (किसी वस्तु से) Fiddle with

खिलवाड़ करना (गंभीर विषय से) Play ducks & drakes with

खिसकना (चुपके से) Slip away, slink away

खिसकाना Displace

खी-खी हँसना (मुँह दबा कर) Snigger

खी-खी हँसना (चोरी-चुपके, धीरे, बिना जोर की आवाज करके) Titter

खी-खी हँसना (लज्जित हो कर) Giggle

खींच कर लंबा करना Stretch

खींचना (पकड़ कर) Tweak (fingers/child's nose, ear)

खींचना (झटका देकर) Twitch (reins)

खींचना (जोर लगा कर) Drag *Drag heavy stone along the ground

खींचना (फैलाने के लिए) Draw *Draw metal into wire *Draw curtains

खींचना (अपनी तरफ) Pull *Pull the door to open it

खींचना (गाड़ी को रस्सी से बाँधकर) Tow *Tow a vehicle

खींचना (भारी सामान को ढोने के लिए) Lug *Lug heavy suitcase

खींचना (रस्सी, आदि को अपनी तरफ) Tug *He tugged the jammed drawer to open it *They tugged very easily in a tug of war

खींच कर उठाना (वजनी सामान को) Haul *The crane was used to haul the load on the truck

खीझ/खीझाना (तंग कर के) Annoyance/Annoy, Pester

खीझ/खीझाना (अपनी नाकामी पर) Chagrin *He was chagrined at his failures

खीझ/खीझाना (नापसंद होने से) Disgust *Disgusting person

खीझ/खीझाना (नाराजगी से) Vex/Vexation *Simple mistakes in solving maths vexed him

खीझने वाला Petulant
खीझाने वाला (बार-बार तंग कर के) Gadfly.
खुजली Itch, Prurigo
खुद को नैतिक आचरण युक्त समझने वाला Prig
खुद की इच्छा पर काबू रखने की क्षमता Continence
खुद निबटना (आक्रमण, परिस्थिति से) Fend for oneself
खुदगर्ज Selfish
खुदरा विक्रेता Retailer
खुदरा काम करना Do odd jobs
खुद को आग में जला कर बलिदान देना Immolate
खुबसूरती में चार चाँद लगाना (सजावट से) Adorn
खुमार Hang-over
खुर (जानवर के पैर की) Hoof
खुरचना (रगड़ कर सतह को) Scrape
खुरचना (छोटे टुकड़ों में करने के लिए) Grate
खुरचना (एसिड से जला कर) Etch
खुरचना (सतह पर डिजाइन) Carve, Engrave
खुरच कर साफ करना Bream
खुराक Dose
खुराफात Mischief
खुले आँच में पकाने लायक मुर्गा Broiler
खुलासा (सनसनीखेज) Exposé
खुली छूट (काम करने, निर्णय लेने में) Carte blanche
खुली छूट (सरकारी दखल से) Laissez faire
खुली जगह में रहने/होने से भय लगने की बिमारी Agoraphobia
खुली जानकारी देने वाला प्रशासन तंत्र Glasnost
खुली छूट (मनमानी करने की) License
खुले दिल से बाँटा गया प्रलोभन देने वाला धन/सहायता Largesse *Largesse gifted to the supporters
खुल्लम-खुल्ला (कानों को चुभने वाला काम) Blatant *Blatant abuse
खुल्लम-खुल्ला (स्तब्ध करने वाला व्यवहार) Egregious *Egregious behaviour
खुल्लम-खुल्ला दिखाई देने वाला (बुरा काम/अपराध कर्म) Flagrant *Flagrant crime
खुल्लम-खुल्ला मनमर्जी/जानबूझ कर किया गया (गलत काम) Wanton *Wanton arson *Wanton breach of rules
खुशनुमा Pleasant *Pleasant weather
खुशनुमा एहसास (खुशी का, सही सलामत होने का) Euphoria
खुशमिजाज Cheerful, Jovial
खुशहाल Prosperous
खुश करना (कुछ पाने/लेने के लिए) Woo *Woo the voters/customers with a favourable offer
खुश करना (देवी-देवता को) Propitiate
खुश होना Be happy/pleased
खुशामद करना Flatter
खुशामद करके किसी को खुश करने का प्रयास करना Fawn (on)
खुशामदी (आचरण/व्यवहार) Servile, obsequious
खुशी में उछलते हुए Jubilant *Jubilant winners of the match
खुशी के शिखर पर होना/सातवें आसमान पर होना Be on cloud nine
खुशी में उछलना Exult
खुशी में झूमना Exhilarate
खुसर फुसर Whisper
खुसर फुसर करना to talk sotto voce
खूँखार Savage, Ferocious
खूँखार अवस्था में (पालतू जानवर) Feral *Pet dog turned feral
खूँट (कटे केश/दाढ़ी की) Stubble
खूँट (कटे पेड़ की) Stump
खूँटा Bollard
खूँटी (दिवार पर कुछ टांगने के लिए) Tenterhook
खून जमना (भय से) Curdle *His blood curdled with fear/in horror
खून की कमी (शरीर में) Anemia
खून की नली में जमने वाला थक्का Clot, Embolus, Thrombus
खून के रिश्ते से जुड़ा हुआ Consanguineous
खून के जैसा लाल Sanguine
खून पीने वाला (कीड़ा, जानवर) Sanguivorous
खून पीने वाला राक्षस/भूत Vampire

खून बहना Bleed
खून बहने से रोकना Stanch, Staunch
खून बहने से रोकने वाली दवा Styptic
खून बहने से रोकने वाला बंधन Tourniquet
खून (मारपीट में बहाया हुआ) Gore
खून से लथपथ Gory
खून की कमी की बिमारी Anaemia
खून में लाल कणों की अपेक्षा सफेद कणों की अत्यधिकता की बिमारी Leucaemia
खूनी (संघर्ष) Gory *Gory violence/battle
खूब बच्चे पैदा करने वाली (औरत) Fecund
खूब पैदावार वाली (जमीन) Fertile
खूब फल देने वाला/कृति रचने वाला Prolific *Prolific writer *Prolific tree
खूब पैदा करके संख्या का विस्तार करना Proliferate *Proliferation of nuclear arms
खूब काम करने की असाधारण क्षमता वाला (व्यक्ति) Prodigious
खूब बोलने वाला (व्यक्ति) Vocal
खेत जोतना Till
खेती करने योग्य (जमीन) Arable (land)
खेती Agriculture
खेती करने से संबन्धित Agrarian
खेती विज्ञान Agronomy
खेती करके फसल उपजाना Cultivate land
खेद जताना/खेदजनक Regret/Regrettable
खेद व्यक्त करना Regret
खेल मैदान Grounds *Football grounds
खेल का मैदान Court *Tennis court *Badminton court
खेल मैदान (घेरे के अन्दर) Course *Race course, Golf course
खेल का मैदान (दर्शकों के बीच में मैदान) Arena
खेल प्रेमी Aficionado
खैरात Charity, Dole
खैरात देना Dole out
खैरात में दिया गया धन Gratuity
खैरियत Welfare
खैरियत Well-being, welfare
खोखला Hollow
खोखला (घमंड/प्रयत्न आदि) Vain *Vain attempt/boast
खोखला घमंड Vainglory, Vanity
खोखला नारा (बारंबार दोहराने वाला) Bromide
खोज निकालना Discover
खोज करने में सफल होने पर प्रसन्नता की अभिव्यक्ति Eureka
खोजना (गुम हो गए को) Search
खोजना (अंधेरे में हाथ से टटोल कर) Grope
खोजना (पॉकेट में रखी आपत्तिजनक वस्तु को उपर से हाथ घुमा-घुमा कर) Frisk
खोजना (किसी स्थान पर रखे सामानों को उलट-पलट कर किसी वस्तु को) Forage, Rummage
खोजना (काम के उपयोगी, खाने के सामान आदि को कूड़े के ढेर में) Scavenge
खोज (कुछ पाने के लिए) Quest *Quest for peace
खोज करना (गुम वस्तु की) Search
खोज करना (गुप्त स्थान, छिपने के स्थान से बाहर निकालने के लिए) Ferret out
खोज करना (संभावना की) Explore
खोज करना (दुश्मन क्षेत्र में गतिविधियों की) Reconnoitre
खोजना (ढेर से उलट-पलट कर) Rummage
खोजना (ढेर में हाथ डालकर) Delve
खोजना (सामान फेंक-फेंक कर) Ransack
खोजना (अंधेरे में) Grope
खोजना (टटोल कर) Frisk *Frisk pockets
खोदना Dig
खोदना (काम करने पर मजबूर करने के लिए) Goad
खोदना (नुकीली चीज, उँगली से काम करने के लिए) Prod
खोदना (काम करने के लिए उत्साहित करने के लिए) Spur
खोदना (शरीर के अंग में) Poke
खोदना (नुकीली चीज से) Jab
खोदना (याद करने के लिए ललाट पर ऊँगली से) Jog
खोदना (बुझती आग, भावना आदि को पुनः प्रज्ज्वलित करने के लिए Stoke
खोद कर मिट्टी निकालना Excavate
खोद कर गड़ी वस्तु निकालना Disinter

खोद कर गड़ा मुर्दा निकालना Exhume
खोभार (सुअर का घर) Pen
खोपड़ी Skull
खोपड़ी (केश युक्त हिस्सा) Scalp
खौफ Dread
खौलना (दूध, आदि का) Scald

ग

गंजा Bald
गंजापन Alopecia
गंजी Vest
गंतव्य स्थान Destination
गंदगी से भरा (स्थान) Squalid
गंदला (आर-पार दिखाई नहीं देने से) Turbid
गंदला (कीचड़ से युक्त) Murky
गंदला करना Muddle
गंदा (गंध, जबान, नापसंद पड़ने वाला व्यवहार) Foul *Foul tongue, Foul smell
गंदा (साफ-सुथरा रहित) Filthy *Fifthy roads
गंदा (धूल-गर्द से भरा) Dirty *Dirty clothes
गंदा (मैल से/कूड़ा-कर्कट से) Dirty/ Filthy/ Squalid
गंदा बस्ती (शहर का) Slum
गंदा स्थान (वर्षों से सफाई नहीं होने के कारण) Augean stable
गंदा स्थान (पानी का जमा हुआ) Cesspool
गंदा करना Defile, Sully, Tarnish, Soil, Desecrate
गंदा करना (मिट्टी में सना हुआ) Soil *The kid soiled the napkin
गंदा करना (पवित्र स्थान को) Desecrate
गंदा करना (कीचड़ पोत कर) Defile *Defile reputation
गंदा करना (गंदगी मिला कर) Pollute *Pollute water with drainage
गंदा लगने वाला (कार्य, स्थान) Sordid
गंदा स्थान जो वर्षों से साफ नहीं किया गया हो Augean stable
गंदी बस्ती Slum
गंदी बात करने वाला Punk
गंदी बात से परहेज करने वाला Prude
गंदे रहन-सहन वाला व्यक्ति Sloven
गंदे रहन-सहन वाली (औरत) Slut, Slattern
गंध (नाक से महसूस) Smell *Pleasant smell
गंध (वस्तु विशेष की) Odour *Odour of the kitchen
गंध (गंदा, दुर्गन्धित) Malodour *Malodour of garbage
गंध (स्वादिष्ट भोजन की) Flavour
गंध (अगरबत्ती की) Incense
गंध (सुगंधित फूलों आदि की) Fragrance
गंध पहचान-क्षमता (नाक की) Olfaction, Olfactory power
गंध पहचान-क्षमता का ह्रास (नाक की) Anosmia
गंभीर (विषय, अवस्था) Serious *Serious subject
गंभीर (चिंता कारक) Grave *Grave face *Grave condition
गंभीर (एकाग्रता का अवसर हाने के कारण) Solemn *Solemn rites
गंभीर विषय को मजाक में लेने वाला Facetious
गंभीर परिणाम युक्त (भयानक) Dire
गंभीर परिणाम युक्त Grievous
गंभीर स्वभावी Staid
गंभीर होना (स्थिति का) Aggravate
गंभीरता (विषय की) Seriousness
गंभीरता (चिंताकारक) Gravity
गंभीरता (अवसर की) Solemnity
गंभीरता कम करके आंकना (बुरी परिस्थिति का) Mitigate
गंभीरता रहित Frivolous (talks, behaviour)
गंभीरता से विचार करना (अप्रिय स्थिति वाली बात पर) Brood
गंभीरता से विचार करना (किसी विषय पर) Cogitate
गवाँना (हक, दावा) Forfeit
गवाँना (पैसा, मौका) Squander
गवाँर (गांव में रहने वाला) Rustic
गवाँर (असंस्कृत) Bumpkin
गवाँर (तौर-तरीके वाला) Boor
गुंडा Hoodlum, Goon
गूँज/गूँजना Echo
गूँजना Reverberate

गगनचुंबी Skyscraper
गर्जना करना (जानवर की) Roar
गर्जना करना (बादल की) Thunder
गर्जना करना (दर्द, क्रोध में) Bellow *Bellow in pain
गटागट पीना/निगलना Quaff
गटागट निगलना (मुँह में जल्दी-जल्दी भर कर) Gulp
गटागट निगलना (भुक्खड की तरह) Guzzle
गठजोड़ Coalition
गठबंधन/गठबंधन सदस्य Alliance/Ally
गठजोड़ करना Ally
गठीला (शरीर) Brawny
गट्ठर Bundle
गट्ठर (जलाने हेतु इकट्ठा लकड़ी का) Faggot
गट्ठर (काटी गई फसल की डंडी का) Sheaf
गट्ठर (लंबी घास, बाली आदि की एक छोर से बंधा हुआ) Tuft
गट्ठर (व्यक्तिगत सामानों की) Swag
गड्डी (नोटों की) Wad
गड्ढा (छोटे आकार का) Pothole *Road full of potholes
गड्ढा (शरीर की या अन्य की सतह पर) Cavity *A cavity on the surface of stone or tooth
गड्ढा (बड़े आकार का) Crater
गड्ढा (पानी से भरा हुआ, जल-जमाव युक्त) Cesspool
गढ़ंत Concocted *Concocted explanation
गड़-गड़ की आवाज करना Gurgle
गड़-गड़ करना Rumble
गड़बड़ी सुधारना Rectify
गड़ा मुर्दा उखाड़ना Raise dead issues
गड़ा मुर्दा निकालना (कब्र से) Exhume
गड़ा वस्तु निकालना (जमीन खोद कर) Disinter
गणना करना (जोड़-घटाव कर के) Calculate, Reckon
गणना करना (हिसाब लगा कर) Compute *Compute the period of revolution
गणना करना (संख्या की) Enumerate
गणना करना (गिनती कर के) Count
गणमान्य Reputed, Respected
गति कम करना (प्रगति उत्थान की) Retard *Malnutrition retards the body growth
गति कम करना (गतिमान वस्तु की) Decelerate *Braking decelerates the speed of vehicles
गति ज्यादा करना Accelerate
गतिरोध (वार्ता, समझौते की प्रक्रिया में) Deadlock
गतिरोध (बाधा, रुकावट के कारण) Impasse
गतिरोध (प्रगति करने में) Stalemate
गतिरोध समाप्त करना (संबन्ध, वार्ता में) Break the ice
गतिशील Dynamic
गतिशील करना (मशीन को) Actuate *Fuel actuates the machine
गर्त Abyss
गद्दा (फर्नीचर का) Upholster
गद्दार Traitor
गद्दार Traitor
गदगद होना/करना Overwhelm
गदा Mace
गर्द Dust
गर्द का उँगलियो से झाड़ कर हटाना (पंखे, वस्तु से) Flick
गर्दन Neck
गर्दन मरोड़ना Wring
गर्दन से लटका कर सहारा देने वाली पट्टी (टूटे अंग को) Sling
गर्दन का अगला भाग Throat
गर्दन का पिछला भाग Nape
गर्दन के पिछले भाग पर केश Mane
गनीमत Saving grace
गपशप (उद्देश्यहीन) Gossip
गपशप (आपस में) Chat
गबन (पैसे का एक अंश निकाल कर) Defalcation
गबन (अपने अधीन रखे धन को चुरा कर) Embezzlement
गबन (धन से अनाधिकार रुप से लेकर अपने लिए) Misappropriation
गर्भाशय रोग का डॉक्टर Gynaecologist
गम मनाना Mourn
गमगीन (शोक से) Mournful
गमगीन (दुखः से) Dolorous, Doleful

गमगीन (मृत्यु के अवसर पर) Funereal
गर्म (शरीर को कष्ट देने लायक अधिक गर्म) Hot
गर्म (शरीर को सुखद लगने लायक हल्का गर्म) Warm
गर्म (सुखद गुनगुना) Lukewarm, Tepid
गर्मजोशी Ardour, Fervour, Passion
गर्मजोशी से भरा हुआ Fervent, Fervid, Passionate, Ardent
गर्म तवे पर पानी गिरने/तलने से उत्पन्न आवाज Sizzle
गर्मी के मौसम में गर्मी से बेचैनी महसूस करना/छटपटाना Swelter
गरजना (बिना बरसने वाले बादल के जैसा) Bluster
गरिमा (व्यक्तित्व की) Grace
गरिमा (सम्मान की) Dignity
गरिमामय (व्यक्तित्व) Graceful *Graceful personality
गरिमामय (सम्मानयुक्त) Dignified *Dignified behaviour
गरिमामय (आदर का भाव पैदा करने वाला) August *August presence of a person
गरिमा के अनुरूप प्रधानता Precedence *The President of India is accorded precedence above anyone else
गरीब Poor
गरीब (संसाधनहीन) Indigent
गरीब (दरिद्र) Destitute
गरीब (निर्धन) Pauper
गरीब (अत्यंत) Penurious
गरीब (संसाधन खर्च हो जाने के कारण) Impoverished *The rich man is now impoverished
गरीब (धन के अभाव वाला) Impecunious
गरीबी Poverty
गरीबी (अत्यंत) Penury
गरूर Arrogance
गर्दिश Oblivion
गर्व Pride
गर्व/गर्व करना Pride/Pride oneself upon
गर्व का स्थान Pride of place
गर्व से भरा हुआ Proud
गलत (आचरण, गतिविधि, आदि) Wrong
गलत (उत्तर, प्रश्न, मानदंड के प्रतिकूल) Incorrect
गलत (निष्कर्ष) Erroneous
गलत आचरण (सामाजिक मान्यता के विरुद्ध) Solecism
गलत आचरण (कम उम्र के नौजवान का) Delinquency
गलत इलाज से उत्पन्न (बिमारी, समस्या) Iatrogenic
गलत काम करना Commit wrong
गलत काम का फल Wages *His suffering is the wages of sin he has committed
गलत काम करने में होने वाली मन में कचोट Qualm
गलत काम करने में होने वाला अपराध बोध Compunction
गलत काम करने से किसी को हतोत्साहित करना (परिणाम का भय दिखा कर) Deter
गलत काम करने से किसी को हतोत्साहित करना (तर्क से मना कर) Dissuade
गलत काम करने में मदद देना Abet
गलत काम में सहयोग देना Collude
गलत काम करने में सहयोग देने वाला Accomplice
गलत काम से समूचे समाज को बदनाम करने वाला Blacksheep
गलत धारणा Misconception
गलत धारणा को किसी के मन से निकालना Disabuse
गलत मंशा होने का दोष मढ़ना Impute motive
गलत रास्ते पर जाना Go astray
गलत शब्दों का प्रयोग (मिलते-जुलते उच्चारण की वजह से) Malapropism
गलत समय पर होने वाली/लज्जित करने वाली या दुर्भाग्यपूर्ण घटना Contretemps *His remark was a contretemps
गलत-सही के विचार के कारण काम करने से हिचकना/हिचक Scruple
गलत-सही के विचार के कारण हिचकने वाला Scrupulous (person)
गलत साबित करना (दावे को) Disprove *Disprove someone's claim
गलत साबित करना (तर्क से) Confute *Confute someone's opinion
गलत साबित करना (साक्ष्य दे कर) Refute, Rebut

गलत सूचना देना (जो सही नहीं था) Misinform
गलत सूचना देकर गुमराह करना (जानबूझ कर) Disinform
गलत सूचना से गलत धारणा पैदा करना Mislead
गलतफहमी Misgiving
गलतफहमी Misunderstanding
गलती (तथ्य के प्रतिकूल होने के कारण) Error *Error in spellings was committed by him
गलती (निर्णय लेने में, विचार करने में) Mistake *Mistake in solving problems was committed
गलती (किसी लिखित अंश में) Error
गलती (मूर्खतापूर्ण) Blunder
गलती (अनजाने में किया गया जिसके कारण शर्मिन्दा होना पड़े) Goof
गलती करना Err
गलती के लिए किसी को आड़े हाथों लेना Bring someone to book
गलती को अनदेखा करना/जानबूझ कर आँखें मूंद कर नजर-अंदाज करना Connive
गलती की गंभीरता को कम आंकने की कोशिश करना/गलती पर पर्दा डालना Extenuate
गलती की गंभीरता को अनदेखा करने के लिए उसकी चर्चा ही नहीं करना Gloss over
गलती के प्रति उदार/नरम रुख अपनाना Show leniency
गलती के प्रति उदार Lenient
गलती के प्रति कठोर रुख अपनाना Be strict
गलती स्वीकारना Admit fault
गलती सुधारना (सही काम से) Make amends
गलती सुधारना (आलेख में) Emend
गलमूँछ (बिल्ली, चूहे की) Whisker
गलसूजन Mumps
गला काटना Jugulate
गला दबाना Strangulate
गला से गड़-गड़ आवाज निकालना Gargle
गले में हाथ डालकर पकड़ना Catch by jugular
गले की आवाज से संबन्धित Vocal
गले से आवाज निकालना (पानी की गड़गड़ाहट जैसा) Gargle
गले से गुटर-गूँ की आवाज Guttural voice
गले में पहनने वाला तावीज Talisman
गले के रोग का डॉक्टर Laringologist
गले में जलन एवं सूजन/खराश आदि Catarrh
गलियारा Gallery, Corridor
गलियारा (घुमावदार) Labyrinth
गवाह Witness
गवाही देना (कोर्ट में) Depose
गवाही Evidence/testimony
गश खाना Faint
गश्त Patrol
गश्तीदल Patrol party
गहन Intensive *Intensive care/effort
गहन पूछ-ताछ करना Grill
गहन विचार करना Ponder
गहन विचार में लीन Pensive
गहमा-गहमी Hustle and bustle
गहरा (अथाह निम्न स्तर में) Abysmal *Abysmal ignorance
गहरा/गहराई (सतह से नीचे) Deep/Depth
गहरा/गहराई (ज्ञान, महत्व का) Profound/Profundity *Profound knowledge
गहराई थाहना Fathom
गांज लगाना Stack
गांठ (शरीर में) Cyst, Abscess, Tumour
गांठ लगाना Stack
गॉल-ब्लैडर चीर कर निकालना Cholesystectomy
गाड़ना Bury
गाड़ी का एक तरफ झुकना Careen
गाड़ी का एक तरफ मुड़ कर दौड़ना Swerve
गाड़ी का पलटना Overturn, Turn turtle
गाज गिरना Woe betide
गाज गिरना (बदकिस्मती, तकलीफ की) Woe betide *Woe betide you
गाज गिरना (प्रतिशोध की) Wreak *Wreak vengeance
गाढ़ा Thick
गाढ़ा होना (ठंड से जम कर) Congeal
गाना गुनगुनाना Croon, Trill, Warble
गाभी मारना Jibe
गाय प्रजाति Bovine
गायब होना Evanesce, Disappear
गाल बजाना Brag

गाल फुलाना Sulk
गाल में बनने वाला गड्ढा Dimple
गाल में लाली छा जाना Blush
गाल में लगाने वाली लाली Rouge
गाली Abuse, Invective *He resorted to coarse invective
गाली दे कर पुकारना Call names
गाली देना Abuse, Vituperate
गाली देकर बात करना (मछली बाजार की मछुआरिन की तरह) Billingsgate
गाली-गलौज करना Billingsgate
गिड़गिड़ाना Implore, Entreat
गिनती में रखना/गिनती करना Reckon *I do't reckon you as my friend
गिर कर स्थिति का पुनः सुधार होना Rally *Health rallied *Share prices rallied again
गिरगिट की तरह रंग बदलने वाला Chamelion
गिरते मनोबल को उठाना Pep up
गिरवी रखना Mortgage
गिरवी रखा गया सामान Pawn
गिरवी सामान लेकर कर्ज देने वाला Pawn broker
गिरवी पर जायदाद/संपत्ति रखना जो कर्ज अदा नहीं होने पर जब्त किया जा सके Hypothecate, Pledge
गिराना (पेड़ को काट कर) Fell *Tree was felled
गिराना (घर को) Demolish
गिरावट/गिरावट आना (गुण, स्तर में) Degeneration/Degenerate
गिरावट/गिरावट आना (पहले से खराब स्थिति में) Deterioration/Deteriorate
गिरावट लाना (मान-सम्मान में) Abase
गिरावट लाना (स्तर, शुद्धता में) Debase
गिलटी Tumor
गीत Song
गीत (प्रशंसा - देश, संस्था का) Anthem *School anthem *National anthem
गीत (व्यक्ति - प्रशंसा की) Encomium
गीत (सार्वजनिक सभा में व्यक्ति - प्रशंसा की) Panegyric
गीत (कृतज्ञता-ज्ञापन में) Paean
गीत (स्तुति में) Hosannah, Hallelujah, Alleluia
गीत (परमपिता परमेश्वर की प्रार्थना के) Paternoster
गीत (प्रभात बेला में प्रार्थना के) Matins
गीत (संध्या बेला में प्रार्थना के) Vespers
गीत (चर्च में सामूहिक ग्रुप द्वारा गाए जाने वाले) Carol
गीत (अपनी व्यक्तिगत भावना प्रकट करने वाला) Ode
गीत (सामाजिक कुरीति पर कटाक्ष करने वाला) Sirvente
गीत (प्रेमिका के सामने प्रेम का इजहार करने के लिए) Serenade
गीत (आगामी विवाहोत्सव के उपलक्ष्य में गाने वाला) Prothalamium
गीत (विवाहोत्सव के अवसर पर गाने वाला) Epithalamium
गीत (मृत्यु के अवसर पर रूदन के समय) Keen, Trenody
गीत (मृत्यु-शोक व्यक्त करने वाला) Dirge, Elegy
गीत (मृतात्मा शांति के लिए सभा में गाने वाला) Requiem
गूंजना Echo, Reverberate
गुंडों का सरदार Don
गुंडा (अव्यवस्था फैलाने वाला) Hooligan/Lumpen
गुंडा-गुट Mafia
गुंडा-गुट का सदस्य Mafioso (pl. Mafiosi)
गुंडा-राज Lumpenocracy
गुंधना Knead
गुंधा हुआ आटा Dough
गुंबद Dome
गुच्छा (चाभियों का) Bunch
गुच्छा (अंगूर का/एक साथ स्थित वस्तुओं का) Cluster *Cluster of grapes/houses
गुच्छा (फूलों का) Truss
गुच्छा (एक छोर पर बंधा हुआ बालों, सूतों का) Tassel, Tuft
गुजर-बसर करना Subsist
गुट (दलबन्दी करने वालों का) Faction
गुट (देशों का) Bloc
गुट (विशेषज्ञों का) Clique
गुट (कुचक्र रचने वाला) Cabal
गुट (विक्रेताओं का) Cartel

गुट (अपराध कर्मियों का) Mafia
गुट में बंटा हुआ Factious *Factious rivals
गुटों में बांटना (देश, समाज को परस्पर विरोधी पक्षों में) Balkanise
गुठली Stone, Seed
गुणवत्ता Quality
गुणवान Meritorious
गुण का उत्कर्ष रूप Paragon
गुड़िया Doll
गुत्थमगुत्था Grapple
गुत्थी (पहेली) Riddle
गुथना (लंबे रस्सीनुमा को आपस में लपेट कर) Entwine *Entwine strands of ropes
गुथना (केश को, चोटी में) Braid, Plait
गुदा Pith, Pulp, Kernel
गुदगुदी करना Tickle, Titillate
गुदड़ी Rag
गुनगुना Lukewarm
गुनगुनाना Troll
गुनगुनाना (कांपती आवाज में) Trill, Warble
गुनाह Offense
गुनाहगार Offender
गुप-चुप Tacit
गुप्त (दृष्टि से ओझल) Hidden
गुप्त (अन्दर में दबा होने के कारण) Latent *Latent talent/anger
गुप्त (अज्ञात, अंधेरे में होने के कारण) Obscure
गुप्त अर्थ वाला Cryptic
गुप्त बात Secret
गुप्त बात का अन्य की जानकारी में आना Transpire
गुप्त भंडार Cache, Stash
गुप्त स्थान में छिपाना Cache
गुप्त मिलन (तय स्थान पर) Assignation
गुप्त राज उगलना Spill the beans
गुप्त राज/सूचना उगलवाना Elicit
गुप्त राज का हमराज Privy
गुप्त लेनदेन Underhand dealings
गुप्त हो जाना Go underground
गुप्त सूचना जुटाने का काम Intelligence
गुप्त सूचना/लेख को पढ़ कर अर्थ निकालना Decipher
गुफा Cave
गुफा (पार्क आदि में निर्मित कृत्रिम) Groto
गुफा (विशाल अंधेरा) Cavern
गुफा निवासी Troglodyte
गुमटी नुमा दुकान Kiosk
गुमनाम Anonymous
गुमनामी Oblivion
गुमराह करना Mislead
गुमराह करने वाला (बयान) Plausible (explanation, statement)
गुमराह करने वाला (सतही तौर पर सही लगने के बावजूद) Specious *Specious argument
गुर्राना (कुत्ते का, डराने के लिए) Growl
गुर्राना (क्रोध में दांत निकाल कर) Snarl
गुर्राना (बिल्ली का) Purr
गुलदस्ता Vase
गुलाम Slave
गुलाम बनाना Enslave/Subjugate
गुलामी से छुटकारा/छुटकारा देना (सामाजिक बंधन की) Emancipation/Emancipate *Emancipation of women from the thrall of gender bias
गुलामी से छुटकारा देना (राजनीतिक बंधन से) Enfranchise
गुलेल Catapult, Slingshot
गुस्ताख Insolent
गुस्सा दिलाना Provoke anger
गुस्से से लाल-पीला Livid
गुस्सैल Irascible
गुस्से में Irate *Irate mob
गूँगा Dumb
गूढ़ (समझने में कठिन होने के कारण) Abstruse
गूढ़ (रहस्यमय होने के कारण) Arcane
गूढ़ (विशेषज्ञों के अलावा लोगों की समझ से परे) Esoteric
गूढ़ (गुप्त विषय होने के कारण) Recondite
गूढ़ (भेद करने में कठिन) Subtle *Subtle distinction
गूढ़ भाग (किसी विषय का) Crux

गैस से पेट फूलना Flatulence
गैर-कानूनी (कानून विरोधी आचरण/कार्य) Illegal
गैर-कानूनी (कानून-असम्मत कार्य) Unlawful *Parking a car outside the parking area is unlawful
गैर-कानूनी काम करने के लिए प्रेरित करना Suborn
गैर-कानूनी धंधा Trafficking *Trafficking in narcotics
गैर-वाजिब Unfair
गोतना Dunk
गोता लगाना Dive
गोताखोर Diver
गोदना Prick
गोदना Tattoo
गोधूलि Dusk
गोपनीय (जानकारी) Secret
गोपनीय (विषय, तथ्य) Confidential
गोपनीय (सरकारी दस्तावेज) Classified
गोपनीय बात को उजागर करना Divulge, Disclose, Reveal
गोरख-धंधा Racket
गोल-गोल घूमना Gyrate
गोल-गोल घूमना (लट्टू के समान) Spin, Whirl
गोल-गोल घूमना (नर्तक का एक पैर पर) Pirouette
गोल-गोल रास्ते पर घूमने वाला चक्का या पट्टी Carousel
गोलाकार सुरक्षा घेरा Cordon
गोलाकार प्रकाश पुंज Halo
गोलाकार माला Wreath
गोलाकार सिर में बांधने वाली पट्टी Diadem
गोल-मटोल (शरीर) Plump
गोल-मटोल बात करना (दो मतलब निकलने वाला) Equivocate
गोल-मटोल बात करना (सही बात बताने से बचने के लिए) Prevaricate
गोल-मटोल बात (स्पष्ट कहने से बचने के लिए) Circumlocution
गोल-मटोल बात (सही बात/तथ्य से गुमराह करने के लिए) Palter
गोलियों की वर्षा करना (दुश्मन पर) Strafe
गोलियों से छलनी करना Riddle
गोष्ठी (बात-विचार के लिए) Session, Sitting
गोष्ठी (आध्यात्मिक विचार-विमर्श के लिए) Seance
गैर कानूनी Illegal
गैरवाजिब Unfair
गौरव/गौरव बढ़ाना Glory/Glorify
गौर करना (किसी की सलाह पर) Heed
गौर करना (किसी विषय पर) Ponder
गौरव Glory
गौरवान्वित करना (किसी की मर्यादा को) Glorify
गौरवान्वित करना (अपनी उपस्थिति से किसी अवसर को) Grace
गौरवान्वित महसूस करना Feel proud of
ग्रंन्थि रोग का डॉक्टर Endocrinologist
ग्रसित/ग्रस्त Afflicted *Afflicted with disease
ग्रसित करना Afflict *Disease afflicts the people
ग्रसित करना (दंड, चोट, हार, आदि से) Inflict *Inflict injury/defeat/humiliation
ग्रह Planet
ग्रहण Eclipse
ग्रामीण Rural
ग्राहक (वकील, सेवा का)/**ग्राहकगण** Client/Clientele
ग्राहक (विक्रेता, बैंक, व्यापारी का) Customer
ग्राहक (रेस्ट्रा, होटल का) Patron
ग्राहक को चेतावनी (Compare: विक्रेता को चेतावनी) Caveat emptor (Compare: Caveat venditor)
ग्राहक को पटाने वाला चतुर भाषण Spiel
ग्राहक को लूटना (विक्रेता द्वारा) Fleece
ग्राहक के आवश्यकतानुसार सामान बनाना Customise
ग्राह्य क्षमता Capacity
ग्रीष्मकाल में दोपहर-विश्राम Siesta
ग्रीष्मकालीन Aestival
ग्रीष्मकालिक निष्क्रियता Aestivation
गृह समूह (एक स्थान पर निर्मित) Complex
गृह समूह (बहुमंजिला इमारत में) Condominium
गृहस्ती Menage, Family
ग्रैजुएट Graduate
ग्रैजुएट होने वाला Graduand

ग्रैजुएट कक्षा के दूसरे वर्ष का विद्यार्थी Sophomore

ग्लानि Remorse

घ

घंटाघर Clock tower

घंटी (बड़े आकार की) **का धीमे-धीमे रुक-रुक कर बजना** Toll *The gong on top of a church tolls on special occasions

घंटी (बड़े आकार की) Gong

घंटी का बजना Ring *The school bell rang

घंटी की रुक-रुक कर बजने की आवाज (मृत्यु सूचना देने के लिए) Knell *The church sounded death knell

घंटी-समूह (मधुर आवाज पैदा करने वाला) Chime *The door chime consists of series of metallic pipes

घंटी-समूह का मधुर आवाज में बजना Chime

घंटी-समूह की मधुर आवाज Chime *The bells in cow's neck chime

घंटी-समूह के बारी-बारी से बजने की आवाज Peal *Peal of bells

घटक Constituent

घटती हुई आय या दूरी पर बढ़ती हुई टैक्स दर या किराया दर (opp. **बढ़ती हुई आय पर घटती हुई टैक्स दर)** Regressive tax/fare (opp. Degressive tax)

घटना का स्थल/निर्माण-स्थल Site

घटना (रोजमर्रा का) Incident *Incidents of various types occur daily

घटना (उल्लेखनीय) Event *Solar eclipse is an important event

घटना (घटित होने वाली) Occurrence *Occurrences of theft have worried the residents

घटना (नया आयाम, ऐतिहासिक मोड़ रचने वाला) Watershed or Landmark event

घटना (उदाहरण स्वरूप) Instance *An instance of his modesty

घटना क्रम Sequece of events

घटना क्रम के अनुसार Chronological

घटना क्रम विवरण Chronicle

घटना के मुख्य पात्र-समूह Dramatis personae

घटना-बढ़ना Fluctuate

घटना शुरू होने की उल्टी गिनती Countdown

घटना होने के पूर्व पहले ही रोक देना Preempt

घटनोपरांत विश्लेषण Postmortem of an incident

घटाटोप Overcast

घटिया स्तर का Cheap, inferior

घटिया स्तर का (साहित्य) Dime *Dime novel

घटिया प्रकार का Of sorts/aster *Poet aster *Poet of sorts

घटिया संस्करण (किसी अच्छे प्रकार का) Apology *Chauvinism is an apology of patriotism

घड़ी (कलाई पर बाँधने वाली) Watch

घड़ी Clock

घड़ीसाज Horologist

घना Dense

घनिष्ट (संबन्ध) Intimate *Intimate relationship

घनिष्ट (परिचय, जानकारी) Familiar *He is familiar to this place

घपला/घपला करना Bungling/bungle

घबराहट/घबराना Panic

घमंड (स्वयं पर अत्यधिक) Conceit

घमंड (जो नाश का कारण बने) Hubris

घमंड/घमंडी Arrogance/Arrogant

घमंड/घमंडी Pride/Proud

घमंड (मिथ्या) Vanity/Vainglory

घमंड-युक्त आचरण Braggadocio

घमंड करना (स्वयं पर) Boast

घमंड-युक्त बड़ी-बड़ी बात हांकना/हांकने वाला व्यक्ति Brag/Braggart

घमंड चूर करना Humble

घमासान Fierce *Fierce battle

घमौरी Prickly heat

घर House

घर (जैसे-तैसे, बेतरतीब बना हुआ) Hovel

घर (लकड़ी का गुमटीनुमा) Shanty

घर (बर्फ का बना हुआ) Igloo

घर-गृहस्थी Menage

घराना Clan

घरेलू Domestic

घरेलू उपयोग के लायक बनाना Domesticate *Wild dog is domesticated by proper training

घर्षण (दो सतहों में) Friction

घर्षण (सतह को घिसने वाला) Wear

घर्षण (रगड़ होने वाला) Attrition

घसीटना Drag

घसीटना (जोर लगाकर भारी वस्तु को) Lug

घसीट कर लिखना Scrawl

घसीट कर लिखना Squiggle

घसीट कर लिखना (जल्दीबाजी में) Scribble

घसीट कर हटाना (किसी जगह से) Whisk

घाघ (व्यक्ति) Cunning

घाटा (हानि के रूप में) Loss *Loss in business

घाटा (आमद से अधिक खर्च के रूप में) Deficit *Deficit budget

घाटी (गहरी खाई वाली) Gorge

घाटी (खाई में बहती नदी वाली) Canyon

घाटी (ऊंची ढलान युक्त किनारों वाली) Ravine

घातक (परिणाम युक्त) Deleterious

घातक (मृत्यु कारक) Deadly, Fatal

घातक (जान-माल को हानि पहुँचाने वाला) Disastrous

घातक (हानि पहुंचाने वाला) Detrimental

घात करने वाला (चुपके से) Insidious

घात लगाकर आक्रमण करना Ambush

घात लगा कर मौके का इन्तजार करना Lie in wait

घायल करना (मानसिक चोट से) Hurt

घायल करना (शारीरिक चोट से) Injure

घालमेल करना Botch up

घाव भरना Heal

घाव पर पपड़ी (त्वचा के ऊपर) Scurf

घास चरना Graze

घास चरने वाला (जानवर) Graminivorous

घास काटना Mow

घिग्घी बंधना Dumbfound

घिघियाना Beseech, Implore

घिचपिच Scrambled, Clumsy

घिसने से हो गया हुआ टुकड़ा (पत्थर का) Detritus

घिसा-पिटा (बारंबार प्रयोग करने से) Trite *Trite remark

घिसा-पिटा (बारंबार प्रयोग करने से) Hackneyed *Hackneyed phrase

घिसा-पिटा (एक ही प्रकार का होने से) Stereotype

घिसा-पिटा (मौलिकता रहित) Commonplace

घिसा-पिटा अनेकों बार दोहराया जाने वाला बयान/मुहावरा Cliche

घिसा-पिटा नारा (लोगों को खुश करने के लिए) Bromide

घिसा-पिटा बयान Platitude

घिसा-पिटा बात दोहराना Tread trodden path

घुँघराला Curling

घुटना Suffocation

घुटना (जाँघ एवं पैर के बीच का जोड़) Knee

घुटने के नीचे पैर के ऊपर का जोड़/टखना Ankle

घुटना Stiffling, Suffocating

घुटना मोड़ना Genuflect

घुटने मोड़ कर सिर झुकाना Kneel down

घुटने मोड़े बिना चलना Walk with goose steps

घुड़की देना Browbeat

घुड़कीबाज Bully

घुड़दौड़ का मैदान Race course, Hippodrome

घुड़सवार Equestrian

घुड़सवार सैनिक दस्ता Cavalry

घुड़सवार दल का कारवाँ Cavalcade

घुड़सवारी प्रशिक्षण Dressage

घुड़साल Stable

घुन Weevil

घुन्ना (व्यक्ति) Reticent

घुप अंधेरा Pitch dark

घुमाना (कैमरे को दृश्य की तरफ) Pan

घुमा-फिरा कर बात करना Prevaricate

घुमावदार (चक्राकार घुमने वाला) Vertiginous

घुमावदार रास्तों का जाल Labyrinthine

घुमावदार (सीधा रास्ता छोड़कर) Circuitous

घुमावदार (दाये-बाएँ मोड़ों से भरा रास्ता) Flexuous *Flexuous road

घुमावदार (मोड़ों से भरी नदी) Meandering *Meandering river

घुमावदार (थोड़ी-थोड़ी दूरी पर अनेकों मोड़ वाला रास्ता) Tortuous *Tortuous course of drains

घुमावदार (बार-बार मुड़ने वाला रास्ता) Sinuous *Sinuous course

घुमावदार रास्ते से जाना Circumvent

घुर्र-घुर्र की आवाज के साथ तेजी से घूमना Whirr

घुसपैठ करना Infiltrate

घुसपैठ करना (अन्य दल में) Infiltrate

घुसपैठिया Infiltrator

घुसपैठिया (गुप्त जानकारी लेने के लिए) Mole

घुसपैठिया (उपद्रव के लिए भीड़ को भड़काने वाला) Agent provocateur

घुसेड़ना (जगह में फिट करने के लिए) Insert *Insert the plug into the socket

घुसेड़ना (किसी के अन्दर) Introduce *A pipe was introduced into the gut to clear the bowels

घुसेड़ना (जोर लगा कर) Penetrate

घुसेड़ना (तरकीब लगाकर) Insinuate *Plant insinuated its roots through the rock crevices *Insinuate wrong idea in someone's mind

घुसेड़ना (किसी पर अपना विचार) Obtrude

घुसेड़ना (आलेख में शब्दों को) Interpolate

घुसेड़ना (नुकीली चीज से चीरते हुए) Pierce *A pointed pin/needle pierced his skin

घुसेड़ना (जानवर का सीधा या नुकीला अंग) Gore *A bull gored a person

घुसेबाज Pugilist

घूम-घूम कर बेचने वाला (फेरीवाला) Hawker, Pedlar/Peddler

घूम-घूम कर बेचना Hawk, Peddle

घूम-घूम कर काम करने वाला (एक से दूसरी जगह पर) Peripatetic *Peripatetic salesman

घूम-घूम कर संगीत से मनोरंजन करने वाला कलाकार Minstrel

घूम-घूम कर लोकगीत, आदि से मनोरंजन करने वाला कलाकार Bard

घ्राण शक्ति Olfactory power

घ्राणशक्ति का ह्रास Anosmia

घृणा करना Hate, Abhor, Loathe, Despise,

घृणा Hatred

घृणा (उबकायी पैदा करने वाला) Repugnance, Revulsion, Abhorrence, Disgust

घृणा (नापसंदगी के कारण) Hate

घृणा (घृणित होने के कारण) Odium

घृणा करना (नापसंदगी के कारण) Hate

घृणा करना (अत्यंत नापसंदगी के कारण) Abhor

घृणा करना (निरादर के लायक होने के कारण) Despise

घृणा करना (मन में चिढ़ पैदा करने के कारण) Loathe

घृणा करना (घृणित होने के कारण) Abominate

घृणा करने वाला (मानव जाति से) Misanthrope

घृणा करने वाला (स्त्री जाति से) Misogynist

घृणा से ग्रसित Loath Abhorrent

घृणापात्र (भर्त्सना युक्त) Anathema *Lying is anathema to him

घृणापात्र (नापसंदगी युक्त) Bete noire *Politics is his bete noire

घृणित (क्रूरतापूर्ण होने के कारण) Heinous *Heinous crime

घृणित (निरादर योग्य) Despicable

घृणित (गंदा होने के कारण) Sordid

घृणित (मन में चिढ़ पैदा करने वाला) Loathsome

घृणित (अत्यंत निकृष्ट) Abominable

घृणित (बाजारु स्तर का होने से) Meretricious

घृणित (निकृष्टता के कारण) Odious

घेरा (आवाजाही रोकने के लिए बाधा खड़ी कर के किया गया) Enclosure

घेरा (क्षेत्र की सीमा निर्धारण करने वाला) Boundary

घेरा (गार्डसैनिकों से डाला गया सुरक्षा निमित) Cardon

घेरा (सैनिकों द्वारा डाला गया दुश्मन-क्षेत्र के चारों तरफ) Siege

घेरा करना/डालना (मैदान के चारों ओर) Fence

घेरा डालना (किसी जगह के चारों तरफ बाधा खड़ी करके) Enclose

घेरा डालना (सुरक्षा प्रदान करने के लिए) Cordon

घेरा डालना (दुश्मन क्षेत्र के चारों तरफ) Besiege

घोटाला Scandal, Scam

घोंपना (नुकीला वस्तु) Stab

घोंपना (जानवर का अपना सिंह) Gore
घोंसला/घोंसले में विश्राम करना Nest/Nestle, Roost
घोड़ा Horse
घोड़ा (सवारी करने के लिए) Hackney
घोड़ा/घोड़ी Stallion/Mare
घोड़ागाड़ी Buggy, Victoria, Phaeton
घोड़े की प्रजाति Equine
घोड़े की पीठ पर बैठने का सीट Saddle
घोड़े की चलने का टाप Clop
घोड़े की चाल (तीव्र गति से, जिसमें कम से कम एक पैर जमीन पर हो) Canter
घोड़े की चाल (दुलकी चाल में पैरों को ऊँचा उठा कर) Prance
घोड़े की चाल (तीव्रतम गति से) Gallop
घोड़े की चाल (एक पैर आगे का एवं दूसरा पैर पीछे का एक साथ उठा कर) Trot
घोर अपराध/अपराधी Felony/Felon
घोर निंदा करना Damn
घोर भूल Blunder
घोर भयानक (स्थिति) Grim *Grim situation
घोल को गाढ़ा करना Concentrate
घोलना Dissolve
घोल (मढ़ा करना) Muddle, Mess up
घोषणा Announcement
घोषणा-पत्र (आधिकारिक) Communique, Bulletin
घोषणा-पत्र (पार्टी का चुनाव के पहले) Manifesto
घोषणा करना (सार्वजनिक सूचनार्थ) Announce *Announce results
घोषणा करना (मंशा, निर्णय आदि) Declare *Declare decision to contest
घोषणा करना (नाटकीय अंदाज में) Declaim
घोषणा करना (अधिकारिक निर्णय की) Proclaim *Proclaim curfew in the town
घोषणा करना (किसी के प्रति अपनी वफादारी, सहानुभूति, आदि की) Profess *Profess one's allegiance to the party
घोषणा करना (सच्चाई के दावे के साथ) Aver *He averred his innocence
घोषणा करना (किसी बात की, जोरदार तरीके से) Avouch, Avow
घोषणा करना (महत्त्वपूर्ण व्यक्ति के आने की, अगामी घटना की) Herald
घोषणा पत्र Manifesto

च

चंगा होना (बीमारी से) Recover
चंगुल Clutch
चंचल (स्थिर दिमाग रहित होने से) Fickle-minded person
चंदा देना (सदस्यता के लिए, पत्रिका आदि के लिए) Subscribe (v) *Subscribe club membership *Subscribe magazine
चंदा/चंदा देना (दान-स्वरूप) Donation/Donate
चंपत होना Flee
चँवर (लंबे बाल का पंखा) Whisk
चाँस पर आधारित होना (किसी काम का) Contingent upon
चकता Blotch, Flake
चकनाचूर Shattered
चकनाचूर करना (दबा कर) Crush
चकनाचूर करना (पटक कर) Shatter
चकमा (अपने शरीर के अचानक दिशा परिवर्तन से) Feint *Feint of a fencer
चकमा देना Dodge
चकमा देना (झूठ से विश्वास में लेकर) Bluff
चकाचौंध (रोशनी की) Dazzle
चकाचौंध (तमाशे, दिखावे की) Razzle-dazzle/ Razzmatazz
चकाचौंध (आकर्षण की) Glamour
चकित (दिमाग चकरा कर) Baffled, Bewildered
चकित (अचानक से) Startled
चकित करना (दिमाग भ्रमित करके) Baffle, Bewilder
चकित करना (आश्चर्य से) Astonish
चकित करना (आघात से) Astound
चक्कर आना (सिर में) Reel, Feel dizzy or giddy
चक्कर काट कर किसी जगह पर पहुँचना Detour, Circumvent
चक्कर (सिर में) Vertigo

चक्का Wheel
चक्का (हर दिशा में मुड़ने वाला revolving**)** Castor
चक्का पर चलने वाला (कुर्सी आदि) Trundle
चक्के पर चलना Trundle *The chair/bed trundles on the attached castors
चक्रद्वार (Revolving gate) Turnstile
चक्र कुर्सी Swivel chair
चक्रवात के रूप में घूमती हुई आँधी Tornado
चक्रवात के रूप में घूमता हुआ प्रवाह Vortex
चक्रवात की तरह घूमना Whirl
चक्रवात (प्रवाह का) Whirlpool
चक्रवात (आँधी का) Whirlwind
चक्रवात (तूफान का) Maelstrom
चक्राकार Helical, Spiral
चक्राकार घूमने वाला पंख (हवा में उड़ने वाला यंत्र) Helicopter
चख-चख करना Argue on petty matters
चटक (स्वाद) Piquant
चटक (रंग) Bright
चटक-मटक (भौंडा लगने वाली) Gaudy
चटखना Crackle
चटखारा लेना Tang, Relish
चटपट Quick
चटपट Instantly, in a trice
चटपटा बनाना (भोजन, कहानी को) Embellish
चट्टान Rock
चट्टान का किनारा Precipice
चट्टान का घर्षण से टूटना Cataclasis
चढ़ना (ऊँचाई पर) Climb
चढ़ना (हाथों और पैरों, दोनों से) Clamber
चढ़ना (ट्रेन, बस पर) Board
चढ़ना (घोड़े, साइकिल पर) Mount
चढ़ना (पानी के जहाज पर यात्रा के लिए) Embark
चढ़ाई Ascent
चढ़ावा (मंदिर में) Offering, Oblation
चतुर Clever
चतुर (समझदारी में) Wise
चतुर (अन्यवेषी दिमाग वाला) Ingenious
चदरा (लकड़ी का) Plank
चदरा (धातु का) Sheet
चदरा (धातु का पीट कर पतला किया हुआ) Foil
चपरासी Peon
चपर-चपर आवाज के साथ खाना Champ, Chomp
चपलता (अंगों के काम करने की) Nimbleness
चप्पा-चप्पा Nook & corner
चबाना (मुँह से) Chew
चबाना (कुरकुरे पदार्थ को) Munch
चभ-चभ की आवाज (कीचड़ में चलने से) Squelch
चमक (प्रकाश बिखेरने वाली चमकीली सतह की) Lustre *Glittering lustre of metals
चमक (चमकीली सतह की) Sheen *Old furniture loses its sheen
चमक (पेंट की हुई सतह की) Glaze *Glaze of crockery
चमक (सजावट की) Splendour *Splendour of palace
चमक फीकी होना/करना Tarnish
चमक-दमक (सजावटी) Tinsel
चमकते सितारे-गण (समाज के) Glitterati
चमकदार (मद्धम प्रकाश के साथ) Glittering
चमकदार (तेज रोशनी के साथ) Radiant
चमकदार (रोशनी बिखेरने वाला) Scintillating
चमकदार (अंधेरे में चमकने वाला) Luminous
चमकना Shine
चमकना (तेज रोशनी के साथ) Glare
चमकना (तेज रोशनी में) Gleam
चमकना (रुक-रुक कर) Glint
चमकना (हल्का-हल्का) Glimmer
चमकना (भीगी सतह का) Glisten
चमकना (सोने जैसा) Glitter
चमकना (अंगारे जैसा) Glow *The bulb filament glows
चमकना (हल्की रोशनी में) Shimmer
चमकना (हल्की चमक के साथ) Sparkle
चमकना (टिमटमाते हुए) Twinkle
चमकीला (सजावट में देखने में) Resplendent
चमकीला करना/बनाना Emblazon
चमकीला बनाना (लाल रंग से) Rubricate

चमगादड़ Bat
चमचमाता हुआ साफ-सुथरा Spick and span
चमचा (चापलूसी करने वाला) Toady
चमचा (आज्ञा पालन करने वाला) Acolyte
चमड़ी/त्वचा Skin
चमड़ी (जानवर की) Hide
चमड़ी (जानवर की रोंएदार) Pelt
चमड़ी (नाखून से लगी हुई) Cuticle
चमड़ी (रगड़ से गांठनुमा) Sclera *Sclera is formed on the toes due to the shoes' friction
चमड़ी (विभिन्न प्रकार का सामान बनाने के लायक जानवर के चर्म को सुखाया हुआ) Leather
चमड़ी उधेड़ना Flay
चमड़ी उधेड़ना (जानवर की खाल उतारने के लिए) Flay
चमड़ी उधेड़ना (कोड़े से मार-मार कर शरीर की त्वचा को छिल देना) Excoriate
चमड़ी झुलसना (उबलते द्रव्य/भाप से) Scald *He scalded his fingers in the boiling water
चमड़ी झुलसना (त्वचा के ऊपरी सतह की आग की लपट से) Singe *He singed his fingers with candle flame
चमड़ी झुलसना (गर्मी से) Scorch *Intense summer sun scorched the body's skin
चमड़ी पर सफेद दाग (शरीर के) Vitiligo
चमड़ी सुखाना (शरीर की त्वचा को भूरा रंग देने के लिए, जानवर की चमड़ी से चमड़ा बनाने के लिए) Tan
चमड़ी सुखाने का उद्योग Tannery
चमत्कार (अलौकिक होने के कारण) Miracle *Creation of this world is a miracle
चमत्कार (चकित करने वाला) Marvel *His performance was a marvel
चमत्कारी (अपनी असाधारण क्षमता के कारण) Prodigious *He is a prodigious worker
चमत्कारी व्यक्ति (असाधारण क्षमता वाला) Prodigy
चमत्कारी बच्चा (असाधारण क्षमता वाला) Child prodigy
चयन Selection
चरख Vitiligo
चरखी के समान तेजी से घूमना Twirl
चरखी के समान अपने शरीर को नृत्य में एक पैर पर नर्तक द्वारा घुमाना Pirouette
चरणबद्ध (परिणाम, प्रभाव) Cascading *Cascading effect of costly diesel in wide-ranging
चरणबद्ध प्रभाव/परिणाम देना Cascade
चरम Extreme
चरम अवस्था Climax
चरमपंथी Extremist
चरवाहा Grazier
चराना (जानवर को) Graze
चरित्र हनन Character assassination
चरित्रहीन Deprave
चर्च गान Carol
चर्च गायक-दल Choir
चर्चा करना (कार्यसूची पर) Discuss
चर्चा करना (महत्वपूर्ण विषय पर) Advise (with)
चर्चा करना (विचारों की आदान-प्रदान के रूप में) Confabulate, Converse
चर्चित घटना (विवादित होने के कारण लोगों का ध्यानाकर्षित करने वाली) Cause celebre
चर्चित घटना (अफवाह को जन्म देने वाली) Scandal
चर्म रोग का डॉक्टर Dermatologist
चर्म (त्वचा) **में जलन** Dermatitis
चर्म के सफेद होने की बिमारी Leucoderma
चर्मोत्कर्ष रूप (व्यक्ति का) Apotheosis *Mahatma Gandhi became the apotheosis of mass leadership
चर्मोत्कर्ष रूप (गुण का) Paragon *Paragon of virtues
चर्मोत्कर्ष रूप देना Apotheosize
चर्र-चर्र करना (ढीला चूर के हिलने से) Creak *Old, rickety chair creaks
चलते रहना (किसी के अस्तित्व का लंबे समय तक) Perpetuate *Perpetuate a regime
चलती गाड़ी में चक्कर आना Kinetosis, Motion sickness
चलन (रीति रिवाज का) Practice
चलन (सामाजिक) Custom
चलन (व्यवहार, तौरतरीका अपनाने का) Paradigm
चलना Walk

चलना (जोर लगा कर - कठिनाई के कारण) Trudge

चलना (बिना घुटना मोड़े) Walk with goose steps

चलना (कमजोरी के कारण लड़खड़ाते हुए) Dodder

चलना (नए-नए चलने वाले बच्चे की तरह) Toddle

चलना (जैसे गिरने वाला हो पैर से लड़खड़ाते हुए) Totter

चलना (शराबी का नशे में) Teeter

चलना (दाएं-बाएं हिलते हुए) Waddle

चलना (भारी, थके कदमों से पैर घसीटते हुए) Stagger

चलना (पानी या कीचड़ में होकर) Wade

चलना (कीचड़ में होकर) Plod

चलना (पैर में तकलीफ से लंगड़ाते हुए) Hobble

चलना (घुटनों में दर्द से दाएं-बाएं झुकते हुए) Wobble

चलना (पैर में चोट से लंगड़ाते हुए) Limp

चलना (पैरों को जमीन पर रगड़ते हुए) Scuff

चलना (पैर पटकते हुए) Stomp

चलना (पैरों को फैला कर) Straddle

चलना (अकड़ कर) Strut

चलना (शरीर झुका कर - जैसे खड़ा होने में असमर्थ हो) Slouch

चलना (बिना आवाज किए सावधानी से किसी का पीछा करते समय) Stalk

चलना (पैरों को जमीन पर दबा-दबा कर) Tread

चलना (दुलकी चाल से) Jog

चलना (जल्दी में कहीं जाने के लिए) Skedaddle

चलना (नजरों से बचने के कारण) Sidle

चलना (लंबे-लंबे कदमों से) Stride

चलना शुरू करने वाला बच्चा Toddler

चलनी Sieve

चलनी से चालना Sift

चलने का ढंग/चाल Gait *Limping gait *Fast gait

चलाना (गाड़ी) Drive

चलाना (मशीन) Actuate *The turbine is actuated by forceful water jet

चलायमान (अपने पैरों पर) Ambulatory

चलायमान (गाड़ी में रख कर) Mobile *Mobile library *Mobile hospital

चश्मा Specs (Spectacles)

चश्मे का पावर जाँच करने वाला Optimetrist

चश्मा बनाने वाला Optician

चहकना Chirp

चहचहाना (चिड़ियों का) Chirp

चहचहाना (संगीतमय आवाज में) Warble

चहचहाना (चूजों का शोर करते हुए) Tweet

चहलकदमी करना (धीरे-धीरे कदमों से) Ambulate, Amble

चहलकदमी करना (आनन्द मुद्रा में) Stroll

चहलकदमी करना (फुर्सत में) Saunter

चहलकदमी करना (बेचैनी में) Fidget

चहल-पहल Hustle and bustle

चादर (ढकने वाला) Pall

चाण्डाल Mean, cruel person

चाटना Lick

चाटुकार व्यक्ति (प्रशंसा करके खुश करने वाला) Sycophant, Flatterer

चाटुकार व्यक्ति (पीछे-पीछे चलने वाला) Lackey

चाटुकार (आज्ञा-पालन करके खुश करने वाला) Obsequious (person)

चादर से ढकना/चादर Shroud *Shroud of smoke

चापलूसी करके किसी को खुश करके उसका कृपापात्र बनना Curry favour with someone/ Ingratiate oneself with someone

चापलूसी करना (खुश करने के लिए) Fawn (on)

चापलूसी करना (कुछ करने के लिए मनाने के लिए) Cajole, Wheedle

चार-चाँद लगाना Redound

चारदीवारी (जमीन, मकान की) Boundary

चारदीवारी (किला, महल की) Rampart

चारदीवारी पार करने की सीढ़ी Stile

चारदीवारी के अन्दर जाने का चक्रद्वार Turnstile

चारा (जानवर के खाने का) Fodder

चारा (मछली मारने के कांटे में लगाने वाला/किसी को फँसाने के लिए) Bait

चारागाह Pasture

चारों खाने चित्त Prostrate

चारों तरफ नजर रखने की लायक उचित जगह (किला, जेल में) Panopticon

चारों तरफ कैमरे को घुमाना (फोटो लेने के लिए) Pan *Pan the camera on to the crowd

चारों तरफ मशीन को घुमाना Scan *Scan the x-ray machine on to the broken bone

चाल/चालबाजीपूर्ण कदम (ध्यान खींचने का) Gimmick

चाल (गुमराह करने के लिए) Ruse

चाल (जवाबदेही से बचने के लिए) Subterfuse

चाल (लाभ लेने के लिए) Ploy

चाल (आक्रमण के दांव का दिखावा करके स्पर्धी को चकमा देने वाला) Feint

चाल (लाभ लेने/बातचीत शुरू करने के लिए) Gambit *Comment on the weather is an usual gambit to open up talks with the strangers

चाल (धोखे से सफलता पाने के लिए) Stratagem

चालकदल Crew

चाल-चलन Manners

चाल-ढाल (व्यक्ति की) Deportment

चालना Sift

चालबाजी भरा कारनामा Shenanigan

चालबाज Cunning, Crafty, Shrewd

चालबाजी Cunningness, Chicanery

चालबाजी (बेइमानी से पूर्ण) Skulduggery

चालू रहने की स्थिति Continuation *Continuation of work was necessary for timely completion

चालू रहने की अवधि Continuance *Shortage of the skilled workers made continuance of service of the useful workers even after their retirement

चाहत Desideratum

चाहना/इच्छा करना (कुछ हासिल करने/कुछ होने की) Desire *Desire to succeed

चाहना (कुछ करने के लिए) Want *Wanted to go home

चाहना (कामनापूर्ण) Wish *Wished him success

चाहना (तरसना) Long *He longs for wealth

चाहना (उत्सुकतापूर्वक) Yearn *He yearns to join his family in the forthcoming holidays

चाहे-अनचाहे Willy-nilly

चाहे जो हो जाए Come what may *He stuck to his guns, come what may

चिंघाड़ना (दर्द में) Bellow

चिंघाड़ना (हाथी का) Trumpet

चिन्गारी (जलते हुए पदार्थ के टुकड़े के रूप में) Ember

चिन्गारी (घर्षण से उत्पन्न) Spark

चिंतन करना (विषय पर विचार करके) Cogitate

चिंतन करना (गहनतापूर्ण विचार से) Reflect (upon)

चिंतन करना (गंभीर मुद्रा में बैठ कर) Ruminate

चिंतन करना (एकाग्रचित्त होकर) Meditate

चिंतन करना (विस्तारपूर्वक) Mull

चिंता रहित (व्यक्ति) Insouciant, Non-chalant

चिंता (संभावित खतरा, कठिनाई को सोच कर) Worry *Worry about one's health

चिंता (मन उद्विग्न करने वाला) Anxiety *Anxiety of doing well in exams

चिंता (डर का भाव युक्त) Angst

चिंता का विषय Concern

चिंता कम करना/दूर करना Allay *His assurance allayed our fears or anxiety

चिंतारहित Carefree, Blithe

चिंतित (संबन्धित विषय पर) Concerned

चिंतित (उद्विग्नंकारक विषय पर) Anxious

चिंतित (संभावित परिणाम के कारण) Worried

चिकित्सा Treatment

चिकित्सक की गलती से होने वाली (बिमारी) Iatrogenic (disease)

चिकित्सक द्वारा खुद बनाई दवा Nostrum

चिकित्सा पद्धति Therapy

चिकोटी काटना Pinch

चिठ्ठी का/से संबन्धित Epistolary

चिड़चिड़ा (बच्चों जैसी जिद करने वाला) Petulant

चिड़चिड़ा (आसानी से चिढ़ने वाला) Fractious

चिड़चिड़ा (झगड़ने पर उतारू स्वभाव युक्त) Cantankerous

चिड़चिड़ा (स्वभावी होने के कारण) Choleric, Bilious

चिड़चिड़ा (खीझने के कारण) Peevish, Splenetic

चिड़चिड़ाना (खीझ कर) Peeve *He peeves at the slightest provocation

चिड़चिड़ाना (मन आहत होने से) Miff

चिड़चिड़ाना (उद्वेलित होकर) Irritate

चिढ़ (किसी से) Aversion

चिढ़ाना Tease

चित लेटना (Compare **पट**) Supine (Compare: Prone)

चितकबरा Variegated

चिता Pyre

चित्र (रेखांकित) Portrait

चित्र बनाना/चित्रण करना Portray

चित्रकारी पट्ट Essel

चित्रकारी के रंगों को रखने के लिए प्लेट Palette

चित्रण करना (पेंट कर के) Depict *He was depicted as a villain

चित्रण करना (उदाहरणार्थ चित्रों से) Illustrate *Children's books are illustrated for clear understanding

चिथड़ा Rag

चिथड़ा (फटा हुआ, तार-तार हो गया हुआ) Tatters *His hopes are in tatters

चिथड़ा-चिथड़ा करना Rive

चिन्हित (पहचान के लिए) Marked

चिन्हित (विशेष कार्य या उद्देश्य के लिए) Earmarked

चिपकना Adhere

चिपकना (किसी के शरीर से) Cling

चिपकने वाला (धर्म, आस्था से) Adherent *Long time political adherent turned apostate

चिपकाना Affix

चिपचिपा Viscid

चिप्पी Patch

चिमटा Forcep, Tongs, Pincers

चिरकुट (कपड़े का) Sliver

चिलचिलाता हुआ (धूप) Scorching (Sun)

चिल्लम-पो Hullabaloo

चिल्लाना Shout, yell

चिल्लाना (समूह का क्रोध, विरोध प्रदर्शन में) Clamour

चिल्लाना (ध्यान खींचने के लिए) Bawl

चिल्ला कर ध्यान आकर्षित करने पर उतारू (भीड़) Clamant (Crowd)

चिल्लाहट (शिकायत, तकलीफ में) Outcry

चिल्लाहट (भीड़ के शोर मचाने में) Uproar

चीखना (डर, दर्द, आदि में) Scream *The horrified man sreamed

चीखना (कानफाड़ू आवाज में) Shriek *He shrieked in anger

चीत्कार Piercing cry

चीनी मिट्टी का बर्तन Crockery

चीर-फाड़ करना (शरीर, पौधे की अन्दरूनी जाँच के लिए) Dissect

चीर-फाड़ करना जिंदा जन्तु, वैज्ञानिक परीक्षण के लिए) Vivisect

चीरना Tear

चीरा लगाना/चीरा (शरीर के ऊपरी भाग पर) Incise/Incision

चीरे की सिलाई करना Suture

चुगली Back-biting

चुटकी भर Pinch of

चुटकी में लेकर दबाना To pinch

चुटकुला Anecdote *Narrated juicy anecdotes

चुटिया Braid, Plait

चुन कर पक्षियों को मारना (बीमारी से ग्रसित होने से) Cull *Diseased fowls were culled

चुनचुनाहट Itching, Pruritus

चुनना (अनेक प्रकार में से) Cull *Cull flowers/poems

चुनना (पसंद पर आधारित) Select *Select choice items

चुनना (उपयोगी होने, मेरिट के आधार पर) Elect *Elect science as optional subject *Elect suitable cotestant in voting

चुनाव नतीजों का आंकड़ों से पूर्वानुमान करने वाला Psephologist

चुनाव प्रचार करना Canvass

चुनिन्दा (विचार, तरीका, संग्रह विभिन्न स्रोतो से) Eclectic

चुनिन्दा संग्रह (कला/साहित्य कृतियों का) Anthology

चुनिन्दा (स्तर के आधार पर) Select, *Select audience witnessed the music programme

चुनौती Challenge

चुनौती देना (कुछ करने का साहस करने की) Dare *I dare you to talk against me
चुनौती स्वीकार करना Pick up gauntlet
चुनौती देना (लड़ने के लिए) Throw the gauntlet
चुनौती से गुजरना Run the gauntlet
चुन्नट Pleat
चुप Quiet
चुप करना (मुँह में कपड़ा ठूस कर) Gag
चुप रहना (भेद खुलने के डर से) Keep mum
चुप हो जाना Hush *Boys hushed when teacher entered the class
चुपके से घात करने वाला Insidious
चुपड़ना Daub, Smear
चुप्पा (व्यक्ति) Reticent, Taciturn
चुप्पी Quietude
चुप्पी की स्थिति में Quiescent
चुप्पी साधना (असहमत होने के कारण) Acquiesce
चुभन (शारीरिक) Twinge *Twinge in the muscle
चुभन (भावनात्मक) Pang *Pang of hunger *Emotional pang
चुभन (त्वचा के ऊपर चिकोटी काटने जैसी) Nip *Nip in cold air
चुभना (आँखों में, आत्मसम्मान में आदि) Impinge upon *The shoes impinged on the toes
चुभने वाला (बयान) Trenchant
चुभाना (नुकीली चीज) Prick
चुभाना (चिकोटी काट कर) Pinch
चुस्की लेना (पेय की) Sip
चूक Lapse, Omission
चुराना (नजरो से) Hide (see छिपाना)
चूकना Fail to achieve the target, Miss the target
चूजों का समूह Brood
चूना Leak
चूर करना (कपड़े आदि की तह को मोड़ कर) Crumple, Rumple
चूर करना (दबा कर) Crush
चूर करना (चबा कर, पीस कर) Triturate (food)
चूर करना (पटक कर) Shatter
चूर करना (पीस कर महीन कणों में) Levigate
चूर होना Crumble
चूर होने लायक Friable
चूल Tenon (Which is inserted in mortise in a furniture)
चूल ढीला होने चर्र-चर्र करना Creak
चेतनाहीन Unconscious
चेतनाहीन (अस्तित्व) Vegetative (life, existence)
चेतावनी (खतरे/गलती करने से बचने के लिए) Caution *Cautioned against breaching the rules
चेतावनी (संभावित हानि से बचने के लिए) Warning *Warning of impending flood
चेतावनी (सचेत करने के लिए) Caveat *Caveat emptor was issued to the potential buyers from getting duped
चेतावनी (सचेत करने के लिए अंतिम बार) Ultimatum
चेष्टा Effort
चेहरा Face
चेहरा (एक बगल से दिखने वाला) Profile
चेहरा (भाव-विशेष युक्त) Countenance *Austere countenance
चेहरा (प्रजाति का परिचायक) Physiognomy *Negro physiognomy
चेहरा (बिमारी से मुर्झाया हुआ) Pinched face
चेहरा (थका-हारा) Haggard face
चेहरा (मुर्दैनी) Cadaverous face
चेहरे पर शिकन (नाराजगी में) Frown
चैन Peace of mind
चैल (लकड़ी से फट कर अलग हो गया हुआ टुकड़ा) Sliver
चैलेंज स्वीकार करना Pick up gauntlet
चोंच (लंबी, पतली) Bill
चोंच Beak
चोंगा Caper
चोंगा (पादरी का) Cassock
चोंगा (वस्त्र गंदा होने से बचाने के लिए ऊपर से पहनने वाला) Smock
चोंचला Pretension
चोखा Mash *Potato mash
चोखा बनाना to mash
चोटी (पहाड़ की नुकीली) Peak *Serrated peaks of a mountain

चोटी (पहाड़ की उच्चतम) Summit
चोटी (गुथे हुए केश की) Braid
चोटी (तीन या अधिक लंबी केश/रस्सी के लड़ियों की गुथी हुई) Plait *Three strands of rope were interlaced into a plait
चोरी Theft
चोरी (अन्य के निर्मित सामान को बेंचने के लिए) Piracy *Piracy of branded products
चोरी का माल खरीदने-बेचने वाला Fence
चोरी का माल (छीन कर बटोरा हुआ) Booty *Decoits quarrelled over sharing the booty
चोरी का माल (बोरी में भरा हुआ) Swag *Swag of graft hidden in cellar
चोरी का माल (अधिकार समझ कर या पद का दुरूपयोग कर लूटा हुआ) Spoils *The politicians holding public office amass spoils
चोरी करना Steal
चोरी करना (घर में सेंध मारकर) Burgle *The vacant house was burgled last night
चोरी करना (बारी-बारी थोड़ी मात्रा में ले जाकर) Pilfer *The cashier used to pilfer cash
चोरी करना (लेखक के लेखन का) Plagiarise
चोरी करना (चुपके से खिसका कर) Purloin *Servant purloined my watch kept on the table
चोरी करना (झपट्टा मार कर) Filch *A thief filched the necklace of a woman walking on the road
चोरी करना (परीक्षा में नकल) Crib
चोरी करने का फितूर Kleptomania
चोरी-छिपे (कुछ करना) Stealthily
चोरी-छिपे (गुप्त रख कर) Clandestine *Clandestine meeting
चोरी-छिपे (दूसरों की नजर से बचा कर) Furtive *He gave a furtive look on the women passing by
चोरी-छिपे (बिना किसी के जाने हुए) Surreptitious
चोरी-छिपे दूर सरक जाना (किसी जगह से) Slink, Sneak
चोरी छिपे किसी जगह में धिरे से घुस जाना Sneak(in)
चोला (वस्तु विशेष अवसर का) Robe
चौंकना (be) Startled
चौंधियाना (तेज रोशनी से, सिर पर आघात से) Daze
चौकन्ना (संभावित खतरे के अंदेशे से) Alert *Gunshots nearby made him alert
चौकन्ना (अपने चारों तरफ नजर रखते हुए) Circumspect *He was circumspect while moving in the dark night
चौकन्ना (प्रहरी का) On the qui vive *Guard on the qui vive questioned every entrant
चौकस Vigilant
चौकसी Vigilance
चौखट Threshold
चौड़ी सतह की चिपटी चीज से मारना Swat *He swatted a bee with a flat cardboard
चौपट Ruined
चौपाया जानवर Quadruped

छ

छँटा हुआ (बदमाश, दुष्ट) Out & out
छक कर खाना Surfeit (With) *He surfeited with sweets
छकड़ा गाड़ी Jalopy
छकाना Make fool
छकाने के लिए मजाक (शरारतपूर्ण) Prank *Play prank on someone
छकाने के लिए मजाक (क्रूरतापूर्ण, डराने वाला) Hoax *Play hoax with a bombscare
छकाने की नीति (सीधे टकराने के बजाय) Fabian tact
छटकना Slip off grip
छटनी करना (नौकरी से अनुशासनहीनता के लिए) Cashier
छटनी करना (खर्च कम करने के लिए) Retrench
छटनी करना (काम की कमी के कारण अस्थायी तौर पर) Furlough
छटपटाना (दर्द से) Writhe *Writhe in pain
छटपटाना (कुछ पाने के लिए) Hanker
छटपटाना (गर्मी से) Swelter
छड़ी Stick
छड़ी (अधिकारी द्वारा हाथ में लेकर चलने वाली) Staff

छड़ी (छोटे आकार की मोटी) Baton
छड़ी (भारी, मोटे आकार की) Club
छड़ी (लंबे आकार की) Fescue
छड़ी (बिलियर्ड्स खेलने वाली) Cue
छड़ी (सिपाही के हाथ में) Truncheon
छड़ी (जादूगर के हाथ में) Wand *Magic wand
छड़ी ठोक-ठोक कर जमीन के नीचे पानी के श्रोत का पता लगाने वाला/पता लगाना Dowser/Dowse
छत की ढलान का ऊपरी किनारा Ridge
छत की ढलान का निचला किनारा Eaves
छत के नीचे बनी हुई सामान रखने की जगह Loft
छत के किनारे किनारे घेरा Parapet
छत्र-छाया Patronage
छत्र-छाया में रहने वाला Protege
छत्ता Bee-hive
छद्म आवरण Camouflage
छद्म आचरण करना Dissemble
छद्म वेश Disguise
छद्म नाम Nom de guerre, Pseudonym
छन कर टपकना Percolate
छननी Filter
छन्न-छन्न की आवाज करना Sizzle
छप-छप करना (पानी में) Splash
छप्पड़ से छाना Imbricate
छर्रा Splinter
छल Deception
छल-कपट Skulduggery
छल-कपट रहित (व्यक्ति) Ingenuous
छलकना Spill (over)
छलनी Sieve
छलनी करना (छेद कर के) Perforate
छलनी करना (गोली से) Riddle *The victim's body was riddled with bullets
छलनी से छानना Sift
छलाँग लगाना (पानी में) Plunge
छलावा (दृष्टि का) Illusion *Mirage in desert is an illusion
छवि के जैसा (दृश्य) Picturesque (view) *Picturesque mountains
छह ऊँगलियों वाला (हाथ) Hexa dactylous
छाँट कर छोटा करना (संवारने के लिए) Trim
छाँट कर छोटा करना (पौधे के ऊपरी भाग को, जानवर के सींग को) Poll
छाँट कर छोटा करना (जानवरो के पूँछ को) Dock
छाँट कर छोटा करना (केश, फोटो का किनारा) Crop *Crop hair
छाँट कर छोटा करना (पेड़ की टहनियों को) Lop
छाँटना/छटनी (कागज-पत्रों को) Assort/ Assortment
छाँटना/छँटनी (डाक को) Sort/Sortation
छाँटना (लॉटरी से) Sortition
छाता (वर्षा से बचाव के लिए) Umbrella
छाता (धूप से बचाव के लिए) Parasol
छानना (छननी से) Strain, Filter
छान-बीन करना (तथ्य जानने के लिए) Investigate, Probe
छापा (गैरकानूनी काम करने वाले को पकड़ने के लिए) Raid
छापामार सैनिक Guerilla
छाया-आकृति (काले आकार की) Silhouette
छाल (पेड़ की) Bark
छाला Blisters
छावनी (सैनिकों के निवास के लिए) Cantonment
छिछली मारना Ricochet [Rikoshay]
छिछला (जल-जमाव, नदी) Shallow
छिछला रास्ता (नदी के आर-पार जाने के लिए) Ford
छिछोरा Frivolous
छिटपुट Miscellaneous, Sundry
छिटपुट खर्च के लिए (पैसा) Imprest (money)
छिटपुट (गोलीबारी घटना, आदि) Sporadic *Sporadic firing *Sporadic incidents of terror
छिड़कना Sprinkle
छिड़काव Spray
छिन्न-भिन्न करना Disintegrate
छिप कर गोली चलाना Snipe at
छिपकर बैठना (किसी की ताक में) Lurk *The thief lurked behind the bush

छिपकर चलना (दुष्ट इरादे से) Skulk *Skulk behind someone
छिपकर पीछा करना Prowl *The predator prowled behind the prey
छिपकर घात लगाना Ambush *Robbers ambushed the passers by
छिपना Hide
छिपने का स्थान Hideout
छिपा रुस्तम Dark horse
छिपाना (लोगों की दृष्टि से) Hide
छिपाना (चादर से ढक कर) Cloak
छिपाना (तथ्य, सच्चाई को) Conceal
छिपाना (गुप्त स्थान में रख कर) Secrete, Sequester
छिपाना (चेहरे को नकाब से, दुर्गन्ध को सेन्ट से) Mask
छिपाना (बुरे कर्म, आदि पर परदा डाल कर) Palliate *Palliate one's misdeeds
छिपाना (खुरदरी सतह पर आकर्षक सतह रख कर) Veneer *Veneer wooden surface with decorative sunmica
छिपाना (रूप बदल कर) Disguise
छिपाना (आसपास के रंगों से मिलान के लिए उसी रंग से ढक कर, जिससे दुश्मन की नजर में न आए) Camouflage
छिपाना (मनोभाव को प्रकट होने से) Dissemble
छिपाने लायक (कुरूप होने के कारण) Hideous
छिपी हुई (शक्ति, प्रक्रिया) Latent (opp. Patent)
छिलका (मोटा, जैसे तरबूज का) Rind
छिलका (पतला, जैसे केला का) Peel
छिलका उतारना Peel off
छिल जाना (रगड़ से त्वचा को) Lacerate
छिल देना (रगड़ कर) Abrade *Friction abrades the surface
छिल देना (कठोर वस्तु से रगड़ कर) Chafe *Hard collar of the shirt chafed skin of the nape
छिल देना (त्वचा को कोड़े की मार से) Excoriate *The skin was excoriated by whipping
छिल देना (खुरच कर) Scrape
छींकना Sneeze
छींकने पर किसी को स्वस्थ रहने की कामना की अभिव्यक्ति Gesundheit
छींटना (ठोस वस्तुओं को) Scatter
छींटना (द्रव्य, पानी को छिड़कना) Sprinkle
छींटाकशी Slur, Aspersion
छींटाकशी करना Asperse, cast aspersion
छीन लेना (बलपूर्वक) Snatch
छीन लेना (किसी के हाथ में से) Wrest *Wrest power, parliamentary seat from someone
छीन लेना (लुटेरे द्वारा किसी का सामान) Filch
छीन लेना (किसी से उसकी संपत्ति) Dispossess
छीन लेना (अधिकार) Divest
छीलना (छिलका) Peel off
छीलना (रगड़कर) Scrape
छीलना (केला, संतरा, आदि को, जो आसानी से छिला जा सके) Peel
छीलना (चाकू से) Whittle
छुआछूत से फैलने वाली बिमारी Communicable disease
छुआछूत से होने या लगने वाली बिमारी Contagious disease
छुआछूत की बिमारी से ग्रसित व्यक्ति को अलग रखना Quarantine
छुक-छुक करते हुए रेलगाड़ी का चलना Chug
छुट कर कुछ करना Indulge (in)
छुटकारा (कष्ट से) Relief *Relief from pain
छुटकारा (किसी की संगति से, अप्रिय परिस्थिति से) Riddance
छुटकारा देना Relieve
छुटकारा पाना (अनचाहे व्यक्ति या परिस्थिति से, अनावश्यक वस्तु से) Get rid of/Dispense (with)
छुटकारा पाना (संपत्ति बेच कर, वस्तु फेंक कर) Dispose *He disposed his property *Plastic cups are disposed off after use
छुटकारा पाना (प्रेमी से) Jilt
छुटकारा पाना (गैर जरूरी हो जाने से) Dispense with
छुटभैया Minion
छुट्टी (त्योहार की) Holiday
छुट्टी (व्यक्तिगत कार्यालय से) Leave
छुट्टी (सैनिक की ड्यूटी से) Furlough
छुट्टी (काम से, विद्यालय का सत्र पूरा होने पर) Vacation

छुरी-चम्मच Cutlery
छूकर महसूस करना Palpate
छूट (स्वेच्छा से काम करने की) Liberty, Laissez faire
छूट (आवश्यक शर्त में) Allowance *2-year allowance in the age-limit is given to SC/ST candidates
छूट (सजा में) Remission
छूट (भुगतान में) Discount
छूट (भाड़े में) Concession
छूट (कीमत में) Rebate
छूट-छूट कर फिर आने वाला (बुखार आदि) Remittent (fever)
छूट देना (शर्त को हटा कर) Waive
छूट देना (दायित्व से, टैक्स अदायगी में) Exempt
छूट देना (नियम पालन, शर्त की कठोरता में) Relax
छूने से महसूस होने लायक Palpable
छूमंतर होना (दृष्टि से) Vanish *The magician got everything vanished
छूमंतर होना (अस्तित्व से, यादगार से) Evanesce *Evanesce from the public memory
छेड़खानी करना Molest
छेड़छाड़ करना (गड़बड़ी कारक) Tamper *Tamper with the document
छेड़छाड़ करना (सुधारने की कोशिश में) Tinker *Tinker with a machine
छेड़ना (अभियान, युद्ध आदि) Wage *Wage war against corruption
छेड़ना (किसी बात को, विषय की) Broach
छेद करना (नुकीली पिन से) Puncture, Pierce
छेद करना (अनेकों जगह सतह के आर-पार फाड़कर) Perforate
छेद बंद करना (मसाला भर कर) Caulk
छैल-छबीला Fop, Dandy
छोड़ देना (दोषारोपण से मुक्त कर के) Acquit *Acquitted of all charges
छोटा करना (लंबाई काट कर) Truncate
छोटा-छोटा टुकड़ो में काटना (खुरच कर) Grate
छोटी उम्र में परिपक्व हो जाने वाला Precocious *Precocious child/fruit/tree
छोटी-छोटी बाते (किसी विषय का जिस पर ध्यान दिया जाए) Minutiae
छोटी-छोटी बातों पर झगड़ना Bicker
छोटी-छोटी बातों पर प्रश्न खड़े करना Quibble
छोटी-छोटी बातों पर बहस करना Pettifog
छोटी-छोटी बातों पर गलती निकालते रहना Carp
छोटी-छोटी बातों पर आपत्ति जताना Cavil
छोटे आकार का (अत्यंत) Diminutive *A diminutive table
छोटे आकार का (सामान्य से मिलता-जुलता बनाया हुआ) Miniature *Miniature Taj Mahal
छोटे आकार का (अत्यंत कम) Minute *Minute details
छोटे आकार का (अक्षर आदि) Minuscule
छोटे आकार का (सूक्ष्म आकार का) Tiny
छोटे (शारीरिक) **आकार की** (औरत) Petite
छोटे आकार का जंगल Copse
छोटे आकार का झरना Brook
छोटे आकार का मंदिर (अपने साथ यात्रा में ले कर चलने वाला) Tabernacle
छोटे आकार का मूर्तरूप (निर्मित होने वाला मूर्ति का नमूना) Maquette
छोटे आकार की पूँछ Scut
छोटे आकार की मछली Minnow
छोटे आकार का वयस्क पेड़ Bonsai
छोटे आकार का व्यक्ति/बौना Pygmy, Midget
छोटे आकार का व्यक्ति/पौधा, जानवर Dwarf
छोटे आकार का सामाचार-पत्र Tabloid
छोटे आकार की शीशी Phial, Vial
छोटे महत्व की (बातें) Petty, Trivial
छोटे-छोटे टुकड़ों में काटना (खुरदरी सतह पर खुरच कर) Grate
छोटे स्तर के लोगों से मेल-जोल बढ़ाना या बराबरी का व्यवहार करना Condescend with
छोड़ देना (कैद से, बन्धन से) Release
छोड़ देना (दण्ड देने से, काम से) Spare *Spare him from duty *Spare him of punishment
छोड़ देना (प्रेमिका द्वारा प्रेमी को) Jilt
छोड़-देना (मीटिंग, पद, आदत) Quit *Quit the post *Quit smoking
छोड़-देना (जवावदेही, हक) Relinquish *Relinquish one's share in property

छोड़ देना (दण्ड स्वरूप/गलती के एवज़ में अपना हक) Forfeit *He forfeited his chance to the contest
छोड़ देना (लावारिस) Abandon
छोड़ देना (सुख-सुविधा) Renounce
छोड़ देना (हक) Relinquish
छोड़ देना (बुरी आदत) Abjure
छोड़ देना Leave
छोड़ देना (दोषारोपज से) Acquit
छोड़ देना (कैद से) Release
छौंक लगाना (भोजन पकाने के बाद) Dash

ज

जंग War
जंग/मुरचा Rust
जंगली (जानवर) Wild, Feral
जंगली जानवर का अवैध शिकार करना Poach
जंगी जहाज Warship
जंगी बेड़ा Armada
जंजाल/झंझट Imbroglio
जंजीर (खिड़की, दरवाजे की कुंडी) Latch
जंतु Creature
जकड़न (फेंफड़ों में) Congestion
जकड़न (शरीर में) Rigidity
जकड़न (मृत शरीर में) Rigor mortis
जकड़ लेना Grip *Horror gripped him
जगना Awake, Wake up
जगमग Refulgent
जगह-जगह जाना (किसी का सामान लेने, देने के लिए) Run errand
जगह-जगह घूमना (गांव-गांव में खेल दिखाने, प्रचार करने के लिए) Barnstorm
जगह-जगह घूमना (काम के सिलसिले में देश-विदेश में) Peregrinate
जगह-जगह घूमना (किसी चीज की खोज में) Scour *The film director scoured in search of his heroine for the new film
जगह-जगह घूमना (उद्देश्य पूर्ति के लिए) Traipse *Traipse around for the new customers to fulfil the business target
जगह-जगह साथ में ले जाने लायक Portable *Portable machine
जगह-जगह जाने लायक Mobile *Mobile library
जगह बदलना Relocate
जगह से हटा कर अन्य जगह रख कर भूलना Misplace
जगह से हटाना/खिसकाना Displace
जगह से हटना/खिसकना Dislocate
जगाना (नींद से) Awaken
जगाना (काम, क्रोध) Arouse
जघन्य (अपराधकर्म) Heinous *Heinous crime
जघन्य (कायरतापूर्ण अपराधकर्म) Dastardly
जघन्य (शर्मनाक अपराधकर्म) Flagitious *Flagitious crime
जघन्य अपराध Felony
जघन्य अपराध कर्मी Felon
जच्चा/जन्म देने के बाद औरत Puerpera
जटिल (समस्या) Complicated
जटिल (समझने में कठिन) Complex
जटिल (उलझनपूर्ण) Intricate
जटिलता (समझने में) Complexity
जटिलता (समस्यापूर्ण) Complication
जटिलता (उलझनपूर्ण) Intricacy
जटिल कार्य-प्रणाली Rigmarole *Rigmarole of court's procedures
जटिल समस्या Imbroglio
जड़ (जीवरहित) Inanimate
जड़ खोदना (कमजोर करने के लिए) Undermine, Subvert
जड़ जमा चुकी (आदत) Inveterate *An Inveterate habit is hard to go
जड़ जमाना Entrench
जड़बुद्धि (व्यक्ति) Stupid (person)
जड़बुद्धि व्यक्ति Moron
जड़मति Stupor
जड़मति करना Stupefy
जड़मति करने वाला (प्रभावी दृश्य) Stupendous *Stupendous splendour
जड़वत होना Petrify
जड़ से उखाड़ना (पेड़ को) Uproot
जड़ से उखाड़ना (समस्या) Eradicate, Root out *Eradicate corruption

जड़ से उखाड़ना (किसी जगह पर बसे लोगों को उस जगह से) Deracinate
जड़ से मिटाना Eradicate
जड़ से नाश करना Exterminate
जड़ीभूत Radical *Radical change
जड़ी-बूटी Herb
जड़ी-बूटी से बनी दवा Officinal
जड़ जमा चुकी हुई आदत वाला (व्यक्ति) Diehard *Diehard liar
जड़ाऊ Inlaid *Inlaid stone
जत्था (कलाकारो का) Ensemble
जन कल्याण Weal
जन कल्याणकारी काम Philanthropy
जन कल्याणकारी काम करने वाला व्यक्ति Philanthrope
जनगणना Census
जनगणना करना Enumerate
जन जागरण Awakening
जनप्रिय Popular *Popular leader/demand
जनप्रसिद्ध Famous
जनता से संबन्धित Civil *Civil aviation/disobedience *Civil transport
जनता में साख बनाना/रखना Play to the gallery
जनभावना की आवाज Vox populi
जन-भावना को अपील करने वाला (नीति, कदम) Populist *Populist policy
जनभावना को अपील करने वाली बात कर के अपनी नेतागिरी चमकाने वाला नेता Demagogue
जनमत संग्रह Plebiscite, Referendum
जनमत विश्लेषक (चुनाव का) Psephologist
जन विषाद Woe
जनसाधारण (नीचे तबके का) Plebeian
जनसाधारण Populace
जनसाधारण में जिज्ञासा (जागृत करना) Capture people's imagination
जानसाधारण में प्रिय नेता Demagogue
जनसाधारण के उपयुक्त (साहित्य) Vulgate (literature)
जनसाधारण के उपयुक्त साहित्य का संस्करण तैयार करना Vulgarise
जनहित में Pro bono publico
जन्नत Paradise
जन्तु Creature
जन्म के बाद होने वाली देखभाल Post-natal Care
जन्मजात (शारीरिक अक्षमता, बिमारी) Congenital *Congenital defect
जन्मजात (आदत, दोष) Innate *Innate habit
जन्मजात (गुण से पूर्ण) Born *He is a born genius
जन्मजात अपंग एवं मंदबुद्धि बालक Cretin
जन्मदाता माता-पिता Progenitor
जन्म देना Bear *She has borne two kids
जन्म लेना (be Born) *He was born in a hospital
जन्म स्थान Native place
जन्म से कहीं का रहने वाला Native of a place
जन्म लेने की प्रक्रिया में Nascent *Nascent planet
जपना (भजन, श्लोक-समूह द्वारा) Chant, Incant, Recite *Devotees chanted prayers
जप्त करना (बल प्रयोग से) Seize *Police seized unauthorised goods
जप्त करना (सार्वजनिक काम के लिए किसी की संपत्ति) Expropriate
जप्त माल को लौटाने की कार्रवाही Replevy, Replevin
जप्ती Forfeiture
जप्ती करना (गलती, शर्त हारने, आदि के दंड स्वरूप) Forfeit
जप्त करना (गैरकानूनी संपत्ति) Confiscate
जप्त करना (लावारिस संपत्ति, सरकारी खाते में जमा करने के लिए) Escheat
जप्त करना (संपत्ति, कर्ज अदायगी के लिए) Distrain *Property of bankrupt company is distrained by the government
जप्त कर के रखना (घेरे के अन्दर) Impound
जप्त सामान को जमा करने का स्थान/घेरा Pound *Vehicles parked outside the parking area are towed to the nearby pound
जबरदस्ती करना (कुछ मांग कर लेने/पालन करने के लिए) Exact *He exacted discipline & obedience from his sons *To exact money from businessmen in the area

जबरन दखल देने वाला (अन्य के मामला में) Officious
जबरन दूर ले जाना Whisk away
जबानी Vocal
जमना (द्रव्य का ठंडा होकर) Freeze
जमना (गाड़े द्रव्य के रूप में) Congeal
जमना (दही जैसा) Curdle
जमना (कठोर होकर) Solidify *Flour dough solidifies overnight
जमा करना (बैंक में, खाते में) Deposit
जमा करना (मुनाफाखोरी के लिए) Hoard
जमाखोरी Hoarding
जमानत Bail
जमानत लेना Stand bail
जमानत तोड़ कर भागना Jump bail
जमापूँजी Assets, Fortune, Resources
जमीन में खोदा हुआ आपस में जुड़ा बिलों का नेटवर्क Warren
जमीन में बिल बनाना/बिल Burrow
जमीन पर बना दाग/चिन्ह (गाड़ी के पहिए का) Rut
जमीन पर बना दाग (जानवर के खूर का) Spoor
जमीन पर बना दाग (घायल जानवर के बहते खून का) Trail
जमीन पर लुढ़कना (गिरने से संतुलन बिगड़ने के कारण) Topple *He toppled down the stool he was standing on
जमीन पर लुढ़कना (ऊँचाई से) Tumble *Tucked-in bundles tumbled out of cupboard *Stones tumbled down the hill
जमीन पर लुढ़कना (लड़खड़ा कर) Stumble
जमीन पर लुढ़कना (ठोकर लगने से) Trip
जमीन पर लुढ़कना (खड़े रहने में असमर्थ होकर) Slump *He slumped on the chair due to acute weakness
जमीर Conscience
जम्हाई Yawn
जयंती Anniversary
जयकार करना (किसी व्यक्ति की) Sing hosanna, Hail
जरूरत Need
जरूरत के अनुरूप ढालना Adapt
जरूरत के बराबर Adequate
जरूरत के लिए काफी Enough
जरूरी चीज मुहैया कराना Furnish
जरूरतमंदों के लिए दान या सहायता Charity
जरूरत पर किसी के काम आने के लिए तत्पर (be) at someone's disposal, be at someone's beck & call
जरूरत से जयादा Sufficient
जरूरत से कम Insufficient
जरूरी Necessary
जरूरी समझ कर करना (लाचारी में) Must do
जरूरी समझ कर करना (वांछनीय होने से) Should do
जरूरी समझ कर करना (कर्तव्य की बाध्यता से) Ought to do
जर्जर (पुराना, कमजोर होने से) Decrepit *Decrepit tools
जर्जर (टूटा-फूटा) Dilapidated *Dilapidated house
जर्जर (ध्वंसावस्था में) Ramshackled *Ramshackled Mansion
जर्जर (चर्र-चर्र बजने वाला फर्नीचर) Rickety *Rickety chair
जल कर राख से फिर जीवित निकल जाने वाला (पक्षी) Phoenix *The ruined businessman rose again like a phoenix
जल छिड़क कर शुद्धिकरण Ablution
जल-जमाव Waterlogging
जल-जमाव में से होकर चलना Wade
जल-जीवी (प्राणी) Aquatic
जल-जीवो का शीशा-घर Aquarium
जलडमरूमध्य (दो समुद्रो के बीच में जमीन के मध्य में जल का संकरा रास्ता) Strait
जलदेवता Merman
जलदेवी Mermaid
जलती हुई स्थिति में Afire *The house was afire
जल-थल उभय जीवी Amphibian
जलदस्यू Pirate
जलन Irritation
जलपान Refreshment
जल प्रपात Waterfall
जल-प्रवाही मार्ग Aqueduct
जलमग्न करना Inundate

जलयान Vessel

जलयात्रा Voyage

जल वाष्पीकरण (द्रव्य के सतह से) Evaporation

जल वाष्पीकरण (शरीर के छिद्रों से - पसीना) Perspiration

जल वाष्पीकरण (पेड़ के पत्तों के छिद्रों से) Transpiration

जलवायु Climate

जल विहार करना Cruise

जलविसर्जन Immersion

जला कर अंदरूनी भाग को भष्म/बर्बाद करना Gut *Fire gutted the houses

जला कर संपूर्ण रूप से भस्म करके विनाश Holocaust *Nuclear holocaust

जलाना (आग से) Burn

जलाना (मृत शरीर को चिता पर) Cremate

जलाना (हानिकारक कूड़ा-कर्कट) Incinerate

जलाना (आग में जला कर आहूति देने के लिए) Immolate

जलाने वाला पदार्थ/द्रव्य Mordant

जलावन Firewood

जलीय Aqueous

जल्दबाजी में Hasty *Hasty decision

जल्दबाजी करना (काम में तेजी लाकर) Hasten *Hasten the work/process

जल्दी में Post haste

जल्दी-जल्दी बोलना Gabble

जल्दी-जल्दी लिखना Scribble

जल्दी-जल्दी (करना) Presto *Do it presto

जल्दीबाजी करना (समय गंवाए बिना) Hurry *Hurry to reach in time

जल्दी में कहीं जाना Dash *He dashed to Delhi by air

जल्दी में किया गया (कार्य, निर्णय) Hasty

जल्दी करना Hasten

जल्दी में किया गया (बिना विचार के) Rash

जल्दीबाजी में समस्या खड़ी करना Precipitate crisis

जल्लाद Cruel person

जवाबदेह Answerable

जवाबदेही (निर्दोष होने का प्रमाण देने की) Onus

जवाबदेही से मुक्त करना Absolve

जवाबदेही से इन्कार करना Disavow, Repudiate

जहन्नुम Hell

जहमत/झंझट Imbroglio

जहर दाँत Fang

जस की तस स्थिति Status quo

जाँच (घटना की/लेखा-जोखा की/खुरच कर/अपराध कर्म की/पूछताछ कर के/मृत्यु के कारण की/विश्लेषण कर के) Inquiry/Audit/ Test/Scrutiny/Investigation/Probe/Inquest/Analyse

जाँच (किसी की गुणवत्ता, क्षमता की) Test

जाँच (तथ्य जानने के लिए) **अधिकारी द्वारा की गई)** Inquiry

जाँच (ध्यानपूर्वक वस्तु स्थिति की) Probe

जाँच (जाँच अधिकारी द्वारा मृत्यु के कारण की) Inquest

जाँच (मृत्यु के कारण के लिए मृत शरीर की डॉक्टरी) Autopsy

जाँच (बिमारी के कारण के लिए मल-मूत्र, खून आदि की) Pathology

जाँच (विषय-ज्ञान क्षमता की) Examination

जाँच (अपराध कर्म के लिए प्रयुक्त हथियार आदि की) Forensic test

जाँच अधिकारी (मृत्यु के कारण पता लगाने वाला) Coroner

जाँच-पड़ताल Investigation

जाँच-परख से परे Inscrutable

जाँच-परख की अवधि Probation

जाँच में पास करना Pass muster

जागना Arise, Awake

जागरण Awakening *Public awakening about importance of cleanliness

जागरूक (किसी विषय की जानकारी से) Informed *He is informed of the knowledge about hygiene

जागरूक (सत्य, परिस्थिति के बारे में) Conscious *I am conscious of what is happening around me

जागरूकता Awareness

जागीर Fiefdom

जागृत करना (मन में) Arouse

जागृत करना (Nervous system) Stimulate *Caffein stimulates the body

जागृत करना (खोद-खोद कर) Provoke *Provoke anger

जागृत करना (भावना, काम, क्रोध) Arouse, excite

जादू Magic

जादू की छड़ी Magic wand

जादूगर Magician

जादूगर (काला जादू, टोना-टोटका करने वाला) Sorcerer

जादूगर (जादू से कुछ पैदा करने वाला) Conjurer

जादूगर (जादूई शक्ति वाला) Sorcerer

जादूगर (जादू का खेल दिखाने वाला) Magician

जादूगरी Sorcery

जादू टोना (दुष्ट आत्मा का आह्वान करके) Witchcraft

जादू टोना (काला जादू करने वाला) Hoodoo, Voodoo

जादू की छड़ी Wand

जादू से पैदा करना (हाथ की सफाई से) Conjure

जादू से पैदा हुई वस्तु Apport

जानकारी देना Inform

जानकारी होना (किसी बात का) Be aware of

जानकारी से अवगत कराना Acquaint

जानकारी से ज्ञानवर्द्धन करना Enlighten

जानकारी से किसी को अवगत कराते रहना Keep someone posted with

जानकारी देने वाली पुस्तिका (गतिविधि के बारे में) Brochure

जानकारी-पुस्तिका (शिक्षण संस्था, व्यापार में प्रगति की) Prospectus

जानकारी पुस्तिका (मशीन के बारे में) Manual

जानकारी संग्रह/संग्रह करना (जनमत/प्रगति के बारे में) Survey

जानकारी संग्रह/संग्रह करना (दुश्मन क्षेत्र की गतिविधि के बारे में) Reconnaissance/ Reconnoitre

जानकारी संग्रह (संदेहास्पद व्यक्ति/स्थान के बारे में) Surveillance

जान जोखिम में डालना Put life in peril

जान-पहचान Acquaintance

जान फूँकना Enliven, Animate

जान बचाना (मुसीबत में व्यक्ति की) Rescue, save

जान बचाने वाला Saviour

जान-बूझ कर (मर्जी के अनुसार) Wilful *Wilful attempt to annoy someone

जान-बूझ कर (मन में ठान लेने से) Intentional *Intentional disregard of one's duty

जान-बूझ कर (पूर्व नियोजित करके) Deliberate *Deliberate action to oppose an official order

जान-बूझ कर अनदेखा करना Ignore

जान-बूझ कर किसी के काम को अनदेखा करके उसका हौसला बढ़ाना Connive (at)

जान-बूझ कर काम करने में कोताही करना (धीरे-धीरे काम को करके) Dawdle, Dally, Dilly-dally

जान-बूझ कर काम में कोताही करना (कल पर टाल कर) Procrastinate

जान-बूझ कर तोड़फोड़ करना Sabotage

जान-बूझ कर तोड़-फोड़ करने वाला Saboteur

जान-बूझ कर कार्य को विफल करना (रुकावट डालकर) Thwart

जान-बूझ कर विफल करना (गड़बड़ी पैदा करके) Scuttle

जान-बूझ कर विफल करना (घातक कार्यवाही से) Scupper

जान लेना Kill

जानलेवा (जहर की मात्रा, हथियार) Lethal *Lethal dose of poison *Lethal weapon

जानलेवा (दुर्घटना, आदि) Fatal *Fatal accident

जानवर हाँकने का पैना Goad

जानवर के गले में फाँस लगाने वाला रस्सा Lasso

जानवर के शरीर पर चिपकने वाला कीड़ा Louse (pl. Lice)

जानवर को दाँए-बाँए देखने से रोकने के लिए आँखों पर लगा पट्टा Blinker

जानवर का बाड़ा (भेड़, बकरी का) Pen

जानवर का बाड़ा (सूअर का) Sty

जानवर का बाड़ा (जप्त जानवर का) Pound

जानवर का बाड़ा (कुत्ते के लिए) Kennel

जानवर का बाड़ा (शेर, जंगली जानवर का) Lair, Den

जानवर का बाड़ा (घोड़े के लिए) Stable
जानवर को खूंटा से बांधने की रस्सी Tether
जानवर के गर्दन से बंधी रस्सी Leash
जायकेदार Piquant
जायज़ा Taste
जायज़ Justified
जायदाद (रुपया-पैसा, आभूषण आदि) Property
जायदाद (जमीन, मकान के रूप में) Assets, wealth
जारी करना (आदेश, आदि) Issue
जाल Snare
जाल में फाँसना Ensnare
जालसाज Fraud
जालसाजी रचना Hatch conspiracy
जाला Cobweb
जालिम Tyrant
जाली (कारनामा) Fake *Fake encounter *Fake sympathy
जाली (हस्ताक्षर, कलाकृति) Forged
जाली (असली के जैसी हू-ब-हू लगने वाली वस्तु) *Counterfeit (Currency notes)
जासूस (दुश्मन के विरुद्ध) Spy
जासूस (आपराध जाँच के लिए) Detective/Sleuth
जासूस (दुश्मन देश के लिए देश के साथ घात करने वाला) Fifth columnist
जासूस (संस्था के अन्दर काम करते हुए, अन्दर की खबर दूसरे को देने वाला) Mole
जासूसी (सूचना के लिए) Espionage
जासूसी (देश का अहित करने वालों के विरुद्ध) Intelligence
जासूसी के लिए किसी के घर में सुनने की गुप्त मशीन रखना Bug
जिंदा रहना Live/remain alive
जिंदा बचना (किसी घटना से उबर कर, किसी अन्य की मृत्यु के बाद) Survive
जिंदा लाश जैसा जीवन Vegetative life
जिज्ञासू Curious
जिज्ञासू (दूसरों के निजी जीवन के बारे में जानने के लिए) Inquisitive
जिज्ञासा से भरपूर Agog
जिज्ञासा जानने की Curiosity
जिज्ञासा जगाने में असमर्थ Vapid
जिद पर अड़ा हुआ Adamant
जिद्दी (आज्ञा के विरुद्ध आचरण करने वाला) Contrary *A contrary child
जिद्दी (अपनी बात से टस से मस नहीं होने वाला) Stubborn, Obstinate
जिद्दी (अपनी ही बातों को सही समझने वाला) Arrogant
जिम्मेदार (गलत परिणाम के लिए) Responsible
जिम्मेदारी (जवाबदेही पूर्ण) Responsibility
जिम्मेदारी (समाज, परिवार, कर्तव्य के प्रति नैतिक रूप से बंधा हुआ) Obligation
जिम्मेदारी (पूरी करने से कानूनी रूप से बंधा हुआ) Liability *Loan payment is a liability of loanee
जिम्मेदारी के अतिरिक्त काम करना Supererogate
जिम्मेदारी स्वीकार करना Own up
जिम्मेदारी से मुक्त करना Exonerate
जिसका प्रचलन समाप्त हो गया हो Outdated
जिसके बिना काम न चले/अपरिहार्य Indispensable
जिसको हानि नहीं पहुँचाई जा सके Invulnerable
जिसको कठिन परिस्थिति झुका न सके/अदम्य Indomitable (Courage, etc)
जिसको खुश न किया जा सके (प्रार्थना, मान-मनोबल से) Inexorable
जिसको (लड़ कर उसे) **रोका न जा सके** Ineluctable *Ineluctable destiny
जिसको हराना संभव न हो Invincible
जिसको अनदेखा न किया जा सके Unavoidable
जिस पर शक न किया जा सके/असंदिग्ध Indubitable
जिस पर भय हावी न हो सके Intrepid
जिस से पीछा नहीं छुड़ा सकते Ineluctable
जिसमें कोई दोष/त्रुटि न हो Impeccable
जीर्ण/जीर्णोद्धार Dilapidated/Repairing
जीत (प्रतियोगिता, खेल, लड़ाई में) Victory
जीत (प्रयास, अभियान में) Triumph *Triumph of cooperation
जीतना (प्रतियोगिता, लॉटरी, आदि) Win
जीतना (युद्ध में) Conquer

जीतने की युक्ति Ace *He has many aces up his sleeve
जीत (भारी हानि उठा कर प्राप्त) Pyrrhic victory
जीता-जागता नमूना Epitome
जी भर कर (कुछ खाना) To one's heart's content
जीवन के लिए आवश्यक तत्व Vitamin
जीवन के लिए आवश्यक Vital
जीवन का अतीत (किसी व्यक्ति का) Antecedent
जीवन का आनंद भोगने वाला Bon vivant
जीवन का आनन्द Bon viveur
जीवन के लिए परावलंबी जीव या व्यक्ति Parasite
जीवन के लिए परस्पर अवलंबी/अवलंबी अवस्था Symbiotic/Symbiosis
जीवन के लिए साथ-साथ (बिना हानि पहुँचाए) **किसी पर अवलंबी** (जीव) Commensal
जीवन की लंबी अवधि Longevity
जीवन-ज्योति बुझना Snuff
जीवन-दर्शन (व्यक्ति का) Motto
जीवनदान पाना Get fresh lease of life
जीवन का सुख भरा समय Palmy days
जीवन के अतीत की मधुर यादें Nostalgia
जीवन यापन करना (अपर्याप्त साधन पर) Subsist (on)
जीवन-यापन का साधन Sustenance
जीवन में फलना-फूलना Prosper
जीवन वृत्तांत Biodata, Curriculum vitae
जीवन संगी Consort
जीवन से समझौता करके जीने का तरीका Modus vivendi
जीवनयापन का साधन Sustenance
जीवनी Biography
जीव-जन्तु Creature
जीव-जन्तु (स्थान विशेष में पाया जाने वाला) Fauna *Fauna of the Himalayan region
जीवन्त (जोश से परिपूर्ण) Vivacious, Lively *Vivacious kids
जीवन्त (जीवित होने का एहसास दिलाने वाला) Animate *Animate cartoon's characters
जीवन्त (दृश्य) Vivid
जीवाणु Micro-organism
जीविका Livelihood
जीविका अर्जन (नौकरी करके) Vocation
जीविका अर्जन (अर्जित ज्ञान से) Profession *Law practice is his profession
जीविकादायी संस्था Alma provender
जीवित/जीवित रहना Alive/be alive, live
जीवित रह जाना (किसी के मरने के बाद, किसी दुर्घटना के बाद) Survive *He survived his wife *He survived a major accident
जीवित शिशु जनने वाली (जीव) Viviparous
जुआ/जुआरी (खेल के रूप में) Gamble/Gambler
जुआ (पैसे दाँव पर लगा कर) Wager *Place a wager on soccer
जुआ खेलना/जुआरी Punt/Punter
जुगाड़ करके कुछ हासिल करना Wangle
जुगाड़ करके कुछ तैयार करना Improvise
जुगाली करना/जुगाली करने वाला जानवर Ruminate/Ruminant
जुए में दाँव पर लगाना Stake
जुटना Assemble
जुटाना (संसाधन) Procure
जुटाना (अनाज के दाने जैसा चुन-चुन कर) Garner *Garner informations
जुटाना (चेहरे पर प्रकट करने के लिए भावना) Summon *Summon smile on one's face *Summon courage
जुटाना (ताकत, सैनिक) Marshal *Marshal courage to fight
जुटाना (आवश्यक संसाधन) Muster
जुड़ना (किसी के क्रेडिट में) Redound
जुड़वाँ (समान रूपी दोनों लड़के या लड़कियाँ) Identical twins
जुड़वाँ (असमान दिखने वाले लड़का/लड़की) Fraternal twins
जुड़ा हुआ Articulated *Spine is an articulated bone
जुबानी Verbal
जुबानी आक्रमण Invective
जुबानी आक्रमण करना Inveigh (against)
जुर्म/जुर्माना Crime/Fine, Mulct, Penalty
जुर्रत (अपमानजनक व्यवहार करने की) Hardihood, Temerity

जुर्रते करना Dare
जुलूस Procession
जुल्म Excesses, Atrocity
जुल्म करना/सताना Persecute
जुल्म ढाना Perpetrate excesses
जुल्मी (व्यक्ति, मौसम, आदि) Oppressive
जुल्मी शासक Tyrant
जूँ Louse (Pl. Lice)
जूते सिलाई करने वाला/सिलाई करना Cobbler/cobble
जूझना Struggle
जेबकतरा/जेब कतरना Pickpocket
जेल से अस्थायी मुक्ति Parole
जेहादी Crusader
जैसा बोना वैसा काटना Reap as you sow
जैसे को तैसा Tit for tat
जैसे-तैसे बनाया हुआ (कारीगरी) Slipshod
जैविक उद्यान Zoo
जो गलत/फेल न हो सके Infallible
जो अवश्यंभावी हो Inevitable
जो अतिशीघ्र होने वाली (घटना) **हो** Imminent
जोखिम Risk
जोखिम (संभावना पर आधारित) Hazard *Hazard of guessing
जोखिम (खतरनाक परिस्थिति में पड़ने का) Peril *Put life in peril
जोड़-तोड़ Manoeuvring
जोड़ना (दो अलग-अलग चीजों को) Attach
जोड़ना (गाड़ी के डब्बों को) Marshal
जोड़ना (दो लंबी लकड़ियों के टुकड़ों को एक के उपर दूसरे के किनारे को रख कर) Splice
जोड़ना (दो शब्दों को, हड्डियों को) Articulate *Articulate each word in speech *Each bone is articulated to the next
जोतना (गाड़ी में जानवर को) Harness
जोरदार (शक्ति, प्रयास) Vigorous *Vigorous effort
जोरदार (सफलता, जीत) Resounding *Resounding victory
जोरदार थप्पड़ मारना Smack
जोर देना (किसी चीज के महत्व पर) Emphasize
जोर देना (अपनी बात पर) Assert
जोर देना (उच्चारण, दिमाग पर) Stress
जोर देना (शारीरिक क्षमता पर) Strain
जोर लगा कर करने वाला (काम) Strenuous
जोर लगा कर भारी वस्तु को घसीटना Lug
जोर लगाना (दबाव डाल कर) Exert *Exert pressure/influence on someone to do something
जोर लगाना (सफलता के लिए प्रयास पर) Strive *Strive hard to succeed
जोर से पटकना (आवाज के साथ) Bang *He banged his book on the door
जोर से पटकना (जोर से धक्का देकर) Slam *Slam the doors shut
जोरदार आवाज (टकराने से) Bang
जोश (शारीरिक) Vigour
जोश (उत्साह का) Enthusiasm
जोश (उद्देश्य प्राप्ति की भावना का) Zeal
जोश (भावनात्मक ऊफान का) Passion
जोश (मन में व्याप्त) Fervour *Religious fervour of the devotee
जोश से भरपूर (व्यक्तित्व) Dashing (personality)
जोश से भरपूर (उत्साह) Enthusiastic *Enthusiastic supporters
जोश से भरपूर (उद्देश्य प्राप्ति की भावना) Zealous *Zealous crusaders
जोश से भरपूर (भावनात्मक ऊफान) Passionate
जोश से भरपूर (मन में उत्पन्न भावना) Fervent *Fervent devotees
जोश से भरपूर व्यक्ति (उत्साह के) Enthusiast
जोश से भरपूर व्यक्ति (उद्देश्य प्राप्ति की भावना) Zealot
जौहर (प्रदर्शित करने वाला) Puissance
जौहरी Jeweller
ज्यादा दिनों तक उपभोग करते रहना (थोड़ा-थोड़ा खर्च करके) Eke on *Eke on meagre resources
ज्यादा दिनों तक (किसी अन्य से) **जीवित रहना** Outlive *The husband outlived his wife for five years
ज्यादती (किसी के प्रति व्यवहार में) Excesses *Cruel excesses
ज्यादती (जुल्म) **करना** Perpetrate excesses
ज्येष्ठ Eldest

ज्येष्ठाधिकार Primogeniture
ज्यों का त्यों (अनछुआ) Intact
ज्यों का त्यों उदित (गलत शब्द या बयान) Sic *He mentioned 15th August as Republic Day (sic)
ज्योतिष शास्त्र Astrology
ज्वर कारक Pyrogenic
ज्वर नाशक (दवा) Anti-pyretic (medicine)
ज्वर भगाने की दवा Febrifuge
ज्वलनशील Inflammable
ज्वालामुखी Volcano
ज्वारभाटा Tide

झ

झंकार (वाद्य-यंत्र के तार की) Twang
झंझट/जंजाल Imbroglio
झंझावत (उथल-पुथल मचाने वाला) Maelstrom
झंझावत (हवा का) Whirlwind
झंझावत (पानी का) Whirlpool
झंझोड़ना Jolt
झंडा (नारा, संदेश लिखा हुआ) Banner *Protesters carried the banners in their hands
झंडा (छोर तक पतला होता हुआ) Pennant
झंडा (दो छोर वाला) Burgee
झंडा (देश, संस्था का प्रतीक) Flag
झंडा (फौज के विभाग, पानी के जहाज पर लहराने वाला पहचान प्रतीक) Colour *Regiment's colour
झंडा (पद विशेष का) Standard *President's standard
झंडोत्तोलन करना Hoist *The national flag was hoisted on mast
झंडोत्तोलन का डंडा Mast
झंडी (सजावट के लिए) Bunting
झंझट/जंजाल Imbroglio
झक्की Eccentric
झखना (अपने निर्णय पर) Rue
झख मारना Sit idle
झगड़ा Quarrel
झगड़ा (परस्पर विरोध का) Strife
झगड़ा (सार्वजनिक स्थान पर) Brawl *Street brawl
झगड़ा छुड़ाना (समझा-बुझा कर) Mediate
झगड़ा छुड़ाना (गलत-सही पर निर्णय दे कर) Arbitrate
झगड़ा छुड़ाना (समझौता करा कर) Concilliate
झगड़ा-झंझट Wrangle, Scuffle, Altercation
झगड़ा-झंझट को हवा देना Foment
झगड़ा-झंझट को हवा देने वाला (कदम) Polemic (opp. शांति व्यवस्था को बढ़ावा देने वाला (कदम) Eirenic)
झगड़ा मोल लेना Pick up a fight
झगड़ालू (स्वभाव से) Quarrelsome
झगड़ालू (झगड़े के लिए सदा तत्पर) Bellicose
झगड़ालू (फटाफट झगड़ा शुरू करने वाला) Pugnacious
झगड़े की जड़ Bone of contention
झगड़े में लिप्त Belligerent
झड़ना (पेड़ से पत्ता, घाव पर पपड़ी का) Exfoliate
झड़प Skirmish
झड़ी (प्रश्नों की) Barrage
झड़ी (बन्दूक की गोलियों की) Fusilade
झटकना (एकाएक खींचकर) Twitch *Twitch reins
झटका (धक्का लगने से) Jolt
झटका (प्रगति में) Setback
झटका (आहत करने वाला) Bodyblow
झटका देना (मशीन को, जानवरों को चलाने के लिए) Jog machine to start
झटपट Instantly
झनकार (वाद्य यंत्र के तारों की) Twang
झनझनाहट (मांसपेशियों में) Tingling
झनझनाहट (मस्तिषक में चोट लगने से) Concussion
झपकना (पलकों का जल्दी-जल्दी) Blink
झपकना (इशारा करने के लिए पलकों को) Wink
झपकी Nap
झपकी लेना Doze
झपट कर ले भागना Filch *A thief filched my bag and fled
झपटमार Rapacious *Rapacious predator

झपटना (किसी पर आक्रमण के लिए) Lunge *The fencer lunged forward to attack
झपट्टा मारना (पक्षी द्वारा शिकार पर) Swoop
झरना Waterfall
झरना (जमीन से निकले पानी का) Spring *Hot water spring
झरना (छोटे आकार का) Brook
झरना (सीढ़ियों से गिरने वाला) Cascade
झरना (काफी ऊँचाई से सीधे नीचे गिरने वाला) Cataract
झलकना Glimmer
झलक Glimpse *He got a glimpse of the mountain peak through the haze
झलकाना (दिखाने के लिए हिला-हिलाकर) Flaunt, Flourish
झलकाना (हवा में लहरा कर) Flaunt
झल्लाना Irritate
झल्लाहट (झुंझलाहट) Irritation
झाँकना (दरार से) Peep *Peep into the room through the doors opening
झाँकना (चोरी-चोरी) Peek *Peek into others' private lives
झाँकी Tableau (pL. Tableaux)
झाँसा देना (झूठा वादा करके) Bluff
झाँसा देना (आँखों पर पर्दा डाल कर) Hoodwink
झाँसा देकर किसी को धोखा देना Take someone for a ride
झाँसे का पर्दाफाश करना Call someone's bluff
झाग (बुलबुलों का) Foam
झाग (साबुन के पानी के साथ रगड़ने पर) Lather
झाग (तरल पदार्थ के ऊपरी सतह पर) Froth
झाग (साबुन के घोल के ऊपरी सतह पर) Suds
झाग (समुद्री लहरों का तट से टकराने पर) Surf
झाड़ी Bush
झाड़ी खाने वाला (जानवर) Herbivorous
झाड़ीनुमा पौधा Shrub
झाड़ू Broom
झाड़ू लगाना Sweep
झिंगुर Cricket
झालर (सजावट का) Festoon
झालर (सजावटी) Festoon
झालर (ड्रेस के किनारे पर सिला हुआ) Frill
झिझक Hesitation
झिड़कना (सुधारने की सलाह देते हुए) Admonish/ Reprimand
झिड़कना (असहमति के साथ) Rebuke, Rebuff
झिलमिलाना Shimmer
झिलमिलाना (हल्के प्रकाश में) Glimmer
झुँझलाहट Irritation
झुँझलाहट (नाराजगी में) Dudgeon
झुँझलाहट (खीझ/चिढ़ कर) Huff *He left the meeting in a huff
झुँझलाहट (सम्मान को ठेस पहुँचने से) Pique *He felt piqued over his insulting behaviour
झुँझलाहट (बच्चे द्वारा क्रोध प्रदर्शन के रूप में) Tantrum
झुकना (आदर-सम्मान में) Deferential
झुकना (एक तरफ) Tilt
झुकना (मुड़ कर) Bend *The stick bent under pressure
झुकना (आदर में) Bow *Bow in prayer
झुकना (घुटनों पर बैठकर) Crouch
झुकना (डर कर किसी के सामने) Cower *Cower before the tyrant
झुकना (शर्म से, डर कर) Cringe
झुकना (प्रहार बचाने के लिए) Duck
झुकना (कंधों को झुकाकर शरीर का थकावट से) Droop
झुकना (जमीन पर लेट कर क्षमा याचना में) Grovel
झुंड (जानवर का) Herd
झुंड (लोगों का) Horde
झुंड (आगे बढ़ते पशुओं या लोगों का) Drove
झुंड (समूह में चलते लोगों का) Bevy
झुंड (पक्षियों का) Flock
झुंड (भेड़ का) Hirsel
झुंड (चूहों, कीड़ों का) Rabble
झुंड (गैर-कानूनी उल्लंघन करने पर उतारू लोगों का) *Rout (of revellers)
झुंड (मछलियों का) Shoal
झुंड (भिनभिनाते कीड़ों का) Swarm
झुंड में रहने वाला (प्राणी) Gregarious
झुंड से अलग भटक गया हुआ (जानवर) Rogue

झुकना (घुटनों पर बैठकर किसी के सामने माथा टेकना) Kow tow
झुकना (प्रार्थना में) Supplicate
झुकना (कंधो का) Droop
झुकना (लुजलुजा हाने से) Lop *Dog's ears lop
झुकना (अपने ही वजन से) Sag *Heavy beam sagged in the middle of its length
झुकना (सिर एवं कंधों को झुका कर) Stoop
झुकना (समर्पण में) Truckle
झुकना (पत्तों, डालियों का सूख कर) Wilt
झुकना (किसी के दबाव में गैर-वाजिब मांग पर) Yield
झुकना (हार मान कर) Capitulate
झुकना (इच्छा के सम्मान में, निर्णय, ज्ञानी के विचार के सामने) Defer
झुकना (रोक पाने में असमर्थ होकर) Succumb *Succumb to disease/temptation
झुकने वाला (किसी की मर्जी के आगे) Pliable
झुकने वाला (वस्तु, लचीला होने से) Flexible
झुकाना (एक तरफ) Tilt
झुकाना (कार को एक तरफ टेढ़ा कर के) Careen
झुकाव (स्वाभाविक) Aptitude
झुकाव Inclination
झुकाव (मानसिक रूप से तैयार कर किया गया) Disposition *Disposition to obey elders
झुकाव (विशेष काम के प्रति) Orientation
झुकाव (लगाव होने से) Proclivity
झुकाव (स्वाभाविक रूप से गलत काम के प्रति) Propensity *Propensity for courting problems
झुकाव (मानसिक) Tendency
झुका हुआ Lopsided
झुकी हुई रीढ़ की बिमारी (पीछे की तरफ झुका हुआ) Lordosis
झुकी हुई रीढ़ की बिमारी (आगे की तरफ) Kyphosis
झुठलाना (तथ्यों द्वारा किसी धारणा को) Militate (against) *His conducts militate against his being a ruffian
झुठलाना (भ्रमित करने के लिए) Falsify *Falsify income to evade tax
झुर्री/झुर्री पड़ना (सूखने से पत्तों पर) Shrivel
झुर्री (शरीर की त्वचा पर) Wrinkle
झुर्रीदार (चेहरा) Wizened (face)
झुर्रीदार (पत्ता, सूख कर) Shrivelled
झुर्रीदार (सतह) Corrugated
झुलसना (आग से जल कर) Char
झुलसना (आग की लौ से) Singe *He singed his fingers in the candle's flame
झुलसना (उबलते द्रव्य से) Scald *He scalded his fingers in the boiling water
झुलसना (गर्मी से) Scorch *The intense heat scorched him
झूठ False
झूठ बोलना Lie
झूठ बोलना (निश्छल, कठिन परिस्थिति से बचने के लिए) Fib
झूठ बोलना (कोर्ट में) Perjure
झूठ बोलने की आदत Mendacity
झूठ बोलने वाले की जाँच Polygraphy test
झूठ साबित करना (किसी बात, तथ्य को) Belie, give a lie to *Reports belie his claims
झूठा व्यक्ति Liar
झूठा (व्यक्ति, रिपोर्ट) Mendacious
झूठा सिद्ध करना Belie *Belie facts, claims
झूठा दंभ भरने वाला व्यक्ति/झूठा दंभ Humbug
झूठी कहानी गढ़ना Concoct/Fabricate story
झूठी नकल करना Fake
झूठी नकल करना (भावुकता की/हावभाव से) Pretend *Pretend sympathy
झूठी नकल करना (भावुकता का/एलान करके) Profess *Profess loyalty
झूठी नकल करना (बुखार का) Malinger *Boys malinger to avoid going to school.
झूठी नकल करना (जान बचाने के लिए मर जाने का) Play possum
झूठे ज्ञान का दंभ भरने वाला Charlatan
झूठे नकल करना (अनजान बनने का, बेहोशी का) Feign *Feign ignorance
झूलना (लटक कर) Dangle
झूलना (किसी की बाहों में) Dandle (Dangle + Handle) *A kid dandled in his father's hands

झूला (बच्चों को सुलाने के लिए) Cradle
झूला (सर्कस में ऊँचाई पर खेल दिखाने वाला) Trapeze
झूला (बिस्तर का) Hammock
झूलाना (बाहों में उठा कर बच्चे को) Dandle
झेंपना Blush
झेलना (कठिनाई) Cope *Cope up hardship
झेलना (लंबे समय तक धैर्य के साथ) Endure *Endure hardship
झेलना (शर्मिन्दगी, आलोचना) Smart (under)
झेलने की शक्ति Fortitude
झोंक Mania
झोंका (हवा का) Gust, Whiff
झोंपड़ी Hut
झोंपड़ी पर छत डालना Thatch
झोला Bag
झोला (बड़े आकार का - टूरिस्ट द्वारा पीठ पर लेकर चलने वाला) Knapsack
झोला (सैनिक द्वारा पीठ पर लेकर चलने वाला) Haversack
झोला (पहाड़ पर चढ़ाई करने वालों के पीठ पर बाँधने वाला) Rucksack
झोला (दो बराबर भागों में बंटा हुआ - पीठ/कंधे के दो तरफ लटकने वाला) Pannier
झोला (कंधा/पीठ पर लटकाने वाला) Satchel
झोला लेकर पीछे-पीछे चलने वाला (गोल्फ के मैदान में) Caddie

ट

टंकार Twang
टंडैल Toady
टकटकी लगा कर देखना Gaze
टकराकर लौटना (गेंद का) Bounce *The ball bounced on the hard surface
टकराकर लौटना (आवाज की गूँज का) Reverberate *His voice reverberated in the tunnel
टकराकर वापस लौटना (आने वाली दिशा में पलट कर) Rebound
टकराना (दो गतिमान वस्तुओं का आपस में) Collide
टकराना (तेज गति से) Dash, Hit, Strike
टकराना (चलते हुए पैर का किसी चीज से) Stumble upon
टकराना (किसी से अचानक) Stumble upon
टकराने की आवाज (खिड़की/दरवाजे के हिलने से) Rattle
टकराने की आवाज (धातु के बर्तनों की आपसी टकराहट से) Clang
टकराने की आवाज (धातु के ठोस पदार्थ का सतह पर गिरने से) Clank
टकराने की आवाज (छुरी, चम्मच के आपस में टकराने से) Clatter
टकराने की आवाज (शीशे के बर्तनों के) Clink
टकराने की आवाज (सिक्के, चूड़ियों की आपसी टकराहट से) Jingle
टकसाल Mint
टखना Ankle
टटोलना (जाँच के लिए) Frisk
टटोलना (अंधेरे में खोजने के लिए) Grope
टट्टू Pony
टटपूञ्जिया Of sorts *Player of sorts, Mediocre *He is a player of sorts *He is a mediocre player
टपकना Trickle
टर्र-टर्र करना (मेंढक का) Croak
टस से मस नहीं होना Do not budge
टहनी Twig
टहलना (धीमे कदमों से) Ambul
टहलना (आनन्द की मुद्रा में) Stroll
टहलना (स्वास्थ्य लाभ के लिए) Walk *The old man walks regularly
टहलना (फुर्सत में) Saunter
टहलना (सुदूर गांव की ओर) Ramble
टहलना (निश्चित मुद्रा में) Sashay
टाँका Rivet
टाँकना Tack
टाँगा Buggy, Phaeton, Victoria
टाप (घोड़े के पैरों की) Clop
टाप (आदमी के पैरों की) Tap

टापू (नदी में पानी से उभरा हुआ जमीन) Shoal
टापू Island
टापू समूह Archipalego
टायर की ऊपरी सतह Tread
टायर के उपरी सतह पर कटा हुआ लाइन Sipe
टाल Heap, Pile
टालना (नियत कार्यक्रम को अगली तारीख तक) Postpone
टालना (कल पर काम को) Procrastinate
टालना (निर्णय, फैसला) Defer *Decision was deferred
टालना (अप्रिय घटना को होने से) Avert *Avert the accident to occur
टालना (खतरे को) Stave off
टालना (आक्रमण को) Ward off *Ward off weapon/attack/disease
टालना (शरीर को झुका कर आक्रमण के वार को) Dodge
टालना (आवश्यकता, कठिनाई) Obviate *A.T.M. obviates the need of carrying cash
टालमटोल करना (जिम्मेदारी निभाने में) Evade *Evade paying tax *Evade reply
टालमटोल करना (प्रश्न का उत्तर देने में) Parry *He parried embarrassing questions
टालमटोल करना (काम में देरी करके) Dilly dally
टिकट संग्रह Philately
टिकट संग्रहकर्ता Philatelist
टिकना (किसी जगह पर ज्यादा समय तक) Linger *Foul smell lingered in the room *The guest lingered in the house without any purpose
टिकाऊ (स्थिति में बदलाव रहित) Stable
टिकाऊ (लंबे समय तक) Durable
टिका हुआ होना (किसी के कर्त्तव्य पर, मर्जी पर) Incumbent upon *People's wellfare is incumbent upon govt's policy
टिका हुआ होना (स्थिति, घटना पर) Contingent upon *Our plan of picknic is contingent on weather
टिका हुआ होना (सहारा लेकर) Recumbent upon *He is lying recumbent upon pillow
टिमटिमाना (सितारों का) Twinkle
टिमटिमाना (लौ का) Flicker
टीका-टिप्पणी (आलोचनात्मक) Comment
टीका-टिप्पणी (परिस्थिति/घटना पर) Commentary
टीका-टिप्पणी (देखने/सुनने के आधार पर) Observation
टीका लगाना Inoculate
टीप-टॉप Spruced *Kids were spruced up before going out
टीम-टाम Ostentations
टीला (मिट्टी का) Mound
टीस Pang
टुकड़ा (टूट कर बिखरा हुआ) Fragment
टुकड़ा (काट/फाड़ कर निकाला गया छोटा) Sliver
टुकड़ा (लकड़ी का लंबा, आग पकड़ाने के लिए) Splint
टुकड़ा (समूचे भाग से टूट कर अलग हो गया हुआ) Splinter
टुकड़ा (उपयोग के बाद बचा हुआ) Scrap
टुकड़ा (टूटा शीशा, कप-प्लेट का) Shard
टुकड़ा (बम फटने से निकलने वाला) Shrapnell
टुकड़ा (फाड़ कर अलग किया हुआ) Shred *Shred of cloth
टुकड़ा (लकड़ी, काँच का टूट कर अलग हुआ) Splinter
टुकड़ा (सना हुआ मिट्टी आदि का) Dollop
टुकड़ा (छोटे-छोटे आकार में टूटा हुआ) Smithereens
टुकड़े-टुकड़े करना (टकरा कर) Smash
टुकड़े-टुकड़े करना (तोड़ कर) Comminute *Bones were comminuted into pieces
टुकड़े-टुकड़े करना (पटक कर) Shatter
टूअर Orphan
टूट कर बिखरना Disintegrate
टूटने लायक (नाजुक होने से) Fragile *Glass is fragile material *Bones of aged persons become fragile
टूटने लायक (चोट लगने से) Frangible *Bone is frangible
टूटने लायक (भुरभुरा होने के कारण) Brittle
टूटपूञ्जिया of sorts *A singer of sorts
टूटा-फूटा अवशेष Wreckage
टूटे अंग को पट्टी से बाँध कर गर्दन से लटकाना Sling

टेक/टेक लगाना (गिरने से बचाने के लिए) Prop *Long wooden poles are used as prop in building construction

टेढ़ा Crooked, Skewed

टेढ़ा (एक तरफ झुका हुआ) Lopsided

टेढ़ा करना (सामान्य स्थिति में किसी अंग को) Contort *Contort one's lips to show contempt

टेढ़ा करना (विकृत करने के लिए) Distort *Distort facts *Distort shape

टेढ़ा करना (आग की गर्मी से, नमी से) Warp *Dampness/moisture warped doors

टेढ़ा करना (मरोड़ कर) Twist

टेढ़ा होना (सूख कर) Warp

टेढ़ा-मेढ़ा Zigzag

टेढ़ा-मेढ़ा आकार करना Mangle *Mangle the body of the car by squeezing or crushing

टेढ़ा-मेढ़ा रास्ता Labyrinth

टेढ़ा-मेढ़ा लकीर में किसी ट्यूब से निकल कर फैलना Squiggle *Squiggle toothpaste to squiggle out

टेलीविजन के सामने बैठा रहने वाला व्यक्ति Couch potato

टेलीविजन रखने का बक्सा Console

टैक्स लगाना Levy

टोंटी (नल की) Tap, Faucet

टोंटी (बर्तन, लोटे की) Spout

टोकना Interrupt

टोकरी Basket, Hamper

टोना-टोटका Witchcraft

टोह Surveillance

ठ

ठंडा (गर्मी हटा कर किया हुआ/गर्मी निकल जाने से) Cold *Cold water *Cold weather

ठंडा (शरीर को आराम देने वाला) Cool *Cool climate *Room is cool

ठंडा (कामुकता में) Frigid

ठंडा करना to cool

ठंडापन (हवा में) Chill, Nip

ठॉय-ठॉय की आवाज (गोली चलने जैसी) Staccato

ठग Con, Cheat, Conman, Fraud, Swindler

ठग (पहचान बदल कर ठगने वाला) Imposter

ठग (किसी से संपत्ति ठगने वाला) Fraud

ठग (चालबाजी से ठगने वाला) Humbug

ठगना (आँखों को धोखा देकर) Hoodwink

ठगना (सब्ज बाग दिखा कर) Take for a ride

ठगना (धोखा देकर) Cheat

ठगना (चालकी से बेवकूफ बनाकर) Con

ठगना (गलत विश्वास दिला कर) Dupe *Dupe with false claims

ठगना (गलत पहचान बताकर) Swindle *A con swindled a businessman

ठगना (किसी की संपत्ति धोखे से लेकर) Defraud *A cheat defrauded him of his belongings

ठगना (तुरंत किसी पर विश्वास करने वाले को) Gull

ठगने के लिए प्रयुक्त चालाकी Artifice

ठगबाजी Fraudism

ठगा जाने वाला (किसी पर तुरंत विश्वास कर लेने के कारण) Gullible

ठठेरा Tinker

ठसक Arrogance

ठसाठस Crammed, Stuffed

ठसाठस भीड़/भीड़ करना Throng

ठहरा जाना (एक ही स्थान पर) Stagnate *Rain water stagnated in low land *His career stagnated

ठहर जाना (काफी समय तक) Linger *Pain lingered for several days *Foul smell lingered in the room

ठहर जाना (किसी जगह पर) Tarry *He tarried on the railway station until the train arrived late

ठहर जाना (यात्रा में किसी स्थान पर) Sojourn *He sojourned in Paris for a week during his Europe trip

ठहराने की जगह Accommodation

ठहराना Accommodate

ठहरा हुआ Stationary

ठहाका Peal of laughter

ठहाका मारना Cachinnate (कैकीनेट)
ठाट-बाट Pomp
ठान लेना Resolve
ठिकाना Whereabouts
ठिगना Dwarf
ठिठकना Baulk, Jib
ठिठुरना Shiver
ठुकराना (प्रस्ताव, सुझाव) Spurn
ठुकराना (प्रेमी को) Jilt
ठूँठ (कटे पेड़ की) Stump
ठूँठ (कटे फसल के पौधा का खेल में बचा रह गया) Stubble
ठूँसना (कम जगह में) Cram *Several persons were crammed in a small room *He crammed his clothes in a small briefcase
ठूँसना (किसी चीज के अन्दर भरने के लिए) Stuff *Stuffed cotton in pillow *Stuffed potato mash in samosa
ठूँसना (संकरी जगह में/दो तहों के बीच में) Tuck *Tuck the bedsheet under the mattress *He tucked his shirt between the other clothes in the trunk
ठूस-ठूस कर खाना Gorge (with)
ठूस-ठूस कर खाने वाला Voracious eater
ठेंगा दिखाना Cock a snook (at)
ठेल कर दूर ढकेलना Shove
ठेका Contract
ठेके पर काम लेने का बयाना (अग्रिम राशि) Earnest money
ठेलना (चलाने के लिए, काम करने के लिए) Impel *Necessity impels one to work for it *Greed impels one to commit crime
ठेलना (ढकेलने के लिए) Push *Pushed him back
ठेलने वाली ताकत (काम करने के लिए) Impetus
ठेलागाड़ी Cart
ठेलाठेली Jostling and bustling
ठेस पहुँचाना (आत्मसम्मान को) Offend
ठोक कर पिचकाना Indent
ठोकना (हलका-हल्का किसी सतह पर) Tap
ठोकना (मशीन को, ललाट को, दिमाग को काम करने के लिए) Jog *Jog one's memory *Jog the motor to get started
ठोकना (पीठ पर हाथ से) Pat
ठोकना (उंगलियों से) Percuss
ठोकर Bump
ठोकर मारना/ठोकना Knock *Knock the door *A car knocked him down
ठोकर लग कर लड़खड़ाना Stumble
ठौर Resort
ठौर (यात्रा के दौरान) Sojourn

ड

डंक/डंक मारना Sting
डंका पीटना Drum up (about)
डंठल Twig
डंडा (see **छड़ी**)
डंडित होने के भय से मुक्ति Impunity
डंडी (तराजू की) Scale
डंडी (डाल की) Stem
डंडी मारना Short change
डंसना Bite
डकरना (कुत्ते के रोने जैसा) Howl *The dog howled in pain
डकरना (सुअर जैसा) Grunt
डकरना (जानवर का) Bellow
डकार लेना Belch
डकैती (सार्वजनिक स्थान में) Heist *Heist in bank, petrol pump
डकैती (व्यक्तिगत स्थान में) Larcery *Larcery in vacant house
डग Pace *Walk with slow/fast pace
डग (लंबी-लंबी) Stride *Walk with long strides
डगमगाना (लड़खड़ाना) Wobble *The rickety chair wobbled
डगमगाना (दाएं-बांए) Waver *He wavered sideways
डगमगाना (थकावट के कारण चलने में) Stagger
डगमगाना (गिरने के कारण) Totter *The old man tottered with weakness
डगमगाना (शराब के नशे में) Teeter
डगमगाना (चलना सीख रहे बच्चे का) Toddle

डगमगाना (तूफान में नाव का) Rock *The boat rocked in storm

डटे रहना (अपनी जगह पर / बात पर) Stay put

डटे रहना (नकारने के बावजूद माँग पर/अपनी जिद पर) Insist *He insisted to go there

डटे रहना (किसी काम में/किसी स्थिति में) Persist *Persist in action/opinion *His fever persisted in spite of medicine

डटे रहना (प्रयास की विफलता के बावजूद) Persevere *Persevere to achieve success

डण्ठल Twig

डण्ड (आर्थिक) Penalty

डण्ड (शारीरीक) Punishment

डण्ड देना Penalise

डण्ड देना Punish

डपटना Scold, Rebuke

डबडबा जाना (आँखों का) Tears swelled in the eyes

डर (खतरनाक होने से) Fear *He feared disease

डर (मन में पैदा संभावित खतरे का) Dread *Dread of death

डर (अचानक खतरे से सामना होने पर) Fright *Fright of encounter with a snake/ghost

डर (भयानक दृष्य का) Horror *Horror of gory sight

डर (खतरनाक परिस्थिति उत्पन्न होने की संभावना से) Spectre *Spectre of war/famine is hovering

डरना be afraid of

डर पैदा करने वाला Formidable

डर से कंपन (शरीर में) Trepidation

डर से रोंगटे खड़े होना Bristle, Horripilation

डर दिखा कर अपनी मर्जी के मुताबिक चलने को विवश करना Hold someone to ransom

डर से पीला पड़ना Apal

डर से शरीर में कंपन Trepidation

डर होना Be afraid of

डरपोक (आत्मबल/आत्मविश्वास की कमी वाला) Timid *Timid investor *Too timid to venture in a risky area

डरपोक (परिणाम की आशंका से डरने वाला) Timorous *Timorous enough to take decisions

डरपोक (साहस की कमी के कारण) Coward

डरपोक (कमजोर कलेजे वाला, बुज़दिल) Pusillanimous

डराना (आत्मविश्वास तोड़ कर) Intimidate, cow down *Bully intimidates into submission

डराना (भय पैदा करके) Scare

डराना (धमकी से) Intimidate, Threaten

डराना (दैवी प्रकोप के भय से) Comminate

डराना-धमकाना (कमजोर को) Bully

डरा कर भगाना Scare away

डरा कर पैसा ऐंठना Extort money

डरा कर मनमाना काम करवाना Blackmail

डरा कर पक्षियों को खेत से भगाने के लिए खड़ी की हुई आकृति Scarecrow

डरावना (दिल दहलाने वाला) Gruesome *Gruesome murder

डरावना (घृणित होने के कारण) Grisly *Grisly sight

डरावना (भूत-प्रेत, मौत जैसा) Macabre *Macabre rituals

डरावना (रहस्यमयी एहसास से भरने वाला) Uncanny *Uncanny feeling

डरावना (अलौकिक शक्ति वाला) Weird

डरावना Ghastly, Grisly, Gruesome

डरावना (अजूबा लगने वाला) Eerie *Eerie silence before the impending storm

डरावना अंदेशा Foreboding *Foreboding of something bad to happen

डरावने अंदेशे से पूर्ण Ominous

डरावना अनुभव/दुःस्वपन Nightmare

डरावनी अस्पष्ट आकृति दिखना (अंधेरे में) Loom

डरावनी (आकृति) Grotesque, Hideous

डलिया (उपहार फल, फूल का) Hamper

डाँटना (झिड़कते हुए) Chide

डाँटना (गुस्सा होकर) Scold, Upbraid

डाँटना (अनुशासित करने के लिए) Chasten

डाँटना (सुधारने के लिए) Chastise

डाँटना (गलती करने के लिए) Castigate, Reprimand

डावाँडोल (स्थिति) Precarious (condition)

डायन Witch

डाल Branch

डाह Envy, Jealousy

डींग हाँकना Swagger

डींग हाँकना (बड़ी-बड़ी बातों से) Brag

डींग हाँकना (अपने बारे में) Boast

डींग हाँकने का फितूर Megalomania

डींग हाँकने वाला व्यक्ति Braggart

डींग हाँकने वाला आचरण Braggadocio

डींग से भरी बात/व्यवहार Rodomontade

डीलडौल Physique

डुब कर पानी से बाहर निकलना Emerge

डुबकी Dip *The devotees took a holy dip in the Ganges *A devotees dipped in holy water

डूबना (नाव, आदि) Sink *A boat sank in the river

डूबना (व्यक्ति का) Drown

डुबाना (अच्छे काम, लक्ष्य को) Founder

डुबोना (रोटी को दूध आदि में, खाने के लिए) Dunk *Bread was dunked in milk to make it soft

डुबोना (बाढ़ के पानी द्वारा) Inundate *The low-lying areas were inundated in flood

डुबोना (पानी के अन्दर डाल कर) Immerse *A huge boulder was immersed in the river

डुबोना (पूरा का पूरा पानी के अन्दर करके) Submerge *A building was submerged in the sea/in the flood water

डुलाना Dangle *Dangle a bread before dog

डुलाना (बच्चे को बाँहों में) Dandle

डोर Thread

डोलना (हवा के झोंके से) Sway

डोलना (नशे में) Teeter

ड्यूटी के अलावा काम करना Super-erogate

ढ

ढंकना (चेहरा, दुर्गन्ध) Mask *Mask one's face *The deodorant masks the foul smell

ढंकना (खुरदरी सतह को चिकनी सतह से) Veneer *Veneer the exposed surface of furniture with the attractive sunmica

ढंकना (छिपाने के लिए/सुरक्षा देने के लिए) Cover *Cover something to protect from dust

ढंकना (चादर फैला कर) Shroud *A thick cloud shrouded the sky

ढंकना (दर्द, तकलीफ को दर्दनाक दवा से) Palliate

ढंग (काम करने का) Manner

ढंग (चलने का) Gait *He walks with fast gait *Limping gait

ढंग (परिस्थिति से निबटने का) Tack *He changed his tack to deal with a problem

ढंग (खड़ा होने/बैठने का/अपनाया हुआ) Stance *He adopted a tough stance when challenged

ढंग (शरीर के आकार में होने का) Posture *Straight posture of one's body

ढंग (सोचने का) Trait *He is a man of aggressive trait

ढक कर गर्मी/अवाज़ निकलने से रोकना Muffle *Muffle neck in winter *A silencer muffles the noice of an engine

ढकेलना Push

ढकोसला (दिखावा करने के लिए) Pretention

ढक्कन Lid

ढर्रा (नक्काशी का) Pattern

ढर्रा (व्यवहार करने का) Paradigm

ढलान (दो किनारों की ऊँचाई में अन्तर होने से) Slope *Slope of a roof

ढलान (नीचे की तरफ आती हुई) Descent *Continuous descent from hilltop downwards

ढलान (दूरी के साथ बदलती हुई) Gradient

ढहना Collapse

ढहाना Demolish, Raze

ढाँचा (जिस पर बनावट टिकी हो) Frame *Frame of a door

ढाँचा (उद्यम, प्रगति के लिए आवश्यक) Infrastructure

ढाढस (कठिन समय में मन को शांत करने वाला) Solace

ढाढ़स (निराशा में, शोक में) Consolation

ढाढ़स देना (दुख में, निराशा में) Console

ढाल Shield

ढालना (पिघले हुई धातु को विशेष आकृति में) Cast

ढालना (किसी बर्तन में) Pour

ढिंढोरा पीटना Trumpet, Drum up

ढीठ Insolent

ढील देना (नियम पालन में, शर्त में) Relax

ढीला-ढाला (नियम-पालन, कार्रवाही) Lax *Lax implementation of rules

ढीला-ढाला (पोशाक) Sloppy *Sloppy dress

ढीला होकर लटकना Prolapse

ढुलमुल Unstable, wavering

ढुलाई का सामान (मालगाड़ी से) Freight

ढुलाई का सामान (जहाज से ढोने वाला) Cargo

ढूँढना Search

ढेर (तह-दर-तह रखा हुआ) Pile *Pile of bags/bricks

ढेर (बेतरतीब रखा हुआ) Heap *Heap of garbage

ढेर/ढेर लगाना Pile/Pile up

ढेले के रूप में बंधा हुआ Lump *Lump of tissues

ढोंग करना (दिखाने के लिए) Pretend

ढोंग करना (बहाना बनाने के लिए) Feign

ढोंग करना (मन के असली भावना के उलट आचारण कर के) Dissemble

ढोंगी (ज्ञान का दंभ भरने वाला) Charlatan

ढोंगी (अपनी महत्ता का) Humbug

ढोंगी (उच्च-स्तरीय व्यवहार का पालन करने का) Hypocrite

ढोना (जवाबदेही का भार) Bear *Bear responsibility

ढोना (सामान को घसीट कर) Lug

ढोना (बोझ) Carry * Carry load on head

ढोल पीटना (अपनी महत्ता का, सफलता का) Drum up/Trumpet

त

तंग करना Harass

तंग करना (लगातार आक्रामक रवैये से) Harry *Attack to harry the enemy

तंग करना (लगातार परेशान करके) Persecute, Pester

तंग करने वाला Harrowing

तंग हाल स्थिति Strait *He is in dire strait

तंग हो जाना (किसी बात से) (be) Fed up

तंगी Hardship

तंत्र-मंत्र Voodoo

तंदरूस्त Healthy, Hale and hearty

तकलीफ Discomfort *Feel discomfort due to pain

तकलीफ (संघर्षमय अवस्था बर्दाश्त करने में) Trials and tribulations

तकलीफ कम करना Alleviate

तकलीफ की घड़ी में अकेला छोड़ देना Leave someone in lurch

तकलीफ की घड़ी में मदद के लिए खड़ा होना Succour

तकलीफ से छुटकारा (सजा, बुखार की) Remission

तकलीफदेह Uncomfortable

तकलीफदेह स्थिति में समय काटना Languish *He is languishing in poverty

तकाजा करना/करने वाला (उधार वापसी का) Dun (तकिया कलाम)

तख्ता (ठोस सतह का) Board *A board of sunmica ply

तख्ता (लकड़ी का) Plank

तख्ता पलटना (सैनिक द्वारा) Coup d' etat

तगड़ा (शरीर) Stout, Robust

तड़क-भड़क Razzle-dazzle/Pomp/Razzmatazz

तड़क-भड़क रहित स्थिति Sobriety

तड़पना (दर्द में) Toss, Writhe

तड़पना (पाने के लिए) Crave

तड़पाना Torment

तड़फड़ाना (पंख फड़फड़ा कर) Flutter

तड़ातड़ पीटना Rap, Slog

तड़ीपार भेजना Banish

तट (नहर का) Bank

तट (समुद्र का) Coast

तट (समुद्र के लहरों से टकराने वाला) Shore

तट (समुद्र का, बालू बाला) Beach

तटबन्ध (समुद्र से पानी बाहर निकलने से रोकने वाला) Dyke

तटबन्ध (नदी से पानी बाहर जाने से रोकने के लिए) Embankment
तटस्थ (झगड़े में) Impartial
तटस्थ (व्यवहार से किसी के प्रति) Indifferent
तटीय (समुद्र का) Littoral *Littoral region
तटीय (नदी का) Riparian *Riparian town
तटीय प्रदेश Hinterland
तत्काल Forthwith
तत्कालीन Erstwhile
तत्क्षण Instant
तत्परता Alacrity
तत्वाधान Aegis
तथास्तु Be it so, Amen
तथ्य Fact
तदुपरान्त Henceforth
तद्नुसार Accordingly
तन कर चलना Strut
तनख्वाह Salary
तनमय Engrossed
तना हुआ Erect, Taut
तनातनी Stand off
तनाव Tension
तनावपूर्ण Tense
तपस्या Communion with God
तपस्वी Ascetic
तपस्वी (निर्जन स्थान में तप करने वाला) Hermit
तपोवन Hermitage
तबला वादन Percussion
तबला वादक Percussionist
तबादला Transfer
तबाह करना Devastate
तबाही Havoc
तब्दील Change
तमगा (प्रतियोगिता में जीत के लिए) Medal
तमगा (सैनिक-वस्त्र के सीने पर लगाने वाला) Epaulette
तमतमाना Enraged
तमन्ना Wish
तमाशबीन Spectator, Bystander
तमाशा (देखने लायक) Spectacle *Solar eclipse is a spectacle
तमीज/शिष्टाचार Etiquette
तय करना Decide
तरकश Quiver
तरफदारी (अपने देश-प्रदेश के हक में बढ़ा-चढ़ा कर) Jingoism
तरफदारी (अपने दल, गुट आदि के हक में) Chauvinism
तरफदारी (अपनी मर्दानगी की मर्दों द्वारा) Machismo
तरफदारी करना Take sides
तर-बतर Drenched
तरल द्रव्य की सतह पर से मक्खन काछना Skim
तरस Pity
तरस खाना Take pity (on)
तरसना (कुछ करने/पाने के लिए) Hanker *Crave
तरसना (किसी चीज को पाने के लिए बेचैन होकर) Yearn
तरसना (उत्कट इच्छा होने से) Long
तरसाना (दिखा-दिखा कर) Tantalise
तराजू Balance
तराजू का पलड़ा Pan
तरासना Sculpt
तर्क (विषय के पक्ष-विपक्ष में) Debate
तर्क (विरोधात्मक विचार पर) Argument
तर्क (अपनी बात को सही ठहराने के लिए) Reasoning
तर्क कला (चतुराई से भरी) Sophistry
तर्क करना (विरोधात्मक विचार पर) Argue
तर्क करना (अपनी बात को सही ठहराने के लिए) Reason
तर्क का आधार Premise
तर्क देना (अपने काम/विचार/निर्णय को सही ठहराने के लिए) Rationalise
तर्क-संगत Logical
तर्क-सम्मत Rational
तर्क-सम्मत आधार (किसी निर्णय, काम, विचार का) Rationale
तर्क-विसंगत Irrational
तलछट Lees, Dregs
तलने की आवाज Sizzle

तलमलाना (कमजोरी से) Totter

तलमलाना (नशा में) Teeter

तलमलाना (चलना सीखने वाले बच्चे का) Toddle

तलवा चाटना Fawn on *The pet dog fawned on his master

तलवार Sword

तलवार (तलवारबाजी के खेल में प्रयुक्त) Sabre, Fence, Foil

तलवारबाजी Fencing

तलवार भाँजना (किसी के साथ जोर-आजमाइश में) Joust

तलाक Divorce

तलाकशुदा (मर्द) Divorcer

तलाकशुदा (औरत) Divorcee

तलाश (उद्देश्यपूर्ण वस्तु की) Quest *Quest for truth

तलाश करना (गुम की) Search

तलाश करना (नजर दौड़ा कर) Scout *Scout for suitable place to start business

तलाश करना (घूम-घूम कर) Scour *Scoured market in search of a medicine

तलाशी लेना (आपत्तिजनक वस्तु के लिए पॉकेट आदि की) Frisk

तलाशी लेना (लूट-पाट के लिए, गुम वस्तु के लिए) Ransack *Ransack the house

तल्लीन Engrossed, Pre-occupied

तश्तरी (खाने के लिए प्रयुक्त) Plate

तश्तरी (कप रखने के लिए) Saucer

तश्तरी (बड़े आकार की, खाना परोसने के लिए) Platter

तसल्ली (दुख में)/**तसल्ली देना** Consolation/ Console

तस्कर Smuggler

तह Layer

तह करना Fold

तह Crease

तहखाना (सामान रखने के लिए) Cellar

तहखाना (कैदी रखने के लिए) Dungeon

तहलका Brauhaha

तहलका मचाना (कारनामों से) Make waves

तहस-नहस (असफल होकर) Debacle

तहस-नहस करना (तोड़ फोड़ कर) Destroy

तहस-नहस करना (दुख, बिमारी से) Ravage *The city was ravaged by plague

तहस-नहस करना (आक्रमण से) Devastate

ताँडव Fury

तांत्रिक Sorcerer

ताक/ताखा (दिवार में ऊँची जगह पर) Niche

ताक (दिवार में अन्दर खोद कर बनाई हुई) Recess

ताक-झाँक करना (दरार से) Peep

ताक-झाँक करना (दूसरे के जीवन में) Peek

ताक-झाँक करना (चोरी-चोरी) Pry

ताक में रहना Bide one's time

ताकत (शरीरिक) Strength *Physical strength wanes with age

ताकत (लड़ने की) Might *Mighty person *Might is right

ताकत (काम करने की) Energy *I do not have energy to walk further

ताकत (मशीन की) Power *Machine is powerful

ताकत क्रमशः कम होना (तूफान की) Abate

ताकत क्रमशः कम होना (शारीरिक शक्ति की) Wane

ताकत लगा कर करने वाला (काम) Strenuous

ताकत क्षीण होना Attenuate

ताजगी/ताजा Freshness/Fresh

तानना Stretch

ताना मारना Taunt

तानाशाह Autocrat

तानाशाह (मनमानी शासन करने वाला) Dictator

तानाशाह (क्रूरतापूर्ण) Despot

ताबड़तोड़ पीटना Slog

ताबड़तोड़ पीटना (पीटने की आवाज के साथ) Rap *He rapped the hard surface with his shoes

ताबीज़ Emulet

ताबूत Coffin

ताम-झाम (काम करने के लिए आवश्यक) Paraphernalia

ताम-झाम (दिखाने के लिए) Pomp

तारतम्य Harmony

तार-तार अवस्था (be) in tatters

तार-तार फटा कपड़ा Rag
तार-तार कर देना (फाड़कर) Rive
तारा-चिन्ह Asterisk
तारा सदृष्य Astral *Astral shape
तारे से संबन्धित Stellar
तारे से संबन्धित (दूरी, स्थिति) Sidereal *Sidereal position *Sidereal time
तारामंडल Planetarium
तालमेल (आपसी संबन्धों में) Harmony
तालमेल/तालमेल बैठाना (विभिन्न संस्थानों में, क्रियाकलापों में) Coordination/Coordinate
तालमेल/तालमेल बैठाना (भिन्नता युक्त स्थितियों में) Reconciliation/Reconcile
तालमेल/तालमेल बैठाना (विभिन्न बयानों में) Corroboration/Corroborate
तालमेल (अपराधकर्मियों में) Nexus
तालमेल/तालमेल युक्त (आकार में) Congruity/ Congruous
तालमेल (सहअस्तित्व में) Compatibility/ Compatible
तालमेल (बात-विचार में) Understanding
ताली Clapping
ताली (प्रशंसा में बजाई गई) Applause *He was greeted with applause
ताली बजाना Clap
ताली बजाना (तारीफ में) Applaud
तालू Palate
तवा Pan *Frying pan
ताश-पत्तों से भविष्यवाणी Cartomancy
तिकड़म Manipulation, Trick
तिकड़म लगाना Manoeuvre
तिकड़ी (तीन का गुट) Trio, Troika
तिकड़ी/तिकड़ी का सदस्य (सत्ताधारियों की) Triumvirate/Triumvir
तिजोरी (मजबूत बक्सानुमा) Chest
तिजोरी (बड़े आकार की कमरानुमा) Vault *Bank's Vault
तिजोरी (सरकारी खजाने की) Fisc
तितर-बितर करना Disperse
तिमारदारी करना Coddle
तीरंदाजी Archery
तीरंदाज Toxophilite, Archer
तिरस्कार/तिरस्कार करना (अनादरपूर्ण) Contempt/Contemn
तिरस्कार (विचार करने लायक नहीं समझ कर, बेकार समझ कर किया गया) Disdain *Reject with disdain
तिरस्कार (व्यक्त शब्दों से किया गया) Scorn *His claim was dismissed scornfully
तिरस्कार (मन में जमा) Spite *He is full of spite for me
तिरस्कार करना (नाक-भौं सिकोड़ कर) Sneer (at)
तिरस्कार पूर्ण व्यवहार Contemptuous
तिरस्कार करने के लायक Contemptible
तिरस्कृत (समाज द्वारा) Outcast
तिरस्कृत (जाति द्वारा) Outcaste
तिरस्कृत (ईश्वर द्वारा) Reprobate
तिरस्कृत (प्रेमी) Jilted
तिरस्कृत (अछूत होने के कारण) Pariah
तिल (शरीर पर काला दाग) Mole
तिलमिलाना See the in anger
तिलमिला देना Infuriate
तिलाजली Sacrifice
तिल्ली (माचिस की) Matchstick
तिल्ली (लकड़ी या कागज की, जिससे आग पकड़ाई जाए) Fidibus, Spill
तीखा (खाद) Bitter
तीखा (गंध) Pungent
तीखा (कड़वा) Acerbic
तीखा (तीव्र कड़वा) Acrid
तीखा (व्यवहार, तौर-तरीका) Astringent *Astringent style
तीखा (जलाने वाला) Mordant
तीन रचनाओं का संग्रह Trilogy
तीर्थ Shrine
तीर्थ-भ्रमण Pilgrimmage
तीर्थयात्री Pilgrim
तीव्र (कठोरता, कष्ट) Severe *Severe distress
तीव्र (उत्सुकता, आकर्षण) Keen *Keen interest in sports
तीव्र (चुभने वाला दर्द आदि) Acute *Acute pain in the abdomen

तीव्र Intense
तीव्रता (क्रोध, इच्छा, धूप आदि की) Intensity
तीव्रता बढ़ाना Intensify
तीव्रता कम करना Abate
तुक्का (अंदाज से पत्थर फेंकने जैसा) Conjecture
तुक्का मारना (निश्चित जानकारी नहीं होने से) Guess
तुक्का मारना (प्रमाण के अभाव में) Surmise
तुच्छ (स्वभाव का) Mean
तुच्छ (महत्वहीन होने के कारण) Trivial *Trivial matters/complaints
तुच्छ (मात्रा, आदि में) Trifle *A trifle amount
तुनकमिजाज Touchy
तुतलाना ('सुनो' को 'तुनो' जैसा उच्चारण करके) Lisp
तुतलाना (प्रथम अक्षर को दोहराकर) Stutter *Ssssure, he stuttered
तुड़ा-मुड़ा (मोड़-माड़ करने से, दबाने से) Crumpled *Crumpled shirt/letter
तुड़ा-मुड़ा (केश) Rumpled *Rumpled hair
तुरूप का पत्ता Ace
तुलना/तुलना करना Comparison/compare
तुलना (समान स्थितियों में, वस्तुओं में) Analogy *Analogy between heart and pump
तुलना (असमानता की) Disparity
तुलनीय Comparable
तुलनीय Analogous
तुलनात्मक Comparative
तुष्ट (इच्छा) Gratified
तुष्ट/तृप्त (मन, भूख) Contented *Contented hunger
तुष्ट करना (इच्छा को) Gratify
तुष्टिकरण/करना (खुश कर के दूसरे को) Appeasement/Appease
तुष्टि (इच्छा की) Gratification
तुष्टि (भूखे की, अतृप्त मन की) Contentment
तू-तू मैं-मैं करना (किसी बात पर) Bicker
तूफान Storm
तूफान के पहले की शांति Lull before storm
तूफानी दौरा Whirlwind tour
तूफानी मौसम Inclement weather
तृप्त/तृप्त करना Satiated, Sated/Satiate
तेज आवाज (खर्राटे की) Stertorous
तेज आवाज (खाँसने की) Whoop
तेज आवाज से कान/हवा को चीर देना Rent *Loud noise rent the ears *Rent the air with slogans
तेज आवाज में चिल्लाहट युक्त (विरोध, असंतोष) Clamorous, Vociferous
तेज गति से (उत्थान) Meteoric (rise)
तेज गति से (चलना, कसरत) Brisk
तेज धार में पानी/द्रव्य फेंकना (संकरी नली से मुँह सिकाड़ कर) Squirt
तेज धार से बहना Gush
तेरह से उन्नीस वर्ष की आयु वाला Teenager
तेज धार (वर्षा) Torrent *It rained in torrent
तेज धार से कट जाना Nick
तेज-धार हथियार से काटना Chop, Sever
तेज रफ्तार से काम करने वाला (अंग) Agile, Nimble *Agile fingers/mind
तेज रफ्तार से भागना Scoot
तेज रफ्तार से भागना (छूटते ही तीर जैसे) Dart *Kids darted out of the class
तेज रफ्तार से भागना (अचानक, छूटते ही) Bolt *Unleashed dog bolted away
तेजी का दौर (शेयर बाजार में) Bullish
तेजी से हवा में नीचे उतरना Swoop
तेजी से हवा में ऊपर उठना Soar
तेजी से बढ़ना (कली का फूल में) Burgeon *Kid burgeoned into a handsome youth
तेजी से काम बढ़ाना Expedite
तेजी लाना (काम में) Expedite
तेजी से किया गया (काम) Expeditious
तेजी से (आगे बढ़ना) Fast
तेजी से (कुछ करना) Swiftly, Rapidly
तेजी से दौड़ना/भागना (समय का) Fleet
तेवर Temper
तैनात Deployed
तैनात करना Deploy
तैयार करना (ट्रेनिंग देकर) Groom
तैयार करना (निर्माण करके) Fabricate
तैयार करना (कलाकारी करके) Fashion *Fashion a lamp with trash

तैयार करना (कामचलाऊ साधनों से) Improvise *Improvise a tent to cover the place
तैयार करना (अनेक चीजों को मिला कर) Concoct *Concoct a drink
तैयार करना (काम का तरीका) Devise *Devise a plan to accomplish the task
तैयार करना (चालबाजी से) Contrive *Contrive a plan to befool him
तैयार करना (गलत काम की योजना) Hatch *Hatch a conspiracy
तैयार करना (गुप्त योजना/कुचक्र किसी के विरुद्ध) Conspire
तैयार करना (उबाल कर) Brew *Brew tea
तैयार करना (फैक्ट्री में) Manufacture
तैयार करना (ठोक-पीट कर/ढालकर) Forge *Forge alliance *Forge the metal into shape
तैयार करना (भिन्न वस्तुओं को मिलाकर) Confect *Confect home remedy from herbs
तैयार किया हुआ पदार्थ (बेकरी में) Confection
तैयार (कुछ करने के लिए) (be) Poised (to do something)
तैयारी Preparation
तोंद Paunch
तोड़-फोड़ करना (अपने ही लोगों द्वारा हानि पहुँचाने के लिए) Sabotage
तोड़-फोड़ करना (भीड़ द्वारा सार्वजनिक संपत्ति का) Vandalize
तोड़ फोड़ (सार्वजनिक संपत्ति का) **करने वाला** Vandal
तोड़-मरोड़ कर हास्यास्पद बनाया हुआ रूप (तथ्य का, न्याय आदि का) Travesty *Travesty of democracy
तोड़-मरोड़ कर पेश करना (तथ्य को) Distort (Facts)
तोप Cannon
तोरण (फूलों का) Festoon
तोरण (पत्तियों, फलों का) Swag
तौबा करना (किसी काम से) Shun *Shun violence/bad company
तौबा करना (नहीं करने की कसम लेकर) Abjure *Abjure smoking
तौबा करना (कसम खाकर) Forswear *Forswear lying
तौबा करना (बुरे काम की आदत से) Forsake *Forsake lying
तौर-तरीका Manners
तौलना/तौल (वस्तु को) Weigh/Weight
तौलना (नफा-नुकसान, परिस्थिति पर विचार कर के) Ponder
तौहीन (अपमानजनक व्यवहार से) Affront *Shouting on someone respectable is his affront
तौहीन करना (उचित सम्मान नहीं देकर) Slight *The guest felt slighted on being ignored by the host
त्यक्त Abandoned
त्याग (अपनी वस्तु, हक) Sacrifice
त्याग (सांसारिक सुख-सुविधा) Renunciation
त्यागना (अकेला छोड़ कर चले जाना) Abandon *He abandoned his house
त्यागना (पद, जवाबदेही) Abdicate *The king abdicated the throne
त्यागना (हक) Forgo, Forsake
त्यागना (साथ छोड़ कर) Desert *He deserted his family
त्यागना (घर-बार, धन-दौलत - उच्च उद्देश्य के लिए) Renounce*Lord Buddha renounced comfort in search of truth
त्यागपत्र देना Resign
त्योरी Eyebrows
त्योहार Festival
त्योहार जैसा Festive *Festive environment
त्योहार जैसा समारोह/माहौल Festivity
त्वचा (see **चमड़ी**)
त्वचा पर उभरा दाग (चोट से) Wale, Welt
त्वचा पर उभरा निशान (कीड़ा काटने से) Wheal
त्वचा पर कटे का निशान Scar
त्वचा पर उभरा हुआ गिल्टी (चोट से) Contusion
त्वचा सफेद हो जाने की बिमारी Leucoderma
त्वरित Accelerated
त्वरित करना Accelerate
तृप्त/तृप्त करना Satiated, Sated/Satiate
तृप्त नहीं होने लायक Insatiable
तृप्ति Satiation
तृष्णा Avarice

त्रस्त (बिमारी से) Afflicted
त्रस्त (ज्यादती से) Harried
त्रिमूर्ति Trinity
त्रिशुल Trident

थ

थकाऊ (थकाने वाला, परिश्रम से) Arduous *Arduours journey
थकाऊ (बोझ से) Onerous *Onerous task
थकाऊ (आराम करने की जरूरत) Tiresome *Tiresome schedule
थका देना (शक्तिहीन कर के) Exhaust *Day-long work exhausted him
थकानग्रस्त (और काम करने में असमर्थ) Weary *Continuous work made him weary
थकानग्रस्त (आराम की जरूरत महसूस होने वाला) Tired *He felt tired
थकानग्रस्त (थकान से चूर-चूर) Fatigued
थकानग्रस्त (शक्तिविहीन) Exhausted
थकावट Fatigue
थकान से सुस्त Languid
थका-हारा (देखने में चेहरा) Haggard *Haggard face
थक्का/थक्का जमना (खून-बहाव के रासते में) Clot
थक्का जमना (द्रव्य में) Coagulate
थक्का जमना (दूध का दही बनने में) Curdle
थक्का जमना (द्रव्य का ठंडा होकर) Congeal
थन (दूध देने वाले जानवर का) Udder
थपकी/थपथपाना Pat
थपथपाना (हाथेली से) Pat
थपथपाना (फाहा से) Dab *Dab powder on face
थपेड़ा मारना (लहरों का तट को) Lash *Waves lashed the coast/shores
थपेड़ा मारना (हवा के झोंके का) Buffet *Strong wind buffeted us
थप्पड़ मारना Slap
थप्पड़ मारना (कान के नीचे) Box
थप्पड़ मारना (चटाख की आवाज के साथ) Smack
थप्पड़ मारना (जोरदार ताकत लगा कर) Whack
थम जाना (दर्द, तूफान) Subside
थरथराना (ठंड से) Shiver
थरथराना/थर्राना (भय से) Shudder
थान/लट्ठा (कपड़े का लपेटा हुआ) Bolt
थापी/थापी से पीटना Bludgeon
थाह Depth
थाहना (गहराई) Fathom
थुथना Snout
थुलथुल Plump
थूक Spittle
थूकना Spit
थूकदानी Spittoon
थैली (त्वचा पर) Sac
थैली (त्वचा पर द्रव्य भरा हुआ) Cyst
थैली (बोरा) Sack
थैली (द्रव्य भरा हुआ) Pouch, Sachet
थोक Bulk
थोक-विक्रेता Wholesaler
थोक में Wholesale
थोड़ा खुला (दरवाजा/खिड़की) (doors) Ajar
थोड़ा-थोड़ा कर के Bit by bit
थोड़ा-थोड़ा रुक कर लगातार Continual *He is continually reminding me *The earthquake shook the earth continually for quite some time
थोड़ा-थोड़ा रुक कर कभी-कभी (होने वाली घटना) Sporadic *Sporadic incidents of violence
थोड़ा-थोड़ा कर के चुराना Pilfer
थोड़ा-सा (a) Bit
थोड़ा-सा दाँव पर लगा कर भरपूर कमाना Parlay
थोड़ी-थोड़ी मात्रा में (कुछ पाना, मिलना) Dribs and drabs *Help came in dribs and drabs
थोड़ी देर के लिए Awhile
थोड़ी मात्रा (अपर्याप्त) Pittance
थोड़ी मात्रा (चुटकी भर) Pinch *Pinch of salt
थोड़ी मात्रा (अत्यंत नाममात्र की) Iota *Not even an iota
थोड़ी मात्रा (Moderate, **मामूली**) Modicum
थोड़ी मात्रा (काम चलाऊ) Scant *Scant rain

थोड़ी मात्रा (किसी चीज में गुणवत्ता बढ़ाने के लिए डाली गई) Dash *Dash of condiment to impart flavour

थोड़ी देर तक किसी स्थान पर रुकने वाला (व्यक्ति) Transient

थोड़ी देर तक रुकने वाली (भावना) Transitory

थोथी दलील Specious argument

थोपना (किसी के ऊपर, दण्ड, डयूटी आदि) Impose *Impose penalty

थोपना (किसी के उपर उसकी मर्जी के बिना अपना विचार) Foist

द

दंग Astonished, Flabbergasted, Amazed, Stunned

दंगा Riot

दंड देना/दंडनीय Punish/Punishable

दंड देना (अपराध के लिए/गलती के लिए/सुधारने के लिए) Punish/Penalise/Chastise

दंत-चिकित्सक Dentist/Odontologist

दंत-चिकित्सक (टेढ़े दांतों को सीधा करने वाला) Orthodontist

दंत-चिकित्सक (नकली दांतों को लगाने वाला) Prosthodontist

दंत से संबन्धित Dental

दंत-मंजन Dentifrice

दबंग Bully

दंपति Couple

दंभी/दंभ Conceited (person)/Conceit

दण्ड (शारीरिक) Punishment *Corporal punishment

दण्ड देना (आर्थिक) Penalise *Penalise for the breach of rules

दण्ड वसूलना Mulct, Amerce

दण्ड-संबन्धी Penal

दण्ड स्वरूप Punitive

दण्ड (गलत करने का) Penalty/Penalise *He paid penalty for taking the wrong decision

दण्ड (आर्थिक) Fine

दण्ड (मर्जी के मुताबिक दिया गया) Amercement

दण्ड (Fine/tax **के रूप में जबरदस्ती लगाया गया)** Mulct

दण्ड (अपराध कर्म के लिए शारीरिक) Corporal punishment

दण्ड वसूलना (जबरदस्ती) Exact *Exact fine

दण्डवत पड़ना Prostrate

दण्डवत Prostrate *Lie prostrate

दण्डात्मक (कार्रवाही) Punitive

दण्डात्मक कार्रवाही (बदला लने के लिए) Reprisal

दकियानूस (विचारधारा में) Narrow-minded

दकियानूस (अपने धर्म, समाज तक सीमित) Parochial (opp. Catholic)

दकियानूस (अपने घर, स्थान, प्रदेश तक सीमित) Provincial (opp. Cosmopolitan)

दखल होना (संपत्ति पर) Possess

दखल-अंदाजी Interference

दखल देना (काम में) interfere

दखल देना (अन्य के निजी बातों में) Meddle

दगा देना Deceive

दगाबाज (बुज़दिल) Perfidious

दगाबाज Recreant

दत्तक Adopted

दत्तचित/मशगुल (किसी काम में) Engrossed

दफन करना Bury

दफन करना (पुराना झगड़ा) Bury the hatchet

दबंग (कमजोर को तंग करने वाला) Bully

दबंग औरत Termagant

दबदबा Dominance

दबदबा (एक देश का अन्य देशों पर) Hegemony

दबना Burried, Squeezed, Pressed

दबाना (वजन दे कर) Press

दबाना (अप्रिय अफवाह को) Hush up

दबाना (दो या अधिक को एक साथ, हवा/गैस को कम जगह में) Compress *Two layers are compressed to make compact layer *Air is compressed into a vessel

दबाना (दंगा, विद्रोह आदि) Quell

दबाना (मिजाज, मानसिक स्थिति को) Depress *The sad news depressed me

दबाना (किसी को भावना व्यक्त करने से) Suppress *Suppress free expression *Suppress some one's urge to speak

दबाना (मुँह दबा कर सांस को) Stiffle
दबाना (स्वयम को भावना व्यक्त करने से) Repress *Repress one's urge to laugh in solemn gathering
दबाव (किसी काम को करने के लिए धमकी का) Duress *He kept mum under duress
दबी जबान में नाराजगी जताना (शिकायत में) Crib/Grumble
दबे पाँव चलना (किसी का पीछा करने में) Stalk *The tiger stalked behing its prey in order to jump on it
दबे पाँव चलना (पैरों की ऊँगुलियों पर) Tiptoe
दबे पाँव चलना (शिकार की खोज में) Prowl
दबे पाँव चलना (चुपके-चुपके, बिना ध्यान आकर्षित किए) Slink *Slink towards someone to give surprise
दबे पाँव चलना (चुपके से अन्दर/बाहर जाने के लिए) Sneak *He sneaked out of the house *The thief sneaked into the house
दबोचना Grab *Grab an opportunity
दबोचना (अपराधी, चोर को) Nab
दब्बू Meek
दमन/दमन करना Oppression/Oppress
दम घुटना (सांस लेने गें असमर्थ होकर) Suffocate *He suffocated in the stuffy room
दम घुटना (मुँह-नाक दबाने से) Smother
दम घुटना (हवा की कमी से) Asphyxiate
दम घुटना (सांस लेने में कठिनाई से) Stiffle
दमड़ी Dime, Picayune
दमनकारी (कदम) Oppressive, Repressive
दयनीय (सहानुभूतिपूर्ण) Pitiable
दयनीय (पीड़ादायक स्थिति में होने के कारण) Miserable
दयनीय (दयाभाव जगाने वाला) Piteous
दयनीय स्थिति Misery, Plight
दया (दोषी पर क्षमादान कर की गई) Mercy
दया (दोषी को दण्ड देने में दिखाई गई) Clemency *The criminal pleaded for clemency
दया (सहानुभूति जन्य) Compassion
दया (कष्ट झेलने वाले पर महसूस होने वाली) Pity
दयाभाव (मन में जागने वाला) Pathos
दयाभाव Ruth
दयाभाव युक्त/दयनीय (कष्टमय स्थिति में होने से) Pathetic *Pathetic condition
दयाभाव रहित (अनुभूति) Apathetic *Apathetic feelings of rich people for the deprived class
दयाभाव रहित (कठोरतापूर्ण) Ruthless *Ruthless enemy
दयाभाव रहित (कष्टदायक) Inclement *Inclement weather
दयामृत्यु Euthanasia
दयालु (स्वभाव का) Kind
दयालु (सहानुभूति पूर्ण) Compassionate
दयालु (सहायता करने वाला, हानि नहीं करने वाला) Benign, Propitious *Benign stars *Benign tumour *Propitious moments
दयालु (क्षमा करने वाला) Merciful
दरकिनार करना Bypass *This road bypasses the main town
दरबा (चिड़िया का) Coop
दरबा (कबूतर का) Dovecote
दरबारी Courtier
दरबारी Courtier
दरवान Concierge, Gatekeeper
दरवाजे पर लटकी नाम-पट्टिका Shingle
दरार (समतल सतह में) Crack *Crack in the bone
दरार (बाँध की दिवार में, आपसी संबन्ध में) Breach
दरार (संबन्ध में) Chasm
दरार (लंबी एवम् पतली) Fissure
दरार (सतह के अन्दर की तरफ) Crevice *Metal crevice is corroded
दरार (फट जाने से) Cleft *Cleft in lip/palate
दरार (दो फाड़ के बीच) Cleavage *Cleavage in a rock
दरार (टूट कर अलग भागों के बीच में) Rift
दरार (शीशे में लकीरनुमा पतली दरार) Chink
दरार (खुले मुँह जैसी) Hiatus *A hiatus caused a wide gap or hole in a surface
दरिद्र Pauper
दरियादिल Magnanimous, Generous

दरियादिली Magnanimity, Generosity
दर्दनाशक (छटपटाहट शांत करके) Sedative *A sedative alleviates pain
दर्दनाशक (अनुभूति विहीन करके) Analgesic
दर्द महसूस से छुटकारा देना Sedate
दर्द में आराम लगना Soothe
दर्द कम करना Alleviate *Clove oil alleviates toothache
दर्द की अनुभूति करने वाला (शरीर) Passible
दर्द अनुभूति विहीन (शरीर) Impassible
दर्शक Viewer
दर्शक गण Spectator
दर्शनीय स्थलों का भ्रमण Sight-seeing
दर्शनीय नजारा/घटना Spectacle
दर्शनीय (नजारा/घटना) Spectacular
दल (खिलाड़ियों, सैनिकों का) Contingent
दल (अधिकारियों का) Posse
दल (कलाकारों का) Troupe
दलदल (जमीन) Bog, Quagmire
दलदल (पानी में डूबा हुआ) Swamp, Marsh, Slough, Fen
दलदल में फंसाना Mire
दलबदल करना (विरोधी खेमे में) Defect
दलबदलू (विरोधी खेमे में जाकर) Defector
दलबदलू (बिना विद्वेश भावना के) Apostate
दलबदलू (व्यक्तिगत लाभ के लिए) Turncoat
दलबदलू (विद्वेश भावना के साथ) Renegade
दलबदलू (एक दल/धर्म से दूसरे में) Proselyte
दलाल (ग्राहक को पटाने वाला) Tout *Touts of train tickets approach the needy travellers
दलाल (ग्राहक/विक्रेता की तरफ से सौदा पक्का करने वाला) Broker
दलित वर्ग Downtrodden class
दलील Argument
दवा (खून बनाने की) Haematopoietic
दवा (हर मर्ज की) Panacea
दवा (बिमारी होने से बचाने वाली) Prophylactic
दवा (नींद की) Soporific
दवा (दर्दनाशक) Analgesic
दवा (विषनाशक) Mithridatum or Alexipharmic
दवा (पेट की कीटनाशक) Anthelminthic
दवा (कफनाशक) Antitussive
दवा (कुपाचन के लिए) Demulcent
दवा (पेट साफ करने की) Laxative or Purgative
दवा (जीवनवर्द्धक) Elixir
दवा (माँसपेशी में दर्द के लिए मलहम) Embrocation
दवा (बुखार उतारने की) Febrifuge
दवा (बिना बिमारी के व्यक्ति को बहलाने के लिए दिया जाने वाला) Placebo
दवा देना (वितरित करके) Dispense medicine
दवा देना (रोगी को) Administer medicine
दवा निर्माण शास्त्र Pharmacy
दवा निर्माण से संबन्धित Pharmaceutical
दवा विक्रेता Pharmacist
दशक (दस वर्षों का समय) Decade
दसवार्षिक (प्रत्येक दस वर्षों के बाद होने वाला) Decennial *Decennial celebration
दस्तक देना Knock
दस्तकार/दस्तकारी Craftsman/Handicraft
दस्ता (विशेष कार्य करने वालों का) Outfit *Outfit of social crusaders
दस्ता (सैनिकों का) Squad
दस्तावेज Document
दस्तूर Custom
दहनशील Combustible
दहन Incineration
दहल जाना be terrified
दहलीज Threshold
दहशत Panic
दहाड़ना Roar
दक्ष (काम पूरा करने में) Consummate
दक्ष (हाथ से काम करने में निपुण) Dexterous *Dexterous carpenter
दक्षता (हाथ से काम करने में) Dexterity
दक्षता (कुशलतापूर्ण काम करने में) Finesse *Do a work with finesse
दाँत Tooth (pl. Teeth)
दाँत कटकटाना (क्रोध में) Gnash
दाँत कटकटाना (ठंड से) Chatter
दाँत कटकटाने की बिमारी (नींद में) Bruxism
दाँत निपोरना (शर्म के कारण) Simper

दाँत निपोरना (बनावटी मुस्कुराहट में) Smirk
दाँतों को भींचना (क्रोध में) Clench teeth
दाँतों से कुतरना Gnaw
दाँतों का सेट (नकली) Denture
दाँतों को नींद में किटकिटाने की बिमारी Bruxism
दाँतों को भींच कर सटाना Occlude
दाँतों को निपोरना (खुशी में) Grin
दाँतों वाली चेन या चक्के का एक दाँत Cog *A cycle with several broken cogs
दाँव (जीतने के लिए शुरू में हारने वाला) Gambit
दाँव पर लगाना Stake
दाँव लगाना (खेल में शर्त लगा कर) Bet *Bet a sum of money on the outcome of a game
दाँव लगाना (जुए के खेल में) Gamble *He gambled a large sum in the hope of winning
दाँव लगाना (धन को किसी उद्यम में, शेयर बाजार में-लाभ कमाने की आशा में) Punt/Speculate *He is regularly speculating/punting in shares, purchase
दाँव लगाने वाला जुआरी Punter
दाग (त्वचा पर कोड़ा के मार का) Wale, Welt
दाग (त्वचा पर कीड़ा काटने से उभरा हुआ) Wheal
दाग (अन्य रंग का) Spot *Spots of various sizes marked the cloth
दाग (साफ-सुथरे को गंदा करने वाला) Blot *Blot of ink on white paper
दाग (आसानी से नहीं छूटने वाला रंग का दाग) Stain *Stain of rust on clothes
दाग (छोटे-छोटे आकार का) Speckle
दाग (अलग प्रकार का, छोटे आकार का) Patch
दाग (गुणवत्ता कम करने वाला) Taint
दाग (चरित्र पर, व्यक्तित्व पर) Blemish, Stigma
दाग (बड़े आकार का) Blotch *Blotches on animal's skin
दागदार (वस्तु) Tainted
दागदार (चरित्र, व्यक्तित्व) Blemished
दागदार करना Blemish, Tarnish, Taint, Sully
दाग रहित Immaculate *Immaculate dress
दाढ़ी Beard
दान (संस्था को सरकारी सहायता के रूप में) Subvention
दान (गरीब को) Alms
दान (जरूरतमंद को) Dole
दान (कमाई का दसवाँ भाग) Tithe
दान/दान संबन्धी/दानी Alms/Eleemosynary/Eleemosynar, Almoner
दान करना Donate
दान कर्म Charity
दान देना Donate
दान देने वाला Donor
दान स्वरूप दिया गया लाभ (लुभाने के लिए) Largesse, Sop
दानवीर (संस्था, साहित्य, कला को बढ़ावा देने वाला) Maecenas
दानव Demon
दाना Grain
दानी (व्यक्ति) **दान से सहायता करने वाला व्यक्ति** Beneficent, Benefactor
दानी (छूट कर देने वाला) Munificent
दायरा (क्षेत्र के विस्तार का) Range *Wide range of choice, colours, etc
दायरा (प्रभाव, सम्बद्ध होने का) Purview *Action against discipline is beyond my purview
दायरा (समझ का, दृष्टि का) Ken *This topic is so complex as to be beyond my ken
दायरा (कानूनी अधिकार का) Jurisdiction
दायरा (विषय का) Scope *This matter is beyond the scope of discussion/agenda
दायित्व Obligation, Responsibility
दावत Feast, Banquet
दावा करना Stake claim
दावेदार Claimant
दास/दास बनाना Slave/Enslave
दासता Bondage
दासता से मुक्ति (सामाजिक/राजनीतिक) Emancipation (of women) Enfranchisement
दासता भाव युक्त (सेवा करने के लिए तत्पर) Servile *Servile person
दासता करने वाला व्यक्ति Servitor
दासता भाव Servitude
दाह संस्कार (शव को जलाना) Cremation
दाह संस्कार करना Cremate

दाह संस्कार समारोह Funeral
दाह संस्कार से संबन्धित क्रिया-कलाप Obsequies
दाहिने हाथ से काम करने वला Dexterous
दिखा-दिखा कर किसी को ललचाना Tantalize
दिखाना (प्रदर्शित करना) Show
दिखाना (हाथ में लहरा-लहरा कर डराने के लिए) Brandish (gun)
दिखावटी (प्रभावित करने वाला) *Affected *Affected fever
दिखावटी (आचरण) Sham *Sham humility
दिखावटी (लज्जा) Coy
दिखावटी (भद्रता) Genteel *Genteel behaviour of neorich
दिखावटी (तड़क-भड़क) Pompous *Pompous lifestyle
दिखावटी (प्रभावित करने के लिए) Ostentatious (display)
दिखावटी (हाव-भाव) Pretentious *Pretentious emotions
दिखावटी (नकली, बनाया हुआ) Factitious
दिखावटी आँसू Crocodile tears
दिखावा (प्रभाव डालने वाला) Affectation *Affectation of American accent in speech
दिखावा (प्रभावित करने वाला) Ostentation *Ostentation of sympathy
दिखावा (झूठा, बहाना करने के लिए) Pretension *Pretension of loyalty
दिखावा करना (नकली) Affect
दिखावा करना (झूठा हाव-भाव का) Pretend
दिखावा रहित (अपनी तरफ ध्यान आकर्षित होने से बचने के लिए) Unassuming
दिग्भ्रमित करना Disorient
दिनचर्या Routine
दिन-दहाड़े in broad daylight *To murder in broad daylight
दिन दूनी रात चौगुनी Exponential (growth progress)
दिमाग की उपज Brainchild
दिमाग चकराना (चोट से) Concuss
दिमाग चकरा देना (जटिलता से) Perplex, Baffle
दिमाग चकरा देना (घबराहट से) Bewilder
दिमाग चकरा देना (समझने में कठिनाई से) Befuddle *Difficult topic befuddles
दिमाग चकरा देना (उलझन के कारण) Bemuse
दिमाग चकरा देना (मानसिक आघात से) Stupefy
दिमाग पर जोर देकर याद करने के लिए सिर पर ऊँगली दबाना Jog (memory)
दिमाग में घुसा हुआ स्पष्ट विचार Concept *He has clear concept of what he wants to do
दिमाग में घुसी हुई धारणा (अनुभव के आधार पर) Perception *Police is cruel in people's perception
दिमाग में घुसी हुई धारणा (मन में सांच कर बनाया हुआ) Notion *Life in U.S.A. is cosy in people's notion
दिमाग में घुसी हुई गलत धारणा को दिमाग से निकालना Disabuse
दिमाग में घुसा हुआ फितूर/फितूर की बिमारी Obsession/Obsessive compulsive disorder
दिमाग में बैठाना (विचार, आदि) Conceive *Conceive an idea/plan
दिमाग से शंका का निवारण करना Dispel
दिल की बिमारी का डॉक्टर Cardiologist
दिल की बिमारी से संबन्धित Cardiac
दिल दहलाना (घटना का) Rattle
दिल में चूभने वाली (बात) Poignant
दिल से महसूस करने वाली मधुर भावना युक्त (संबंध आदि) Cordial
दिल से महसूस अफसोस (गलती के लिए) Remorse
दिल में चुभन का एहसास (गलती के लिए) Contrition
दिलासा देना Console
दिलेर Courageous, Bold, Daring
दिल्लगी Jest, Fun, Joke
दिवंगत (मृत व्यक्ति) Departed *Rich tributes were paid to the departed soul
दिवंगत (हाल ही में मृत) Deceased *The deceased person is survived by his wife
दिवंगत (व्यक्ति के नाम के पहले लिखा जाने वाला 'स्वर्गीय') Late *He is the son of Late Mr. X
दिवा स्वप्न Day dream, Reverie

दिवालिया Bankrupt
दिवालिया होना Go bust/bankrupt
दिव्य Divine *Divine power
दिव्य-दृष्टि (जो अन्य को दिखाई नहीं दे, उसे देखने की क्षमता) Clairvoyance
दिव्य प्रकाश Halo, Aura
दिव्य श्रवण शक्ति (सुनने की असाधारण शक्ति) Clairsonance
दिशा Direction
दिशा देना (प्रयत्न, स्थिति को) Orient *Orient ideas to a new condition
दिशा परिवर्तन Diversion
दिशा बदलना (रास्ते की) Divert
दिशा बदलना (प्रक्षेपित हथियार की) Deflect
दिशा बदलना Divert, Deviate
दिशा में बदलाव Diversion
दिशाहीन बहाव Drift
दी गई सूचना (किसी विषय/व्यक्ति के बारे में निर्णय लेने में सहायता के लिए) Feedback
दीर्घकालिक (आदत, बिमारी, समस्या, आदि) Chronic
दीर्घा Gallery
दीर्घायु Longevity
दीर्घायु करने वाला पेय Elixir
दीन-हीन (अवस्था) Miserable
दीपमाला स्तंभ Candelabrum
दीपमाला झाड़-फानुस (छत से लटकाने वाली) Chandelier
दीवाना (पागल समान) Crazy *He is crazy for books *He is a crazy person
दीवाना व्यक्ति (खेल का) Aficionado *Football/Cricket aficionado
दीवाना व्यक्ति (किसी चीज/शौक के पीछे भागने वाला) Buff *He is a travelling buff
दीवाना (प्रेम में, आसक्ति में) Enamoured
दीवाना (किसी के लिए लगाव में) Infatuated
दीवार पर चिपका इश्तहार Graffiti, Bill
दुआ Blessings
दुकान Shop
दुकान (मेले, प्रदर्शनी में) Stall
दुकान (गुमटीनुमा) Kiosk
दुख Grief
दुखड़ा Woe
दुखी Aggrieved
दुखी होना Grieve
दुखती नस पर हाथ रख देना Press raw nerve
दुख प्रकट करना Lament
दुखद/दुखद घटना Tragic/Tragedy
दुखद याद को भुलाने वाली दवा Nepenthes
दुग्धशाला Dairy
दुत्कार/दुत्कारना Rebuff
दुत्कारना (अनादर भाव के साथ) Spurn
दुत्कारना (झिड़क कर) Snub
दुधारू (गाय) Lactiferous
दुनिया का पूर्वी क्षेत्र या देश Orient
दुनिया का पश्चिमी क्षेत्र Occident
दुनिया का यूरोपीय क्षेत्र Continent
दुनियादारी Practical wisdom
दुबला/दुबला-पतला Lean/Lean and thin
दुबारा देखने का एहसास Deja vu
दुबारा कुछ करना Reprise, Repeat
दुबारा कोई कारनामा करना (प्रदर्शन करने की दर्शकों की मांग पर) Do encore
दुम हिलाना Wag tail *The pet dog fawns on its master by wagging its tail
दुरदुराना Shoo away
दुराचरण Misdemeanour
दुराचरण (नैतिक) Depravity
दुर्ग Fort
दुर्गन्ध (तेज) Stench
दुर्गन्ध Malodour
दुर्गन्धित (अप्रिय गंध युक्त) Malodorous *Malodorous toilet/kitchen
दुर्गन्ध/दुर्गन्धित (तेज, नाक में लगाने वाली) Stink/Stinking *Stinking garbage
दुर्गन्धित (शरीर को हानि पहुँचाने वाली) Noisome *Noisome fumes
दुर्गन्धित (धूप से वंचित स्थान) Fetid *Fetid dingy room
दुर्गन्धित (उमस, गीला होने के कारण) Musty *Musty room due to dampness
दुर्गन्धित (बन्द-बन्द स्थान) Fusty *Fusty unventillated room

दुर्गन्धपूर्ण Obnoxious
दुर्गन्ध देना Smell
दुर्गन्ध देना (नाक में तेज लगने वाली) Stink
दुर्गन्धनाशक Deodorant
दुर्गन्धित सांस की बिमारी Halitosis
दुर्गम (रास्ता, स्थान) Inaccessible
दुर्गुण Vice
दुर्घटना Accident
दुर्घटना में हताहतों या मृतकों की संख्या Toll
दुर्दशा (अभिशप्त होने के कारण) Woe *Woe betide you if you deceive me *Woe of people
दुर्दशा (कठिन परिस्थिति के कारण) Plight *Plight of poor people
दुर्दशापूर्ण (स्थिति) Wretched
दुबकना Cower
दुबारा देखने का एहसास Deja vu
दुबिधा Dilemma
दुर्भाग्य Misfortune
दुर्भावना (बदला लेने की इच्छा युक्त) Malice
दुर्भावना (क्रोधित व्यक्ति के मन में भरी हुई) Spleen, Spite *The angry person poured his spleen on others
दुर्भावना (किसी का बुरा चाहने वाली) Malevolence*Malevolence of someone for his adversaries
दुर्लभ (घटना) Rare
दुर्लभ (उपलब्धता में) Scarce
दुर्वचन Malediction
दुर्व्यवहार करना Misbehave
दुलार करना (बच्चे को) Dote (on)
दुविधा (क्या करे क्या नहीं की) Quandary
दुविधा (दो में से एक चुनने की) Dilemma
दुश्मन Enemy/Foe
दुश्मनी Enmity, Rivalry
दुश्मन को बिना सीधे लड़े छका-छका कर हैरान करने वाली (नीति) Fabian (policy)
दुश्मन क्षेत्र का मुआयना/मुआयना करना Reconnaissance/Reconnoitre
दुश्मनी (दो परिवारों, गुटों में लगातार चलने वाली) Feud
दुष्कर्म/दुष्कर्मी Misdeed/Reprobate
दुष्ट Wicked
दुष्टतापूर्ण (दानव जैसा) Evil *Evil person
दुष्टतापूर्ण विचार से युक्त Sinister *Sinister motive
दुष्प्रचार Propaganda
दुश्मनी Enmity
दुःस्वप्न Nightmare
दुःसाहस (बिना विचार किए क्षणिक आवेश में किया गया) Audacity
दुःसाहस (जानबूझ कर हठधर्मिता पूर्ण) Hardihood
दुःसाहस (अनादर करके किसी को आहत करने का) Effrontery
दुःसाहस (निडरतापूर्ण किसी का अपमान करने का) Gall *He had the gall to question the learned professor
दुःसाहस (निडरतापूर्ण आवेश में आकर) Temerity *He showed the temerity to challenge a powerful, influential person
दुःसाहस करना Dare
दुःसाहसपूर्ण (कार्य) Misadventurous
दुःसाहसिक काम करना Venture
दुःसाहसिक कार्य (हानिकारक परिणाम युक्त) Misadventure
दुःसाहसिक कारनामा (परिणाम से) Escapade
दुःसाहसी Impudent
दुःसाहसिक कारनामा करने वाला Swashbuckler
दूत (सरकार, देश का प्रतिनिधि) Envoy *Country sent its envoy to settle a dispute
दूत (किसी व्यक्ति की तरफ से भेजा हुआ) Emissary *He sent his emissary to talk to his adversary
दूध के जले का छाछ भी फूँक कर पीना Once bitten twice shy
दूध दुहना Milch
दूधारू (गाय) Milch Lactiferous
दूधमुँहा बच्चा Suckling
दूर (किसी जगह से, किसी समय से आगे) Faraway, Farther, Further *One mile faraway from here
दूर स्थित (स्थान, समयकाल) Distant *Distant place *Distant past
दूरी Distance

दूर का ढोल होना (किसी उद्देश्य प्राप्ति का) (be) Far cry

दूर से परिचालित Remote controlled

दूर स्थित (संभावना, स्थान) Remote *Remote place *Remote chance of success

दूरगामी परिणाम देने वाला Fateful, Momentous *Fateful event

दूर जाना (पीछे की तरफ) Recede *Flood water receded *Sea waves recede after dashing the shores

दूरदर्शिता (भविष्य में देखने की क्षमता से युक्त) Foresight *A man of foresight can anticipate what will happen ten years ahead

दूरदर्शिता (सही निर्णय लेने की क्षमता से युक्त) Sagacity *A sagacious person takes a right decision

दूरदर्शी (परिकल्पना युक्त) Visionary

दूरबीन Binocular

दूर से (आता हुआ) **दिखना** Be in the offing *The ship is yet in the offing *Sweeping changes are in the offing

दूर रहना (हानिकारक चीज से) Avoid *Avoid spicy food

दूर रहना (नैतिक रूप से या व्यावहारिक रूप से गलत बात से) Eschew *Eschew violence

दूर रहना (घृणित होने के कारण) Shun *Shun lepers

दूरदृष्टि (बीमारी) Hypermetropia

दूषित (अस्वास्थ्यकर मिलावट से) Contaminated *Contaminated food

दूषित (गंदगी की मिलावट से) Polluted (river water)

दूसरा पहलू (किसी तर्क का) Obverse

दूसरी जगह से टाट का झोला लेकर आने एवं धन, पद-प्रतिष्ठा कमाने वाला Carpetbagger

दूसरी दिशा में मुड़ना (भाषण में अन्य विषय की ओर) Digress *The speaker digressed frequently

दूसरी दिशा में मुड़ना (सीधी सड़क से अलग हो कर अन्य सड़क पर) Diverge *A road diverges from the main road

दूसरी दिशा में मुड़ना Turn *The road took a left turn

दूसरी दिशा में मोड़ना (किसी का ध्यान) Divert *Divert someone's attention

दूसरी दिशा में मोड़ना (हथियार को) Deflect *Deflect the missile from its course

दूसरे की जगह पर स्वयं महसूस होने वाला (आनन्द, आदि) Vacarious (pleasure)

दूसरे की तकलीफ को स्वयम अनुभव करना Empathise

दूसरे की तकलीफ पर आने वाला तरस Pity

दूसरे की तकलीफ पर सहानुभूति जताना Sympathize

दूसरे की तरफदारी करने वाला (पक्ष लेकर) Apologist

दूसरे की बात चुपके से कान लगा कर सुनना Eavesdrop

दूसरे के खर्च पर जीवित रहने वाला Parasite

दूसरे देश में जा कर बसना/बसने वाला Emigrate/Emigrant

दूसरे देश में बसे देशवासियों को वापस आकर देश की सेवा करने की अपील Letters avocatory

दूसरे देश से आकर बसना/बसने वला Immigrate/Immigrant

दूसरे देश में भागकर शरण लेना Exile *He lives in exile

दूसरे देश से अपराधी के विरुद्ध कार्रवाई के लिए अपील Letters rogatory

दूसरों का ख्याल रखने वाला Considerate

दूसरों को उकसाकर गलत काम करवाना Incite, Foment *Incite violence/rebellion *Foment unrest

दूसरों को उकसाना (गलत काम करने के लिए) Instigate *Instigate people to resort to violence

दूसरों को उकसाना (गलत काम करने के लिए प्रेरित कर के) Suborn *Suborn witness to commit perjury *Bribe someone to suborn him

दूसरों से उधार मांगना (लौटाने की मंशा के बिना) Scrounge *Scrounge a cup of sugar from the neighbour *Scrounge a cigarette from someone

दूसरों को अपना अधिकार/काम सौंपना Delegate *Delegate authority to the juniors

दूसरों की उपलब्धि जैसा स्वयं हासिल करने की इच्छा रखना Covet

दूसरों की उपलब्धि पर गर्व करना Envy *I envy your zeal with which you work for the weal of the poor

दूसरों की उपलब्धि से ईर्ष्या करना Envy *Your success made your friends envy you

दूसरों की उपलब्धि पाने की राह पर चलना Emulate

दूसरों के ऊपर हावी होना (प्रभाव से) Dominate

दूसरों के ऊपर हावी होना (भय दिखा कर) Domineer

दूसरों के ऊपर हावी प्रभाव (किसी देश का अन्य देशों पर) Hegemony

दूसरों का अनादर करने वाला (अभद्र व्यवहार) Rude *Rude behaviour

दूसरों का अनादर करने वाला (अनुपयुक्त व्यवहार) Impertinent *Impertinent behaviour

दूसरों का अनादर करने वाला (हठधर्मितापूर्ण व्यवहार) Insolent *Insolent behaviour

दूसरों के काम में दखल देने वाला (बिना माँगे मदद देना अधिकार समझकर) Officious *Officious behaviour/neighbour

दूसरों के काम में दखल देने वाला (अपना विचार लाद कर) Obtrusive *Obtrusive person

दूसरों के काम में दखल देने वाला (व्यक्तिगत मामलों में घुस कर) Intrusive *Intrusive behaviour

दूसरों के काम में दखल देना Obtrude

दूसरों के खर्च पर मुफ्त में कुछ पाना/गुलछर्रे उड़ाना Cadge (on), Sponge (on) *He cadged a sumptuous treat on his friend's cost

दूसरों का ख्याल करने वाला Considerate *Considerate person

दूसरों को खुश करने की मानसिकता वाला (व्यक्ति) Complaisant

दूसरों को ठहरने की जगह देना Accommodate

दूसरों की खाली जगह पर अनाधिकार रूप से दखल कर के रहना Squat

दूसरों को दुख देकर आनन्द महसूस करने वाला Sadist

दूसरों के द्वारा दुख पा कर आनन्द महसूस करने वाला Masochist

दूसरों को दुखी देखकर आनन्द महसूस करने वाला Schadenfreude

दूसरों पर अपने दोष की जिम्मेदारी टालना Pass buck

दूसरों की निजी जमीन में अनाधिकार प्रवेश करना Trespass

दूसरों के निजी जगह में घुसना Intrude

दूसरों के निजी जीवन में ताक-झाँक करना Pry

दूसरों के निजी जीवन में ताक-झाँक को उत्सुक Inquisitive

दूसरों के निजी जीवन में ताक-झाँक में आनन्द महसूस करने वाला व्यक्ति/करने से संबन्धित Voyeur/voyeuristic (pleasure)

दूसरों पर अपना प्रभाव छोड़ने की क्षमता Charisma

दूसरों की पहचान बना कर ठगना/ठगने वाला Impersonate/Impostor

दूसरों के बच्चों को अपनाना Adopt

दूसरों की बात मानने वाली मानसिकता का (व्यक्ति) Docile

दूसरों की बात से सहमत होने वाला Amenable *Amenable to others, suggestions

दूसरों की बातचीत दूर से सुनना Overhear

दूसरों पर आसानी से विश्वास करने वाला Credulous

दूसरों के लिए राह बनाना (आगे बढ़ने के लिए) Blaze trail

दूसरों के हित में काम करने वाला व्यक्ति Altruist (opp. **स्वार्थ से प्रेरित**)

देखना See *I can't see him

देखना (ध्यानपूर्वक) Watch *Watch a match

देखना (आकर्षक दृश्य को) Behold *Behold the scenery

देखना (ध्यान दे कर किसी घटना को) Observe *Observe solar eclipse

देखना (एक टक, टकटकी लगा कर) Gaze *Gaze stars in the night sky

देखना (आँखों को सिकोड़ कर) Peer *He peered at a distant figure in order to try to recognize it

देखना (आँखें फाड़ कर) Stare

देखना (उड़ती नजर से एक झलक) Glance *I glanced at him

देखना (क्रोध में) Glare

देखना (आग बरसाती नजर से) Glower

देखना (तसल्ली भरी. नजरों से) Gloat *Gloat over one's prized possessions

देखना (आँखें निकालकर नचाते हुए) Goggle

देखना (वासनापूर्ण नजरों से) Ogle/Leer

देखना (ध्यानपूर्वक नजर गड़ा कर) Pore (at)

देखना (शक की निगाह से, टेढ़ी नजरों से) Look askance (at)

देखने की विलक्षण शक्ति Clairvoyance

देखने में अच्छा लगने वाला Comely *Comely face/behaviour

देखने में किसी के समरूप लगने वाली स्थिति Semblance *Semblance of peace

देखने में किसी से समानता/समान होना Resemblance/ Resemble

देखने में चूक करना Overlook

देखने से संबन्धित Visual

देखभाल करना Look after/Take care

देखभाल करना (पालन-पोषण करके दूसरे के बच्चे की) Foster *Foster an abandoned child

देखभाल करना (अत्यंत ध्यानपूर्वक) Mollycoddle

देखभाल करना (असमर्थ व्यक्ति की, बूढ़े व्यक्ति की) Coddle

देखभाल करना (जरूरत से ज्यादा सुविधा देकर) Pamper *A doting mother pampers her child

देखभाल करना (सेवा करके सेवक जैसा) Tend *Tend patients

देख-रेख करने वाला Caretaker

देखने लायक (घटना, दृश्य) Spectacular

देखने लायक तमाशा/मनोरंजक कार्यक्रम Extravaganza

देखा-देखी वैसा ही काम करना Follow suit

देनदारी Liability

देना (उपहार-स्वरूप) Bestow *Bestow gift on someone

देना (पदवी, मेडल, आदि) Confer *Confer title/degree on someone

देना (लेक्चर, चिट्ठी, सामान, वाँछित परिणाम) Deliver *Deliver goods/letters *Deliver lecture *I could not deliver as expected

देना (न्याय, सेवा, सुझाव, मशीन से टिकट आदि) Dispense *Dispense justice/advice *Dispense tickets through this machine

देना (समुचित दंड) Mete (out) *Mete out condign punishment

देना (निश्चित आमदनी के लिए धन, विशेष गुण, आदि) Endow *Endow money to charity fund *Endow intelligence

देना (निश्चित अधिकार) Endue *NRIs were endued with voting rights

देना (बहलाने के लिए) Fob off *Leaders fob off promises which are never fulfilled

देना Confer, Bestow, Render, Accord

देना (हक से कम) Shortchange

देना (सूचना, तथ्य) Furnish

देना (मदद, रिपोर्ट, प्रोग्राम) Render

देना (त्यागपत्र, पद की शपथ) Tender

देना (कृपा स्वरूप) Vouchsafe *He vouchsafed me the important tips to solve my problems

देना (सहमति, सम्मान) Accord *Accord approval

देना (यथाशक्ति) Afford *I can't afford this price *I can't afford you company/help

देना (प्रस्ताव) Offer *Offer help, services

देना (हाथ आगे बढ़ा कर) Proffer *He proffered a plate of sweets towards me *He proffered his helping hand to an old woman crossing the road

देना (मर्जी के विरुद्ध, कुढ़न के साथ) Grudge/ Begrudge *Grudge him his due

देने या प्राप्त होने के लिए तैयार (मदद आदि) Forthcoming *His help is forthcoming

देय Due

देर Late

देर-सवेर Sooner or later

देरी Delay

देरी से काम करने वाला Sluggish, Tardy

देवता (की मूर्ति) Deity

देवता के स्तर तक किसी को उठा देना Apotheosise (someone)

देवता गृह Sanctum sanctorum

देवता समान पूजना Deify

देवदूत Angel

देश की जमीन अन्य को सौंपना (समर्पण, हार कर के) Cede

देश की रक्षा के लिए बाहर देशों में बसे देशवासियों को स्वदेश लौट आने के लिए सरकारी Request letter avocatory

देश को संघ से, गठजोड़ से अलग करना Secede *Secede from alliance

देश में अन्य क्षेत्र का विलय करना Cede

देशद्रोह (हित के विरुद्ध काम करके) Treason

देशद्रोह (विद्रोह भड़काने वाले काम से) Sedition

देशद्रोही Traitor

देशनिकाला देना Banish

देशनिकाला देना (सीमा से बाहर भेज कर) Deport* An illegal immigrant was deported

देशनिकाला देना (अन्य देश में शरण लेने पर विवश करके) Exile *The ruler was exiled to the neighbouring country

देशभक्त Patriot

देश वापसी/देश वापस आना Repatriation/ Repatriate

देशी (देश में पैदा वस्तु) Indigenous

देह चुराना (काम से, जवाबदेही से) Shirk

देहाती/देहात से संबन्धित Rural

देहाती गंवार Rustic

देहावसान/देहान्त/देहान्त होना Demise

दैत्य Monster

दैनिक (शारीरिक क्रिया) Circadian (physical changes) *Circadian physical rhythms

दैनिक (कार्य) Quotidian *Quotidian activity

दैनिक कार्य (घर-गृहस्थी का) Chores

दैन्य कालिक (कार्य) (opp. **रात्रिकालिक**) Diurnal (activity) (opp. Nocturnal)

दैव कृपा पर आधारित (अनिश्चय की स्थिति) Precarious *Precarious existence

दैव संयोग से/पर आधारित (घटना) Fortuitous (occurrence)

दैविक (ईश्वरीय) Divine *Divine blessings

दैविक आदेश Commandment

दैविक शक्ति का आह्वान Divination

दैविक शक्ति (जीवन को संचालित करने वाला) Providence *Believe in providence

दैविक प्रेरणा Afflatus

दैविक प्रकोप के भय से डराना Comminate

दो-दो हाथ करना Joust with

दो के लिए यात्रा कक्ष Coupe

दो पक्षीय Bilateral

दो फाँक करना Bifurcate

दो देशों के बीच तनाव में कमी Detente

दो बराबर भाग में खुलने वाला बैग Portmanteau

दो दरवाजों के बीच का पतला रास्ता Vestibule

दो भागों में बाटने वाला संयुक्त शब्द Portmanteau word

दो मुख्य सड़कों को मिलाने वाला रास्ता Thoroughfare

दो या अधिक को आपस में मिलाना (नया रूप देने के लिए) Blend *Blend white and blue colours to make green colour

दो या अधिक को आपस में मिलाना Mix

दो या अधिक संस्थाओं को आपस में मिलाना (नया रूप देने के लिए) Amalgamate

दो विरोधी उद्देश्यों पर काम करना Be at cross purposes

दो लहरों के बीच की खाई वाला भाग Trough (opp. Crest)

दो विवाह करने की प्रथा/दो विवाह करने वाला Bigamy/Bigamous

दो पक्षीय Bilateral

दोगला Bastard

दोनों तरफ भवनों के बीच आच्छादित रास्ता Arcade

दोनों तरफ पैरों को करके बैठना Straddle/ Bestride *He bestrode on the horse

दोनों तरफ पैरों को फैला कर (बैठना) Astride *Sit astride on the horse

दोनों में से प्रत्येक/एक Either of / Either .... or *Either of you two can do it *Either you or I can do it

दोनों में से कोई भी Either *You can sit on either side of the row

दोनों हाथों से काम करने वाला Ambidextrous

दोबारा (कार्य करना, बोलना) Repeat

दोष (कमी, ऐब होने का) Defect *Defect in machine/speech

दोष (काम में चूक होने से) Fault *It was not his fault

दोष देना Blame

दोष देने लायक Blameworthy

दोष रहित Impeccable

दोष रहित नैतिकता Rectitude, Uprightness

दोषारोपण लायक Culpable

दोषारोपण करने वाले पर पलट कर दोषारोपण करना Recriminate

दोषारोपण करना Incriminate

दोषी Guilty

दोहन करना Exploit

दोहरा चरित्र/आचरण Duplicity

दोहरा भाव (मन में) Ambivalence

दोहरा मानदण्ड Double standard

दोहराना (फिर से किसी बात/प्रश्न को) Repeat

दोहराना (पढ़े हुए को) Revise

दोहराना (कही हुई बात को) Reiterate

दोहराना (मुख्य बिन्दुओं को) Recapitulate *Recapitulate the main points

दोहरे अर्थ का (बयान)/**दोहरा अर्थ** Ambiguous/ Ambiguity *Ambiguous statement

दोहरे अर्थ का बयान (भ्रमित करने के लिए) Double speak

दोहरे अर्थ का बयान (उसमें से एक भद्दा) Double entendre

दोहरे चरित्र का (व्यक्ति) Duplicitous

दौड़ के अंतिम चरण में पछाड़ना Pip at the post

दौड़-धूप Struggle

दौड़ना Run

दौड़ना (तेजी से, पूरे वेग में) Sprint *Dog sprinted behing its prey

दौड़ना (उछलते-कूदते) Scamper *Kids scampered home

दौड़ना (तेजी से सुरक्षित स्थान पर पहुँचने के लिए) Scurry *Boys scurried for safety on hearing the blast of a bomb

दौड़ना (तेजी से) Scuttle

दौड़ना (तेजी से किसी दिशा में) Career

दौड़ना (तेजी से किसी स्थान पर पहुँचने के लिए) Romp *Kids romped home

दौड़ना (दुलकी चाल से) Jog

दौड़ना (जल्दीबाजी में, घबराकर) Flurry

दौड़ कर चलने वाला (जन्तु) Cursorial

दौड़ना (घोड़े का अधिकतम तेजी से) Gallop

दौड़ना (Gallop **से कम एवं** Trot **से तेज)** Canter

दौड़ना (धीरे-धीरे गति से) Trot

दौरा (खास काम करने का) Spree *Shopping spree

दौर (व्यक्ति/घटना विशेष के समय का) Era *Nehru era

दौर (ऐतिहासिक घटनाओं का, इतिहास रचने वाली घटना का) Epoch *Epoch of freedom struggle

दौरा (बेहोशी, मिर्गी का) Fit

दौरा (Uncontrolled activity **का)** Frenzy *Frenzy of violence/excitement

दौरा (आनन्द का) Ecstasy

दौरा (अर्द्धचेतना की अवस्था का) Trance

दौरा (थोड़ी देर के लिए खाँसने, हँसने का) Bout *Bout of coughing/laughter

दौरा (अनियंत्रित **हँसी,** क्रोध, घृणा, **खाँसी का)** Paroxysm *Paroxysm of laughter

दौलत Wealth

द्योतक Instance *Lawlessness is an instance of lax administration

द्रव्य के तल में जमा ठोस पदार्थ (भारी कणों का) Sediment

द्रव्य के तल में जमा ठोस पदार्थ (बहते पानी के तल में मिट्टी का) Silt

द्रव्य के तल में जमा ठोस पदार्थ (चाय के कप में नीचे बैठा हुआ) Dregs, Lees

द्रव्य के ऊपरी सतह पर तैरती गंदगी Scum

द्रव्य के ऊपरी सतह पर तैरती गंदगी (फेंटने, उबालने पर) Froth

द्रव्य का पतली धार में बहना Dribble

द्रव्य में डुबो कर भिगोना Steep *Steep bread in the soup

द्रवित होना (नमी सोखकर) Deliquesce *Hygroscopic solids deliquesce

दृढ़ (निश्चय में) Steadfast

दृढ़निश्चय Determination

दृढ़निश्चयी Resolute

दृढ़ता (तकलीफ का सामना करने की) Fortitude
दृढ़तापूर्वक कहना (किसी बात को) Aver
दृढ़ विश्वास Conviction
दृष्टाँत Instance
दृष्टिकोण Perspective
दृश्य (फोटो के द्वारा प्रदर्शित) Visuals *Visuals of a game
दृश्य की कल्पना करना Visualise *Visualise your old age
दृश्य (घटनास्थल का) Scene *The scene of accident was horrible
दृश्य (आकर्षक, प्राकृतिक) Scenery
दृश्य (पैदा किया हुआ, बनाया हुआ) Scenario *Scenario in the film was created for shooting *Political scenario in the country
दृश्य (किसी जगह से दिखने वाला) View
दृष्टाँत Instance
दृष्टि Sight *He recognized me at first sight *His eyesight is weak
दृष्टि (दूरदर्शिता की) Vision
दृष्टिकोण Outlook *Narrow outlook
दृष्टिकोण Perspective
दृष्टिगत Visible
दृष्टिगोचर Appear
दृष्टि से ओझल (गायब होने से) Disappear, Vanish, Evanesce
दृष्टि से ओझल (ढकने से) Obscure *Obscure sun in a cloudy day
दृष्टि से ओझल (मंशा) Ulterior *He has come here with some kind of ulterior motive
दृष्टि पर आधारित Visual
द्वंद्व युद्ध Duel fight
द्वारपाल Janitor
द्विपक्षीय Bilateral
द्विवार्षिक Biennial
द्वीप Island
द्वीप-समूह Archipelago
द्वेष Malice
द्वेष भावना से ग्रसित Vindictive
द्वेष भाव Malice

ध

धंधा (जिसमें महारत हासिल हो) Metier *Carpentry is his metier
धंधा (करने वाला काम) Occupation *Service is his occupation
धंधा (योग्यतानुरूप करने वाला काम) Profession *Law practice is his profession
धंधा (मुख्य रूप से करने वाला) Vocation
धंधा (मुख्य के अतिरिक्त) Avocation
धंसना Cave in, Founder
धक्का दे कर आगे बढ़ना Hustle *He hustled me to move forward
धक्का देकर कहीं घुस जाना Barge *He barged into my office
धक्का देना Push
धक्का-धुक्की करना (भीड़ में) Jostle *Mob jostled to reach to the front
धक्का-मुक्की (हाथापायी में) Altercation
धक्का-मुक्की करके आगे बढ़ना Scramble
धक्का-मुक्की कर के पिटाई करना Rough up, Manhandle
धज्जी उड़ाना Tear into
धज्जी उड़ाना (किसी की मान-मर्यादा/नियम-कानून की) Ride roughshod (over) *Politicians ride roughshod over law of the land with impunity
धड़ (शरीर की) Trunk
धड़कन Palpitation
धधकना Rage, Flare
धड़कना (दिल का) Beat
धड़कना (तेजी से) Palpitate
धड़ाम से गिरना Fall with a thud
धड़ाम से पटकना Plop *She plopped books on the chair
धधकना Rage *Fire raged
धन Wealth
धन (सरकार द्वारा संस्था को अनुदान-स्वरूप) Subvention
धनकुबेर Plutus
धन लुटाने वाला (जो अंत मे पछताए) Prodigal

धन लुटाने वाला (व्यर्थ चीजो में खर्च करके) Spendthrift
धनविहीन Impecunious
धन-सम्पन्न Affluent
धनसमृद्ध Prosperous
धनाड्य Wealthy
धनी Rich, Affluent
धर्नुधारी Archer
धन्य होना/कृतार्थ होना Gratified
धप से गिरने की आवाज Thud
धब्बा Spot, Blemish, Blot
धब्बा (किसी सतह पर अलग रंग का छींटा के रूप में) Dapple
धम से गिरना/बैठना Plump *He plumped down on the chair
धमकाना Intimidate, Threaten
धमकी (कुछ करवाने के लिए) Duress, Coercion
धमकी (डराने के लिए) Threat
धमकी देना Threaten
धमकी युक्त (बयान) Minatory
धमकी के अंदाज में बोलना Hector
धमाका Explosion
धरना/धरना देना (आवाजाही रोकने के लिए) Picket *The protestors picketed the office gate
धर-पकड़ करना Round up
धराशायी होना (टकरा कर) Crash
धराशायी होना (योजना, प्रयत्न, आशा) Come a cropper *Our high hopes came a cropper
धराशायी करना (ढाह कर) Raze
धराशायी होना (योजना, प्रयत्न) Founder
धरोहर (देश की, समाज की, इतिहास की) Heritage
धरोहर (परिवार, पुर्वज की) Heirloom
धरोहर के रूप में प्राप्त करना Inherit
धर्मगुरू तंत्र Hierocracy
धर्मग्रन्थ Scripture
धर्ममत Creed
धर्मनिष्ठ (व्यक्ति) Devout
धर्मनिष्ठा Devotion
धर्मभीरू Pious
धर्मभ्रष्ट (आचरण) Profane
धर्मयुद्ध Crusade
धर्म-विरुद्ध आचरण Heresy
धर्म-विरुद्ध आचरण करने वाला Heretic
धर्म-विरुद्ध कार्य Sacrilege
धर्म-विरुद्ध मत रखने का पाप Heresy
धर्मविरोधी भाषा का प्रयोग Blasphemy
धर्मसंकट Dilemma
धर्मात्मा Pious soul
धर्मान्तरण करने वाला Proselyte
धर्मादा Tithe, Charity
धर्ममीरू Pious
धर्मनिष्ठ Devout
धर्मावतार Embodiment of piety
धर्मान्तरण करने वाला व्यक्ति (बिना कड़वाहट के) Apostate
धर्मान्तरण करने वाला व्यक्ति (मन में विषाद भाव के साथ) Renegade
धर्मान्तरण करने वाला व्यक्ति (व्यक्तिगत लाभ के लिए) Turncoat
धर्मोंमादी (उत्साह में) Zealot
धर्मोंमादी (विचार में) Fanatic
धर्मोंमादी (विरोध असहनशीलता में) Bigot
धसना Founder *Ground foundered 10 feet down *The project foundered due to the lack of proper execution
धाँधली Bungling
धाक Influence
धाक (कमजोर पर मजबूत देश की) Hegemony
धार (हथियार की) Sharp edge
धार (बहाव की) Flow
धार तेज करना (रगड़ कर) Grind *Grind axe
धार तेज करना/पैना करना Sharpen
धार तेज करना (भूख की, उत्सुकता) Whet
धार तेज करना (क्षमता की) Hone *Hone skill
धार तेज करने के लिए चमड़ा का पट्टा Strap
धारदार हथियार का तेज धार का ढक्कन/म्यान Scabbard
धारदार हथियार की म्यान Sheath
धारदार हथियार को म्यान में रखना Sheathe
धारणा Idea
धारणा (भ्रान्तिपूर्ण) Notion

धारणा (ज्ञान के आधार पर) Concept
धारणा (व्यावहारिक जानकारी या अनुभव पर आधरित) Perception
धारणा (दृढ़) Conviction
धारणा (काल्पनिक तथ्यों पर) Myth
धारा (पानी के बहाव की) Current
धारा को रोकने या कम करने के लिए खड़ी की गई जाली Weir
धारा की विपरीत दिशा में Upstream
धाराप्रवाह (बोलना) Fluently
धाराप्रवाह (भाषण) Eloquent
धारावाहिक का एक अंश Episode
धाराशायी होना (योजना का विफल हो कर) Come a cropper
धाराशायी होना (जमीन पर) Collapse
धाराशायी होना (टकराकर) Crash
धाराशायी करना (भवन आदि को गिरा कर) Raze
धाराशायी करना (योजना आदि) Founder
धारी (चौड़ा लंबा आकार का) Stripe
धारी (लंबा आकार का पतली रेखा के रूप में) Streak
धारीदार Striated (Curtain, etc.)
धार्मिक अनुष्ठान Rituals
धार्मिक कानून Canon
धार्मिक संस्कार Rite
धार्मिक संस्कार नहीं करने वाला Recusant
धार्मिक विषय के बारे में अपमानजनक भाषा बोलना Blaspheme
धार्मिक सम्मान युक्त मान्यता वाला Holy *Holy river/scripture
धार्मिक सम्मान युक्त पवित्र (स्थल) Sacred *Sacred shrine
धार्मिक पवित्रता युक्त Sacrosanct
धार्मिक पवित्रता/मान्यता का अपमान Sacrilege
धार्मिक गोष्ठी Seance
धार्मिक ग्रंथ Scripture
धार्मिक सौहार्द समारोह Communion
धावा बोलना Raid
धाह लगना/झुलसना Singe
धिक्कार Reproof
धिक्कारना Reprove
धीमी आवाज में (बोलना) Sotto voce
धीरज Patience
धीरे-धीरे बेअसर करना (समस्या, हंगामे को सही तरह से हल कर के) Diffuse *Tension was diffused
धीरे-धीरे ह्रास होना (शक्ति का, गर्मी का) Dissipate *Dissipate heat from a hot body
धीरे-धीरे उबलना (द्रव्य का, व्यक्ति का क्रोध में) Simmer *He was simmering in anger *Water was simmering on the stove
धीरे-धीरे उबलना (दूध का) Scald *Scald milk to avoid overflowing
धुँध Fog
धुँधला Hazy
धुँआँ उगलना Billow (fumes, smoke)
धुँध एवं धुँएँ का मिश्रण Smog (smoke + fog)
धुँधला (अस्पष्ट दृश्य, दृष्टि) Blurred *Blurred vision *Blurred photograph
धुँधला (अस्पष्ट याद, विचार) Vague *Vague memory/idea
धुँधला करना Cloud *Tears clouded the vision
धुँधला करना Blur, Obfuscate
धुँधली आकृति दिखाई देना Loom
धुक-धुकी होना (डर से घबरा कर) Consternate *Rampaging crowd consternated her.
धुत (नशे में) Besotted
धुत (नींद में) Somnolent
धुन/फितूर Craze
धुन (किसी काम की) Spree *Eating spree
धुनाई करना (लगातार आघात कर के) Pound
धुनाई करना (कोड़े से, डण्डे से) Thrash
धुनाई करना (रुई की) Card
धुनाई करना (फसल का भूसा अलग करने के लिए) Thresh
धुनाई करना (बातों से) Lambaste
धूप का (या प्रसिद्धि, गौरव का) **मजा लेना** Bask (in) *Bask in sun/glory
धूप में लेट कर मजा लेना Bask in the sun
धूप मे सुखना Insolate

धूप से रंग गाढ़ा होने वाले चश्मे का शीशा Photochromic glass
धूमधाम Fanfare
धूमिल करना Tarnish
धूर्त (चालाक) Crafty
धूर्त (दुष्टतापूर्ण) Wily
धूर्त (चोरी-छिपे काम करने वाला) Sly
धूर्त (धोखेबाज) Cunning
धूर्तबाजी (धोखाधड़ी पूर्ण) Guile
धूर्तबाजी (बेइमानी भरी) Skulduggery
धूर्तबाजी (चालाकी भरी) Chicanery
धूर्तबाजी (हाथ की सफाई/जादू से) Legerdemain
धूल से रक्षा के लिए शीशे/प्लास्टिक का ढक्कन Cloche
धूल चाटना (हार कर) Bite the dust
धैर्य (मन को शांत कर के) Patience
धैर्य (बर्दाश्त करने में) Forbearance
धैर्य (हिम्मत के साथ बर्दाश्त करने में) Fortitude *Fight adversity with fortitude
धैर्य (सहनशीलता पूर्ण) Endurance *Bear pain of life with endurance
धैर्य (खुशी या गम दोनों में एक समान) Stoicism
धैर्य (मनोबल बनाये रखने का) Morale *The team kept morale high
धैर्य टूटने की कगार पर At the end of one's tether
धोखा खाने वाला सीधा-साधा (व्यक्ति) Gullible
धोखाधड़ी/धोखाधड़ी करना Deceit/Deceive
धोखाधड़ी (चालबाजी से) Deception
धोखाधड़ी (विश्वासघात कर के) Perfidy
धोखाधड़ी (किसी को ठग कर) Fraud
धोखाधड़ी (पहचान बदलकर) Imposture
धोखाधड़ी करने वाला/धोखाबाज Perfidious
धोखाधड़ीपूर्ण Fraudulent
धोखाधड़ीपूर्ण Deceptive
धोखेबाज मित्र Judas
धौंकनी Bellows
धौंस जमाना (गरज कर, धमका कर, बड़ी-बड़ी बातें करके) Bluster *He blusters, but does nothing
धौंस जमाने वाला Bully
ध्वंस करना Demolish
ध्वंस होना Collapse
ध्वंसावशेष (ध्वस्त मकान का) Rubble
ध्वंसावशेष (दुर्घटनाग्रस्त वस्तु का) Debris
ध्वंसावशेष (नाँव का डूब कर समुद्र तल में बैठना) Lagan
ध्वस्त करना Demolish
ध्यान Attention
ध्यानाकर्षक (स्थिति) Conspicuous *His absence in the meeting was conspicuous
ध्यान आकर्षित करना Attract
ध्यान आकर्षित करने के लिए प्रयुक्त वस्तु Bait
ध्यान आकर्षण का केन्द्र Cynosure *Handsome youngman was cynosure of all eyes
ध्यान केंद्रित करना Concentrate
ध्यान नहीं देने के कारण (भूल होना) Inadvertenly
ध्यान बंटना Distract
ध्यान बांध कर रखना Captivate, Enthrall
ध्यान भटकाना Detract
ध्यान भटकाने वाला (कदम) Red herring
ध्यान भटकाने के लिए प्रयुक्त वस्तु Decoy
ध्यानमग्न Engrossed
ध्यान योग करना Meditate
ध्यान से रिपोर्ट पढ़ना Peruse (report)
ध्यान देना Pay attention
ध्यान देना (सलाह पर) Heed
ध्यान देना (मुखातिब होकर) Advert (to)
ध्यान देना (किसी की तरफ मुड़कर) Advert (to)
ध्येय Aim, Objective
ध्वज Flag
ध्वज (नुकीला किनारा वाला) Pennant
ध्वज (सेना का) (See झंडा) Colours
ध्वज स्तंभ Mast
ध्वनि Sound
धृष्ट (व्यक्ति) Impudent
धृष्टता/दु:साहस (शर्मनाक, बेशर्मी भरा) Gall
धृष्टता (हठधर्मिता युक्त) Effrontery
धृष्टता (घमंड भरी) Insolence
धृष्टता (भयरहित) Temerity

न

नंग-धड़ंग/नंगा Stark naked/Naked
नकचढ़ा (भौंहें तनी हुई) Supercilious
नकटी (नाक का मेल) Snot
नकल (दस्तावेज की फैक्स मशीन से भेजी हुई) Facsimile
नकल (मशीन से उतारी हुई प्रति) Xerox / Photocopy
नकल (आकृति को देख कर हु-ब-हु बनाई हुई) Replica
नकल (जन्तु का कृत्रिम रूप से बनी) Clone
नकल (अवैध रूप से बनाई हुई) Counterfeit *Counterfeit of Rs 500 notes
नकल (भाषण, बयान आदि का लिखित) Transcript
नकल करना (परीक्षा में) Crib
नकल करना (धोखा देने के लिए दस्तखत, लिखावट की) Forge *Forge someone's signature
नकल करना (बीमारी का) Malinger, Feign
नकल करना (अनभिज्ञता का, अन्य भावना का) Feign pretend
नकल करना (चुपचाप लेट कर मरने का) Play possum
नकल उतारना (आवाज की) Mimic
नकल उतारना (हावभाव की) Mime
नकल उतारना (बंदर जैसी) Ape
नकल उतारना (कारनामे की) Imitate
नकल उतारना (किसी की आदतों का मजाक उड़ाने के लिए) Caricature
नकल उतारना (किसी की सफलता की) Emulate
नकल उतारना (हू-ब-हू लगने लायक) Simulate
नकल उतारना (संगीत, साहित्य की हास्यास्पद रूप में) Parody
नकलची Copycat
नकली (असली नहीं बल्कि बनाया हुआ) Factitious (Flowers)
नकली (असली जैसी बनाई हुई) Artificial *Artificial ornaments
नकली (दूसरे को देख कर करने वाली) Imitated *Imitated behaviour
नकली (नोट/रुपया आदि गैर-कानूनी, ठगने के लिए बनाई गई, देखने में असली जैसा हू-ब-हू दिखने वाला) Counterfeit *Counterfeit currency notes
नकली (असली लगने वाला) Spurious *Spurious goods/medicine
नकली (सही लगने वाला) Specious *Specious arguments
नकली (असली जैसा दिखने वाला) Fake *Fake sympathy *Fake signature
नकली (असली से बदलने लायक) Ersatz *Ersatz wooden furniture actually made of artificial wood-like material
नकली अंग (कटे अंग की जगह लगा हुआ) Prosthetic
नकली दवा (रोगी को बहलाने के लिए दी जाने वाली) Placebo *Placebo is given to a hypochondriac patient
नकली बहादुरी (दूसरो को प्रभावित करने के लिए) Bravado
नकाब Mask
नकारना (दोषारोपण) Refute
नकारना (मानने से) Refuse *Refuse to accept an offer
नकारना (अपनाने से) Repudiate *Repudiate relationship/allegations/wayward son
नकारना (दावा मान लेने से) Deny *Deny someone's claims/request
नकारना (विरोधी तथ्य के आधार पर) Militate against *Facts militate against his claims
नकारात्मक (opp. **सकारात्मक**) Negative (opp. Affirmative)
नकेल कसना Rein (in)
नक्कारखाने में तूती A cry in the wilderness
नक्शे की विशेषता के लिखित सूत्र/निर्देश Legend
नक्शा बनाने की कला Cartography
नक्षत्र Star
नक्षत्र विज्ञान Astronomy
नगर (शहर) **का बाहरी क्षेत्र/उपनगरीय इलाका** Suburb
नगर का व्यापारिक इलाका (नगर के केन्द्र में) Downtown *He works/commutes downtown

नगर का रिहायशी इलाका (नगर के केन्द्र से दूरी पर) Uptown *He lives in uptown colony

नगण्य (परिणाम में) Inconsequential

नगण्य (मात्रा) Inconsiderable, Negligible

नगण्य (महत्व में) Insignificant

नचाना Spin

नजदीक आकर कुछ पूछना या कहना Accost *He accosted me to ask for an address *A beggar accosted me for alms

नजदीक/निकट पड़ोस Vicinity/Vicinal *He lives in my vicinity/vicinal house

नजदीक/निकट (अलग-बगल, पास में) Proximity/Proximal *Our houses are in proximity

नजदीकी (सटा हुआ) Propinquity *Two houses are located in propinquity

नजदीकी/निकट (आपसी संबन्ध में) Intimacy/Intimate *Intimate friend

नजरअंदाज Ignore

नजरबंद House-arrest

नजर रखना (किसी पर) Keep watch *Keep watch on the playing child

नजर रखना (दुश्मन की गतिविधि पर) Keep under surveillance

नजर रखना (किसी की गतिविधि पर) Keep tab (on)

नजर रखना (किसी के काम पर) Oversee *Oversee the progress of work

नजर रखना (परेशान करने वाली बात पर) Keep vigil *Keep vigil on the people around

नजर रखने की अवस्था में Vigilant *Be vigilant against the trouble makers

नजर रखने वाला स्वनियुक्त दल का सदस्य (समाज में गड़बड़ी फैलाने वालों पर) Vigilante

नजर लग जाना Jinx

नजरिया (व्यक्ति का किसी विषय पर) Outlook *Narrow outlook of a person

नजरिया (किसी विषय के बारे में विशेष अंदाज) Aspect *Neglecting the safety aspect of work

नजरिया (किसी विषय को देखने-परखने का) Perspective

नजारा Spectacle

नट Acrobat

नटखट Naughty

नटखट बच्चा Infante terrible

नतीजा (काम का) Consequence

नतीजा (प्रयास का) Outcome

नर्तक/नर्तकी Dancer/Danseuse

नथूना Nostrils

नदारद होना (कार्य स्थल से) Play truant

नदी तल से मिट्टी निकालना Dredge

नदी में छिछला गहराई का भाग (जिससे होकर आर-पार जाया जा सके) Ford

नदी में उभरा हुआ ठीला Shoal

नपुंसक Impotent

नफरत Hatred

नफा-नुकसान पर विचार करना Consider pros & cons

नफासत Sophistication

नब्बे वर्षीय व्यक्ति Nonagenarian

नब्ज Pulse

नमक हराम Ingrate

नमकीन (स्वाद) Saline *Saline taste

नमकीन (संतृप्त घोल) Brine

नमकीन (पानी) Brackish

नमकीन (मजेदार लगने वाला) Salty *Salty remark

नमी Moisture

नमी सोखने/गीला होने वाला/पसीजने वाला (पदार्थ) Hygroscopic

नमी सोखकर द्रव्य हो जाने वाला (पदार्थ) Deliquescent

नमी सुखाना (धूप में रखकर) Insolate *Pickles are insolated

नमी सोखना (पदार्थ को सुखाने के लिए) Desiccate *Desiccate foods for preservation

नमी सोखने वाला (सुखाने के लिए) **पदार्थ** Desiccant

नमूना (मूर्ति का, अच्छाई का) Model *The model of a designed car

नमूना (बनाए जाने वाले शिल्प का) Maquette

नमूना (परीक्षण के लिए वस्तु में से चुना हुआ एक) Specimen *Specimen of signature *Specimen of a new book published

नमूना (वस्तु का एक अंश - पसंद करने के लिए

या परीक्षण के लिए) Sample *Sample of rice/cement

नमूना (गुण युक्त होने का) Epitome *He is an epitome of laziness/courage

नमूना (सर्वोत्तम गुण होने का) Paragon *He is the paragon of modesty

नम्र (स्वभाव) Mild

नम्र (व्यवहार)/**नम्रता** Humble/Humility

नम्र (अपनी महत्ता जताने में) नम्रता Modest/ Modesty

नम्र स्वभाव का Polite

नया-नया धनी या समपन्नता प्राप्त व्यक्ति (रहन-सहन में शालीनता आये बिना) Parvenu, Neorich, Upstart

नयापन Novelty

नयापन युक्त Novel *Novel idea

नयापन लाना (किसी काम में) Innovate

नयापन लाना (पुराने मकान, मशीन में) Renovate

नया-नया प्रवेश पाने वाला व्यक्ति (दल में, धर्म में) Neophyte

नये सिरे से (कुछ करना) de novo *After failure do it de novo

नरक Hell

नरक का भागी (दुराचरण के लिए) Reprobate

नरम एहसास देने वाला Snug, Cozy

नरमी दिखना Be lenient

नर-संहार (सत्ता, शासक द्वारा प्रेरित) Pogrom

नर-संहार (अधिक संख्या में) Carnage *Carnage in communal riot

नर-संहार (क्रूरतापूर्वक) Massacre *Three innocent persons were massacred by the terrorists

नल Hydrant

नल की टोंटी Faucet, Tap

नलिका Duct

नवसिखुआ (व्यक्ति) Novice (person)

नवसिखुआ व्यक्ति (see **नौसिखुआ**) Tyro, Cad, Greenhorn

नवीनतम प्रचलित फैशन Rage

नशाखोर Addict

नशाबंदी Prohibition

नशा में धूत Inebriated, Besotted

नशीला Intoxicating

नश्वर (शरीर, संसार) Mortal

नश्वर (पदार्थ) Perishable (vegetables, fruits)

नष्ट करना Destroy

नष्ट होना (तहस-नहस होकर, सड़ कर) Perish *Several houses perished in flood *Vegetables perished due to unseasonal rains

नष्ट होना (सड़ने से दुर्गंधित होकर) Putrefy

नष्ट होना (ताजगी बर्बाद होकर) Decay

नष्ट होना (आग में जल कर) Gut *The house was gutted in fire

नसीहत Salutary advice, Sermon, Homily

नस्ल Lineage

नस्ल (जानवर की) Pedigree

नाद Trough, Manger

नाई Barber, Coiffeur (fm. Coiffeuse)

नाक (लंबे आकार की) Snout

नाक (जानवर की लंबे आकार की) Proboscis

नाक का डॉक्टर Rhinologist

नाक के छेदों के बीच भाग करने वाली दीवार Septum

नाक के बाल को खींच कर तोड़ने की आदत Rhinotillaxomania

नाक में ऊँगली डालकर नाक खोदने की आदत Rhinotillaxomania

नाक छिड़कना Blow one's nose

नाक-भौं सिकोड़ना (क्रोध में) Frown

नाक-भौं सिकोड़ना (तिरस्कार में) Sneer

नाक-भौं सिकोड़ने वाला (नापसंदगी से) Fussy, Fastidious

नाक बहना Snivel

नाक में ऊंगली डालकर नाक खोदने की आदत Rhinotillomania

नाक से किसी को प्यार से रगड़ना Nuzzle *The mother nuzzled her baby

नाक से संबन्धित Nasal

नाक से आवाज निकालते हुए हँसना Chortle

नाक से आवाज के साथ सांस बाहर फेंकना Snort

नाक से खर्राटे लेना Snore

नाक का छेद Nostril

नाक में जमा मेल/नकटी Snot

नाक सुकड़ना (सर्दी-जुकाम होने पर) Sniffle

नाक सुकड़ना (गंध महसूस करने के लिए हवा अन्दर करने के लिए) Sniff *Sniffer dog sniffs to identify the smell

नाक सुकड़ना (रोने पर नाक से पानी बहने पर) Snuffle

नाक से सुडुकना (नशे का पाऊडर) Snuff

नाकाबंदी Blockade

नाकाम करना (आक्रमण, प्रयास, आदि) Foil

नाखून के किनारे की त्वचा Cuticle

नाखून को दाँतों से कुतरने की आदत Onichophagymania

नाखूनी पंजा Claw

नागरिक (स्वतंत्र देश का) Citizen *Citizen of India

नागरिक (शहर, स्थान में रहने वाला) Denizen *Denizens of the metro city

नागरिक (राजतंत्र में रहने वाली प्रजा) Subject *British subjects

नागरिक (किसी देश का विदेश में रहने वाला) National *British nationals living in India

नागरिक/नगर से संबन्धित Civic *Civic amenities

नागा संन्यासी Gymnosophist

नाचना (घूमना - चारों तरफ/गोल-गोल) Spin *A top spins very fast

नाचना (एक बिन्दु/केन्द्र के चारों तरफ) Gyrate *Mixer blades gyrate

नाचना (नर्तक का एक पैर पर) Pirouette *Dancer pirouettes

नाचना (मशीन के चक्के का) Whirr

नाचना (सिक्के का) Twirl *A coin is made to twirl by a flick of the thumb

नाचना (चक्रवात का) Whirl *Flood water whirls

नाचना (कुर्सी का अपनी धुरी पर) Swivel *Swivel chair

नाज करना Be proud of, Pride on

नाजायज संबन्ध (मर्द एवं औरत के बीच में) Liaison

नाजायज (संबन्ध, व्यापार) Illicit (relation)

नाजायज (गैरकानूनी, अमान्य) Illegitimate (activity, child)

नाजुक Delicate

नाटक का पात्र/भूमिका Character

नाटकीय Dramatic

नाटकीयता से भरपूर (स्थिति) Melodramatic

नाटकीयता से भरपूर (हावभाव) Histrionic (gesture)

नाटकीय मोड़ (कहानी में) Coup d'theatre

नाथना Harness *Harness the horse in the cart

नादान Innocent

नाधना (बैलों की जुए में) Yoke

नापना (लंबाई, दूरी) Measure *Measure distance/length, etc

नापना (गहराई) Fathom *Fathom depth of sea

नापना (परिस्थिति की गंभीरता को) Gauge *Gauge the situation

नापने का आधार Parameter

नापने का यंत्र (गैस के दबाव को) Manometer

नापने का यंत्र (हवा के बहाव की गति) Anemometer

नापने का यंत्र (पहिए द्वारा तय की गई दूरी को) Odometer

नापने का यंत्र (वर्षा की मात्रा) Hyetometer

नापने का यंत्र (रक्तचाप का) Sphygmomanometer

नापने का यंत्र (पहिए के घूमने की गति) Trocheameter

नापसंद व्यक्ति (मन में घृणा भाव होने से) Bete noire

नापसंद करना Dislike *I dislike sweets

नापसंद करना (बर्दाश्त से बाहर) Detest *I detest his behaviour

नापसंद करना (निकृष्ट समझ कर) Despise

नाभि Navel

नाम Name

नाम (समूह का सामूहिक नाम) Denomination *Notes are available in various denominations

नाम (लेखक का अपनाया हुआ) Nom de plume

नाम (नकली - पहचान छिपाने के लिए) Pseudonym

नाम (गुण, कारनामे पर आधारित लोगों द्वारा पुकारने वाला) Epithet

नाम (विशिष्टता पर आधारित) Sobriquet

नाम (लोगों का दिया हुआ अपनी पसंद का) Appellation

नाम (पुकार का) Nickname

नामकरण करना Christen

नामकरण पद्धति Nomenclature

नाम-मात्र के लिए Nominal

नाम पर आधारित (शब्द) Eponymous (word)

नाम-पट्ट Shingle

नामर्द Effeminate

नामित (किसी पद के लिए) Designate *Ambassador-designate

नामित करना (कमिटी के सदस्य के रूप में) Nominate

नामित करना (पद, स्थान को पहचान विशेष के आधार पर) Designate *The district in charge has been designated as Dy-Commissioner *This place has been designated as heaven on earth

नामी (मशहूर) Renowned *Renowned leader

नामोनिशान मिटाना (लिखित शब्दों का, यादगार से, अस्तित्व से) Obliterate *Obliterate from memory *Bombing obliterated the existence of buildings

नामोनिशान मिटाना (जीव-जन्तु का) Exterminate *Exterminate wild species

नामोनिशान मिटाना (जड़ से उखाड़ कर समस्या का) Eradicate *Eradicate polio/ superstition

नायक (नाटक की महत्वपूर्ण घटना को अंजाम देने वाला) Hero *Hero of the film *He became the hero of the protesters

नायक (उद्देश्य के लिए संघर्ष का) Protagonist *Mahatma Gandhi was the protagonist of the freedom struggle

नारकीय Hellish, Abject

नारकीय भोग Perdition

नाराज Angry

नारा Slogan

नारा (व्यक्ति, संस्था के सदस्यों के पालनार्थ) Motto

नारा लिखी तख्ती Placard

नाराजगी/नाराजगी दिखाना Resentment/Resent

नाराजगी का दौरा Dudgeon

नाराजगी में मुँह फुलाना Sulk

नारियल का छिलका Coir

नारियल (सुखाया हुआ) Copra

नाल (बन्दूक की) Barrel

नालायक Unworthy

नाली/जमीन के नीचे बनी नाली Drain/Sewer

नाली प्रणाली Drainage

नाली प्रणाली (भूमिगत) Sewerage

नाली से बहने वाला (पानी, कचरा) Sewage

नाव खेना Row

नाव उलटना (पानी में) Capsize

नाश करना Ruin

नाश होना (दुर्घटना, सड़ने से) Perish *Several people perished in flood

नासूर Festering wound

नास्तिक Atheist

निंदा (सार्वजनिक रूप से की गई) Obloquy *Politicians have earned obloquy for their nefarious activities

निंदा (गलत काम से असहमति जताने के रूप में) Disapprobation *Wrong policy of the government met with people's disapprobation

निंदा करना (भर्त्सना कर के) Condemn *Condemn dastardly act of violence

निंदा करना (अपमानजनक टिप्पणी करके) Contemn *Contemn judicial verdicts

निंदा करना (गलत काम के लिए फटकार के साथ) Reprehend

निंदा करना (आलोचना करके) Censure

निंदा करना (घोर आलोचना करके) Denounce

निंदा करना (विरोध करने में असमर्थ होकर दुखी मन से) Deplore *People deplore the falling standards of education

निंदा करना (विरोध में खिल्ली उड़ा कर) Decry *Decry the conduct of politicians

निंदनीय Reprehensible

निकट Near

निकट में स्थित Vicinal

निकटता Vicinity

निकटता (पास-पास में होने से) Proximity

निकटता (सटी-सटी स्थित में) Propinquity

निकटता (संबन्ध में) Intimacy
निकटवर्ती Nearest, Proximal
निकम्मा Idle, Indolent
निकास (भवन से बाहर जाने का) Exit
निकास (हवा का टंकी से) Vent
निकास (पानी के बहाव का) Outlet
निकासी (बैंक से रुपए की) Withdrawal
निष्क्रिय Inactive
निष्क्रिय अवस्था Doldrums *Business in doldrums
निकृष्ट (नैतिकता) Deprave
निकृष्ट (महत्वविहीन होने से) Trivial *Trivial matters
निकृष्ट (असम्मानित स्थिति के कारण) Abject *Abject condition of poverty
निकृष्ट (किसी के मुकाबले कम महत्व का होने से) Inferior *Inferior status
निकृष्ट (गंदा होने के कारण) Sordid *Sordid place
निकृष्ट (अनैतिक होने के कारण) Profligate *Profligate person
निकृष्ट (नीचतापूर्ण कार्य) Mean *Mean activity
निकृष्ट (बुरा होने के कारण) Vile
निकृष्ट (छोटा-मोटा होने के कारण) Petty *Petty matters
निकृष्टता (अनैतिक व्यवहार में) Turpitude, Depravity, Profligacy
निखार Glow
निखालिस/नितांत Sheer *Sheer foolishness
निगरानी (किसी व्यक्ति/कार्य पर) Vigil *Keep vigil on corruption
निगरानी (अपराधी, संदी ही व्यक्ति पर) Surveillance
निगलना Swallow
निगलना (गटागट, भूखा होने के कारण) Devour
निगलने में कठिनाई Dysphagia
निगाह रखना Keep watch
निगाह दौड़ाना (लिखित पत्र, किताब पर) Browse
निचोड़ (संक्षेप में) Gist
निचोड़ (सार तत्व के रूप में) Essence
निचोड़ना (दबा कर) Squeeze
निचोड़ना (रस निकालने के लिए) Extract
निछावर करना Sacrifice
निजात पाना Get riddance
निठल्ला Indolent
निडर Intrepid
निढ़ाल Languid
नितांत गंभीर (डरावने परिणाम वाली स्थिति) Dire *Dire situation/warning *His situation is dire
नितांत (संपूर्ण रूप से) Utter *Utter foolishness
नित्य Daily
निथारना Decant
निदान Remedy
निद्रावस्था में Asleep
निधन Demise, Death
निपटारा करना (समस्या का/काम का/झगड़े का) Sort out, Resolve/Dispose/Settle
निपुणता (दिमाग चलाने में) Acumen
निपुणता (काम करने में) Efficiency
निपुण (कार्य करने वाला) Ace *He is an ace pilot
निपुण (काम करने में) Efficient *Efficient worker/machine
निपुण (हाथ से काम करने में) Dexterous *Dexterous weaver
निपुण (किसी विषय में) Proficient *He is proficient in economics
निपुणता Prowess
निपुणता (किसी विषय में) Proficiency *Proficiency in maths
निबटना (किसी से) Deal with
निबटना (कठिन परिस्थिति से) Tackle
निबटाना (काम/फाईल) Dispose, Settle
निबटाना (झगड़ा) Settle
निबटाना (समस्या) Resolve
निभाना (संबन्ध आदि) Maintain
निम्न वर्गीय (समाज) Plebeian (Society)
निम्न योग्यता वाला (व्यक्ति) Mediocre
निर्मम Ruthless
नियंत्रण के अधीन Dirigible
नियंत्रण की सरकारी नीति Dirigisme
नियंत्रण से मुक्ति की नीति Laissez faire
नियम नहीं मानने वाला Recusant
नियंत्रण यंत्र (गाड़ी का) Steering

नियंत्रण यंत्र (पानी के जहाज का) Helm
नियत Prescribed
नियत कार्य Assigned work
नियति Destiny
निरंकुश Unrestrained
निरंकुश शासक Autocrat, Despot
निरंतर Incessant
नि:शस्त्रीकरण Disarmament
नि:संकोच Unhesitantly
नि:संतान Sine prole *He died sine prole
नि:संदेह Undoubtably, Undoubtedly
नि:संतान औरत (बच्चा पैदा करने से वंचित) Nullipara
नि:स्वाद Vapid
नि:स्वाद Bland
नि:स्वाद Insipid
नि:स्वार्थ Selfless
निरपेक्ष Absolute
निरस बयान Platitude, Cliche
निरस्त Null & Void
निरस्त होने लायक (अधिकार, नियम) Defeasible (rights, rules)
निरस्त करना (पूर्व आदेश को) Countermand
निरस्त करना (समझौता) Annul, Rescind
निरस्त करना (पूर्व निर्णय को, Contract को) Annul *The marriage was annuled & divorce granted
निरस्त करना (पूर्व समझौते को) Abrogate (treaty)
निरस्त करना (पूर्व नियम/कानून को) Repeal
निरस्त करना (पूर्व ओदश को) Revoke
निरस्त करना (कानून को) Rescind
निरक्षर Illiterate
निराकार Incorporeal
निरादर (व्यक्ति का) Insult
निरादर (धार्मिक संस्कार का) Profanity
निरादर (धार्मिक पवित्रता का) Sacrilege
निरादर (धार्मिक विश्वास, धार्मिक नियम/कायदे का) Heresy
निरादर (धर्म-विरुद्ध बातों से) Blasphemy
निरादर करना Insult
निरादर करना (धर्म के विरुद्ध बोल कर) Blaspheme
निराधार Baseless
निराला Unique
निराश (हताश करने वाला) Dejected/Despondent
निराश (उम्मीद की असफलता के कारण) Disappointed
निराश (हताशा में कुछ भी करने को तत्पर) Desperate *Desperate person
निराश करना Disappoint
निराश करना (अक्षमता, अकर्मण्यता से) Fail *Democracy has failed the people
निराश करना (उम्मीद पर पानी फेर कर) Let one down
निराश होना (पूर्णतया) Despair
निराशा (उदासी से भरी) Gloom
निराशा (दुख भरी) Angst
निराशा (निरुत्साहित करने वाला) Despondence, Dejection
निराशा (कोई भी खतरा उठाने की स्थिति) Desperation
निराशा (परिस्थितिजन्य) Despair
निराशा (नाउम्मीद) Disappointment
निराशा की दलदल Slough of despond
निराशावादी Pessimist
निरीक्षण Inspection
निरीक्षण में पास करना Pass muster
निरुत्साहित करना (हतोत्साहित करके) Discourage
निरुत्साहित करना (कठिनाई खड़ी करके) Daunt *Problems at every step daunt someone's resolve to do something
निरुत्साहित करना (खतरा देख कर) Dismay
निरुत्साहित करना (उम्मीद पर पानी फेर कर) Disappoint *Failures disappointed him
निरुद्देश्य भटकना (बेघरबार का होने से) Wander
निरुद्देश्य भटकना (मैले, पार्क में मजा लेने के लिए) Gallivant *Gallivant whole day on Sunday
निरुद्देश्य भटकना (बिना काम का समय गँवाने के लिए) Loiter *Loiter around to pass time
निरुद्देश्य भटकना (घर से बाहर बाजार में) Gad Women gad around in the market to pass time

निरुद्देश्य भटकना (इधर-उधर) Loaf
निरुद्देश्य Purposeless
निर्दयता Ruthlessness
निर्दयता पूर्ण (सजा, नियम, सत्ता) Draconian
निर्दयी Cruel, Ruthless
निर्देश देना (काम करने के तरीके बता कर) Instruct *Instruct how to operate machine
निर्देश देना Direct
निर्देश देना (नियम पालन के लिए) Enjoin *He was enjoined to lead an austere life
निर्देश-पुस्तिका Manual
निर्दोष Innocent
निर्धन/निर्धनता (see **गरीब**) Poor, Indigent, Pauper/Privation, Penury, Poverty
निर्धारित Prescribed
निर्धारित समय (काम करने का) Schedule
निर्धारित समय सीमा (काम पूरा करने की) Deadline
निर्बाध बढ़ोतरी होने वाला (अवांछित) Rampant *Rampant corruption
निर्भर (भावी अनिश्चित घटना पर) Contingent upon *Success is contingent upon the needed support
निर्भर (किसी के दायित्व पालन पर) Incumbent upon
निर्भर होना/निर्भरता के योग्य Rely/Reliable
निर्भर व्यक्ति (किसी की सहायता के ऊपर) Dependent/Depend on
निर्भीक Intrepid
निर्मम Ruthless
निर्माण करना Construction/Construct
निर्माण स्थल Site
निर्यात Export
निर्लज्ज (अनादरपूर्ण व्यवहार करने वाला) Impudent
निर्लज्ज (शर्म विहीन) Shameless
निर्लज्ज (बेहयायीपूर्ण) Brazen
निर्लज्ज (अकड़, अभिमान से भरा हुआ) Brash
निर्वाचन क्षेत्र Constituency
निर्वाचक Constituent, Electorate
निर्वाण Salvation
निर्वासित Exiled
निर्वासित जन Deracine
निर्वाहन Sustenance
निर्वाहन करना Subsist (on)
निर्विघ्न Unhindered, Uninterrupted
निर्विरोध Unanimous
निर्विवाद Undisputed
निवर्त्तमान Erstwhile
निवारण Disposal
निवाला Morsel
निवास करना (स्थायी रूप से) Dwell
निवास करना (किसी स्थान में) Inhabit
निवास करना (किसी घर/शहर में) Reside
निवास स्थल Abode
निवास स्थल (जानवर का प्राकृतिक) Habitat
निवासी (मकान, जगह, शहर का) Resident
निवासी (किसी स्थान का प्राकृतिक) Inhabitant
निवासी (हॉस्टल, होटल में ठहरा) Inmate
निविदा Tender
निवेदन Urge
निवेश Investment
निहायत Sheer, Utter *Utter fool
निहारना Behold
निहित Vested
निहोरा करना Beseech
निशस्त्रीकरण Disarmament
निशाचर Nocturnal
निशान (सूचना के लिए अंकित) Sign *Sign of road directions
निशान (दूसरों को रास्ता बताने वाला) Trail
निशान (जानवर द्वारा पीछे छोड़ी हुई गंध का, खूर का) Spoor
निशान (मोटर के टायर का, कच्ची जमीन पर) Rut
निशान (आगे बढ़ते हुए, अपने पीछे छोड़ते जाते हुए) Wake *The jet plane left the wake of white smoke in the sky
निशान (युद्ध, दुर्घटना, कठिन समय के बाद में छोड़ा अप्रिय) Aftermath *In the aftermath of floods, the region was afflicted with epidemic *Epidemic was the aftermath of war

निशान (लुप्त वस्तु, रिवाज, आदि का बचा रह गया) Vestige *Vestige of ancient culture
निशाना Target
निशाना लेना Aim
निश्चित कार्यक्रम आगे टालना Postpone
निश्चित कार्यक्रम पहले करना Prepone
निश्छल प्रेम Platonic love
निश्छल स्वभाव का Naive
निश्चय से पीछे हटना Budge
निश्चित Certain
निश्चिन्त Carefree
निश्चिन्त/निश्चिन्तता का एहसास Insouciant/ Insouciance
निषेधाज्ञा Prohibition
निषिद्ध Prohibited, Forbidden
निष्कर्ष (घटना के नतीजे के रूप में) Outcome
निष्कर्ष (बात-विचार के नतीजे के रूप में) Conclusion
निष्कर्ष Inference
निष्कपट व्यक्ति Ingenue (opp. Ingenious)
निष्कपट नियत का Bona fide *Bona fide member of the society
निष्कपट नीयत Bona fides *His bona fides is unassailable
निष्कलंक Unblemished
निष्कासन (सत्ता से, पद से) Ouster *Ouster from the position of power
निष्कासन (किसी स्थान से) Expulsion *Expulsion from the class
निष्कासित करना (गैर-कानूनी कब्जे से) Evict
निष्कासित करना (समाज से) Ostracise
निष्कासित करना (जाति से) Outcaste
निष्कासित करना (धर्म से) Excommunicate
निष्कासित करना (देश से) Exile
निष्कासित करना Expel
निष्कासित करना (सत्ता के आदेश पद शहर, स्थान से) Banish, Proscribe *The Criminal was banished from the town
निष्कासित करना (सत्ता से) Oust
निष्क्रिय Idle, Inactive, Torpid
निष्क्रिय (व्यक्ति) Inactive, passive
निष्क्रिय (काम नहीं करने लायक) Defunct *Defunct machine *Illness has made him defunct
निष्क्रिय (कार्यालय/पद पर रहते हुए) Functus officio
निष्क्रिय (सुसुप्तावस्था में होने से) Dormant
निष्क्रिय करना (मशीन को) Deactivate
निष्क्रिय अवस्था Doldrums
निष्क्रिय पड़े रहना (ठण्ड में) Hibernate
निष्क्रिय पड़े रहना (गर्मी में) Aestivate
निष्ठा (काम के प्रति समर्पित) Devotion, Dedication
निष्ठा (विचार में) Conviction
निष्ठा (देश, व्यक्ति के प्रति) Loyalty
निष्ठा (पार्टी, संस्था के प्रति) Allegiance
निष्ठा (जीवन-साथी के प्रति) Fidelity
निष्ठा (मालिक के प्रति सेवक की) Fealty
निष्ठा (चरित्र नैतिकता के प्रति) Integrity
निष्ठावान (व्यक्ति) Loyal
निष्ठावान (व्यक्ति, धर्म के प्रति) Devout
निष्ठावान व्यक्ति (धर्म के प्रति) Devotee
निष्ठुर Cruel
निष्पक्ष Impartial
निष्पादन Disposal
निष्प्रभावी (विफलता के कारण) Ineffective *The incumbent government proved ineffective
निष्प्रभावी (उम्मीद के अनुरूप परिणाम/फल नहीं होने से) Ineffectual *Economic measures proved ineffectual
निष्प्रभावी (वांछित प्रभाव नहीं देने वाला) Inefficacious *The prescribed medicine proved inefficacious
निष्फल Ineffectual
नींद Sleep
नींद (आँखें बन्द करके पड़े रहना) Slumber
नींद (गर्मी में दोपहर के वक्त) Siesta *Summer siesta
नींद से बोझिल होना Drowse
नींद में होना (be) Asleep
नींद में दाँत पीसने की आदत Bruxism
नींद में चलना Somnambulance

नींद से जागना Awake

नींद से जगाना Awaken

नींद/नींद लेना (थोड़ी देर के लिए आँखें मूँद कर) Nap *He took a nap while sitting on the chair in the office

नींद/नींद लेना (थोड़ी देर के लिए दिन में आराम करते समय) Catnap *He takes a catnap after lunch

नींद आने की अवस्था में Somnolent *The child was somnolent

नींद लाने वाली (दवा आदि) Somnifacient

नींव Foundation

नीच (प्रकृति का व्यक्ति) Mean *Mean-minded person

नीच (आचरण) Base *Base conduct

नीच (नीयत का) *Nefarious (intention)

नीचे उतरना (जहाज से) Disembark

नीचे उतरना (साइकिल, घोड़े की पीठ से) Dismount

नीचे उतरना (ट्रेन, बस से) Alight (opp. Board)

नीचे उतरना (ऊँचाई से) Descend (opp. Ascend)

नीचे उतरना (आसमान से तेज गति से) Swoop (opp. Soar)

नीचे गिरना (घटिया काम करके अपने सम्मान-स्तर से) Stoop *I can't stoop to deceive my friends

नीचे गिरना (स्वास्थ्य, कीमत का) Decline *His health has declined

नीचे गिराना (स्तर को) Abase *Mean politicians have abased politics

नीचे गिराना (नैतिकता को) Deprave

नीचे गिराना (मिलावट से गुणवत्ता को) Debase *Debase quality/purity of gold

नीचे गिराना (मान-सम्मान) Degrade *Do not degrade him

नीचे गिराना (अपने सम्मान को) Demean *He has demeaned himself with his bad activities

नीति विरुद्ध (आचरण) Impolitic *It is impolitic to pick up quarrel with the strangers

नीति प्रभावित करने का प्रयास करना Lobby

नीति प्रभावित करने का प्रयास करने वाला Lobbyist

नीम-हकीम Quack

नीयत Intention

नीरस (ऊब पैदा करने वाला) Dreary

नीरस (मजेदार नहीं होने से) Tedious

नीरस (चालू किस्म का होने के कारण) Pedestrian

नीरस (रोजाना करने वाला काम) Humdrum, Monotonous

नीरस (बारंबार प्रयोग से) Trite

नीरस नारा Bromide

नीरस काम/निरस काम करने वाला Drudgery/ Drudge

नीरस (बार-बार प्रयोग करने से) Trite

नीरस (बार-बार बोलने वाली टिप्पणी) Banal

नीला आसमान Azure

नीलामी Auction

नीलामी में बोली लगाना Bid

नुक्श Defect, Flaw

नुकीला Pointed

नुकीली चीज/सींग से बेधना Gore

नुकीला चीज से दबा कर हिलने-डुडलने से लाचार करना Impale

नुकीला खंभा (जमीन में गाड़कर घेरा करने वाला) Palisade

नुकीली कांटेदार तार Barbed wire

नुकीली चीज से (दिवार/जमीन से) **दबा कर रखना** Impale

नुक्स Defect, Flaw

नुमाइश करना Display

नुस्खा Prescription

नेकी Obligation

नेस्तनाबूद करना Vanquish

नैतिकता (चरित्र में) Morality

नैतिकता (आचरण में) Probity

नैतिकता (सिद्धांत में) Ethics *Ethics in business or profession

नैतिकता विहीन (आचरण जानबूझ कर) Immoral

नैतिकता विहीन (आचरण-अज्ञानता के कारण) Amoral

नैतिक बाध्यता Obligation

नैतिक रूप से भ्रष्ट Deprave

नैतिक पतन Turpitude

नैतिक आचरण Probity

नैतिक आदर्श Rectitude, Integrity, Probity
नैतिकता का पाठ पढ़ाने वाला Sententious (person)
नेत्र-विशेषज्ञ Ophthalmologist, Oculist
नैया डुबोना Founder
नैसर्गिक (अवस्था) Ethereal
नैसर्गिक Natural
नैसर्गिक (आनन्द) Ecstatic
नैसर्गिक आनन्दपूर्ण उत्तेजना Ecstasy
नैसर्गिक आनन्द की अनुभूति Bliss
नैसर्गिक स्थल (स्वर्ग समान) Paradise
नैसर्गिक (अनुभव, ध्यान) Transcendental
नोंक Tip
नोंक झोंक करना Wrangle
नोचना Scratch
नोच कर घायल करना Maul
नौकरशाह/नौकरशाही Bureaucrat/Bureaucracy
नौका Boat
नौका (पाल, मोटर युक्त) Ship
नौका (व्यक्तिगत जल भ्रमण के लिए) Yacht
नौका-होटल Boat + Hotel = Boatel
नौका रेस Regatta
नौका समूह Fleet
नौका खड़ा करने का प्लेटफार्म Pier
नौके का पाल Sail
नौजवान Youth
नौजवान (वयस्क होने से पहले की उम्र का) Juvenile *A few juveniles attacked a tourist
नौजवान अपराधकर्मी की सुनवाई के लिए कोर्ट Juvenile court
नौजवान अपराधकर्मी Delinquent *17-year delinquents committed a bank heist
नौसैनिक बेड़ा Armada
नौसिखुया व्यक्ति Tyro/cad, Greenhorn
नौसिखुया व्यक्ति (सीखने की प्रक्रिया में) Novice
नौसिखुया व्यक्ति (नया-नया पार्टी में आया हुआ) Neophyte
नौसिखुया (कला, संगीत की विद्या में) Amateur
न्यायपूर्ण Justified
न्याय Justice
न्यायसंगत (निर्णय, व्यक्ति) Judicious
न्यायपूर्ण (बंटवारा) Equitable
न्याय तंत्र Judiciary
न्याय प्रणाली Judicature
न्यायाधीश Judge
न्यायालय के अधीन (निर्णय के लिए) Subjudice
न्यायिक कार्य से हटाना (पूर्वाग्रहित होने के कारण अयोग्य करार दे कर) Recuse
न्यास Trust
न्यायालय द्वारा अन्य देश के न्यायालय को कुछ करने के लिए भेजा गया request Letters rogatory
न्योछावर करना Sacrifice
न्यूनतम (मात्रा) Minimal *Minimal amount of requirement
न्यूनतम मात्रा Minimum *Minimum requirement
न्यूनतम सदस्यों की अनिवार्य उपस्थिति (मीटिंग में) Quorum
नृशंस (अत्यंत क्रूर) Atrocious *Atrocious enemy
नृशंस (सताने वाला) Brutal *Brutal punishment
नृशंस (क्रूर) Cruel
नृशंस (वहशी) Savage *Savage attack
नृशंस (जंगली जानवर) Feral *Feral animal
नृत्य निर्देशन Choreography

प

पंगा लेना Cross sword with
पंचांग Almanac
पंक्ति (सीधी रेखा में) Row, Line *Chairs arranged in a row
पंक्ति (एक के पीछे एक अपनी बारी आने की प्रतीक्षा में खड़े लोगों की) Queue
पंक्तिबद्ध (कंधे से कंधा मिलाकर) Rank *Soldiers standing in ranks
पंक्तिबद्ध (एक के पीछे एक) File
पंक्तिबद्ध (सट कर खडे/बैठे हुए) Phalanx *Phalanx of protestors blocked the road.
पंखुड़ी Petal
पंगु Crippled, Handicapped
पंजरी Ribs

पंजीयन Registration
पंथ Sect
पंथी Sectary
परंपरा (पुराने जमाने से चला आ रहा रिवाज) Tradition
परंपरा (सर्वमान्य सामाजिक नियम पालन का) Convention
परंपरा को तोड़ने वाला Iconoclast
परंपरागत नियमों का पालनकर्ता (धार्मिक/सामाजिक बातों से संबन्धित) Orthodox
पंसारी Grocer
पंसारी की दुकान Grocery
पंसारी की दुकान में मिलने वाली सामग्री Groceries
पकड़ कर रखना (हाथों में) Hold *Hold it firmly
पकड़ कर रखना (जाने से रोक कर) Detain *Police detained him
पकड़ से बचना (चालाकी से) Elude *Success eludes him *The thief eluded arrest
पकड़ से बचना (भाग कर) Evade *Evade arrest
पकड़ से बचना (कैद से) Escape *Escape from prison
पकड़ ढीली करना Lose grip
पकड़ना Catch
पकड़ना (हवा में उड़ते हुए वस्तुं को) Capture
पकड़ना (चोर, कैदी को) Apprehend
पकड़ना (उंगलियों में फँसाकर) Clasp
पकड़ना (मुट्ठी में कस कर) Grasp
पकड़ना (हाथ से) Grab
पकड़ने का काम करने वाला (जन्तु का अंग) Prehensile, (limb, tail)
पकना (फल) Become ripe
पकवान विधि Recipe
पक्ष (गुण, विशेषता का) Aspect
पक्ष लेना Take side, Favour
पक्षपात (दो व्यक्तियों में से एक के प्रति) Partiality
पक्षपात (अन्यायपूर्ण) Favouritism
पक्षपात (अपने रिश्तेदारों के पक्ष में भाई-भतीजावाद) Nepotism
पक्षपातपूर्ण (विचार, मानसिकता) Partisan (attitude)
पक्षाघात Paralysis
पक्षी विशेषज्ञ Ornithologist
पखवाड़ा Fortnight
पगड़ी Diadem
पगहा Tether *The grazing animal has been tethered to a long rope
पगुरी करना (गाय प्रजाति के जानवर का) Ruminate
पच्चर Wedge
पछतावा Regret
पछाड़ना (अंतिम दौर में पीछे छोड़ कर) Pip *Pip at the post
पछुआ हवा Westerly wind
पट (लेटना) Prone (compare: चित्र supine)
पटर-पटर की आवाज करना (टकराने पर) Patter *Rain drops pattered on the corrugated sheet of roof
पटर-पटर बोलना Patter
पटरा Plank
पटरी Track
पट्टा (किराए पर घर, आदि का) Lease
पट्टा (जानवर के पैर/गर्दन में) Jess
पट्टीदार (जायदाद में) Co-parcener
पट्टे में बाँधने वाली रस्सी Leash
पट्टी Bandage
पटाखा (फुस करके फटने वाला) Squib
पटाखा (फटने पर जोर की आवाज करने वाला) Cracker
पटाना Woo *Woo voters
पटुता Deftness
पठार Plateau
पड़ताल करना Explore
पड़ाव Halt
पड़ोसी Neighbour
पड़ोसी से कुछ मांगना (घट गया हुआ सामान) Scrounge
पढ़ने लायक (लिखावट) Legible (handwriting, print)
पढ़ने-लिखने लायक (व्यक्ति) Literate (person)
पढ़ने-लिखने लायक ज्ञान Literacy
पढ़ने में अस्पष्ट (लिखावट) Illegible
पढ़ाकू Studious

पत्नीभक्त (व्यक्ति) Uxorious
पतझड़ Defoliation
पतझड़ वाला (पेड़, पौधा) Deciduous (opp. Evergreen)
पतझड़ का मौसम Deciduescence
पतझड़ की प्रक्रिया में Deciduescent
पत्ता निकलने की प्रक्रिया में (पौधा - पतझड़ के बाद) Frondescent (tree)
पत्तों का झड़ना Exfoliate
पतन Downfall, Decline
पतवार Oar
पति-पत्नी का जोड़ा Couple
पति-पत्नी और वो Menage a' trois
पतित Reprobate
पत्नी प्रताड़ित (पति) Henpecked (husband)
पत्नी भक्त (व्यक्ति) Uxorious
पता-ठिकाना Whereabouts
पत्राचार Correspondence
पत्रिका (विभिन्न प्रकार के लेखों की) Magazine *Fortnightly magazine
पत्रिका (विषय-विषेश के लेखों की) Journal *Medical journal
पत्रिका का अंक Issue *Monthly issue of magazine
पथ-प्रदर्शक (नई-नई खोज करने वाला) Pioneer *Pioneer in research
पथ-प्रदर्शक (अन्य लोगों द्वारा अनुसरण करने के लिए काम करने वाला) Trailblazer
पथ-भ्रष्ट/रास्ते से भटका हुआ) Errant
पथराना (ठंड से) Become numb
पथराना (डर से, दुख से) Petrify
पद का दुरुपयोग Malfeasance
पदक Medal, Laurel
पदक प्राप्त व्यक्ति Laureate *He is a Nobel laureate
पदचिन्ह Foot print
पदवी मात्र के लिए Titular *He is the titular head of the company
पदासीन (व्यक्ति) (वर्तमान में किसी पद पर) Incumbent
पदासीन व्यक्ति (पूर्व में, वर्तमान से पहले) Predecessor
पर्दाफाश करना Expose
पनाह Shelter, Refuge
पनाहगार Haven
पन्ना पलटना (किताब में कुछ खोजने के लिए) Riffle
पन्नी Foil
पपड़ी Crust
पपड़ी (घाव पर की) Scab, Scurf
परंपरा (सर्वमान्य सामाजिक नियम पालन का) Convention
परखच्चा Sliver, Smithereens
परखना (क्षमता, ईमानदारी, वफादारी) Test
परखना (प्रस्ताव, आदि) Vet *Vet a manuscript/ proposal for its worth
परछाईं Shadow
परजीवी Parasite
परत Layer
परती (खेत) Fallow (land)
परदा हटाना (दिखाने के लिए) Unveil
परदा हटाना (गोपनीयता से, सच्चाई पर से) Reveal
परमपिता स्तुति Paternoster
परमानन्द Bliss
परमार्थ Altruism
परमुण्डे फलाहार करना Cadge (on)
परवरिश Upbringing
परस्पर Mutual
परस्पर आश्रित (जीवो का स्तित्व) Symbiotic
परस्पर घातक Internecine
परस्पर विरोधी (बयान) Contradictory
परस्पर विरोधी अर्थो वाला शब्दों के जोड़ी का बोलने में प्रयोग Oxymoron *Deafening silence in an oxymoron
परहेज करने का दिन (भोजन विशेष से) Maigre day for non-veg
परहेज/परहेज करना Abstinence/Abstain
परहेजी (भोजन-विशेष अवसर पर) Maigre
पराकाष्ठा/पराकष्ठा पर पहुँचना Culmination/ culminate
पराक्रम Valour
पराक्रमी Valiant
पराधीनता Subjugation

परामर्श/परामर्श देना Advice/Advise
परावलंबन Dependence
परिचय/परिचय देना Identity/Identify
परिचय कराना Introduction/Introduce
परिचायक (किसी बात का) Instance (of)
परिचारिका Female attendant, Nurse
परिचित (अंतरंग रूप से) Familiar
परिचित (जान-पहचान) Acquainted
परिचित (किसी विषय से) Conversant
परिजन Kith and Kin
परिणाम (अन्य घटना से उत्पन्न) Consequence
परिणाम (पलटवार के रूप में) Repercussion
परिणाम (किसी काम में अन्तर्निहित) Implication
परिणाम (किसी घटना, प्रयास का) Outcome
परिणाम (युद्ध, विनाश का) Aftermath
परिणामदायी कार्य करने में अक्षम Effete
परिणाम देने में अक्षम Ineffectual *Ineffectual remedy
परिणाम रहित Inconsequential
परित्यक्त/परित्याग करना Abandoned/Abandon
परित्यक्त (प्रेमी) Jilted (lover)
परिधान Dress
परिधान (विशेष प्रकार का) Attire *King's attire
परिधान (नाटक के पात्र का) Costume
परिधान (पादरी द्वारा ऊपर से पहनने वाला चोगा) Caper, Cassock
परिधान Garment, Dresses
परिधान (dress के नीचे पहनने वाला) Corset
परिधान (सैनिक का, हथियार युक्त) Panoply
परिधान (दुल्हन का, शादी के लिए) Trousseau
परिधान (कसरत आदि के लिए चुस्त रहने वाला) Leotard, Cupero
परिधान (खास व्यवसाय के लोगों का) Robe *Layers' robe
परिधान (मजदूर का) Dungaree
परिधान (अलंकार, मेडल से सजा हुआ) Regalia
परिधान (पहनने वाले के उपयुक्त) Habiliment *Habiliment of a crusader
परिधान (शोक अवसर पर पहनने वाला) Weeds
परिधान संबन्धित Sartorial
परिपक्व Mature
परिपाटी (काम की) Paradigm *Seeking power at any cost in pliticians modern paradigm
परिपाटी (रिवाज की) Tradition
परिपाटी (व्यवहार की) Convention
परिपेक्ष Perspective
परिमार्जित तौर-तरीके वाला (व्यक्ति) Couth
परिमार्जित/परिस्कृत शैली का Refined, Elegant
परिलक्षित Patent
परिवहन Transport
परिवेश (see पृष्ठभूमि)
परिष्क्रित Refined
परिशिष्ट Appendix
परिश्रम करना Labour
परिश्रम करना (कठिन, थकाने वाला) Toil
परिसर Campus
परिस्थिति Circumstance
परिस्थिति भाँपने में कुशल Astute
परिस्थितिवश कुछ करने के लिए मजबूर होना (Be) constrained (to)
परिस्थितिवश कुछ नहीं करने के लिए मजबूर होना (Be) restrained (to)
परिस्थिति से समझौता करके जीने का तरीका Modus vivendi
परिहास Ridicule, Lampoon
परी Fairy
परीक्षा में नकल करना Crib
परीक्षण करना Test
परीक्षण करना (जाँच के लिए) Examine
परेशान करना/परेशानी Harass/Harassment
परेशान करने वाला व्यक्ति (बार-बार तंग करके) Gadfly
परेशान करने वाली (स्थिति) Harrowing
परोक्ष Indirect
परोपकारी Altruist
परोसना (भोजन) Hash
परोसना (बासी भोजन) Rehash
पर्यटक/पर्यटन Tourist/Tourism
पर्यवेक्षक Observer
पर्याप्त (see **काफी/अधिक**)
पलक झपकाना (आश्चर्य में) Blink
पलक झपकाना (ईशारा करने में) Wink

पलटना (नाव का) Capsize
पलटना (उल्टा हो कर) Overturn
पलटना (स्थिति का) Turn around
पलटवार करना (हथियार, हथकंडे का) Backfire, Boomerang
पलटी मारना (हवा में) Somersault
पलटी मारना (पहले कही गई बात से) Make volte face
पलटी मारना (पहले दिए गये वचन से) Renege (on) *Renege on promise
पलायन (किसी देश/स्थान से अधिक संख्या में) Exodus
पल्ला झाड़ना (किसी से) Get rid of
पवित्र Holy, sacred
पवित्र करना Consecrate
पवित्र होने के कारण सम्मान देना Hallow
पवित्रता Sanctity
पश्चाताप Repentance
पश्चाताप (स्वयं को दंड देकर) Penance
पश्चाताप (दिल में महसूस करके) Remorse
पश्चाताप (दुख व्यक्त करके) Penitence
पश्चाताप (दिल कचोटने वाला) Attrition
पश्चाताप (गलती मान कर) Contrition
पश्चाताप करना Repent
पश्चाताप ग्रसित (गलती मानकर) Contrite
पश्चाताप ग्रसित (दुखी होकर) Penitent
पसंगा Tare
पसंद Choice, liking
पसंदीदा कार्य Hobby
पसली Rib
पसार कर रखना Lay (p. Laid) *Lay spoons on the table
पसीना Sweat
पसीना बहाना Perspire
पसीना बहाना (मेहनत करके) Toil
पसीजना (द्रवित होना) Melt
पसीजना (नमी सोखकर) Deliquesce *Ordinary salt deliquesces
पसीजना (गर्मी सोखकर) Thaw *Ice thaws
पसीजने वाला (नमी सोखकर द्रव्य बनना) Deliquescent
पसीजने वाला (नमी सोखकर गीला होना) Hygroscopic (Salt, etc)
पहचान (जानकारी के लिए) Identity
पहचानना (जानकारी के आधार पर) Identify
पहचानना (पूर्व परिचित को) Recognize
पहचान छिपाकर Incognito *He went out incognito
पहचानने में सहायक (व्यक्ति की आवाज) Timbre
पहचानने में सहायक (वर्ग विशेष के लोगों का पहनावा, बोली, रहन-सहन का तरीका) Shibboleth
पहल Initiative
पहल (बातचीत शुरु करने की) Overture
पहल (दोस्ती बढ़ाने की) Approach
पहले पहल किया गया (प्रयास, काम) Maiden
पहले पहल लिया गया भाग (नाटक, फिल्म में) Debut
पहले पहल फिल्म आदि का प्रकाशन Premiere
पहले से तैयार किया हुआ (किसी काम के लिए मानसिकता) Pre-disposed
पहुँचना (किसी जगह पर) Reach
पहुँचना (गंतव्य स्थान तक) Arrive
पहेली (रहस्यमय) Enigma
पहेली (उलझाने वाली, प्रश्न के रूप में) Riddle
पहेली (शब्दजाल के खेल के रूप में) Puzzle
पहेली (अत्यंत उलझनयुक्त) Conundrum
पाक कला से संबन्धित Culinary (art)
पाक कला Cuisine
पाक विधि Recipe
पाखंड (व्यवहार में) Hypocrisy
पाखंडी Hypocrite
पाखंडी (अपनी महत्ता का ढोल पीटने वाला) Humbug
पाखंडी (ज्ञानी होने का पाखंड करने वाला) Charlatan
पागल Mad, Insane, Lunatic
पागलपन Insanity
पाताल Nadir, Abyss
पाना/हासिल करना Get
पाना (प्रयास करके) Acquire *Acquire knowledge
पाना Obtain

पाना (अपने पास रखने वाला) Procure *Procure wealth
पाना (सफलता, उद्देश्य) Attain *Attain success
पाना (दूसरे का दिया गया/भेजा हुआ) Receive *Receive alms *Receive letter
पानी की सतह पर जमी हुई बर्फ की पतली चादर Sleet
पाने का अधिकार होना (योग्यता के आधार पर) Deserve
पाने वाला Recipient
पानी में चलना (see चलना) Wade
पाप Sin
पापी Reprobate, Sinner
पाबंदी (किसी काम को करने पर) Restriction
पाबंदी (किसी काम पर कानून द्वारा) Prohibition
पाबंदी (सरकारी/अधिकारी के आदेश से) Ban
पारंगत Adept (in)
पारंपरिक (रीति-रिवाज) Traditional
पारंपरिक (आचरण) Conventional
पारंपरिक कहानी (पुश्त-दर-पुश्त चला आ रहा) Folklore
पारंपरिक कहानी (धार्मिक आस्था पर आधारित) Mythology
पार करना Cross over
पारखी (कला का) Connoisseur
पारदर्शी (आर-पार दिखने वाला) Transparent
पारदर्शी (आर-पार हल्की रोशनी जाने योग्य) Translucent
पारदर्शी (कपड़ा आदि जिसके पार का जिस्म दिखे) Diaphanous
पारदर्शी (द्रव्य) Pellucid, Limpid (water)
पारितोषिक Reward
पारिश्रमिक (सम्मान सहित किसी व्यक्ति को दिया जाने वाला) Remuneration, Honorarium
पालतू Pet, Domesticated
पालतू जानवर Pet
पालन (नियम, रीति-रिवाज का) Observance
पालन करना Observe
पालन करना (नियम का) Comply with
पालन करना (आदेश का) Obey
पालन करना (शर्तों का) Abide by
पालन करने वाला (रीति-रिवाज का) Conformist
पालन-पोषण Upbringing
पालना (झूलने वाला) Cradle
पालना Crib
पालनार्थ नियम (दवा लेने, भोजन करने, आदि का) Regimen *Follow regimen of food, exercise and medicines
पालने वाला (बच्चे को पिता के इलावा अन्य व्यक्ति) Foster *Foster father
पावक Recipient
पिघलना Melt
पिछवाड़ा Rear
पिछड़ना (किसी अन्य से) Lag behind
पिछड़ने वाला व्यक्ति Laggard
पिछलग्गू Hanger on
पिछला भाग (वस्तु का, स्थान का) Rear *Rear of the truck
पिछला भाग (जानवर के शरीर का) Hind *The horse reared up on its hind legs
पिछला माह Ultimo mensem *He came on the 12th ultimo mensem
पिछले पैरों पर खड़ा (जानवर) Rampant *The horse was rampant to prevent the horseman riding on its back
पिंजड़ा Cage
पिंजरा Cage
पिठू Toady
पितर Manes
पिता तुल्य (परिवार का) वरिष्ठ व्यक्ति Patriarch
पितृपक्ष से संबन्धित (व्यक्ति) Agnate
पितृघात Patricide
पितृपक्ष (परिवार का) Spear side
पितृ परिवार से संबन्धित व्यक्ति Agnate
पिद्दी निकालना (दबा कर) Squash *He squashed the insect under his boot
पियक्कड़ Drunkard
पिरोना (सूईं में धागा) Reeve
पिलपिला Flaccid
पिल्ला समूह (कुत्ता, बिल्ली आदि जानवर का एक साथ जन्मा) Litter
पिसना (दब कर) Be crushed

पीड़ा (शारीरिक/मानसिक) Pain/Anguish
पीड़ा सहना Bear pain
पीड़ा सहना (किसी घटना स्वरूप) Bear the brunt
पीड़ादायक Tormenting, Excruciating, Painful
पीड़ित Aggrieved
पीछा करना (चोरी-चुपके) Stalk
पीछा करना (भागने वाले को पकड़ने के लिए) Pursue
पीछा करना (शिकार का) Hunt
पीछा करना (छोड़े गये निशान के सहारे) Trail
पीछा करना (दौड़ा कर पकड़ने के लिए) Chase
पीछे हटना (बाढ़ के पानी का) Recede
पीछे हटना (अपनी बात से) Backtrack
पीछे हटना (युद्ध के मैदान से) Retreat
पीछे कदम हटाना Regress
पीछे की तारीख से (नियम का लागू होना) Retroactive, from the retrospective date
पीछे छोड़ कर आगे बढ़ना (किसी को) Overtake *A vehicle overtook ours
पीछे-पीछे आना Follow
पीछे छूटना (साथ-साथ चलने में) Lag behind
पीछे छूटने वाला व्यक्ति Laggard
पीछे हटना Retreat
पीछे स्थान पर ढकेलना (महत्वहीन समझ कर) Relegate
पीछे जाना (पूर्वावस्था में) Retrogress
पीटना Beat
पीटना (जम कर धुनाई करके) Thrash
पीटना (डण्डे से) Hit
पीटना/ठोकना (चपत से) Strike, Clout, Cuff
पीटना (जोरदार प्रहार से) Smite, wallop
पीटना (जोर लगा कर) Slug
पीटना (पूरी ताकत लगा कर) Slog
पीठ Back, Dorsal
पीठ ठोकना Pat
पीठ पीछे बुराई Back-biting
पीढ़ी Generation
पीड़ा सहना Bear pain
पीड़ा सहना (किसी घटना, कदम के दुष्परिणाम स्वरूप) Bear the brunt
पीना Drink
पीना (गटागट) Gulp *He gulped water down the throat
पीना (बहुत मात्रा में) Guzzle *The old car guzzles petrol
पीना (आनन्द लेने के लिए शर्बत, शराब आदि) Quaff *They quaffed cold drinks
पीला (चेहरा) Pallid
पीला (चेहरा - बिमारी से) Pallid (face)
पीसना Grind
पीसना (टुकड़े-टुकड़े में) Pulverise
पीसना (चूर-चूर करके) Triturate
पीसना (महीन पाउडर में) Levigate
पुकारना Call
पुकारना (दूर से) Hail *Hailed a taxi to stop
पुछल्ला Laggard
पुण्यात्मा Pious soul
पुण्यतिथि Death aniversary
पुत्र से संबन्धित Filial *Filial affection
पुतला (प्रदर्शन में विरोध जताने के लिए किसी व्यक्ति का) Effigy *Demontrators burnt the effigy of the prime minister
पुतला (खेत में पक्षियों को भगाने के लिए खड़ा) Scarecrow
पुतला (पोशाक पहना कर दुकान में रखने के लिए) Manequin (see **कठपुतली**)
पुनरागमन (घटना का) Redux
पुनरावृत्ति Repetition, Recurrence
पुनरीक्षण Revision
पुनरुत्थान Renaissance
पुनरुद्धार (भवन का) Renovation
पुनर्गठन Reorganise
पुनर्जन्म/पुनः शरीर धारण करना Reincarnation/ Reincarnate
पुनर्जीवित करना Revive
पुनर्वास Rehabilitation
पुनर्निरीक्षण Revision
पुनः संबन्ध सुधार Reproachment
पुरखा (काफी पहले की पीढ़ी का) Ancestor
पुरखा (पहले की पीढ़ी का) Forebear
पुरखा (जिसने जन्म दिया हो) Progenitor

पुरस्कार के लिए किसी का गुणगान करने वाला Hack *Hack writer/poet

पुरातन Ancient

पुराना Old

पुराना हो जाना (अनुपयोगी होकर) Be obsolete

पुरानी मशीन में आधुनिक यंत्र लगाना Retrofit

पुराने जमाने का (विचार, रिवाज) Archaic

पुराने जमाने का (बेकार हो गया हुआ) Antiquated, (machine, model of a car)

पुराने जमाने का (अत्यंत पुराना) Antediluvian

पुराने जमाने का (मध्यकालीन) Medieval

पुराने जमाने का श्रेष्ठ (फिल्म, साहित्य) Classic

पुराने जमाने की (जीवन शैली, अपरिष्कृत) Primitive

पुराने जमाने से उसी रूप में चली आ रही (रीति, वस्तु) Primordial

पुराने जमाने का बना हुआ (शराब, गाड़ी जो पुरानी होने से कीमती हो गयी हो) Vintage (car)

पुराने जमाने का होने के बावजूद अभी भी आकर्षक बना हुआ Quaint *Quaint old house

पुराने विचार का (जो बदलने के लिए तैयार नहीं हो) Conservative

पुरुषार्थ Macho

पुरुषत्व का गर्व Machismo

पुलिंदा Bundle

पुश्तैनी Hereditary

पुश्तैनी विरासत (see विरासत) Heirloom

पुष्प रस (भौंरे द्वारा मधु बनाने वाला) Nectar

पुष्टि Confirmation

पुष्टि करना Confirm

पूँछ/पूँछ (छोटे आकार की) Tail/Scut

पूँछ हिलाना (कुत्ते का) Wag tail

पूँछ हिलाना (किसी के सामने चापलूसी में) Display servile attitude

पूछताछ (शंका-समाधान के लिए) Query

पूछताछ/पूछताछ करना (जानकारी लेने के लिए) Enquiry/Enquire

पूछताछ/पूछताछ करना (अपराध-अनुसंधान के लिए) Interrogation/Interrogate

पूछताछ/पूछताछ करना (कोर्ट में पेश गवाह से) Cross examination/cross examine

पूछताछ/पूछताछ करना (घटना की सच्चाई के लिए) Inquiry/ Inquire

पूछताछ करना (गहन रूप से) Grill, Quiz

पूछताछ के लिए प्रश्नों की फहरिस्त Questionnaire

पूजनीय Revered, Venerable

पूजनीय महान लोगों का समूह Pantheon *He carved a niche for himself in the pantheon of nation's heroes

पूजा-पाठ विधि Liturgy

पूरक Complementary

पूरा करना (कमी को) Complement

पूरे जोशो-खरोश के साथ (कुछ करना) Hammer & tongs

पूर्णता प्रदान करना (सम्बन्धो को, ज्ञान को) Consummate

पूर्णता प्रदान करना (लक्ष्य पूरा कर, नियत काम को) Accomplish

पूर्णता प्रदान करना (कमी पूरी करके) Complement

पूर्ति Supply

पूर्व उदाहरण Precedent

पूर्वज (see पुरखा) Ancestor

पूर्वज की देवता समान स्थान-प्राप्त आत्मा Manes

पूर्व नियोजित Pre-meditated

पूर्व पदग्राही Predecessor

पूर्ववर्ती Preceding (incidents, judgement, etc.)

पूर्ववर्ती कार्य/बयान/निर्णय के विरुद्ध दावा करने की मनाही (किसी व्यक्ति के स्वयं के) Estoppel

पूर्वसंध्या (महत्वपूर्ण घटना की) Eve *Eve of independence day

पूर्व स्थिति (किसी चीज की, संबन्ध की) Status quo ante

पूर्वाग्रह से ग्रसित (व्यवहार, निर्णय) Prejudiced

पूर्वानुमान (मौसम का)/**पूर्वानुमान करना** Forecast

पूर्वानुमान (बिमारी होने का)/**पूर्वानुमान करना** Prognosis/Prognosticate

पूर्वानुमान (आगामी घटना का) / **पूर्वानुमान करना** Prediction, Predict

पूर्वानुमान/पुर्वानुमान करना (संत द्वारा भविष्य की घटना का भविष्यवाणी के रूप में) Propheey/ Prophesy

पूर्वाभास (घटना का) Anticipation *A good teacher has the ability of anticipation of what students would enquire about

पूर्वाभास (मन में आने वाला) Hunch, Gut-feeling

पूर्वाभास (चेतावनी देने वाली) Premonition *He had a premonition of danger

पूर्वाभास (मन में महसूस होने वाला अप्रिय घटना का) Presentiment (pre + sentiment), Foreboding

पूर्वाभास (एकाएक मन में आने वाला) Intuition *Intuition of bad happening worries him

पूर्वेक्षण पुस्तिका (कॉलेज की) Prospectus

पूर्वेक्षण पुस्तिका (मशीन चलाने की) Manual

पूर्वेक्षण पुस्तिका (संस्था आदि की) Brochure

पेंदी Bottom

पेंदी में बैठा गंदा Lees, Dregs

पेड़ द्वारा अपना पत्ता गिराना Shed *Deciduous plants shed their leaves

पेड़ के पत्तों को झाड़ना Defoliate

पेचीदा (उलझनपूर्ण समस्या) Intricate *Intricate problem

पेचीदा (उलझनपूर्ण परिस्थिति) Complicated *Complicated matters/situations

पेचीदा (गाँठ) Entangled *Entangled threads

पेचीदगी Intricacy

पेट का फूलना Flatulence

पेट की आग बुझाना Satiate hunger

पेट में चूहे कूदना Feel hungry

पेट की बिमारी का डॉक्टर Gastroenterologist

पेट में बल पड़ना (हंसने पर) Stitch in stomach

पेटू Glutton

पेय Potable

पेश आना (किसी के साथ गलत ढंग से) Mistreat *The host mistreated the guests

पेश आना (किसी के साथ बुरी तरह से) Maltreat *Abusive husband maltreats his wife

पेश आना (किसी के साथ विशेष अंदाज में) Treat *He treats me with due regards

पेशा/धंधा Occupation

पेशकश Proposal

पेशोपेश Dilemma

पैंचा मांगना Scrounge

पैंतरा Tack *He changed tack

पैत्रिक संपत्ति Patrimony

पैत्रिक पक्ष से संबन्धित Patrilineal

पैदल मार्ग (सड़क के किनारे) Pavement

पैदल यात्री Pedestrian

पैदल सेना Infantry

पैदा होना (बच्चे का) (be) Born *She was born on 1st January

पैदा करना (बच्चे को) Bear *She has borne a baby

पैदा करना (जानवर का) Sire

पैदाइश Birth

पैदाइशी (गुण आदि) Innate (see **जन्मजात)**

पैदाइशी Born *He is a born hero

पैदाइशी (शारीरीक अक्षमता, बिमारी) Congenital

पैदावार (फसल) Produce

पैदावार (फैक्ट्री में बना) Product

पैना (धार) Sharp *Sharp edge

पैना (नजर, दिमाग) Acute

पैना (लगाव, दुराव, दुर्भाव) *Keen (interest/ jealousy)

पैना (हाँकने की छड़ी) Goad

पैमाना Measure

पैर पटक कर चलना Stomp

पैर की देखभाल Pedicure

पैर की देखभाल करने वाला Pedicurist

पैर की तकलीफ/बीमारी को ठीक करने वाला (हाथ से) Chiropodist

पैर की बेड़ी Fetter

पैर टिकाने की जगह बनाना Get a foothold

पैरवी करना Cast influence

पैरों की बेड़ी (पैरों की बेड़ी की जोड़ी) Shackles

पैरों के नीचे कुचलना Trample

पैरों को फैला कर चलना/बैठना Straddle

पैरों को बिना जमीन से उठाए चलना Scuff

पैरों को बिना मोड़े चलना Walk with goose steps

पैसा कमाने के उदेश्य से काम करने वाला Mercenary *Mercenary fighters/troops

पैसे पर बिकने वाला (व्यक्ति) Venal *Venal bureaucrat

पैसे पर बिकने वाला लेखक या कलाकार Hack

पोंछना Wipe

पोंछ कर हटाना (ब्रश/कपड़ा से) Whisk *Whisk the dust off the table

पोंछा लगाना Mop

पोटली (कंधा पर लटकाने वाला) Swag

पोटली Bundle

पोतना (गंदा, कीचड़, कालिख) Smear, Besmirch, Besmear

पोतना (पेंट आदि) Daub, Smudge

पोथी (पूजा-विधि की) Liturgy

पोर (अंग का) Extremity

पोल खोलना Expose, Spill the beans

पोशाक (see **परिधान**) Dress

पोषक Nutrient

पोषण Nourishment

पोषण विहीन (भोजन) Jejune (meals)

पोल खोलना Spill the beans, Expose

पौराणिक कथा Mythology

पौष्टिक/पौष्टिक तत्व Nutritious/Nutrient

प्रकट करना (भावना) Express

प्रकट होना Appear

प्रकार Variety

प्रकाश देने वाला बल्ब Incandescent bulb

प्रकाश देने वाली ट्यूब Fluorescent tube

प्रकाश से चमकना Glow

प्रकाशमय करना Illuminate

प्रकाश-व्यवस्था Lightings

प्रक्रिया Procedure

प्रकृति Nature

प्रकृति जन्य Natural

प्रकोप Fury

प्रखर Fiery, Fierce

प्रश्रय (तकलीफ से बचाने के लिए, घर-बार विहीन को) Shelter *Shelter for homeless

प्रश्रय (सुरक्षा प्रदान करने के लिए) Haven *Haven for criminals from being caught

प्रश्रय (हानिकारक को) Harbour *Harbour ill will against someone *Grain godown habours rodents

प्रख्यात Renown

प्रगति (आगे बढ़ने, उन्नति करने में) Progress

प्रगति (किसी काम में अड़चन होने के बावजूद) Breakthrough *Breakthrough in negotiations

प्रचंड Intense, Fiery

प्रचंड ज्वाला/अग्नि Conflagration

प्रचलन Trend, Fashion, Vogue

प्रचलन (व्यक्तिगत दिनचर्या में) Practice *It is his practice to walk daily

प्रचलन (सामाजिक) Custom *Social custom

प्रचलन (जमाने से चला आ रहा) Tradition

प्रचलन समाप्ति Obsolescence

प्रचलन समाप्त होना (be) Obsolete

प्रचार (जनता की ध्यान में लाने के लिए) Publicity

प्रचार (जनता को भ्रम में डालने के लिए) Propaganda

प्रचार (वोट के लिए) Canvass

प्रचार करना (publicity **के लिए**) Publicize

प्रचार करना (चुनाव का) Canvass

प्रचलित रिवाज Paradigm

प्रचुर Abundant

प्रजा Subject

प्रजाति (मनुष्य की) Race

प्रजाति (जानवर की) Family

प्रजाति (वनस्पति की) Species

प्रजाति विशेष के जानवर के आचरण का अध्ययन Ethology

प्रजाति विशेष के मनुष्यों के रीति-रिवाजों का अध्ययन Ethnology

प्रज्ज्वलित करना Light up

प्रण लेना Pledge

प्रणेता Proponent

प्रताड़ित करना Torment, Persecute

प्रति/दो प्रति (दस्तावेज की) Copy/Duplicate

प्रतिकार/प्रतिघात Reciprocate/Retaliation

प्रतिकूल (प्रभावी) Adverse *Adverse opinion

प्रतिकूल (दिशा में) Contrary *Contrary opinions

प्रतिकूल (बयान) Contradictory

प्रतिक्रिया Reaction

प्रतिकूल परिस्थिति Odds

प्रतिद्वंद्वी Contestant, Rival

प्रतिदिन की दर से Per diem
प्रतिध्वनि Echo
प्रतिनिधित्व करना Represent
प्रतिपक्ष/प्रतिपक्षी Opposition/opponent
प्रतिबंध Ban, Restriction, Prohibition
प्रतिबन्धित Restricted, Prohibited
प्रतिबन्धित कार्य/रिवाज (अंधविश्वास, अश्लीलता, आदि के कारण) Taboo
प्रतिबद्धता/प्रतिबद्ध Commitment/committed
प्रतिभा (किसी काम को करने की स्वाभाविक क्षमता की) Talent *He is a talented worker *He has an exceptional talent of music
प्रतिभा (असाधारण मानसिक क्षमता की)/**प्रतिभाशाली व्यक्ति** Genius *He is a genius
प्रतिमा (आदरणीय, पूजनीय वस्तु के पट पर रेखांकित) Icon
प्रतिमा (देवी, देवता का प्रतीक रूप) Idol
प्रतिमा (पत्थर का गढ़ा हुआ) Statue
प्रतिमा खंडित करने वाला व्यक्ति Iconoclast
प्रतिमा पूजन Idolatry
प्रतियोगिता Competition
प्रतियोगिता से अयोग्य (घोषित) Hors concours *He was declared hors concours
प्रतियोगी Competitor
प्रतिरक्षा Defence
प्रतिरक्षात्मक Defensive
प्रतिरोधक क्षमता Immunity
प्रतिवेदन Representation
प्रति वर्ष की दर से Per annum
प्रति व्यक्ति की दर से Per capita
प्रतिशोध (दो गुटों के बीच लगातार दुश्मनी के कारण) Vendetta
प्रतिशोध (की गई हानि के अनुरूप हानि पहुँचा कर) Reprisal
प्रतिस्पर्धा Contest
प्रतिशोध/बदला Revenge
प्रतिष्ठा Prestige, Dignity, Honour
प्रतीक (किसी विधा का)/**मूर्त्तरूप** Icon *Icon of the filmy world
प्रतीक (स्कूल, संस्था, आदि का) Emblem
प्रतीक (प्रायोजित खेल प्रतियोगिता का) Mascot
प्रतीक (रेखांकित रूप में किसी चीज का) Symbol *The symbol of addition is
प्रतीक (इशारे के रूप में किसी चीज का) Sign *Road sign of closed traffic
प्रतीक (जाति, संपदाय, आदि का) Totem
प्रतीकात्मक Symbolic
प्रत्यपर्ण Extradition
प्रत्यक्ष (दिखने या समझ में आने लायक) Apparent *His anger is apparent
प्रत्यक्ष (गुप्त नहीं होने के कारण स्पष्ट दिखने वाला) Patent (opp. Latent) (**गुप्त होने के कारण**) *His anger is patent on his face
प्रत्यक्ष (सर्वविदित होने के कारण) Manifest *Corruption in the society is manifest
प्रत्यक्ष (सामने होने के कारण) Obvious
प्रत्यक्ष (खुला हुआ होने के कारण) Explicit *Explicit greed
प्रत्यक्ष (लोगों का ध्यान खींचने वाला) Conspicuous *Conspicuous scene
प्रत्यारोपण (कृत्रिम अंग का) Prosthesis
प्रत्यारोपण करना (कृत्रिम अंग का) Implant
प्रत्यारोपण करना (अन्य व्यक्ति से अंग ले कर) Transplant
प्रत्याशित Anticipated, Expected
प्रत्याशी Candidate
प्रथम दृश्य Prima facie
प्रत्युत्तर देना Retort
प्रथम द्रष्या सच प्रतीत होने वाला (तर्क, बहाना) Plausible
प्रथम द्रष्या झूठ लगने वाला (तर्क, बहाना) Specious
प्रथा/रिवाज Custom, Tradition
प्रथा समाप्ति Abolition (v. Abolish)
प्रदर्शन (भीड़ द्वारा विरोध का) Demonstration
प्रदर्शनी Exhibition
प्रदर्शित करना (प्रदर्शनी में) Exhibit *Art works were exhibited in the art gallery
प्रदर्शित करना (दिखाने के लिए) Show *Show me what you hold in hand
प्रदर्शित करना (अभिमान के साथ) Parade *He parades his medals he has won *He parades

his knowledge everywhere

प्रदर्शित करना (बताने के लिए, सिद्ध करने के लिए) Demonstrate *Demonstrate how the machine works

प्रदर्शित करना (भावना, इच्छा को) Evince *He evinced great interest in music

प्रदर्शित करना (हवा में लहरा कर हथियार) Brandish *He brandished the weapon in public

प्रदर्शित करना (हवा में लहरा कर कीमती वस्तु) Flaunt *He flaunts his prized possession

प्रदर्शित करना (कला, आदि लोगों को दिखाने के लिए) Display *He displayed his prowess in horse riding *Books were displayed on racks

प्रदान करना (see देना)

प्रदूषित (वातावरण) Polluted

प्रदूषित (भोजन आदि) Contaminated

प्रधानता (see महत्ता)

प्रपंच करना/प्रपंची (झूठी भावना दिखा कर) Dissemble/Dissembler *A dissembler is adept in hiding his true feelings

प्रफुल्लित Exuberant

प्रभा-मंडल Halo, Aura

प्रभाव (किसी के मन पर) Impression

प्रभाव (महत्ता का) Preponderance

प्रभाव (घटना का) Effect

प्रभाव (व्यक्तित्व का) Influence, sway, clout

प्रभावित होने वाला (भावनात्मक बातों से) Sensitive

प्रभावित होने वाला (बीमारी पैदा करके शरीर को कष्ट देने वाले कारण से) Susceptible *He is susceptible to cold weather

प्रभावी Effective

प्रभुसत्ता/प्रभुत्व Sovereignty

प्रभुसत्ता संपन्न Sovereign

प्रमुख अंश (घटना, खेल का) Highlight *Highlights of game/discussion

प्रमुख भूमिका में व्यक्ति Protagonist

प्रयास करना (कुछ करने का जो कठिन हो) Attempt *He attempted to solve the difficult problems before the easy ones

प्रयास करना (अनिश्चित होने के कारण) Try *Try to jump across the ditch

प्रयास करना (हिम्मत जुटा कर) Venture *He ventured to go out in the dark

प्रयास करना (कठिनाई के बावजूद) Endeavour

प्रयास करना (असफल होने का डर होने के बावजूद) Hazard *Don't hazard a guess

प्रयास करना (लगातार लगे रह कर) Persevere

प्रयास करना (पूरी ताकत लगा कर) Strive *He strove to lift a heavy stone

प्रयास विफल करना (कुचल कर) Foil *He foiled my attempt to succeed

प्रयास विफल करना (रोक कर) Thwart

प्रयोजन Purpose

प्रलय Doom, Catastrophe

प्रलोभन/प्रलोभन देना (ईच्छा जगा कर) Temptation/Tempt *Tempt someone to luxurious life

प्रलोभन/प्रलोभन देना (आकर्षक चीज से) Allurement/Lure/Allure *Allure someone to the razzledazzle of the tinsel world

प्रलोभन के तौर पर दी गई वस्तु (खुश करने के लिए) Sop, Largesse

प्रवक्ता Spokesperson

प्रवास (किसी स्थान में कुछ दिनों के लिए) Sojourn *Came back from sojourn to Europe

प्रवाह नलिका/मार्ग/प्रवाह Conduit/Flow

प्रवीण/कुशल Proficient

प्रवेश-प्रहरी Picket

प्रवेश मार्ग रोकना/धरना देना Picket *Demonstrators are picketing at the factory gate

प्रवृत्ति (आदतन कुछ करने की) Tendency *Criminal tendency

प्रवृत्ति (मानसिक झुकाव से उत्पन्न) Disposition, Temperament *Cheerful disposition

प्रशंसक (प्रसिद्ध व्यक्ति का) Fan *Fan of a particular cinema hero

प्रशंसक (खेल का) Aficionado *Aficionado of football

प्रशंसक (किसी के अच्छे काम का) Admirer *Admirer of his teacher

प्रशंसक (कला, संगीत का) Dilettante

प्रशंसनीय Admirable

प्रशंसा (अच्छे काम के लिए) Commendation
प्रशंसा (ताली बजा कर) Plaudit
प्रशंसा करना Praise
प्रशंसा करना (चिल्ला कर) Acclaim
प्रशंसा करना (ताली बजा कर) Applaud
प्रशंसा करना (भीड़ द्वारा चिल्ला कर) Hail
प्रशंसा गान Encomium
प्रशंसा के उद्‌गार (मृत व्यक्ति के लिए) Eulogy
प्रशंसा के उद्‌गार (सार्वजनकि मंच पर) Panegyric
प्रशासन Administration
प्रशिक्षण Training
प्रशिक्षु (व्यावसायिक कार्य का) Apprentice
प्रशिक्षु (नियत अवधि के लिए कार्य करने की ट्रेनिंग पर) Probationer
प्रश्नावलि Questionaire
प्रसंग Context
प्रसन्नचित्त Jovial, Jocund
प्रसन्नता (उल्लासपूर्ण) Glee
प्रसन्न होकर उछलना Exult
प्रसन्नता (आनन्द की अनुभूति होने से) Pleasure
प्रसव Parturition
प्रसव के बाद औरत के पूर्ववत होने की समयावधि Puerperium
प्रसन्नता Delight
प्रसन्न होना Be pleased
प्रसन्न होना (अत्यंत) Be on cloud nine
प्रसार (ज्ञान का) Dissemination
प्रसार (संख्या वृद्धि से) Proliferation
प्रसिद्ध (लोगों के बीच साख होने से) Famous *Famous person in the town
प्रसिद्ध (लोगों में चर्चित) Legendary *He has become a legendary person
प्रसिद्ध (जिसका नाम हो गया हो) Renowned *Renowned physician
प्रसिद्ध (जिसका उदाहरण दिया जाता हो) Illustrious
प्रसिद्ध (अपने धंधे में पहचान वाला) Eminent
प्रसिद्ध (जिसका मान-सम्मान हो) Reputed
प्रसिद्ध (औरों से विशेष होने के कारण) Distinguished
प्रसिद्ध व्यक्ति Legend
प्रसिद्धि Fame
प्रसूता Puerpera

प्रस्ताव (विचार के लिए) Proposal
प्रस्ताव (मीटिंग में पारित) Resolution
प्रस्ताव (व्यापारिक सहयोग, योजना का/अनैतिक संबन्ध/कार्य करने का) Proposition
प्रस्तावना Preamble
प्रस्तुत करना Present
प्रस्थान Departure
प्रहरी Sentinel
प्रहरी दल Patrol party
प्रहरी स्तंभ (जहाँ से चारों तरफ दिखाई दे) Panopticon
प्रहार करना (हथियार से) Strike
प्रहार करना (घायल करने के लिए) Assault
प्रहार करने के लिए झपटना Lunge
प्रक्षेपित करना (मिसाइल) Launch
प्राकृतिक Natural
प्राकृतिक छटा (दृष्य, स्थान) Idyll
प्राचीन (काल, इतिहास) Ancient
प्राचीन (काल, इतिहास) **का वस्तु** Antique
प्राथमिकता Priority
प्राध्यापक गण Faculty
प्रायश्चित/पश्चाताप Penitence, Repentance, Remorse
प्रायश्चित (दिल कचोटने वाला) Contrition
प्रायश्चित करना (स्वयं को दण्ड देकर) Expiate *He expiated by remaining on fast
प्रायश्चित करना (दुख व्यक्त करके) Repent
प्रायोजक Sponsor
प्रारंभ करना (उद्यम, संस्था) Launch
प्रारंभिक अवस्था का (ट्रेनिंग, ज्ञान, अंग के विकास) Rudimentary *Rudimentary knowledge of science
प्रारंभिक अवस्था में (प्रक्रिया) Incipient *Incipient problem/revolt
प्रारंभिक अवस्था में (अस्तित्व में आने वाला) Nascent *Nascent star
प्रारब्द्ध Destiny
प्रामाणिक Authentic
प्रामाणिक करना Authenticate
प्रावधान Provision
प्रावधान करना Provide

प्रावधान (शर्त का) Stipulation
प्रासंगिक Relevant
प्रिय (व्यक्ति, कार्य, आदि) Dear, Pet
प्रेत (आत्मा की) Spirit
प्रेत (बोतल में बंद) Genie, Djinn
प्रेमी Lover
प्रेमी (मर्द) Inamorato
प्रेमी (औरत) Inamorata
प्रेमी (शादीशुदा व्यक्ति का) Paramour
प्रेरणा Inspiration
प्रेरणा (दैविक) Afflatus
प्रेरित Inspired
प्रेरित करना (मंशा पैदा करके) Motivate *Motivate someone to strive hard to succeed
प्रेरित करना (लालच दे कर) Induce *Induce someone to revolt
प्रेरित करना (जान फूँक कर) Inspire *Inspire patriotism in someone
प्रेरित करना (झूठी गवाही देने के लिए) Suborn
प्रेषित Dispatched
प्रोत्साहन Encouragement
प्रोत्साहन (आर्थिक लाभ के रूप में) Incentive
प्रोत्साहित करना Encourage
प्रौढ़ Adult
प्यार में नाक सटा कर रगड़ना Nuzzle
प्यास बुझाना Quench thirst
प्यास बुझाना (ज्ञान का) Imbibe *He is eager to imbibe knowledge
प्यासे को पानी दिखा कर तड़पाना Tantalize
पृष्ठभूमि/परिवेश (विषय/घटना का) Background
पृष्ठभूमि (पालन-पोषण का, सामाजिक) Milieu

फ

फंदा (रस्सी से बनाया हुआ) Noose
फंदा (लंबी रस्सी से बना हुआ, जिसे फेंक कर जानवर के गर्दन में डाला जाता है) Lasso
फँसना (रस्सी, उलझन में) (be) Entangled *His legs got entangled in a rope
फँसना (भीड़ में, कीचड़ में, निर्जन स्थान, बाढ़ आदि में, जहाँ से निकलना कठिन हो) Stranded *His car was stranded in traffic
फँसना (अनजान जगह में, बाढ़ ग्रस्त जगह में बिना सहायता के) Marooned
फँसाना (अपराध कर्म के दोष में) Implicate *Implicate someone in crime charge
फँसाना (उलझन में) Entangle *Do not entangle *His legs were entangled
फँसाना (कठिन परिस्थिति में) Entrap *He was entrapped in problems
फँसाना (जाल में) Ensnare *Birds are ensnared by bird-catchers
फकीर Mendicant friar
फक्कड़ Vagabond, Tramp
फजीहत Insult
फटकारना (गलती करने पर) Rebuke
फटकारना (जोरदार तरीके से) Objurgate, Berate
फटकारना (गलती के लिए भर्त्सना करते हुए) Reprove, Upbraid
फटकारना (गलत करने वाले से असहमति जताते हुए) Reproach
फटकारना (उच्च अधिकारी द्वारा मातहत के कर्मचारी को) Reprimand
फटना (हवा के दबाव से, अन्दर भरे द्रव्य के दबाव से) Burst *Tyre bursts *A pus-filled boil burst and oozed out pus
फटना (बम का) Explode *A bomb exploded
फटना (बिजली कड़कने जैसा/क्रोध का) Fulminate *He fulminated against indiscipline
फटना (दो टुकड़ों में) Rupture *Old cloth ruptured when stretched
फटाफट Quick
फटा हुआ (कपड़ा, कागज) Torn
फटा हुआ (होंठ) Cleft
फटा-पुराना चिथड़ा Rags
फटी हुई आवाज Hoarse voice
फतवा Edict
फड़कना (अंग का) Twitch *His eyebrows twitched
फड़फड़ाना/(पक्षी का पंख) Flap
फड़फड़ाना (हवा के झोंके से) Flutter *Flag is fluttering

फतह Conquer
फतवा Edict
फतिंगा (फुदक कर चलने वाला) Grasshopper
फतिंगा (झुंड में उड़ने वाले, जो फसल चट कर जाते हैं) Locust
फन Hood
फफोला Blisters
फफोला (मवाद भरा) Pustule
फब्ती/फब्ती कसना Banter/make sarcastic remark
फरमान (कोर्ट का) Decree
फरमान (अनुचित) Diktat
फरार होना (पकड़े जाने के डर से) Abscond
फरार होना (कक्षा से, ड्यूटी से) Play truant
फरियाद करना (किसी के आगे शरीर झुका कर) Supplicate
फरियाद/फरियाद करना Entreaty/Entreat
फरियाद करना (रो-गा कर) Implore
फरिश्ता Angel
फरिश्ता (कठिनाई में फँसे लोगों की मदद करने वाला) Samaritan
फरेब/फरेबी Deceit/Fraud
फर्राटा Non-stop, Extempore
फर्ज Duty
फर्जी Fictitious
फर्श Floor
फल (कर्म करने का) Reward
फल की खेती Frugiculture
फल का बगीचा Orchard
फल देना (पेड़ द्वारा) Bear fruit
फलदायक/(प्रयास), **फलीभूत** Fruitful
फलदायक (पेड़) Frugiferous
फलना-फूलना (आर्थिक अवस्था का) Prosper *His business is prospering
फलना-फूलना (बढ़ोत्तरी, विकास में) Thrive *Plants thrive in favourable season
फलना-फूलना (जीवन में प्रगति करके) Flourish
फलस्वरूप Consequently, as a result of
फलाहारी Frugivorous
फली Pod
फलीभूत Fructuous
फसल Crop
फसल काटना Harvest/Reap
फसल नष्ट करने वाला कीड़ा Pest
फसाद Brawl
फहराना (लपेटे हुए झंडे आदि को खोल कर) Unfurl *Flag on the mast is unfurled with a string
फहराना (झंडे को पोल पर) Hoist
फाँक (ब्रेड की) Slice
फाँक (लहसून, आदि की)/(संतरे की) Clove/segment
फाँक (दरार की) Cleavage
फाँक (चौड़ी) Hiatus
फाँक (आश्चर्य में खुले मुँह की) Gape
फाँकीबाज (काम से, विद्यालय से भागकर) Truant
फाँदना Jump over, Leap
फाँसना Trap, Ensnare
फाँसी देना Execute, Hang
फाँसी का फंदा Gallows
फाँसी देना Hang
फाड़ना (काट कर) Rip *Rip the skin of the abdomen open
फाड़ना (ताकत से) Rend *Storm rent the tent
फाड़ना (दरार के रूप में) Cleave
फाड़ना (दो भागों में) Split
फाड़ना Tear
फायदा (परिस्थिति का) Advantage
फायदा Benefit
फायदा (मिलने वाला) Gain
फायदा (आर्थिक) Profit
फायदेमंद Advantageous
फायदेमंद स्थिति में खड़ा करना (किसी को) Stand someone in good stead
फालतू (उपयोग रहित) Redundant
फालतू (आवश्यकता से अधिक होने से) Superfluous
फाहा (रूई का) Swab
फाहा से पाऊडर, मलहम लगाना Daub
फिजूलखर्च Extravagance
फिजूलखर्च रहित Austere *Austere living
फिजूलखर्ची पर लगाम संबंधी (कानून) Sumptuary
फिजूलखर्ची रहित कदम Austerity

फिजूलखर्च करने वाला (पैसा बर्बाद करने वाला) Prodigal *Prodigal person wasted money on lavishness

फिजूलखर्च करने वाला (गैर-आवश्यक वस्तुओं पर) Extravagant (opp. Thrifty/Frugal)

फितरत Disposition

फितूर (चाहत का) Craze *Craze for the chocolates

फितूर (पसंदीदा वस्तु का) Fad *Fad for gaudy dresses

फितूर (पागलपन की हद तक किसी चीज के लिए) Mania *Mania for reading books

फितूर (दिमाग में भरा हुआ) Whim

फितूर (किसी चीज से लगाव का) Obsession *Obsession with music

फिदा Enamour *He is enamoured of a girl

फिन-फिन करने वाला (नापसंदगी में) Finnicky

फिर भी Nevertheless

फिर से किसी का भरोसा जीतना Reconcilliate

फिर से उठ खड़ा होने/उभरने वाला (बर्बादी के बाद) Resurgent

फिर से उठ खड़ा होना (कब्र से) Resurrect

फिर से उठ खड़ा होना (चिता की राख से) Rise like a phoenix

फिर से अलग-अलग हिस्सों को जोड़ कर एक करना Re-integrate

फिर से गुनाह की दुनिया में कदम रखना Recidivate

फिर से स्थापित करना (व्यवस्था, शांति) Restore

फिर से अस्तित्व में उभरने की स्थिति (कला, साहित्य आदि का) Renaissance

फिर से पहले की स्थिति में पलट कर आना Bounce back

फिर से वापस पाना (वजन, स्वास्थ्य) Regain

फिर से वापस पाना (गुम होने के बाद) Recover

फिर से शुरू करना Resume

फिर से स्थापित करना (किसी को उसके पद पर) Reinstate

फिर से वापस पाना (बर्बाद अवस्था से अनुपयोगी वस्तु को) Reclaim

फिर से खोज कर बचा लेना, निकाल लेना (ढेर में से) Retrieve

फिर से पुनर्वासित करना Rehabilitate

फिर से बासी भोजन परोसना Rehash

फिर से बुरी स्थिति में लौटना Relapse

फिर से हासिल करना (गिरवी किए गये को) Redeem

फिर से गुनाह की दुनिया मे लौट जाने वाला (सुधरने के बाद) Recidivist

(बिगड़े संबन्ध में) फिर से मधुरता की स्थापना Reproachment

फिर से सांस चालू करना (रुकने के बाद) Resuscitate

फिर से स्थिति बिगड़ना (बीमारी की) Recrudesce

फिरौती Ransom

फिलहाल For the present

फिसलना (चिकनी सतह पर शरीर का संतुलन बिगड़ने से) Slip *He slipped on the wet floor

फिसलना (गाड़ी का ब्रेक मारने से, चिकनी सतह पर) Skid *The vehicle skidded on the road

फिसलना (किसी वस्तु का चिकनी सतह पर) Slide *Slide on the slope

फिसलना (चिकनी ढलान से पैरों पर) Glissade *The mountaineers glissade on the snowy slope

फिसलना (हवा के बहाव के साथ आसमान में) Glide *A thin sheet of paper glided in the air

फिसलना, छिछली मारना (चौड़ी, चिकनी, ठोस वस्तु का पानी की सतह पर उछलते हुए) Ricochet *A flat piece of stone horizontally recocheted on the water surface

फीका (रंग) Faint

फीका (चमक) Dull

फीका (उत्साह, जीवन) Drab *Drab life

फीका (चमक) Lacklustre

फीका (स्वाद, ताजगी) Vapid, Insipid

फीका (रंग हल्का होकर) Fade

फुंसी Prickly

फुदकना Hop

फुदक-फुदक कर चलने वाला (कीड़ा/जन्तु) Saltatorial

फुफकारना Hiss *The snake hissed menacingly

फुर्सत Leisure
फुर्तीला (व्यक्ति काम करने में) Active (person) *Active worker
फुर्तीला (जल्दी-जल्दी काम करने वाली ऊँगलियाँ) Agile/Nimble *Agile fingers moved quickly on the machine's button or computer's keyboard
फुलाना Inflate
फुसफुसाना (कान में) Whisper
फुसफुसाना (हल्की आवाज में) Murmur
फुसफुसाना (शिकायत) Grumble
फुसफुसाना (मुश्किल से सुनाई पड़ने वाला) Mutter
फुस होना (प्रयास, प्लान आदि) Fizzle out
फुसलाना Cajole, Inveigle
फुस्स की आवाज से फटने वाला पटाखा Squib
फुस्स होना (कार्यक्रम, प्रयास) Fizzle out
फुहार Drizzle
फूँक मार कर बुझाना Snuff
फूट (संबन्ध में) Rift, Discord
फूल जाना (भीग कर, चोट लगने से) Swell *His injured leg swelled
फूल जाना (गैस, हवा अन्दर में भरने से, पेट की) Distend *Stomach distends due to gastric flatulence
फूल जाना (हवा भरने से टायर का आकार बड़ा होना) Inflate *The tyre is inflated with
फूला हुआ (ट्यूमर के रूप में) Tumescent
फूला हुआ (शरीर का अंग) Swollen/Bloated Turgid
फूलना (अंग का) Oedema
फूल की खेती Floriculture
फूल खिलना Bloom
फूल देना (फल के पौधे का) Blossom
फूल देने वाला (पौधा) Florescent (plants)
फूलदान Vase
फूल का प्रेमी Anthophile
फूल से संबन्धित Floral
फूलों का गुच्छा Bouquet
फूहड़ Shabby
फूहड़ व्यक्ति Sloven
फूहड़ औरत Slut
फेंकना (घुमा कर दूर) Throw *Throw a ball
फेंकना (इस्तेमाल के बाद) Dispose *Dispose paper tea cup after use
फेंकना (जहाज से सामान, भार कम करने के लिए) Jettison *Several bundles were jettisoned from the ship's board to save it from sinking
फेंटना (ताश के पत्तों को) Shuffle
फेंटना (अंडे की जर्दी को) Beat *Beat the eggs for preparing an omelette
फेन (द्रव्य, चाय, कॉफी, कोला की ऊपरी सतह पर जमा) Froth *Froth on the upper layer of bear
फेन (पानी में साबुन की) Foam *Foam on the surface of soap solution
फेन (द्रव्य के ऊपरी सतह पर गंदगी की जमा होने वाली) Scum *Scum on the surface of the boiling raw sugar
फेर-बदल करना (ताश के पत्तों को) Shuffle
फेर-बदल करना (आकार, डिजायन में) Alter
फेरी लगा कर बेचना/बेचने वाला Hawk/Hawker or Peddle/Peddlar
फैल कर बिखरना (गंदगी, टुकड़ों की) Scatter *Litters are scattered all over the place
फैल कर बिखरना (भीड़ का) Disperse
फैलकर बिखरना (गैस का) Diffuse
फैलना (साइज में बड़ा होकर) Dilate
फैलना या फैलाना (क्षेत्र में बड़ा होकर) Spread, Expand
फैलाना (लपेट कर रखे हुए को) Unfurl *Unfurl rolled up length of the cloth
फैलाना (तह लगा कर रखे हुए का) Unfold
फैलाना (पैरों के पंजों को बाहर की तरफ) Splay
फैलाना (वस्तुओं को दूर-दूर रखकर, काम को अलग-अलग समय में बाँट कर) Stagger
फैलाना (बैठकर सीट के दोनों तरफ पैरों को) Straddle
फैलाना (बेतरतीब दिशाओं में टहनियों का) Straggle *The tree branches straggled
फैलाना (ज्ञान को बाँटकर लोगों में) Disseminate (knowledge)
फैलाव (आकार में) Expanse

फैलाव (एक किनारे से दूसरे किनारे तक) Span
फैलाव/फैलना (संख्या में प्रसार) Proliferation/proliferate
फैलाव/फैलना (पेड़ की डालियों जैसा एक से अनेकों में) Ramification/Ramify
फैली जगह (आराम से रहने लायक) Commodious *Commodious house
फैली जगह (काफी खुला जगह वाला) Capacious *Capacious stadium
फैसला Decision
फैशन Style, Fad *Fad of wearing jeans
फैशन (लोगों में popular) Rage *Music is the latest rage in the youth
फैशन (प्रचलित पोशाक का) Haute couture
फैशन (प्रचलित खाद्य पदार्थ (dish) **का)** Haute cuisine *Chinese dishes are haule cuisine in the restaurants
फैशनेबल (वस्तु) Chic *Chic hat
फैशनबाज व्यक्ति Dandy, Fop, Beau
फैशन की वस्तुओं की बिक्री की दुकान Boutique
फोकट में Ex gratia
फोड़ना (हवा आदि भरे हुए को) Puncture
फोड़ना (चोट कर के) Crack
फोड़ा (मवाद भरा) Abscess
फोड़ा (पानी भरा) Blister/Vesicle *Blisters are formed on the burnt skin
फोरन Dash
फौरन जाना Dash
फौवारा Fountain

ब

बंचित (किसी सुविधा, वस्तु से) Devoid of
बंजर (पैदावार में असमर्थ) Barren, Infertile (land)
बंजर (परती छोड़ा हुआ) Fallow (land)
बंजारा Nomad
बंटवारा (मांगो में बांट कर) Partition
बंटाधार होना Come a cropper, Founder *His plan came a cropper
बंद करके रखना (सीमित स्थान में) Confine *Confine in a room
बंद करके रखना (चारदिवारी के अन्दर) Immure *She keeps herself immured within the house the whole day
बंद करके रखना (सीमित सीमा में) Intern *Foreign nationals were interned within the town limit where they worked
बंद करके रखना (कोठरी में) Incarcerate *He incarcerated himself to concentrate on his studies
बंद जगह (एकान्तवास का)/**बंद जगह में रखना** Cloister *Nuns are cloistered in monastery
बंद जगह में रहने से भय Claustrophobia
बंदन वार Swag, Festoon
बंदी/बंदी बनाना Captive/Hold captive, capture
बंदी/बंदी बनाना (जेल में बंद) Prisoner/Imprison
बंदूक का घोड़ा Trigger
बंदूक से बात-बात में गोली चलाकर मजा लेने वाला Trigger-happy
बंदूक की गोली रखने का कमरबंद पट्टा Bandolier
बंधक (मजदूर)/**बंधुआ** Bonded, Indentured
बंधक रखा सामान Pawn
बंधक बनाया हुआ व्यक्ति Hostage *He was held hostage by goons/pirates
बंधक व्यक्ति को मुक्त कराना/मुक्त कराने के लिए पैसा चुकाना Ransom/pay ransom
बंधन (अन्य व्यक्ति, व्यवस्था के अधीन होने का) Thrall *The woman is in the thrall of her cruel husband
बंधन (गुलामी का) Bondage
बंधन से मुक्त करना (राजनीतिक अधीनता से) Erfranchise
बंधन से मुक्त करना (सामाजिक अधीनता से किसी के हाथ (manu-) में होने से) Emancipate
बंधा-बंधाया (बार-बार एक ही प्रकार का जवाब) Stock *Stock reply
बंटवारा (भाग करके) Division
बंधुआ Indentured
बंदनवार Swag
बकबक करना Blabber
बकझक Squabble
बक-बक करना (समझने में मुश्किल) Babble
बक-बक करना (अर्थहीन बात कर के) Chatter, Jabber, Prattle

बक-बक करने वाला Blabbermouth
बकवास Inane talk/Drivel, Twaddle
बकवास (अर्थहीन) Humbug
बकाया राशि (पूर्व में ही देय) Arrears *Arrears of last year's increase in pay
बकाया राशि Dues *He cleared his rent dues
बकाया (राशि, काम, आदि) Outstanding
बख्श देना Spare
बख्तरबंद Armoured
बर्खास्त Dismiss, Sack
बखिया/बखिया करना Tack
बखेड़ा Dispute
बगल का भाग (शरीर, स्टेज का) Flank
बगल में स्थित Adjacent
बगल से दिखने वाला चेहरा Profile
बगल से चक्कर काटकर आगे बढ़ जाना (किसी स्थान से) Circumvent, Bypass *To circumvent a park to reach the house
बगल से होकर निकल जाना Skirt *Highways skirt the towns *He skirted controversial issues)
बगली काट कर चलना (लोगों की नजरों से बचने के लिए शरीर को टेढ़ा करके) Sidle
बगावत Revort
बड़बड़ाना (कोई बात) Utter
बड़बड़ाना (अस्पष्ट, धीमे) Mutter
बड़बड़ाने वाला (व्यक्ति) Garrulous (person)
बड़बोला Grandiloquent, Magniloquent
बड़े आकार का गड्ढा Crater
बड़े आकार के सिर वाला व्यक्ति Macrocephalus
बड़ा करना Increase
बड़ा करना (आकार) Enlarge
बड़ा करना (दायरा) Extend
बड़ा करना (लेंस की सहायता से) Magnify
बड़ा करना (गुणक में) Multiply
बड़ा टुकड़ा (किसी वस्तु का) Chunk
बड़ा सिर वाला (व्यक्ति) Megacephalic (opp. Brachycephalic)
बचकाना (व्यवहार) Childish, Puerile
बचत करना Save
बचनबद्ध Committed
बचना (एक तरफ टाल कर) Parry, ward off
बचना (झुक कर) Duck
बचना (आघात से - एक तरफ हट कर) Dodge
बचा कर/छोड़कर (कुछ करना, कहना) Save *I shall give you anything to save my books
बचा कर खर्च करना Eke out, Stint on
बचाकर रखना (समाप्त होने से) Conserve
बचाकर रखना (सुरक्षित रखने के लिए) Preserve
बचा कर रखना (जरूरत के लिए) Spare *I spared some money from my earnings for his needs
बचा कर रखना (नष्ट होने से) Preserve
बचा-खुचा Left-over
बचाना (खतरे में पड़े हुए को) Rescue, Save
बचाना (आक्रमण से) Protect
बचा रह गया जीव/प्राणी (मृत, ध्वंस होने के बाद) Remains *Remains of a dead person *Remains of a ruined building
बचा रह गया अंश (उपयोग के बाद, शेष) Remainder
बचा रह गया अंश (लुप्त जीव का) Relict
बचा रह गया अंश (संग्रह योग्य अवशेष) Relic
बचा रह गया अंश (सिगरेट, पेन्सिल के उपयोग के बाद) Stub
बचा रह गया अंश (फसल, बाल, दाढ़ी का-काटने के बाद) Stubble
बचा रह गया अंश (कटे पेड़ का) Stump
बचा रह गया अंश (लुप्त होने वाले चीज का) Extant *Extant manuscripts of yore, non existent languages
बचा रह गया निशान (किसी चीज के लुप्त होने के बाद) Vestige
बचाव (खतरनाक स्थिति से) Rescue
बचाव (खतरे से) Safety
बचाव (बीमारी से) Immunity
बचाव (दण्ड पाने से) Impunity
बचाव (क्षति से) Indemnity
बचाव (हानि से) Protection
बचाव दल Rescue team
बच्चा Baby, infant
बच्चे का अपराधिक कार्य Delinquency

बच्चा (किसी के द्वारा अपनाया हुआ लावारिस) Foundling
बच्चे की आया/आई Nanny
बच्चा (परेशान करने वाला) Infante terrible
बच्चे के साथ रहना (माता-पिता की अनुपस्थिति में देख-भाल के लिए) Baby-sit
बच्चा पैदा करने की क्षमता रहित Effete
बच्चा जनना Deliver, Parturition
बच्चा जनन कराने वाली डॉक्टर Obstetrician
बच्चे का पालन करना Bring up, Nurture
बच्चे का पालन करना (अपने पिता के अलावा अन्य व्यक्ति द्वारा) Foster
बच्चे का कपड़ा-सेट Layette
बच्चे का पलंग Bassinet
बच्चे का पलंग (चारों किनारों को घेरा हुआ) Crib
बच्चे का पलंग (झुलाने वाला) Cradle
बच्चे को लाड़-प्यार से बिगाड़ना Cosset
बच्चे को लाड़-प्यार करना Mollycoddle
बच्चे को जरूरत से अधिक लाड़-प्यार करना Dote (on)
बच्चा-रोगों का डॉक्टर Paediatrician
बछड़ा (गाय का) Calf
बछड़ा (घोड़े का) Colt
बट्टा लगाना (सम्मान में, सुन्दरता में) Detract
बट्टा मारना Shortchange
बटोरना (इकट्ठा करना) Gather
बटुआ Wallet
बटुआ (औरतों का) Purse
बड़ा होना (क्रमशः आकार में) Wax
बड़ा होना (आकार में) Snowball
बड़ा होना (तेजी से आकार में) Burgeon
बड़वाला (व्यक्ति) Braggart
बढ़चढ़ कर (खर्च करना, दावा करना) Extravagant *Extravagant claim
बढ़ाना (extra **जोड़कर)** Supplement
बढ़ाना (कटुता) Exacerbate
बढ़ाना (खराब स्थिति को) Aggravate
बढ़ाना (आय को अतिरिक्त स्रोत से) Eke out
बढ़ाना (जमा राशि पर लाभ से) Accrue
बढ़ा-चढ़ा कर प्रचारित बात Hype
बढ़ा-चढ़ा कर पेश करना (बात को) Exaggerate
बढ़ा-चढ़ा कर पेश करना (महत्ता, भव्यता को) Aggrandise
बढ़ा-चढ़ा कर बोलना (किसी विषय पर) Tout
बढ़ाना (प्रभाव, मूल्य, आदि को) Enhance
बढ़ती आय/दूरी पर क्रमशः घटती टैक्स/किराए की दर (tax rate) Regressive
बढ़ावा देना Encourage
बढ़ोत्तरी (तनख्वाह, दर में) Hike, Increase
बढ़ोत्तरी (ऊफान में) Upsurge
बढ़ोत्तरी (आकार में) Enlargement
बढ़ोत्तरी होना/करना (विकास, बढ़ने में) Thrive
बढ़ोत्तरी होना (जीवन के उत्थान में) Flourish
बढ़ोत्तरी होना (धन-धान्य में) Prosper
बढ़ोत्तरी होना (चंद्रमा के आकार में क्रमशः) Wax (opp. wane) **ह्रास होना**
बत्ती (दीया, लालटेन, मोमबत्ती की) Wick
बती का जला हुआ उपरी भाग Snuff
बद से बदतर स्थिति होना Deteriorate
बदकिस्मत/बदकिस्मती Unfortunate/ Misfortune
बदचलन व्यक्ति Deprave
बदज़ुबान Foul-mouth
बदतर/बदतर होना Worse/Worsen
बदनाम (व्यक्ति/स्थान/घटना) Infamous *Infamous war
बदनाम करना Defame
बदनाम करना (मिथ्या आरोप लगा कर) Slander
बदनाम करना (मिथ्या आरोप लिखकर/छपा कर) Libel
बदनाम करना (कलंक दोष लगा कर) Caluminate
बदनाम करना (मिथ्या प्रचार से) Asperse
बदनाम करना (अपशब्द संबोधन करके) Vilify
बदनाम करना (चरित्र मलीन करके) Malign
बदनाम करना (घटिया वचन बोल कर) Traduce
बदनामी (लोगों में अच्छी धारणा के अभाव से) Disrepute
बदनामी (लोगों में) Obloquy
बदनामी (सम्मान गँवाने से) Disgrace
बदनीयती Malafides
बदनीयतीपूर्ण काम Malafide

बदनुमा दाग Blemish

बदबू करना/बदबू Stink/Stench, foul smell, malodour

बदला हुआ नाम (पहचान छिपाने के लिए) Pseudonym

बदला हुआ नाम (लेखन के लिए लेखक का) Nom de plume

बदलना (एक वस्तु या व्यक्ति को उसी प्रकार के अन्य से) Replace *Replace defective motor parts *The officer was replaced with another one

बदलना (एक को हटा कर अन्य से उसी जगह पर काम करने के लिए) Substitute

बदलना (एक को हटा कर उसके उन्नत प्रकार से) Supersede *Computer has superseded the typewriter *A rule was superseded with more effective one

बदलना (रूप, स्थान) Alter *Alter the position of the door *Alter the design

बदलना (एक रूप से दूसरे रूप में) Transform *A bad-character man transformed himself

बदलना (जादूगर द्वारा अजीबोगरीब रूप में) Transmogrify *The magician transmogrified a man in a cat

बदलना (अन्य रूप में जीवाणु का) Transmute *Bacteria transmute into a different strain

बदलना (अन्य रूप में प्राकृतिक प्रक्रिया से) Metamorphose *A larva metamorphoses to a caterpillar

बदले की कार्रवाई (हानि पहुँचाने वाले के विरुद्ध उसी मात्रा में हानि पहुँचा कर) Reprisal

बदला चुकाना (अच्छाई का अच्छाई से) Reciprocate *Reciprocate good gesture

बदला चुकाना (अच्छाई का बुराई से या बुराई का अच्छाई से) Requite *He requited my love with hate

बदला-बदली करना (सामान का) Swap

बदला लेना (आक्रामक कार्रवाई का) Retaliate

बदला लेना (किसी अन्य के प्रति अन्याय का) Avenge *He avenged his friend's insult

बदला लेना (अपने प्रति अन्याय का) Revenge

बदला लेने की प्रवृत्ति वाला Revanchist

बदला लेने की प्रवृत्ति वाला (मन में विद्वेश भाव होने से) Vindictive

बदला लेने की प्रवृत्ति वाला (अपने प्रति किए गये अन्याय का) Vengeful

बदला (हानि के बदले हानि करके) Revenge *He took revenge on someone for the harm done earlier

बदला (अपने घर-परिवार के प्रति अन्याय करने वाले के विरुद्ध) Vengeance *He is seething with desire for vengeance against his father's killer

बदला (कठोर दण्ड देकर) Retribution *People seek retribution for the perpetrators of terror

बदला (दो व्यक्तियों/परिवारों में लगातार चलने वाली दुश्मनी के कारण एक-दूसरे से लिया जाने वाला) Vendetta *People on both the Sides get killed in mutual acts of vendetta

बदला (कर्म के उपयुक्त न्याय की देवी प्रदत्त) Nemesis *A cruel person is sure to meet his nemesis one day

बदला (आँख के बदले आँख के सिद्धांत पर आधारित) Lex talionis

बदला (दुश्मन के आक्रमण का) Reprisal

बदलाव (एक रूप से दूसरे रूप में स्वाभाविक प्रक्रिया से) Metamorphosis *Metamorphosis of larva into caterpillar

बदलाव (एक स्थिति से दुसरी स्थिति में) Transition *Transition in his life from poverty to affluence was sudden

बदलाव (एक रूप से दूसरे रूप में कीटाणु का) Mutation

बदलाव (रूप में) Transformation

बदहाली Plight

बदहवास Frantic

बदले में In lieu of

बर्दाश्त करना (जो नापसंद हो, परेशानी का कारण हो) Tolerate *I can't tolerate my insult

बर्दाश्त करना (गलत आचरण, विरोध) Brook *Brook indiscipline

बर्दाश्त करना (नजर-अंदाज करके किसी गलत काम को, विरोध को) Countenance *Party is in no mood to countenance opposition to the policies

बर्दाश्त करना (दर्द, खीझकारक को) Bear *Bear pain *Bear someone's gaff

बर्दाश्त करना (गम खाकर, चुपचाप लंबे समय तक) Endure *I can't endure his gaff any longer

बधाई देना (सफल होने पर) Congratulate *Congratulated him for success in exams

बधाई देना (त्योहार आदि के मौके पर) Felicitate

बधाई देना (प्रशंसनीय कार्य करने के लिए) Compliment *I complimented him for his good work

बन्दनवार Swag

बन्दिश लगाना Ban

बनाए रखना (वर्तमान स्थिति) Maintain *Maintain *Maintain your good health

बनाए रखना (निर्णय, विश्वास आदि) Uphold *The supreme Court upheld the lower court's verdict

बनते-बनते रह जाने वाला व्यक्ति (कुछ) Manque *He is a doctor manque

बनने की इच्छा रखने वाला (कुछ) (उसी प्रकार व्यवहार करके) Wannabe *He is a wannabe doctor

बनावट (शरीर, वस्तु की) Constitution *Robust constitution of a man

बनावटी (वस्तु - असली जैसा बनाया) Factitious, Artificial

बनावटी (व्यवहार) Sham *Sham sympathy

बनावटी (मनगढ़ंत) Fictitious (story)

बनावटी (आकर्षक, सच लगने के बावजूद गुमराह करने वाला) Specious *Specious argument/ explanation

बपौती Patrimony

बम वर्षा करना (जगह को छलनी करने के लिए) Strafe *Strafe the enemy camp

बयान करना (घटना, कहानी का) Narrate, Relate

बयान देना State

बयान को मजबूती देना (अन्य सबूत से) Corroborate

बरकत Prosperity

बरखी/बरसी Death anniversary

बरहा (तीन या अधिक रस्सियों को लपेट कर बना हुआ) Plait

बराबर (अन्य से समानता में) At par

बराबर (स्तर में)/**बराबरी** Equal/Equality

बराबर (कीमत में)/**बराबरी** Equivalent/ Equivalence

बराबरी के लोगों में अग्रिम स्थान वाला व्यक्ति Primus inter pares

बराबरी के पद के व्यक्तिगण Peers

बराबरी के पद का अन्य दल/संस्था में व्यक्ति Counterpart

बराबर सतह Level surface

बराबरी करना (एक का किसी अन्य से) Equate

बराबरी करना (झगड़े में, खेल में, हार-जीत में) Make even *Make even with one's adversary

बराबरी करना Compare (with), Compete (with)

बरामद करना Recover

बरामदा के किनारे का घेरा Parapet

बरी करना (दोषारोपन से) Exculpate, Exonerate

बरौनी ((eyelid) **पपनी के छोर पर घाव**) Sty

बर्तन (घर की रसोई के लिए) Utensil, Kitchenware

बर्तन धोने का स्थान Scullery

बर्तन धोने का काम करने वाला Scullion

बर्ताव Behaviour

बर्फ की आँधी Blizzard

बर्फ की चट्टान का स्खलन Avalanche

बर्फ की पतली चादर Sleet

बर्फ का घर Igloo

बर्फ की लटकती हुई रस्सी Icicle

बर्बर Barbarian

बर्बाद करना (बेकार, गवाँ कर) Spoil *Spoil chance/good reputation

बर्बाद करना (अनावश्यक चीजों पर खर्च करके) Fritter away

बर्बाद करना (तहस-नहस करके) Ruin *Earthquake ruined buildings

बर्बाद करना (बिना सदुपयोग किए) Waste *Waste

बर्बाद करना (आग से जलाकर) Gut *Fire gutted the huts

बर्बाद होना Waste away, Perish

बर्बाद होना (सड़ कर, नष्ट होकर) Perish

बर्बादी के रास्ते पर (सही रास्ते से भटक कर) Astray *His son has gone astray

बर्बादी से पुनः उभरना Rise like a phoenix
बमकाना Infuriate
बयान करना (घटना का) Relate
बर्रा (मवाद भरा) Wart
बर्रा Pimple
बरी करना (दोपारोपण से) Exculpate, Exonenate
बलवा Riot
बल पड़ना (मांसपेशी में) Kink
बलगम Phlegm
ब्लडप्रेशर/रक्तचाप की बिमारी Hypertension
बलपूर्वक नियंत्रित करना (व्यक्ति को) Overpower
बलपूर्वक नियंत्रित करना (उमंग, उत्साह को) Subdue
बलपूर्वक नियंत्रित करना (इच्छा को) Suppress
बलपूर्वक नियंत्रित करना (बगावत को) Quell
बलपूर्वक उठा कर ले जाना (किसी व्यक्ति को) Abduct
बलपूर्वक उठा कर ले जाना (ransom **के लिए)** Kidnap
बलपूर्वक किसी स्थान से हटाना Evict *Squatters on the public land were evicted
बलपूर्वक किसी से कुछ लेना Exact *Exact money *Exact obedience
बलि का बकरा Scape goat
बलिदान Sacrifice
बवंडर Cyclone, whirlwind
बवाल Pandemonium
बसना Inhabit, Settle
बसाना (पुनर्वास करना) Rehabilitate
बसेरा (पक्षियों का) Roost
बसेरा (मनुष्य का) Dwelling, Shelter
बस्ती Habitation
बहकना (सीधे विषय से) Digress
बहकना (रास्ते से) Go astray
बहकाना (मर्जी के अनुसार कुछ करवाने के लिए) Beguile, Inveigle
बहकाना (गलत काम करवाने के लिए) Seduce
बहकाने वाला (गलत कर्म के लिए) Seductor
बहकावे में आना (किसी की बातों से) Get carried away
बहना (हवा का) Blow
बहना (पानी का) Flow
बहकर दूर जाने वाला/जाना (प्रवाह) Effluent/ Efflux
बहकर अन्दर आने वाला/आना (प्रवाह) Influent/ Influx
बहलाना (झूठी बातों से) Fob off
बहस करना Argue
बहस करना (छोटी-छोटी बातों पर) Quibble
बहस करना (बेकार मुद्दों पर) Pettifog
बहस करना (समय नष्ट करने के लिए) Filibuster
बहस का मुद्दा Moot point
बहस का अभ्यास करने वाला बनावटी कोर्ट Moot court
बहादुर Brave
बहादुरी Valour, Bravery
बहादुरी का प्रदर्शन Bravura
बहादुरी का प्रदर्शन (दूसरे को प्रभावित/डराने-धमकाने के लिए) Bravado
बहुविवाह प्रथा Polygamy
बहाना (कारण बता कर) Plea *He took a plea of ignorance for not doing his work
बहाना (निर्दोष सिद्ध करने के लिए) Alibi *He took alibi of not been present at the site of the crime
बहाना (काम में चूक के लिए) Excuse
बहाना बनाना (बात से अनजान बनने का, मरने का, बेहोश होने का) Feign *Feign ignorance *Feign death
बहाना बनाना (बीमारी का - काम से बचने के लिए) Malinger
बहाना बनाना (झूठी भाव-भंगिमा से) Pretend
बहाना बनाना (कुछ करने से बचने के लिए, असफलता के लिए) Excuse *Don't make an excuse for the failure
बहानेबाज (तर्क देकर) Casuist
बहाल करना (पहले जैसा) Restore *Restore confidence in the government
बहाल करना (नई जैसी हालत) Renovate *Renovate the old building
बहाल करना (पहले पद पर) Re-instate *Re-instate the suspended employee
बहाली करना Appoint

बहाल करना (जो छिन गया हो) Restitute *Police restituted the stolen goods to the owner

बहाव Flux

बहाव (बाहर की तरफ) Efflux

बहाव (अन्दर की तरफ) Influx

बहिर्गमन Egress (opp. Ingress)

बहिर्मुखी (आचरण) Extrovert (opp. Introvert)

बहिष्कार करना (संगति से, संबन्ध रखने से) Boycott *They boycotted him *People boycotted the products of a company

बहिष्कार करना (मीटिंग का) Walkout

बहिष्कार करना (जाति के लोगों द्वारा) Outcast

बहिष्कृत करना (देश से) Exile

बहिष्कृत करना (शहर, क्षेत्र से) Banish

बहिष्कृत करना (समाज से) Ostracize *A morally deprave person was ostracized by the society

बहिष्कृत करना (धर्म से) Excommunicate *A profane was excommunicated by a priest

बहिष्कृत करना (जाति से) Outcaste *He was outcaste for exogamy

बहिष्कृत (समाज से) Outcaste

बहिष्कृत व्यक्ति (नीच जाति का, अछूत होने से) Pariah

बहुआयामी परिणाम (किसी काम के कारण होने वाला) Ramification *His action will have many ramifications

बहुआयामी (गतिविधियां) Multifarious

बहुआयामी (कर्त्तव्य, डयूटी) Manifold

बहुचर्चित घटना/विषय (लोगों को आकर्षित करने वाला) Cause celebre

बहुत अच्छा करना (अपने काम में) Excel, Fare exceptionally well

बहुत कम मात्रा में Meagre, Paltry

बहुत दिनों तक रह जाने से सड़ जाना/बुरी अवस्था हो जाना Fester *Wound festered *Festering anger

बहुत हो गया - बस करो Enough is enough

बहुतायत (अनेकों में होने से) Host *Host of problems

बहुतायत (अनेकों संख्या में सैनिक, कामगार, आदि का) Legion *Legion of the press reporters

बहुतायत (पूर्ति की) Abundance

बहुतायत (भोजन, आदि की) Surfeit *Surfeit of food items

बहुतायत (बाजार से बिकने वाले सामान की) Glut

बहुतायत (काफी मात्रा में होने से) Plenty

बहुतायत (अवाँछित वस्तु की) Plethora *Plethora of employees keeps many without work

बहुतायत में (अनेकों संख्या में होने से) Galore *There are problems galore

बहुतायत में होना Abound (in) *The market abounds in luxury items

बहुधा Often

बहुपत्नी रिवाज Polygamy

बहुपति रिवाज Polyandry

बहुपक्षीय Multilateral

बहुभाषी Polyglot

बहुमत Majority

बहुमूल्य Precious

बहुरंगी Variegated

बहुरूपिया Dissembler

बहुर्मुखी (काम, ड्यूटी) Manifold *He has been assigned manifold duties in office

बहुर्मुखी (संस्था, प्रकार) Multifarious (activity, organization)

बहुर्मुखी (प्रतिभा, योग्यता) Versatile (ability)

बहुलता (संख्या में) Plurality

बहुलता (मात्रा में) Abundance

बाँझ Nullipara

बाँटना Distribute, Dispense

बाँटना (हिस्सों में) Divide

बाँटना (धन, वस्तु, आदि) Distribute

बाँटना (आपस में) Share

बाँटना (थोड़ा-थोड़ा portion **में)** Apportion

बाँध (नदी के पानी को संग्रहित करने के लिए) Dam

बाँध (तटबंध - नदी के पानी को बाहर जाने से रोकने के लिए) Dyke

बाँध (नदी के बहाव को नियंत्रित करने के लिए) Barrage

बाँध (पानी के बहाव के सामने बाधा खड़ी करने वाली दीवार) Weir

बाँध का गेट (पानी की निकासी को नियंत्रित करने वाला) Sluice, ate

बाँधकर रखना (अपने मातहत, अधीन) Enthrall *Many women are kept enthralled by their husbands

बाँध कर रखना (ध्यान को एकत्रित करके) Captivate *Interesting musical renditing kept the audience captivated

बाँधना (समुद्र में खड़े जहाज को भारी चेन से) Anchor, Moor

बाँधना (गाड़ी को अन्य गाड़ी के पीछे खींचने के लिए) Hitch

बाँधना (रस्सी से) Bind, Tie *Tie the sticks together

बाँधना (कुत्ते आदि को पट्टे से) Leash

बाँधना (धागे से सिलाई कर के शरीर के कटे भाग को) Ligate *Surgeon ligates incision at the end of the surgery

बाँधना (दो रस्सी, लकड़ी, पटरा आदि के छोरों को जोड़ने के लिए) Splice

बाँधना (जानवर को घास चरने के लिए लंबी रस्सी से) Tether

बाँधना (दायित्व से) Obligate *His help has obligated me

बाँधना (नौकरी में अनुबंद्ध से) Indenture

बाँस का पाड़ Scaffolding

बाँहो में भर लेना (किसी को) Hug

बाएँ हाथ से (काम करने वाला) Sinistral (opp. Dextral)

बागडोर Reins

बागी Rebellion

बाड़ा (जानवरों को रखने के लिए) Corral, Pen

बाड़ा (लावारिस जानवरों के लिए) Pound

बाज आना (कुछ करने से) Refrain from

बाजार का इलाका (शहर का) Downtown

बाजी/बाजी लगाना Bet, Wager

बाजूबंद Armlet, Armband

बाढ़ Flood *Heavy rains caused flood in the town

बाढ़ (नदी में) Spate *The river is in spate

बाढ़ (प्रलयंकारी, भयंकर स्तर का) Deluge *The city was submerged in deluge

बाढ़ के पानी का उतरना Recede *The flood water gradually receded from the submerged area

बात उगलवाना Elicit informations/secrets

बात कहने का ढंग (see संबोधन का तरीका)

बात कहने का लहजा Tone

बात का अर्थ Tenor

बात काटना Contradict

बात का मान रखना Honour words

बात से मुकरना Renege (on)

बातचीत (विचार-विमर्श के लिए) Conversation

बातचीत (अर्थहीन) Drivel

बातचीत (मजाकिया) Persiflage

बातचीत (बेवकूफ जैसा) Prattle

बातचीत (अकेले में अपने-आप से) Soliloquy

बातचीत (सतही सच्चाई भरी दूसरे को प्रभावित करने के लिए) Spiel

बातचीत (घमंड भरी) Rodomontade

बातचीत करने में अनिच्छा युक्त (व्यक्ति) Taciturn, Uncommunicative

बातचीत करने में सावधान (अपनी बात बताने से परहेज करने के कारण) Cagey *He is always cagey about his family in talking to the strangers

बातचीत शुरू करने के लिए विषय उठाना Broach (a subject for discussion)

बात रखना (किसी की) Honour words

बात बना-बना कर लोगों का मनोरंजन करने वाला Wag

बाती (दीपक की) Wick

बातूनी Garrulous, Talkative

बातों की गंभीरता को कम करना Mitigate *Mitigate the matters of law & order

बातों-बातों में कही गई (बात) Off the cuff *Off the cuff remark

बातों-बातों में कहा गया कोर्ट में जज की टिप्पणी Obitur dictum

बातों-बातों में भावुक होकर आँसू बहाने वाला (व्यक्ति) Maudlin

बाद में आने वाला (किसी घटना, संख्या, आदि के) Subsequent

बाद में आने वाला (दो में से एक) Latter *Ram

and Shyam, both are good, but the latter one is better in studies

बाद में स्पष्ट होने वाला (नियत, आदि) Ulterior *Ulterior motive

बादल कड़कने से भय Cenaurophobia

बाधा (काम में रोड़ा अटकाने वाली) Obstacle *The required qualification is an obstacle in his getting the job

बाधा (खड़ी करने वाली फ्रेम जिसे कूद कर पार करना होता है) Hurdle

बाधा (वार्ता की प्रगति में दोनों पक्षों के अड़ियल रवैये के रूप में) Deadlock, Impasse, Stalemate

बाधा (प्रगति के रास्ते में समस्या के रूप मे) Hitch, Bottleneck

बाधित करना (रुकावट डालकर) Obstruct *Obstruct someone's entry into the office

बाधित करना (आगे बढ़ने में देरी करके) Impede *Impede the progress

बाधित करना (कठिनाई पैदा करके) Hamper *Hamper someone's progress

बाधित करना (कठिनाई पैदा करके) Hinder

बाधित करना (रास्ता रोक कर) Intercept *Intercept someone's progress

बाधित करना (एकाग्रता को) Obtrude *Loud music is obtrusive

बाधित करना (चालू प्रक्रिया में खलल डाल कर) Interrupt

बाधित करना (वार्तालाप के बीच खलल/हस्तक्षेप करके) Interject

बाधित करना (बहस करके सदन में निर्णय में देरी पैदा करके) Filibuster *Filibuster the passage of legislation in the assembly

बाधित करना (सांस लेने में) Stiffle *Strangulate to stiffle breathing

बाध्य करना Compel

बाध्य करना (कुछ करने के लिए) Compel *Compel to work extra time *Compel him to attend the meeting

बाध्य करना (कुछ करने के लिए लाचार/मजबूर करके) Constrain *He was constrained to pay ransom to free his son from the kidnapper

बाध्य करना (कुछ करने से गुरेज करने के लिए) Restrain *He was restrained from selling the disputed property by court orders

बाध्यता (कुछ नहीं करने की) Restraint

बाध्यता (कुछ करने की) Compulsion

बाम हस्त Sinistral

बारंबारता (कुछ होने की) Frequency

बार-बार तंग करना (कुछ करने या देने के लिए) Badger

बार-बार दोहराया जाने वाला Repeated

बार-बार दोहराई जाने वाली बात/नारा/कथन Refrain

बार-बार दोहराने वाली घटना Recurrence

बार-बार दोहराना (एक की बात) Tautology

बार-बार बदलना (विचार, मत) Waver

बार-बार बदलने वाला (विचार, मत) Fickle *Fickle mind

बार-बार मत बदलने वाला (व्यक्ति) Capricious

बार-बार पेशाब आने की बिमारी Micturia

बार-बार पेशाब आने की बिमारी (रात में, सोने के दौरान) Nyturia

बार-बार प्रयास के बावजूद असफल रहने वाला (कार्य) Sisyphean (task)

बारी-बारी से (आने वाला) Alternate

बारीकी Refinement

बारीकी (अर्थ में) Subtlety

बाल की खाल निकालना Cavil

बाल काटना (दाढ़ी के) Shave

बाल काटना (सिर के) Trim/Tonsure

बाल काटना (जानवर की खाल पर से) Shear

बालगृह Creche

बाल नोंचने की आदत Trichotillomania

बाल सजाना (पक्षी के पंख का) Preen

बाल सुलभ Childlike

बाल सुलभ दोष Foible

बाल-बाँका नहीं होना Scape unscathed

बाल-बाल बचना Escape narrowly

बाल साफ करने वाला (मलहम/लोशन) Depilatory

बाल साफ करना Depilate

बाल शिक्षण कला Paedagogy

बालावस्था Infancy

बाल सुलभ गलती Foible
बालिग/वयस्क Adult
बावजूद In spite of, Despite
बाशिंदा Inhabitant
बासी (भोजन) Stale (food)
बासी परोसना Rehash
बाहर की तरफ फेंकना (अन्दर से) Eject *The tape-recorder ejected the casette *He was ejected out of the hall
बाहर की तरफ फेंकना (अंदर से तेज धार में) Ejaculate
बाहर की तरफ फेंकना (खिड़की से) Defenestrate
बाहर की तरफ फेंकना (अचानक तेज धार में) Spurt *Spurt fumes/smoke
बाहर की तरफ निकलना/उभरना (बाहरी सतह का) Bulge *His stomach has bulged *His eyes have bulged out
बाहर की तरफ निकालना Jut (out) *He jutted his head out of the window
बाहर निकालना (जूस, आदि निचोड़ कर) Extract
बाहर की तरफ निकालना (खींच कर उलझन से, कठिन परिस्थिति से) Extricate *The trapped bodies were extricated from the bogie *He extricted his legs from the mud
बाहर की तरफ निकला हुआ पैर Splay-foot
बाहर करना (टीम से, प्रतियोगिता से) Eliminate
बाहर करना (छाँट कर) Exclude
बाहर निकलना (अन्दर से) Emerge
बाहर निकालना (किसी स्थान से) Expel *Expelled from the class
बाहर निकालना (किसी के मुँह से सच्चाई, खबर) Elicit
बाहर निकालना (दिमाग से, समाज से) Proscribe *Proscribe fear from your mind *Proscribe untouchability from the society
बाहर निकालना (कुरेद कर) Evoke *Evoke smile
बाहर निकालना (चाकू से ऊपर की ओर अलग कर) Gouge out *Gouge out a thorn pricked into the skin
बाहर निकालना (मन से भ्राँति को) Disabuse
बाहर निकालना (गुप्त क्षमता आदि) Educe *Educe potential skill
बाहर निकालना (शहर, देश से) Banish
बाहर निकालना (अवैध कब्जा किए हुए को) Evict
बाहर निकालना (दूसरे देश में शरण लेने के लिए) Exile
बाहर निकालना (खतरनाक स्थान से) Evacuate
बाहर निकालना (नष्ट होने से बचाने के लिए) Retrieve
बाहरी Outer
बाहरी किनारा (गोलाकार वस्तु का) Rim
बाहरी किनारा (एक क्षेत्र के चारो तरफ का) Periphery
बाहरी किनारा (सतह का) Edge *Edge of the road/the coin
बाहरी किनारा (किसी चीज का) Fringe *Poor people were elbowed out to the fringe of the society *Northern fringe of the city
बाहरी किनारा (शरीर की बनावट का) Contour *Contour of face/body
बाहरी किनारा (पोशाक का अन्दर की तरफ मोड़ कर सिलाई किया हुआ) Hem *Hem of frock
बाहरी किनारा (रोड की एक तरफ पैदल मार्ग (pavement) का) Kerb
बाहरी किनारा (कप, कटोरी का) Brim *Water was full to the brim in the glass
बाहरी किनारे का क्षेत्र (शहर का) Outskirts
बाहरी किनारे पर बैठे कुछ लोग जो फितूर से भरा विचार रखते हैं (पार्टी, समाज, समूह में) Lunatic fringe
बाहरी भाग (घर का) Exterior (opp. Interior)
बाहरी भाग (किसी सतह का) External
बाहरी हिस्से से संबन्धित External
बाहरी विषय से संबन्धित Extraneous *Extraneous considerations
बाहर की तरफ का Outer
बाह्य आकर्षण बढ़ाने से संबन्धित Cosmetic
बाह्य प्रतिरूप (किसी भाव का) Semblance of
बाहों में लेकर झुलाना (बच्चे को) Dandle
बाहों में भर कर पकड़ना Embrace
बिकाऊ ईमान का (व्यक्ति) Venal (person) *Venal officials

बिकाऊ (पुरस्कार पाने के लालच में लिखने वाला) Hack *Hack scribe

बिक्री करना Sell

बिक्री करना (दुकान खोलकर) Vend

बिक्री करना (जगह-जगह घूम कर) Peddle

बिक्री करना (घर घर हॉक लगा कर) Hawk

बिखेरना/बिखेरना (बीज, सामान, आदि) Scatter, Bestrew

बिखेरना (भीड़ को) Disperse

बिखेरना (बर्बाद होकर) Dissipate

बिखरे हुए सामान से भरा हुआ (स्थान) Cluttered *The room is cluttered

बिगड़ा संबन्ध सुधारना (किसी से) Patch up with, Reconciliate

बिगाड़ना (संबन्ध, वातावरण) Vitiate

बिगाड़ना (मौका) Spoil *Spoil the chance

बिगाड़ना (बनी-बनायी योजना) Queer the pitch

बिदकना Be panicked

बिना काम के Idle

बिना काम के तनख्वाह पाने वाला पद/व्यक्ति Sinecure (post/job)/Sinecurist

बिना कहे खुद (कार्रवाही) Suo motu *The court took suo motu cognizance

बिना जरूरत खरीदारी करने का फितूर Oniomania

बिना तैयारी किये (उसी क्षण कुछ करना) Extempore *He gave a speech extempore

बिना तैयारी किये (फटाफट कुछ करना) Impromptu *He gave impromptu reply

बिना तैयारी के कुछ बनाना Improvise *He improvised a poem

बिना देर किए (कुछ करना) Prompt *Prompt (reply/action)

बिना बाहरी स्रोत के/प्रयास के (कुछ करना/होना) Spontaneous *Spontaneous reaction in people

बिना पहचाने गये/पहचान छिपा कर (कुछ करना) Incognito

बिना घुटना मोड़े चलना Walk with goose steps

बिना भेदभाव किए (कुछ करना) Indiscriminate *Indiscriminate attack on the people

बिना भेदभाव किए हर प्रकार के साथ (संबन्ध बनाना) Promiscuous *He is promiscuous in making friends *He is a promiscuous reader of books

बिना जरूरत खरीददारी करने का फितूर Oniomania

बिना मांगे Unsolicited

बिना मांगे दूसरे को मदद के नाम पर दखल देने वाला (व्यक्ति) Officious

बिना रुके (कुछ करना/होना) Incessant *Incessant rains

बिना रोक टोक गलत काम में लिप्त Dissolute, Licentious, Profligate

बिना रोक टोक के Unrestrained, rampant

बिना मन के/लगन के (किया गया कार्य) Perfunctory *Perfunctory manner of doing something

बिना विचार किए (मत जाहिर करना) Off hand (Opinion)/off the cuff (remarks, etc.)

बिफरने वाला Petulant

बिरादरी Fraternity

बिरादरी के लोगों में एकता की भावना Esprit d' corps

बिरनी के छत्ते में हाथ डालना Stir the hornets' nest

बिल (कीट आदि का जमीन में खोद कर बनाया हुआ) Burrow

बिल (आपस में जुड़ा हुआ अनेकों रास्तों का जाल) Warren

बिलखना (विपत्ति आने पर) Wail

बिलखना (अपनों की मृत्यु पर) Keen

बिल्ला (सामान की पहचान के लिए उस पर साटने के लिए) Label, Tag

बिल्ली प्रजाति Feline

बीच में आना (झगड़े में एक पक्ष की तरफदारी में) Intercede

बीच में आना (झगड़ा छुड़ाने के लिए) Intervene

बीच में टपकना (बातचीत में) Interject

बीच मझधार में छोड़ देना Leave someone in lurch

बीच-बचाव (एक पक्ष की तरफ से होकर) Intercession

बीच-बचाव (मध्यस्थता करके) Mediation

बीच-बचाव करना (एक पक्ष की तरफ से वार्ता में भाग लेकर) Intercede

बीच-बचाव करना (मध्यस्थता करके) Mediate

बीच-बचाव करने वाला (दो पक्षों के बीच लेन-देन तय कराने में) Intermediary

बीच-बचाव के लिए वार्ता करने वाला Interlocutor

बीत जाना (समय का) Lapse, Elapse *One year has elapsed

बीत जाना (वैधता) Expire *The licence has expired

बीती बातों को भुला कर आगे की सुध लेना Let bygones be bygones and begin again

बीते हुए दिन Bygone days

बीते दिनों की सुखद याद/याद करना Reminiscence/Reminisce

बीते दिनों की भावुकतापूर्ण यादें Nostalgia

बीमार Sick, ill

बीमार मानसिकता का परिचायक Morbid

बीमार हालत/बिमार जैसी हालत करना Ailment/ Ail *What ails you? *Ailment of economy is a cause of worry

बीमारी Ailment

बीमारी का पुनः तीव्र होना Recrudesce

बीमारी के कारण का ज्ञान Aetiology

बीमारी की अवस्था Malady

बीमारी की अकारण आशंका से ग्रसित व्यक्ति (बिमार होने का भ्रम पालने वाला) Hypochondriac

बीमारी की चिंता से मानसिक रूप से परेशान रहने वाला व्यक्ति (स्वास्थ्य पर अधिक ध्यान देने वाला व्यक्ति) Valetudinarian

बीमारी के कारण चिड़चिड़ा (व्यक्ति) Atrabilious

बीमारी के कारण की जानकारी/जानकारी करना Diagnosis/Diagnose

बीमारी के बाद स्वास्थ्य लाभ करना Convalesce

बीमारी से पीला (चेहरा) Pallid

बीमारी से बचाव के लिए साफ-सफाई युक्त (वस्तु) Sanitary *Sanitary napkins *Sanitary wares

बीमारी से बचाव का उपाय Prophylaxis

बीमारी से बचाव के लिए साफ-सफाई से रहने की (आदत) Hygienic

बीमारी से बचने के लिए साफ-सफाई Sanitation

बुखार पैदा करने वाला Pyretic, Pyrogenic

बुखार उतारने वाली दवा Antipyretic, Febrifuge

बुखार होने का बहाना बनाना (काम से बचने के लिए) Malinger

बुज़दिल (कायर) Coward

बुज़दिल अपराधकर्मी Dastard

बुजुर्ग Elderly

बुझाना (आग) Extinguish *Extinguish fire

बुझाना (जीवन ज्योति) Snuff *Accident snuffed his life

बुझाना (प्यास) Quench *Quench thirst

बुझाना (विद्रोह की आग) Quell *Quell rebellion

बुझाना (उत्साह, हिम्मत) Quail *The stern face of the headmaster quails the students' courage to ask him something

बुझौवल (दोहे के रूप में किसी की चतुराई जाँचने के लिए) Riddle *The ingenious one solved the riddle

बुझौवल (दिमाग को उलझाने वाला) Conundrum *Life itself is a conundrum

बुझौवल (सामान्य ज्ञान जाँचने के लिए प्रश्न के रूप में) Quiz *He earned a prize in a quiz competition

बुढ़ापा Old age

बुढ़ापा (आश्रित जीवन युक्त) Dotage

बूढ़ा (आश्रित जीवन जीने वाला) **व्यक्ति** Dotard

बुढ़ापा जन्य बिमारी का डॉक्टर Gerontologist

बुढ़ापा जन्य मानसिक कमजोरी Senility

बुढ़ापे के कारण मानसिक रूप से कमजोर (व्यक्ति) Senile

बुढ़ापे से संबन्धित (समस्या) Geriatric (problems)

बूढ़े व्यक्ति का सेवा-सुश्रुसा करना Coddle

बुत Statue

बुदबुदाना (मुश्किल से सुनाई पड़ने लायक) Mumble

बुदबुदाना (अस्पष्ट शब्दों में) Mutter

बुदबुदाना (कोई बात) Utter *Utter a remark

बुद्धिजीवी वर्ग Intelligentsia

बुद्धिजीवी व्यक्ति Intellectual

बुद्धिमान/चतुर Wise

बुद्धिमान Intelligent

बुद्धिमान वर्ग/बुद्धिजीवी Intelligentsia
बुद्धिमान होने का ढोंग करने वाला Wiseacre
बुनाई करना Weave
बुनियादी Fundamental
बुफे (पार्टी) Buffet
बुरका Veil
बुरा (ढंग का, अप्रिय) Awful *Awful accident *He is a man of an awful character
बुरा (दुष्टतापूर्ण) Evil *He is an evil person
बुरा करने वाला Malefactor
बुरा काम करने से तौबा करना Abjure *Abjure smoking
बुरा वचन Malediction
बुरा बर्ताव Malefaction
बुरा मान जाना Take umbrage
बुरा करो, बुरा पाओ/बुरा बोओ, बुरा काटो Sow wind, reap whirlwind/Reap as you sow
बुरा परिणाम (स्थिति जन्य) Fallout *Fallout of wars is disastrous
बुराई (समाज में व्याप्त) Ills *Ills in the society
बुरी भावना Malevolence
बुरी स्थिति में होना Go to dogs
बुरे काम को अनदेखा करके बढ़ावा देना Connive at
बुरे वक्त से लड़ने की हिम्मत Fortitude
बुलबुला Bubble
बुलबुला निकालने वाला (द्रव्य) Effervescent
बुहारना Sweep
(बुहार कर) एक तरफ हटाना Whisk *Policeman whisked the car away from the road to clear the road *Whisk the food particles from the dining table with a duster
बूँद Drop
बूँद (दवा की, जो शरीर में धीरे-धीरे खून के साथ जाती है) Drip
बूँद-बूँद करके दवा का शरीर में जाना Drip
बूँद-बूँद करके किसी के दिमाग में उड़ेलना Infuse (in)
बूँद-बूँद करके किसी के दिमाग में भरना Instil *Instil patriotism in the young people
बूँद-बूँद गिरना Trickle
बूँदा-बाँदी Drizzle
बू आना (गलत मंशा, आदि की) Smack (of) *His actions smack of his bad motive
बू आना (दुर्गन्ध की) Reek *The fume reeks
बू आना (सड़ा होने से) Stink *Rotten garbage stinks
बेअसर करना (हानिकारक स्थिति को) Diffuse (tension, bomb)
बेअसर करना (विपरीत प्रभाव से बराबर करके) Offset *Offset less marks in one subject with high marks in another
बेईमान Dishonest
बेकसूर, भोला-भाला Innocent
बेकाबू (असंतोष के कारण) Restive *Restive crowd
बेकार (अनुपयोगी) Worthless
बेकार (वस्तु – कार्य नहीं करने के कारण) Dud *Dud machine lying idle
बेकार (वस्तु) Useless, Waste, Futile, Vain *Make a vain attempt
बेकार (प्रयास) Futile, vain *Make a vain attempt
बेकार की (वस्तु) Junk *Junk food
बेकार पड़े हुए फर्नीचर (एक कोने में फेंका हुआ) Lumber *He took out a piece of timber from the lumber room
बेकार मशीन से ठीक-ठाक पुर्जा निकाल कर अन्य मशीन में लगाने के लिए काम में लाना Cannibalise
बेकार में बहस, झगड़ा करना Squabble, Bicker
बेकार समय बिताना While away time
बेकार समय बिताना (समय को गुजर जाने देकर) Fleet *He fleets his time away
बेकार समय बिताना (बैठ कर) Idle away
बेकार समय बिताना (बैठे-बैठे आँखें मूँद कर) Loll *Passengers lolled on the seats in the train
बेखबर (परिस्थिति से) Oblivious
बेगार Forced labour
बेगुनाह Innocent
बेड़ा (गाड़ियों, जहाजों, आदि का किसी के पास) Fleet *He owns a fleet of cars
बेड़ा (नौसैनिक जहाजों का) Armada
बेड़ा गर्क करना Founder

बेड़ी (पैरों में बाँधने की) Fetter

बेड़ी (कलाई में बाँधने के जोड़े में से एक) Manacle

बेड़ी (अपराधी के हाथों की कलाई में) Handcuff

बेड़ी का जोड़ा (कलाई में बाँधने का) Shackles

बेचना Sell *He sold his home

बेचना (विशेष प्रकार की वस्तु) Deal (in) *He deals in hardware

बेचना (घूम-घूम कर) Peddle *The hawker peddles his wares

बेचना दुकान लगा कर Vend *He vends flowers on the pavement

बेचारा Helpless

बेचैन करने वाला Disquieting (moment/event)

बेचैनी Disquiet

बेचैनी में ऊँगली मरोड़ना या कोई वस्तु को हाथों में घुमाना Twiddle *Twiddling with the keyring in anxiety

बेचैनी में इधर-उधर टहलना Fidget

बेचैनी में शरीर के वजन को बारी-बारी से एक पैर पर देना Shuffle *He shuffled his feet while standing

बेचैनी का एहसास (गलत काम करते समय) Qualm *He shows no qualm in doing wrong

बेजान (वस्तु) Inanimate

बेजोड़ Non-pareil

बेढंगा (अजीबो-गरीब लगने वाला) Grotesque

बेढंगा (पीछे भाग में सिर वाला जानवर जैसा) Preposterous

बेतरतीब (रखा हुआ सामान) Disarrayed *Disarrayed room

बेतरतीब (बिना निश्चित दिशा के) Random *Random movement

बेतरतीब (सजा हुआ) Haphazard *Haphazard arrangement

बेतरतीब (लापरवाही से किया गया काम) Slipshod

बेतरतीब (ढीला-ढाला) Sloppy *Sloppy gown

बेतरतीब रखे सामानो से भरा हुआ (स्थान, कमरा) Cluttered

बेतरतीब ठूसना (किसी जगह में) Crumple

बेतरतीब दिशा में फैलना Splay, Straggle

बेतुका Absurd

बेदखल करना Dispossess

बेदाग Spotless, Immaculate

बेधना (नुकीली चीज से) Pierce *The needle pierced his finger

बेधना (जानवर द्वारा सींग या हाथी द्वारा दाँत से) Gore

बेधना (हथियार, सिर, सींग से नीचे गिरा कर जड़वत करने के लिए) Impale

बेपरवाह (चिंता से मुक्त) Nonchalant

बेपरवाह (किसी के अस्तित्व से) Oblivious *He is oblivious of the impending danger

बेपरवाह Careless *Careless person

बेबाक (व्यक्ति - अपने व्यवहार में) Frank *He is frank in his dealings with others

बेबाक (अभिव्यक्ति) Candid *Candid admission of his fault

बेबाकी (अभिव्यक्ति में) Candour

बेमन का Reluctant

बेमानी Absurd

बेमेल (व्यक्ति के पद के साथ उसका व्यवहार) Unbecoming *His conduct is unbecoming of his status

बेमेल (साथ-साथ अस्तित्व में रहने वालों में) Incompatible *Incompatible life with job's nature

बेमेल Unmatched

बेरहम (व्यक्ति) Merciless, Ruthless

बेरहम (मौसम) Inclement *Inclement winter

बेरुखी Indifference

बेलगाम (हिम्मत) Indomitable (courage)

बेलगाम (हानिकारक स्थिति) Rampant (Lawlessness) inflation

बेलचा Shovel

बेवकूफी भरा (मन्दबुद्धि के कारण) Silly *Silly person/acts

बेवकूफी भरा (विवेकहीन) Fatuous *Fatuous activity/remark

बेवकूफी भरी बात करना Twaddle

बेवकूफी भरा हास्यास्पद कार्य Gaucherie

बेवकूफी भरा (हास्यास्पद होने के कारण) Daft

बेवकूफी का काम (गलत निर्णय के कारण) Folly *Leaving a secured job was his folly

बेवकूफी का काम (स्वभावगत आदत के कारण) Foible *Children's foibles are excusable
बेवकूफ बनाना Befool
बेवकूफ बनाना (गलत काम करके अपने-आप को) Make an ass of oneself
बेवफा Disloyal
बेशर्म (व्यक्ति) Shameless (person)
बेशर्मी (अपने गलत आचरण से) Brazen/ Unabashed
बेशर्मी (आचरण में) Impudence
बेसब्र/बेसब्री Impatient/Impatience
बेसब्र (हताश होकर) Desperate
बेसब्री में परिणाम की प्रतिक्षा करना Keep fingers crossed
बेसुध Unconscious
बेसुरा Cacophonous
बेहोश Senseless, Unconscious
बेहोशी की दशा Coma
बेहोशी की स्थिति में Comatose
बेहोशी की दवा Anaesthesia
बैर Enmity, Feud, Hostility
बैर (दो परिवारों, गुटों में लगातार चलने वाला) Feud
बैरी Foe
बैठ कर करने वाला (काम) Sedentary
बैठने या खड़े होने का स्वाभाविक ढंग (किसी व्यक्ति का) Posture
बैठने का अपनाया गया ढंग Stance
बैठने की जगह तक आगन्तुक को रास्ता दिखाने वाला व्यक्ति/रास्ता दिखाना Usher/to usher
बैभव Grandeur
बैर Feud
बैरपूर्ण Inimical
बैरी Foe
बैसाखी Crutch
बोझ Burden
बोझा (गट्ठर का) Bundle
बोझा (घास का) Sheaf
बोझिल आँखें Bleary-eyed
बोरा Sack
बोलक्कड़ (व्यक्ति) Talkative, Garrulous, Glib, Loquacious
बोलचाल की भाषा (क्षेत्रीय) Dialect
बोलचाल की भाषा (देश की) Vernacular
बोलचाल की भाषा (तकनीकी jargon युक्त शब्दों से भरपूर) Gobbledygook *Speak in medical gobbledygook
बोलचाल की भाषा (अपभ्रंश रूप - भाषा का) Patois
बोलचाल की भाषा (व्यवसाय विशेष के क्षेत्र में प्रत्युक्त) Lingo *Court's lingo
बोलचाल की भाषा (स्थानीय भाषा के शब्दों से भरपूर विदेशी भाषा) Pidgin *Pidgin English
बोलचाल की भाषा (व्यापार विशेष वर्ग के लोगों की) Cant *Traders' cant
बोलचाल की भाषा (वर्ग विशेष के लोगों की) Argot *Teenagers' argot
बोलचाल की भाषा (भिन्न भाषा-भाषी लोगों की आपस में) Lingua franca
बोलती बन्द करना Quieten
बोलना (फट-फट) Patter
बोलना (देर तक) Palaver
बोलना (इधर-उधर की बातें) Ramble
बोलना (भच-भच करके जल्दी-जल्दी) Jabber, Gabble
बोलने का लहजा (भावार्थ, मतलब दर्शाने वाला) Tenor
बोलने का लहजा (भाव, मिजाज दर्शाने वाला) Tone
बोलने का लहजा (व्यक्ति के क्षेत्र विशेष का रहने वाला होने की पहचान बताने वाला) Shibboleth
बोलने की प्रभावशाली कला Eloquence
बोलने में लड़खड़ाना (बारंबार गलती होने से) Stumble
बोलने में लड़खड़ाना (हकलाने के कारण) Stammer
बोलने में अक्षमता की बीमारी Alalia
बोली लगाना (नीलामी में) Bid
बौखलाना Lose temper
बौछार (आला का) Hail
बौछार (पानी की) Torrent
बौछार (प्रश्नों की) Volley
बौछार (गोलियों का) Fusilade

बौना (व्यक्ति) Midget, Pigmy
बौना (जानवर, पौधा) Dwarf
बौना (पौधा - कृत्रिम रूप से बनाया हुआ) Bonsai (plant)
ब्रह्मचारी Celibate
ब्रह्मांड Cosmos, Universe
ब्रह्माँड/ब्रह्माण्ड में स्थित Cosmic/celestial

भ

भंग करना (वस्तु को) Break
भंग करना (पटक कर) Shatter
भंग करना (कानून, विश्वास को) Breach
भंग होकर टुकड़ों में टूटने वाली (वस्तु) Brittle
भंग होने लायक Fragile, Frangible
भंगिमा Posture
भंगुर Fragile
भंडार (बाद में उपयोग के लिए रखे गए सामान का) Hoard
भंडार (सामान का) Store
भंडार (अनाज, भूसा) Silo
भंडार (उत्पाद से संबन्धित चीजों के लिए) Warehouse
भंडार (तेल आदि वितरित करने वाली का) Depot
भंडार (युद्ध सामग्री का) Arsenal
भंडार (अनाज का) Granary
भंडार (प्राकृतिक संपदा का) Deposit
भंडार (तैयार मांस का) Larder
भंडार (भोजन सामग्री का) Pantry
भंडार (काट कर निकालने वाले पत्थर का) Quarry
भंडार (जमा पानी का) Reservoir
भंडारण मात्रा Stock
भंडारण सूची (माल की) Inventory
भंडारण सूची (पुस्तकालय में) Catalogue
भँवर Vortex
भँवर (विनाशकारी तूफान का) Maelstrom
भँवर (पानी का) Whirlpool
भँवर (तूफान का) Whirlwind
भंवर जाल Maze
भकोसना Devour
भक्त Devotee
भक्ति Devotion
भक्तनिष्ठ Devout
भगदड़ Stampede
भगवान भरोसे (स्थिति, अस्तित्व, आदि) Precarious (condition, livelihood, etc.)
भगाना (डरा कर) Scare away
भगाना (दूर रहने के लिए, दूर जाने के लिए मुँह से आवाज करके) Shoo *He shooed away the stray dog
भगोड़ा (गिरफ्तारी से बचने के लिए) Absconder
भगोड़ा (जेल से भागा हुआ) Fugitive
भगोड़ा (विद्यालय, ड्यूटी से भागने वाला) Truant
भग्नावशेष Ruins
भड़कना (आग) Flare (up)
भड़कना (क्रोध/बुखार आदि) Fulminate
भड़काना (आग) Stoke
भड़काना (गलत काम करने के लिए) Instigate
भड़काना (क्रोध) Incense
भड़काना (असंतोष आदि) Foment
भड़काने वाला (क्रोध, असंतोष) Inflammatory *Inflammatory speech
भड़काने वाला (आग) Incendiary *Incendiary bomb
भड़कदार/भड़कीला Gaudy *Gaudy dress
भड़कदार (भद्दा लगने वाला) Garish, Tawdry
भड़कदार (भद्दा लगने वाला अश्लीलतापूर्ण आकर्षण) Meretricious
भड़कदार भाषण Grandiloquence
भड़काऊ (भाषण) Incendiary (speech)
भड़ाम की आवाज के साथ बम फटना Crump
भड़ाम की आवाज के साथ भारी वस्तु का जमीन पर गिरना Fall with a thud
भड़ास Spite, Spleen
भड़ास निकालना Pour one's spite/spleen (on somebody)
भटकना (जगह-जगह) Wander
भटकना (इधर-उधर) Loiter
भटकना (सीधे रास्ते से) Divagate, go awry
भटकना (सही विषय से) Digress, Deviate
भटकना (इधर - उधर-समय बिताने के लिए) Loaf

भटकना (सही रास्ते से) Stray

भटकना (बाजार में - निरुद्देश्य) Gad

भटकना (मेले, पार्क में मजा लेने के लिए) Gallivant

भटकना (जगह-जगह लूटने के लिए शिकार की तलाश में) Maraud *Victorious soldiers marauded local area

भटकने वाला (ठिकाने के अभाव में) Vagrant, tramp

भटकने वाला (जगह-जगह निरुद्देश्य) Vagabond

भटकने वाला फटेहाल (बच्चा) Urchin

भटकाना Mislead

भटकाव (अनिश्चित, अकारण) Vagary *Vagary of weather

भटका हुआ (सही रास्ते से) Errant

भत्ता Allowance

भद्र व्यक्ति Gentleman

भद्र गण Gentry

भद्दा Ugly

भद्दा लगने वाला (व्यवहार/पोशाक-देखने में) Unseemly

भद्दा लगने वाली (चमक-दमक) Gaudy

भद्दा लगने वाली (अश्लीलता के कारण) Meretricious

भद्दा शब्द (बोल-चाल में प्रयुक्त) Expletive *He abused with the choicest expletives

भनभनाना (मक्खी का) Swarm

भनभनाने की आवाज Hum

भनक लगना Get wind of

भय (डरावने विचार या परिणाम का) Fear *Fear of losing money held him from investing

भय (खतरा होने का) Menace *Garbage is a menace to health

भय (प्रभावशाली व्यक्ति का सम्मान युक्त) Awe *Devotees are filled with awe of religious godmen

भय (आक्रामक कार्रवाई से पैदा) Terror *Terror of criminals

भय (भूत के समान पीछा करने वाली आशंका का) Spectre *Spectre of famine haunted the farmers

भय (संभावित आशंका का) Dread *Filled with dread of ominous apprehensions

भय (अचानक खतरे के आभास से पैदा) Fright *Sudden encounter with a snake filled him with fright

भय (भयानक दृश्य/घटना से पैदा) Horror *Gruesome murder of a person filled us with horror

भयंकर/भीषण (मात्रा में, आकार में) Enormous *Enormous loss

भयंकर/भीषण (गंभीरता के कारण) Humongous *Humongous fraud

भय का निवारण करना Allay the fear (of)

भयभीत Dreadful, Terrified

भयभीत (किसी बात से) Afraid *He is not afraid of the consequences

भयभीत करना (आक्रामक कार्रवाई से) Terrify, Terrorise

भयभीत करना (अचानक खतरे के एहसास से) Frighten

भयभीत करना (भयानक दृश्य से) Horrify

भयभीत करना (जिससे चेहरा पीला पड़ जाए) Appall

भयभीत करना (उद्विग्न करने वाला भय से) Scare

भयभीत करने वाला (हानि होने की संभावना से) Menacing, Minatory

भयातुर करना (चिंता से) Consternate, Dismay

भयातुर Aghast

भयावह (अप्रिय बात) Awful/*Awful behaviour

भयावह (अचानक घटना) Frightening

भयावह (दृश्य, घटना) Horrible

भयावह (विचित्र, अस्वाभाविक होने के कारण) Eerie, weird, uncanny

भयावह (भूत-प्रेत से संबन्धित होने के कारण) Macabre *Macabre rituals of the Tantriks

भयावह (मन को आहत करने वाला) Ghastly *Ghastly accident

भयावह/भय का एहसास देने वाला Terrible, Terrific

भरण/पोषण का खर्च Maintenance

भरती (सेना में, दफ्तर में) Recruitment

भरना (खाली जगह को) Fill *Fill the glass with water

भरना (खर्च करने के बाद उस मात्रा को) Replenish *Replenish the stock of water in the tank

भरपाई करना (कमी की, घाटे की) Compensate *His frail body is compensated by his intelligence

भरपाई करना (मदद, हर्जाने की) Recompense *They insisted on financial recompense

भरपाई करना (अपने चलते हानि होने की) Indemnify *He assured to indemnify any loss caused by his decision

भरपाई/क्षतिपूर्ति (युद्ध में हारने वाले से लेने वाली) Reparation

भरपूर (मात्रा) Abundant *Abundant food items

भरपूर (बहाव) Profuse *Profuse bleeding

भरपूर (केश) Luxuriant *Luxuriant hair

भरपूर (घना) Copious *Copious fumes

भरपूर (हराभरा) Lush *Lush garden/greenery

भरपूर मात्रा में अनुकूल बनाना (क्षमता को, मौके को, लाभ को) Optimise

भरपूर मात्रा में अनुकूल Optimum

भरपूर मात्रा में होने से किसी पर हावी होना Overwhelm *Large number of problems overwhelmed him

भरपूर प्रयास करना Endeavour

भरपूर परिश्रम करना (कुछ करने के लिए) Strive

भरमार (किसी चीज का) Galore

भरमार (किसी चीज की उपलब्धता की) Galore *Sweets galore

भरा हुआ Full

भरा हुआ होना (किसी वस्तु से) Abound (in) *The market abounds in goods

भरा हुआ होना (भंडार का) Replete (with)

भरा हुआ होना (जीव-जन्तु से) Teem (with) *The pond teems with fishes

भरा हुआ होना (भिनभिनाते हुए कीटों से) Swarm *The sweets shop is swarmed with flies

भरा हुआ होना (अप्रिय परिणाम, खतरे से) Fraught (with) *The adventure is fraught with dangers

भरा हुआ होना (हानिकारक कीट, चूहे, मच्छर से) Infest *The house is infested with rats

भरोसा करना (किसी पर आश्रित होने के लिए) Rely *You can't rely on the city transport for commuting to office

भरोसा करना (किसी पर साथ देने के लिए) Depend *Depend on someone's help/support

भरोसा करना (बात, ईमानदारी पर) Trust *You can trust me

भरोसे के लायक Reliable *The city transport is not reliable

भरोसा देना Assure

भरोसा जीतना Concilliate (friends)

भरोसा करके निश्चिंत हो जाना (मदद, नियत का) Take it for granted *You can't take his loyalty for granted

भर्ती करना (सेना, नौकरी में) Recruit

भर्ती करना (अनिवार्य सैनिक सेवा में) Conscript

भर्ती करना (संस्था में) Admit *Admit a member to the club

भर्त्सना/भर्त्सना करना (आचरण की) Condemnation/Condemn, Deplore

भर्त्सना करना (कठोर भाषा में) Execrate

भर्त्सना करना (अफसोसजनक बात की) Decry *Decry falling standards of education

भर्त्सना करना/भर्त्सना (सार्वजनिक रूप से) Denounce/Denunciation *People denounced the government policy

भर्त्सना का लगातार वार Tirade

भलाई (व्यक्ति की/जनता की) Welfare/weal

भला-चंगा Hale and hearty

भली-भाँति परिचित Familiar

भवन का मुख्य/सामने का हिस्सा Facade

भविष्य के बारे में सोचने की क्षमता Foresight

भविष्य द्रष्टा Visionary

भविष्यवक्ता Oracle

भविष्यवाणी (लक्षण की जानकारी से) Prognosis

भविष्यवाणी (तथ्यों पर आधारित) Prediction

भविष्यवाणी करना (अहितकारी घटना की) Portend

भविष्यवाणी करना (घटना के आभास से) Presage

भविष्यवाणी करना (घटना से होने वाले शगुन के आधार पर शुभ या अशुभ का) Augur

भविष्यवाणी करना (मौसम की) Forecast

भविष्यवाणी (संत द्वारा की गई दिव्य शक्ति से) Prophecy

भविष्यवाणी करना Predict

भविष्यवाणी करना (संत-महात्मा द्वारा) Prophesy
भविष्यवाणी करना (रोग होने की - उसके लक्षण से) Prognosticate
भविष्यवाणी करने वाला (विनाश की, असफलता की) Cassandra
भविष्य की आवश्यकता के लिए Provident *Provident fund
भव्य (अपनी छाप छोड़ने वाला) Grand/Grandiose *Grand wedding
भव्य (परीकथा जैसा मनभावन) Fabulous *Fabulous decoration
भव्य (राजा के शानोशौकत जैसा) Majestic *Majestic welcome
भव्य (अपनी विशालता के कारण) Magnificent *Magnificent fort
भव्यता (छाप छोड़ने वाला) Grandeur
भव्यता प्रदान करना Aggrandise
भस्म करना (आग से) Incinerate
भस्म करना (विनाश से) Annihilate
भस्मासुर Frankenstein
भ्रामक Misleading
भाँजना (हाथ में लेकर) Brandish
भाँपना (आगामी घटना को) Anticipate
भाईचारापूर्ण प्रेम/लगाव Agape
भाईचारापूर्ण भावना Fraternity
भाई-भाई को मारने पर उतारू उन्माद Fratricidal pyromania
भाई का वध Fratricide
भाई-भतीजावाद Nepotism
भाग/हिस्सा Portion, Tranche
भाग-दौड़ Hustle and bustle
भागना (किसी जगह से दूर) Flee
भागना (कठिन परिस्थिति की पकड़ से) Escape
भागना (लड़की का घर से - प्रेमी के साथ) Elope
भागना (पकड़े जाने से बचने के लिए) Abscond
भाग खड़ा होना (परिस्थिति से मुकाबले के डर से) Flinch *Flinch from facing the consequences
भाग लेना (वार्ता में, प्रतियोगिता में) Participate
भाग लेना (मीटिंग आदि में) Attend
भाग्य में लिखी हुई नियति Destiny
भाग्य Fate, Luck
भाग्यवादी Fatalist
भाग्यशाली Fortunate, Lucky
भाड़ा (सवारी गाड़ी का) Fare
भाड़ा (मालगाड़ी का) Freight
भाड़ा (किराए के घर का) Rent
भाड़ा (होटल का/भाड़े पर ली गई गाड़ी आदि का) Tariff
भाड़े पर लेना (गाड़ी/किसी की सेवा) Hire *Hire a taxi *Hire the services of a company
भाड़े पर लगाना (घर को) To let
भाड़े का अपराधी Hireling
भाड़े का योद्धा Mercenary
भाड़े का टट्टू Hireling
भाड़े की मोटरकार टैक्सी Cab
भाती/धौकनी Bellows
भाप Vapour
भाप बन कर उड़ना Vaporise
भाप बना कर उड़ाना Evaporate
भार से झुकना (लंबी छड़ आदि का अपने बजन से) Sag *The beam of a bridge sagged
भार से झुकना (शरीर का) Buckle *The coolie buckled under the weight of the luggage on his head
भार वहन से असमर्थ होकर नीचे बैठना/गिरना Founder *Porter foundered *Ship foundered midsea
भार उठाने का यंत्र (पेंदी से) Jack
भार ऊपर टाँगने का यंत्र Crane
भार कम करने के लिए जहाज से सामान बाहर फेकना/फेंका हुआ सामान Jettison/Jetsam
भार बन गया हुआ (व्यक्ति, जवाबदेही) Liability
भारी (उठाने में) Heavy
भारी (हिलने-डुलने में) Ponderous
भालू की प्रजाति Ursine
भाव/भावार्थ (विषय का) Gist
भाव विशेष में (कही गई बात) In a given vein *He remarked in lighter vein
भावना (किसी बात के बारे में विचार जन्य) Sentiment *Take care of others' sentiments about religion
भावना (व्यक्तिगत मानसिकता से उत्पन्न) Spirit *His remark/criticism was taken in good spirit

भावना (महसूस करने लायक - खुशी, गम, क्रोध) Emotions *Control your emotions
भावना (किसी के लिए मन में) Passion *Passion for sports
भावना को आहत करने वाला Outrageous
भावना से संबन्धित/भावनात्मक Emotional/Sentimental/Passionate
भावना कुरेदने वाला (विषय/काम) Emotive
भावनात्मक उत्तेजना/उत्तेजनापूर्ण Vehemence/Vehement
भावनात्मक उत्तेजना से ओत-प्रोत Ardent/Fervent
भावना से पूर्ण Impassioned
भावनाहीन Impassive
भावना से अप्रभावित Dispassionate
भावना को चोट पहुँचाना Offend
भावुक Sentimental
भावुक होकर आँसू बहाने वाला Maudlin
भाव-विभोर Overwhelmed with emotion
भाषण (विचार व्यक्त करने के लिए) Speech
भाषण/भाषण कर्ता (समारोह, सभा में) Oration/orator
भाषण (लोगों की भावना को भड़काने वाला) Harangue
भाषण (जोरदार, आक्रामक) Diatribe
भाषण (भावनात्मक उत्तेजना से पूर्ण) Dithyramb
भाषण (आलोचनापूर्ण) Tirade
भाषण (भर्त्सना करने के लिए) Philippic
भाषण (दिखावटी भावना से भरपूर) Rhetoric
भाषण (विक्रेता का ग्राहक को प्रभावित करने वाला) Spiel
भाषण (विदाई समारोह में) Valediction
भाषण का सारांश/सारांश दोहराना (समाप्ति के समय) Peroration/Perorate
भाषा (see बोलचाल की भाषा) (भिन्न भाषा-भाषियों के बीच बोली जाने वाली) Lingua franca
भाषा (जनसाधारण की) Vernacular
भाषा (विशेष प्रकार के कठिन शब्दों से भरपूर) Jargon
भाषा की लिपि Script
भाषा का अक्षर Letter
भाषा का अक्षर समूह Alphabet
भिखारी जैसी अवस्था/भीख माँगने का काम Mendicity
भिखारी Beggar, Mendicant
भिगोना (पानी डाल कर) Drench
भिगोना (पानी में डालकर) Soak
भिड़न्त (मित्र से, परिचित से अचानक आमना-सामना) Rencontre
भिड़ंत (झगड़े का फैसला करने के लिए) Show-down
भिनकना Feel disgusted
भिन्नता (दो चीजों के आकार, प्रकार में) Difference *Difference in looks of two persons is stark
भिन्नता (अनेक चीजों में) Diversity *Diversity of cultures in a society
भिन्नता (सामान, विषय में तुलनात्मकता) Disparity *Disparity in living standards of Indians and Americans
भिन्न प्रकार का (अलग-अलग अस्तित्व में) Disparate *Air is a mixture of disparate gases
भिन्न प्रकार का (अन्य से अलग दिखने वाला) Different *His look is different from others
भिन्न होना (प्रकार से) Differ
भिन्नता की पहचान का निशान Differentia
भिन्नता की पहचान करना Differentiate
भिन्नता की पहचान करना (खासियत से) Distinguish
भिनभिनाना (मक्खियों का) Swarm
भिन्न वस्तुओं को मिला कर तैयार करना (मिठाई, वस्तु, दवा आदि) Confect *Confect cakes/dress/home remedy
भिन्न वस्तुओं से तैयार मीठा पदार्थ Confection
भिक्षा/दान Alms
भिक्षा/दान संबन्धी Eleemosynary
भिक्षा/दान देने वाला Almoner
भिक्षा मांगने वाला/भिक्षु Mendicant
भींचना (दाँतों को, मुट्ठी को) Clench
भीख माँगना Beg
भीगा Damp
भीड़ Crowd
भीड़ (सीमित जगह में भरी हुई) Throng *Throng in the hall left many standing

भीड़ (हंगामा करने पर उतारू) Mob
भीड़-भाड़ करना (सीमित स्थान में) Throng *Tourists thronged the monument site
भीड़तंत्र Mobocracy
भीड़ द्वारा मचाया गया शोर (एक दूसरे की समझ से बाहर) Babel
भीड़ का किसी को पकड़कर पीट-पीट कर मार देना Lynch
भीड़ में घुसकर लोगों को भड़काने वाला Agent provocateur
भीतर-भीतर मन में क्रोध से उबलना Simmer
भीतरघात करने वाला Insidious/Pernicious
भीमकाय (व्यक्ति) Corpulent
भीमकाय (जानवर) Behemoth
भीमकाय (पत्थर) Monolith
भीमकाय (आकार) Mammoth
भीरू Meek
भीषण/भीषणता Enormous/Enormity
भुक्तभोगी Sufferer
भुक्खड़ Glutton
भुखमरी/भूख से मरना Starvation/Starve
भुगतना (कष्ट) Suffer
भुगतना (क्षति, हानि, क्रोध) Incur
भुगतान करना (पैसा) Disburse
भुनभुनाना (दबी आवाज में) Mutter
भुनभुनाना (शिकायत में) Grumble
भुनभुनाना (रोते हुए) Whine, Whimper
भुलक्कड़ Amnesiac
भू-खण्ड Tract
भू-भाग Terrain
भू-क्षेत्र Territory
भू-स्खलन Landslide
भूकम्प Earthquake
भूकम्प का केन्द्र Epicentre
भूख से मरना Starve
भूख Hunger
भूख जागृत करना/तेज करना Whet appetite
भूख जागृत करने वाला पदार्थ Appetizer
भूख की इच्छा Appetite
भूख मिटाना/तृप्त करना Satiate, Sate
भूखमरी Starvation
भूत Ghost
भूत (प्रकट होकर डराने वाला) Apparition
भूत (विशेष प्रकार के भय से आक्रान्त करने वाला) Spectre *Spectre of famine
भूत (मरने के बाद किसी का) Wraith
भूत (जीवित व्यक्ति के जैसा दिखने वाला) Doppelganger
भूतपूर्व Ex, Former
भूत भगाना (किसी भूतहा जगह से) Exorcize
भूमिका (नाटक में पात्र की) Role, Acting
भूमिका (किसी घटना, काररवाई की) Prelude
भूमिगत होना Go underground
भूमीय Terrestrial
भूरा (रंग) Fawn
भूरा केश Blond hairs
भूरि-भूरि (प्रशंसा, धन्यवाद) Effusive
भूरे केश वाली औरत Blonde
भूल (अज्ञानता के कारण) Error *Error in spellings
भूल (निर्णय लेने में गलत judgement के कारण) Mistake *Made a mistake in accounting
भूल (ध्यान नहीं देने के कारण) Blunder
भूल (जिससे शर्मिन्दा होना पड़े) Faux pas/Gaffe
भूल (बेवकूफी भरी) Goof
भूल (सही शब्द के बदले मिलते-जुलते गलत शब्द का प्रयोग करने की) Malapropism *Malapropism of using marry in place of harry
भूल करना Err
भूल करना (अनचाहे में, ध्यान में चूक होने से) Err inadvertently
भूल से युक्त Erroneous *Erroneous decision
भूल करने की संभावनापूर्ण Fallible *Nobody is infallible – everyone is fallible
भूल करके उसमें सुधार करते हुए काम करना Do something by trial and error
भूल-चूक (काम में) Omission
भूल जाने की हालत में होना (किसी बात, व्यक्ति को) Be oblivious of
भूलने में सहायक (दु:ख, कष्टकारी अनुभव को) Nepenthean

भूलने में सहायक दवा/पेय Nepenthes
भूल-भूलैया Labyrinth
भूल सुधारना (mistake, defect **को हटा कर**) Rectify *Rectify a mistake in taking a decision
भूल सुधारना (शर्त में, कानून में कमी को हटाकर) Amend *A clause in contract/constitution was amended
भूल सुधार (गलत काम की भरपाई कर के) Reparation
भूलना Forget
भूला-बिसरा देना Send to oblivion
भूसा (अनाज की परत का) Chaff, Bran, Husk
भूसा (आनाज के पौधे का) Fodder *An animal is fed on fodder
भूसा (खाने के बाद मुँह में लेकर पगुरी करने वाला) Cud *Chew the cud
भेद करना (भिन्नता का)/**भेद** Differentiate/ Difference
भेद करना (विशेषता के आधार पर भेद) Distinguish/Distinction (noun)
भेदभाव (गुणवत्ता के आधार पर) Discrimination
भेदभाव करना (पसंद-नापसंद के आधार पर) Discriminate/Discrimination (noun)
भेदभाव रहित Impartial
भेद खोलना (हमराज द्वारा) Spill the beans
भेद खोलना (गोपनीय बात का) Disclose, Reveal, Expose, Divulge
भेद खोलना (मन की बात का चेहरे के भाव से) Betray *Facial expression betrayed his anxiety
भेदभाव (पूर्वाग्रह के कारण) Prejudice
भेदिया Informer
भेड़ की प्रजाति/भेड़ से संबन्धित Ovine
भेड़ के बाल उतारना Shear
'भेड़िया आया - भेड़िया आया' का झूठा आतंक फैलाना Cry wolf
भोंकना Stab
भोगना Suffer
भोग-विलास पूर्ण Luxurious
भोग-विलास में लिप्त Libertine
भोग-विलास परहेजी (जीवन/रहन-सहन) Spartan
भोग-विलास रहित जीवन जीने वाला (संन्यासी) Ascetic
भोज Banquet
भोज्य पक्षी (पाल कर रखा हुआ) Fowl, Poultry
भोजन करना Dine
भोजन करने वाला Diner
भोजन Dinner
भोजन व्यवस्था युक्त आवासीय गृह Boarding house
भोजन व्यवस्था युक्त आवासीय गृह में ठहरना/ठहरने वाला Board/Boarder
भोजन संबन्धी Prandial
भोजन बनाने की कला Culinary art
भोजन बनाने की विधि Recipe
भोजन प्रेमी Gourmand
भोजन विशेषज्ञ Gourmet
भोजन भट्ट Glutton
भोजन परोसने की प्लेट Platter
भोजन सामग्री Eatable, Food, Aliment
भोजन सामग्री भंडार Pantry
भोला-भाला Innocent
भौं Eyebrow
भौं चढ़ा (आदमी) Supercilious
भौंकना Bark
भौंड़ा देखने में Grotesque
भौंडा (हास्यास्पद) Ludicrous
भौंचक करना Perplex, Bewilder, Flummox, Flabbergast
भौंचक Dumbfound
भौतिक Physical, Material, Temporal
भौतिक शरीर से संबन्धित Corporeal (opp. Spiritual)
भौतिक अवस्था से आध्यात्मिक अवस्था में उठना Transcend
भौतिक अवस्था से आध्यात्मिक अवस्था में उठने के लिए ध्यान करने का अभ्यास Transcendental meditation
भौतिकता Materialism
भ्रम (आँखों को दिखने वाला अस्तित्वहीन दृश्य का) Illusion
भ्रम (सच प्रतीत होने वाला) Delusion

भ्रम (अन्य लोगों के द्वारा सताये जाने का, पीछे पड़ कर हानि पहुँचाने का, अपने खुद के महत्व का काल्पनिक) Paranoia

भ्रम (किसी विषय/बात का अर्थ अस्पष्ट होने के कारण) Confusion

भ्रमण स्थल (छुट्टी मनाने के लिए) Resort

भ्रमण करना (जगह-जगह का) Itinerate

भ्रमण करने वाला (जगह-जगह का) Itinerant

भ्रमण करना (राहगीरों से गाड़ी में लिफ्ट माँग कर) Hitch-hike

भ्रमण सूची Itinerary

भ्रमित करना (अस्पष्टता के कारण) Confuse

भ्रमित करना (अस्पष्टता को और अधिक उलझा कर) Confound *Complicated explanation confounded the confusion further

भ्रमित (गुमराह) **करने वाला** (तर्क) Fallacious

भ्रमित करने वाला तर्क Fallacy

भ्रष्ट (ईमान का)/भ्रष्टाचार Corrupt/corruption

भ्रष्ट (चरित्र का) Deprave

भ्रष्ट करना (पवित्र स्थान को) Defile, Desecrate

भ्रष्ट करना (किसी के चरित्र/मान-सम्मान को) Sully

भ्रामक Misleading

भ्रूण Foetus

भ्रूण हत्या Foeticide

भ्राँति (गलत विचार से उत्पन्न) Fallacy

भ्राँति (गलत धारणा में विश्वास की) Superstition

भ्राँति को मन से निकालना (किसी के मन/दिमाग से) Disabuse

भृकुटि तना हुआ (व्यक्ति) Supercilious

म

मंगनी Engagement

मंगलकारी Auspicious

मंगलवचन Benediction

मंगल कामना Benevolence

मंगेतर (व्यक्ति) Betrothed, Plighted

मंगेतर व्यक्ति Fiancee/Fiance (masculine)

मंच Dais, Stage, Platform

मंच (चर्च में उपदेशक का) Pulpit

मंच (भाषण के लिए) Rostrum, Dais

मंच (बहस, निर्णय का) Forum

मंजन Dentifrice

मंजर आना Blossom *Mango trees have blossomed

मंज़ूर करना Sanction

मंजिल Storey

मंडप Pavillion

मंडराना Hover

मंडली (दोस्तों की) Circle

मंडली (कलाकारों की) Troupe

मंडली (सलाहकारों, नीति तय करने वालों की) Coterie

मंडली (साहित्यकारों, ज्ञानियों की) Clique मंडली (सभा में किसी के समर्थन में ताली बजाने वाले व्यक्तियों की)

मंडली (नीति-निर्धारण करने वाले पार्टी-सदस्यों की) Caucus

मंडली (समान सामाजिक स्तर के व्यक्तियों की) Coterie

मंडली (दल के अन्दर मजबूत गुट के सदस्यों की) Ginger group

मंथन Churning

मंद (गंध, रंग, मुस्कुराहट) Faint *Faint smell

मंद (प्रकाश) Dim *Dim light

मंद (गति) Slow

मंद (बुद्धि) Dull *Dull headed

मंद (हवा) Gentle *Gentle breeze

मंद पड़ना (आंधी, क्रोध का) Relent

मंद बुद्धि का व्यक्ति Dullard, Stupid, Imbecile, Crass, Duffer

मंदिर Temple

मंदिर का देवता-घर Shrine, Sanctum sanctorum

मन्द-मन्द हिलना Sway

मंदी (बाजार में मांग में) Slump

मंशा (मन में पाली हुई) Intention *Intention to harm someone

मंशा (कुछ करने के पीछे की) Motive *Motive behind crime

मंशा होना Intend (to)

मंत्र Hymn
मंत्रणा देना Counsel
मंत्रणा करना Advise (with)
मंत्रमुग्ध करना (आकर्षण से) Enchant, Fascinate
मंत्रमुग्ध करना (अवाक करके) Spellbind
मकबरा Tomb
मक्का Corn
मक्कार Treacherous
मखौल उड़ाना Mock
मग्न Engrossed
मचान (काम करने वाले मजदूर के चढ़ने के लिए) Scaffold
मचान (पौधा के लत्तरो के चढ़ने के लिए) Trellis
मछली Fish
मछली (छोटे आकार की) Minnow
मछली (बड़े आकार की) Triton
मछली-पालन Pisciculture
मजदूरी Wage
मजबूती प्रदान करना Re-inforce
मजबूती से पकड़ा हुआ Tenacious
मजबूरी Compulsion
मजबूरी में कुछ करना (Be) Constrained (to)
मजबूरी में कुछ नहीं करना Be restrained (to)
मजाक (किसी पर बात बनाकर) Joke
मजाक/मजाक करने वाला (किसी को बेवकूफ/मूर्ख बनाने के लिए) Prank/Prankster
मजाक (लोगों को सुनाकर प्रसन्न करने के लिए) Jest
मजाक (दो अर्थों वाले शब्द के प्रयोग से) Pun
मजाक (बातों से आपस में हँसी उड़ाना) Banter, Persiflage
मजाक करने वाला (बात बना बना कर) Joker
मजाक करने वाला (सर्कस में दर्शकों का मनोरंजन करके) Clown
मजाक करने वाला दरबारी (दरबार में लोगों का मनोरंजन करने वाला)/**मसखरा/विदूषक** Jester/ Court jester
मजाक करना Joke
मजाक उड़ाना (किसी का) Ridicule
मजाक का पात्र Butt of jokes/ridicule
मजाक से लोगों को प्रसन्न करने का गुण/गुण वाला Humour/Humorous
मजाकिया (व्यक्ति) Jocular
मजाल Temerity
मजा लेना (धूप में बैठ कर) Bask in sun
मजा लेना (अपने प्रसिद्धि का) Bask in glory
मजा लेना (किसी मनपसंद चीज का) Relish *Relish good food
मटरगश्ती Loitering
मटियामेट करना Destroy, Ruin
मत Opinion
मत देने का अधिकार देना/अधिकार छीन लेना Enfranchise/Disenfranchise
मत प्राप्त करना (मतदान में) Poll
मतभेद Dissension
मतभेद जाहिर करना Dissent
मतभेद मिटाकर संबंध सुधारना Reconciliate
मतलबी Selfish
मताधिकार Franchise/ Suffrage
मतावलंबी Sectary
मतली Nausea
मतसंग्रह Referendum
मथना Churn
मदद के लिए बुलाना या इस्तेमाल करना (ईश्वर को, कारगर कानून/उपाय को) Invoke
मदद के लिए किसी की तरफ हाथ बढ़ाना Proffer hand to help
मददगार व्यक्ति (तकलीफ में पड़े व्यक्ति का) Samaritan
मदिरापान उत्सव Bacchanalia, Carousal, orgy
मदहोश (आनन्ददायक अनुभूति से) Languorous
मदहोश (नशे में) Inebriated, Drunk, Typsy
मधुमेह Hyperglycemia/diabetes
मधुर स्वभावी Affable
मधुर (संबंध) Harmonious
मधुर (आवाज) Mellifluous
मधुर (संगीत)/**मधुर संगीत** Melodious/Melody
मधुर वचन (कटु शब्दों के स्थान पर प्रयुक्त) Euphemism
मधुर संबन्ध Rapport, Harmony
मधुर संबन्ध (दिल से दिल मिला हुआ) Concord
मधुर संबन्ध में खटास Discord

मध्यस्थ (बीच-बचाव करने वाला) Mediator
मध्यस्थ (बीच-बचाव के लिए बातचीत कर के) Interlocutor
मध्यस्थ (दोनों पक्षों के बीच में पड़कर) Intermediary
मध्यस्थता करना Mediate
मध्यावकाश Recess
मन उचटना (be) Dejected, feel tedium
मन को आहत करने वाला/करना (असम्मान, अपमान) Outrageous/outrage
मन को कचोटने वाली (बात) Poignant
मन में कड़वाहट Rancour, spleen, spite
मन में कड़वाहट से भरा हुआ Splenetic, Spiteful
मन में कड़वाहट भरना (बात से) Rankle *His comment rankled
मन में होने वाली दुर्घटना का आभास Foreboding, Presentiment
मन की भावना को उजागर होने से रोकना Dissemble
मन की भावना का अनचाहे/चेहरे के भाव से उजागर होना Betray
मन को द्रवित करने वाला Moving
मन को भाना Appeal *His manners appeal to all
मन में आने वाली घटना/बात का आभास Intuition
मन में किसी प्रकार की बात का आना Occur in mind
मनगढ़ंत (कहानी, बात) Concocted, Fabricated, Fictitious
मनगढ़ंत कहानी (कल्पना पर आधारित) Fiction
मनगढ़ंत कहानी (दूसरों पर प्रभाव डालने के लिए) Figment of imagination
मनतव्य Opinion
मन में तसल्ली का एहसास Solace
मन में दुविधा (क्या करे, क्या नहीं की) Quandary
मन में दुविधा (दो मे से एक चुनने की) Dilemma
मन में पाला हुआ बैर Grouse
मनन-चिंतन करना Mull, Cogitate
मन को पसंद होने वाला (व्यवहार, प्रस्ताव) Palatable
मन बहलाव Recreation, Amusement
मन मसोस कर हालात से समझौता करना Reconcile (with)
मनमौजी Maverick
मनमाना (व्यवहार आदि) Wilful (behaviour)
मनमाना (आदेश, व्यवहार) Arbitrary
मनमाना आदेश Diktat
मनमाना आदेश देना Dictate
मनमाना आदेश देने वाला Dictator
मनमानी (निर्णय लेने में) Indiscretion
मनमानी करने की खुली छूट Licence
मन में होने वाला आभास (घटना का) Intuition
मन में संजोये रखना (यादों को, आकांक्षा, आशा को) Nurture, Cherish
मनमुटाव Estrangement
मनहूस Cheerless
मना करना (कुछ करने से) Forbid
मना करना (हिदायत देकर) Proscribe
मना करना (आदेश, कानून, नियम बना कर) Prohibit
मनाना (उत्सव, पर्व-त्योहार) Celebrate
मनाना (रीति-रिवाज, संस्कार कर्म) Solemnize
मनाही (सरकारी आदेश से) Ban
मनाही (दुश्मन देश से व्यापार पर) Embargo
मनाही (कानून के विरुद्ध काम पर) Prohibition
मनाही (आपत्ति होने के कारण) Bar
मनुष्य या जानवर की बेढंगी आकृति Gargoyle
मनोकामना Wish
मनोनीत/मनोनीत करना Nominee/Nominate
मनोबल Morale
मनोरंजन (कला प्रदर्शन से) Entertainment
मनोरंजन करना Entertain
मनोरंजन करना (मजेदार हरकत से) Amuse
मनोरंजन करने वाला योद्धा (तलवार से अन्य योद्धा से लड़ कर) Gladiator
मनोरंजन करने वाला योद्धा (सांड से लड़ने का खेल दिखाकर) Matador
मनोरंजन करना (मजेदार बात से, पार्टी देकर) Regale
मनोरथ Desire, Longing
मनोव्यथा Agony
मनोवृत्ति (प्रयास करके पैदा की हुई) Disposition

मनोवृत्ति (स्वाभाविक) (कुछ करने की) Tendency
मनोवृत्ति (किसी काम, चीज के प्रति झुकाव की) Inclination
मनोवैज्ञानिक Psychologist
मनोवैज्ञानिक (आधार, स्थिति) Psychological
मनौवल करना Cajole, Wheedle
मन्नत Wish
ममता Affection
मरघट Cremation ground
मरणासन्न Moribund
मरणोपरांत Posthumous
मरणोपरांत लेखक की छपी पुस्तक Posthuma
मरणोपरांत मृत्यु के कारण की जाँच के लिए शरीर का चीर-फाड़ Postmortem, Autopsy
मरने की नकल करके पड़े रहना Play possum
मरने के कगार पर Moribund
मरम्मत Repair
मरियल Emaciated
मरीज Patient
मरोड़ Cramp
मरोड़ना/ऐंठना Twist
मरोड़ना (कपड़े का पानी निचोड़ने के लिए, गर्दन) Wring
मरोड़ना (ढक्कन को खोलने के लिए) Prise
मरोड़ना (आकृति बिगाड़ने के लिए) Contort
मरोड़ना (टेढ़ा-मेढ़ा करने के लिए) Distort
मरोड़कर झटके से खींचना Tweak, Twitch
मरूभूमि Desert
मरूभूमि में हरा-भरा क्षेत्र Oasis
मर्जी Will
मर्जी से (कुछ करना) On one's own volition
मर्जी के मुताबिक (काम) Wilful
मर्जी के मुताबिक किसी को कुछ करने देना Let someone do
मर्जी के मुताबिक किसी समस्या, मतभेद में फैसला करने की ताकत रखने वाला व्यक्ति Arbiter *God is the arbiter of fate
मर्जी के मुताबिक काम करने के लिए किसी को बाध्य करना Coerce
मर्द एवं औरत - दोनों के गुण से वंचित व्यक्ति Epicene
मर्द एवं औरत - दोनों के मिश्रित गुण वाला व्यक्ति Hermaphrodite, Androgyne
मर्द के जैसी हट्टी-कट्टी औरत Amazon
मर्दानगी Manliness
मर्दानगी पर गर्व करने वाला Macho
मर्दानगी पर गर्व Machismo
मर्दों की पार्टी (जिसमें औरतों के आने की मनाही हो) Stag party
मर्माहत Distressed
मर्यादा (व्यवहार की) Decorum, Propriety
मर्यादा Dignity
मर्यादा उल्लंघन Impropriety
मर्यादा के बाहर (व्यवहार) Indecorous
मर्यादापूर्ण (व्यवहार) Seemly
मल Excreta, Faeces
मल त्याग करना Defecate
मलना (मलहम) Rub
मलना (पवित्र जल/तेल- पवित्र करने के लिए) Anoint
मलना (कीचड़) Smear
मल-मूत्र त्यागने की स्वाभाविक क्रिया से निवृत्त होना Answer nature's call, Relieve oneself
मलवा (टूटा पत्थर; ईंट का) Debris
मलवा (क्षतिग्रस्त वस्तु का) Wreckage
मलवा (घर आदि ढहाने के बाद) Rubble
मलाल (किसी गलत काम को करने में) Compunction
मलीन Fouled
मलीन करना (see मैला करना)
मवाद Pus
मवाद बहना (घाव से) Suppurate
मवाद से भरा हुआ Purulent
मशक्कत करना Strive, Toil
मशगुल Engrossed
मशवरा Advice, Suggestion
मशहूर Famous, Renowned
मशहूर हस्ती Celebrity
मशीन में आई गड़बड़ी को ठीक करना Rectify
मशीन से अधिक संख्या/मात्रा में उत्पादन करना Churn out
मशीन का संचालन बन्द करना Shutdown

मशीन में माल डालने की नली Chute
मशीन की क्षमता की जाँच Trial
मसखरा Jester
मसखरी Buffoonery
मसनद Bolster
मसलना (हाथों में)/(पैरों के नीचे) Mash/Stamp
मसालेदार सिरूआ Gravy
मसौदा Draft
मसीहा Savior
मस्का लगाना Flatter
मस्त (चिंतामुक्त होने से) Insouciant
मस्त (नशे में होने से) Inebriated
मस्त रहने वाला (व्यक्ति) Happy-go-lucky
मस्तिष्क की बिमारी का डॉक्टर Neurologist
महंगा (अनुचित कीमत होने के कारण) Expensive
महंगा (कीमती होने के कारण) Costly
महत्व/महत्वपूर्ण Importance/Important
महत्व/महत्वपूर्ण (परिणाम विशेष के लिए) Significance/Significant
महत्वपूर्ण (सफलता-असफलता के विचार से) Crucial
महत्वपूर्ण (निर्णायक होने के कारण) Critical
महत्वपूर्ण (विषय विशेष के लिए) Material (to) *This evidence is material to prove guilt
महत्वपूर्ण व्यक्ति/घटना के आगमन का मुनादी करने वाला Herald
महत्वहीन Unimportant
महत्वहीन (परिणाम विशेष के लिए) Insignificant
महत्वहीन हुलिये वाला Non-descript
महत्वहीन Immaterial
महत्वहीन (अनुपयोगी होने से) Trivial
महत्वहीन (मिट्टी, ढेला समान कीमत का) Picayune (help)
महत्वहीन वस्तु Trivia
महत्वहीन समझना Belittle
महत्वहीन पद पर भेज देना Shunt
महत्व में पहले स्थान देना (अन्य के) Prioritize
महत्व में अन्य से पहले स्थान Priority
महत्व में पहले स्थान (नियम/परंपरा पद के अनुसार) Precedence
महत्वपूर्ण योगदान Yeoman's service
महसूस करना (बात के महत्व को) Realise
महत्वाकांक्षा Ambition
महत्ता (विषय विशेष के लिए/प्रभाव में) Significance/Importance
महत्ता (पद में प्रधान होने से) Primacy
महत्ता (उच्चतम स्थान, पद पर होने से) Supremacy
महत्ता (प्रभाव में वजनदार होने से) Preponderance
महत्ता (नाम में) Pre-eminence
महरूम Devoid of
महल (राजा का निवास) Palace
महल (सुरक्षित किलाबंदी युक्त) Castle
महसूस करना (देख-सुन कर) Discern
महसूस करना (ज्ञान क्षमता से) Perceive, Feel
महसूस करने लायक (ज्ञान क्षमता से) Perceptible
महसूस करने लायक (छूने से) Palpable
महसूस करने की क्षमता Sense
महसूस होने की क्षमता युक्त Sensible
महसूस होने की बारीक क्षमता Sensitive *His body is sensitive to slight change in climate
महसूस होने की क्षमता की पकड़ से परे Subtle *Subtle touch *Subtle change in colour
महा अभियोग Impeachment
महा अभियोग लगाना Impeach
महादेश Continent
महान कृति (कला की) Magnum opus
महानगर Metropolis
महामानव Titan
महामारी Epidemic
महायुद्ध Armageddon
महारत Expertise
महारथी Wizard
महासंघ Confederation
महासंग्राम Armageddon
महिमा Glory
महिमा मंडित करना Glorify
महीन (परिमार्जित) तौर-तरीके वाला (व्यक्ति) Couth
मांग Demand
मांग नहीं होने के कारण कोई वस्तु आसानी से उपलब्द्ध होना Go abegging
माँग से अधिक माल की बाजार में सप्लाई Glut

माँजना (रगड़ कर) Scour *Scour pan to remove stains
माँद Lair, Den
माँस के लिए पालने वाला पक्षी Fowl
माँसाहारी (जानवर) Carnivorous/Carnivora
माँसाहारी (अपनी ही प्रजाति के माँस का) Cannibal
माँसाहारी (व्यक्ति) Non-vegetarian
मात देना (प्रतियोगिता, युद्ध में) Defeat
मात देना (चालाकी में) Outwit
मातम मनाना Mourn
मातमी (चेहरा, वातावरण) Funereal
माता पक्ष (परिवार का) Distaff side (opp. **पितापक्ष** Spear side)
माथे पर बल पड़ना Furrow
मादक Intoxicant
मानक Standard
मानद (उपाधि) Honorary
मानदेय राशि Honorarium
मानदण्ड Criterion
मानद भुगतान Honorarium
मानने से इनकार करना Deny, Repudiate
मान-मर्दन करना Humble, Humiliate
मान लेना (सच्चाई, तथ्य को) Admit
मान लेना (बिना प्रमाण के) Assume
मान लेना (कल्पना में) Presume
मान लेना (विचार करके) Deem *He deemed the offer unacceptable
मान लेना (आग्रह, सुझाव को) Accede (to)
मान लेना (किसी के जैसा होना) Regard *I regard him as my friend
मान लिया हुआ (लोगों द्वारा) Putative *He is the putative father of the boy
मानवता Humanity
मानव कल्याणकारी Humanitarian
मानवीय Humane
मानव संबन्धी Human
मानव द्वेषी Misanthrope
मानव प्रेमी Philanthrope
मानहानि Defamation, Contempt
मानहानि करना Defame, Derogate, Disparage
मानहानि करना (तिरस्कार करके) Contemn
मान-सम्मान Dignity
मान-सम्मान में बट्टा लगाना Detract
मानसिक उद्विग्नता रहित (संकट कठिनाई आदि के कारण) Unfazed
मानसिक उलझन/उलझन होना Perplexity/Perplex
मानसिक रूप से उद्विग्न होना या करना Bewilder, Flummox, Fluster
मानसिक कार्य से संबन्धित नौकरी White-colar job
मानसिक आघात देना (सिर पर चोट से, आहत करने वाली सूचना से) Stun
मानसिक आघात देना (चकाचौंध रोशनी से) Daze
मानसिक झुकाव (किसी काम के प्रति) Flair
मानसिक झुकाव (पसंदीदा वस्तु के प्रति) Predilection
मानसिकता (मन में भरी हुई होने के कारण) Mentality *Mentality of parochialism
मानसिकता (विशेष प्रकार से व्यवहार की) Attitude *Criminal attitude
मानसिकता (विशेष ढंग से सोचने के लिए प्रशिक्षत) Disposition *Docile disposition
मानसिकता (स्वाभाविक) Temperament
मानसिक भय Phobia
मानसिक पीड़ा Anguish
मानसिक बिमारी का डॉक्टर (नाड़ीतंत्र की गड़बड़ी के कारण) Neurologist
मानसिक बिमारी को ठीक करने वाला डॉक्टर Psychiatrist
मानसिक विक्षिप्तता का इलाज करने वाला Psychologist
मानसिक रूप से विक्षिप्त/विक्षिप्त व्यक्ति Deranged/Insane
मानसिक संतुलन Equanimity
मानसिक संतुलन बिगड़ना Disorientate
मानसिक समभाव (हर्ष-विषाद में) Stoicity
मानसिक शांति (See शांतचित्त)
मानसिक क्षमता Faculty
मान्य Acceptable
मान्य (कानूनी तौर पर) Valid
मान्यता देना Recognize
मान्यता देना (सरकारी तौर पर) Accredit

मान्यता प्राप्त Accredited
मान्यता प्राप्त तौर-तरीके Norms *One should follow standard social norms
मापदण्ड Measure
माफ करना (गलती करने वाले को) Forgive, Excuse
माफ करना (गलती नजरअंदाज करके) Condone
माफ करना (माफी मांगने वाले को) Pardon
माफी (राजा, सत्ता द्वारा द्रोही को) Amnesty
माफी/माफी देना (देनदारी, टैक्स से) Waiver/ Waive
माफी माँगना Beg for excuse, Apologize
मामला Affairs *Someone's private affairs
मार्मिक Poignant *Poignant scene
मामूली Ordinary
मायूस Forlorn
मायूस करना Dismay
मारा-मारा फिरने वाला Tramp
मार कर धुन देना Batter, Thrash
मार्गदर्शन करना/मार्गदर्शक (आगन्तुक को उसकी सीट तक बैठाने के लिए) Usher
मार्गदर्शन करना/मार्गदर्शन Guide/Guidance
मार्गदर्शक (काम करने के लिए सुझाव से) Guide
मार्गदर्शक (नया आयाम, ज्ञान-क्षेत्र मे काम करने का) Pioneer
मार्गदर्शक (नया रास्ता दिखाकर अन्य को आगे बढ़ाने वाला) Trailblazer
मार्ग (चलने, दौड़ने के लिए निर्मित) Track
मार्ग अवरुद्ध करना (रुकावट पैदा करके) Obstruct
मार्ग अवरुद्ध करना (रास्ता अवरुद्ध करके) Stymie
मार्ग अवरुद्ध करना (किसी को आगे बढ़ने से रोक कर) Intercept
मार्गदर्शक स्तंभ (रोशनी चमका कर) Beacon
मार्मिक Poignant
माला में पिरोई गोली Bead
माला (पिरोई गोली वाली) Rosary
माला Garland
माला (गोलाकार पिरोई हुई) Wreath
मालिश करना/मालिश Massage
मालिश करने वाला/वाली Masseur/Masseuse (feminine)
मासूम Innocent
माहौल (चारों तरफ के वातावरण का) Ambience
माहौल (सामाजिक परिवेश का) Milieu
मात्र Only
मात्र कामचलाऊ (कमाई, वोट, जीत) Bare
मात्रा/मात्रा संबन्धी Quantum/Quantitative
मात्रा निर्धारण (वस्तु विश्लेषण करके) Assay
मातृत्व Motherhood
मातृ प्रधान समाज Matriarchy
मातृ परिवार से संबन्धित व्यक्ति (किसी के) Cognate (opp. पितृ परिवार से संबन्धित व्यक्ति Agnate)
मिचली Nausea
मिचली के समय पेट की आँत का ऊपर उठना/उल्टी करने की आवाज के साथ Retch
मिजाज Mood
मिटाना (रगड़ कर) Erase *Erase a written word
मिटाना (अस्तित्व का नामोनिशान) Efface, Obliterate *Atomic bomb obliterated the whole city
मिट्टी की बनी कलाकृति Terracotta
मिट्टी खाने की इच्छा (बच्चों, गर्भवती महिला में) Pica
मिट्टी घोल कर गंदला करना Muddle
मिठास युक्त (फल) Luscious
मिठास युक्त रसीला (फल) Succulent
मितव्ययी Thrifty, Frugal
मितव्ययिता का उपाय Sumptuary measures
मिथ्या अभिमान Vanity, Vainglory
मिथ्या प्रचार Canard
मिथ्या विचार Notion
मिथ्या बोध Illusion
मिरगी Delirium, Convulsion, Epilepsy
मियाद Tenure
मिलता-जुलता Identical
मिलने का वादा Tryst
मिलने का नियत स्थान Rendezvous *Parks are favourite rendervous of old persons
मिलने का गुप्त स्थान Assignation *A lonely place was favourite assignation of the thieves

मिलनसार (व्यक्ति) Affable/Genial
मिला-जुला Mixed
मिला-जुला कार्यक्रम (मनोरंजन का) Potpaurrie
मिला-जुला गीत Medley
मिला-जुला चित्र (अलग-अलग भागों को जोड़ कर) Montage
मिला-जुला पेय Balderdash
मिलान करना Compare
मिलान करना (सूचनाओं का, लिखित अंशों का) Collate
मिलान करना (हिसाव-किताब, आमद खर्च के हिसाब का) Reconcile
मिलाना (दो भिन्न वस्तुओं को) Mix
मिलाना (दो भिन्न वस्तुओं को जोड़कर) Combine
मिलाना (दो भिन्न वस्तुओं को सही मात्रा में) Blend
मिलावट (हानिकारक पदार्थ से) Contamination
मिलावट/मिलावट करना (गुणवत्ता कम करने वाला सस्ते पदार्थ से) Adulteration/Adulterate
मिलावट/मिलावट करना (गंदगी से) Pollution/Pollute
मिलीभगत (बुरे काम को करने में) Complicity
मिलीभगत (अनदेखा करके) Connivance
मिल्कियत Bailiwick
मिसाल (उत्कृष्टता का) Paragon
मिसाल (किसी विशेषता का) Epitome *He is the epitome of honesty
मिसाल (विशेष बात को सिद्ध करने के लिए) Instance *Cite a few instances to prove you point
मीठा (बिस्कुट, चाकलेट आदि) Confection
मीठा पकवान (भोजन के बाद खाने वाला) Dessert
मुंडन संस्कार Tonsure ceremony
मुंडन करना Tonsure
मुँह (जानवर का आगे की तरफ निकला हुआ) Muzzle
मुँह पर जाली लगाना Muzzle
मुँह में कपड़ा ठूस कर बोली बन्द करना Gag
मुँह से आग उगलने वाला राक्षस Chimera
मुँह तोड़ जवाब Irrefutable reply
मुँह फाड़ कर देखना (आश्चर्य में) Gape
मुँह फाड़ कर देखना (बेबकूफ जैसे) Gawk
मुँह फाड़े हुए Agape
मुँह बंद रखना Shut up
मुँह मारना (जानवर का खाने के सामान में) Snap
मुँह फैला कर हँसना Grin
मुँह लटकाना Sulk
मुँह से लार टपकना Dribble
मुँह से सांस लेना (सांस लेने मे कठिनाई होने पर) Gasp
मुँहासा Pimple
मुआवजा (see भरपाई)
मुकरना (बात से) Backout
मुकरना (बयान से) Recant
मुकरना (वादे से) Renege
मुकरना (जज का किसी केस की सुनवाई करने से) Recuse
मुकरना (जिम्मेदारी निभाने से) Welsh (on)
मुकाबला करना (प्रतियोगिता में) Compete
मुकुट Crown *Crown is placed on the head of the king in the coronation ceremony
मुकुट (छोटे आकार का) Coronet
मुकुट (प्रतियोगिता जीतने पर पहनाया जाने वाला) Tiara *Tiara on the head of the winner of the beauty contest
मुक्का-मुक्की Slugfest, Fisticuff
मुक्केबाज Pugulist, Boxer
मुक्त करना (पदभार से) Discharge
मुक्त करना (पापकर्मों से) Deliver *Pray God to deliver from sin
मुक्त करना (जेल से) Release
मुक्त करना (ड्यूटी से) Relieve
मुक्त करना (अभियोग से) Exonerate, Absolve, Acquit
मुक्त करना (दोष-दण्ड से) Exculpate
मुक्त करना (बेड़ी से) Unshackle
मुक्त करना (बन्धन से) Liberate
मुक्त करना (कठिन परिस्थिति से, फाँस से) Extricate
मुक्त करना (सामाजिक दासता से) Emancipate
मुक्त करना (प्रशासनिक अधीनता से) Enfranchise
मुक्ति/मोक्ष Salvation, Deliverance
मुखड़ा (तराशा हुआ हीरा का) Facet

मुखर Outspoken
मुखबिर Informer
मुखबिर (पुलिस का) Nark
मुखाकृति (भाव विशेष झलकने वाला) Countenance *Sorrowful countenance
मुखाकृति (प्रजाति परिचायक) Physiognomy *Nepali physiognomy of a person of the Nepal origin
मुखाकृति Visage
मुखातिब होना Advert (to)
मुखौटा Mask
मुखौटे के पीछे छिपना Masquerade
मुख्य गायिका Prima donna
मुख्य नगर क्षेत्र Downtown
मुख्य मार्ग को जाने वाला रास्ता Thoroughfare
मुख्य रूप से उपलब्द्ध/निर्मित पदार्थ (किसी स्थान में) Staple *Rice is the staple produce in Bihar
मुगदर Cudgel
मुग्ध Charmed
मुड़ना Veer, Swerve
मुठभेड़ Encounter
मुट्ठा (हथियार को हाथ से पकड़ने के लिए) Hilt
मुट्ठा (घास का काट कर बंधा) Sheaf
मुट्ठी Fist
मुट्ठी भिंचना Clench
मुद्रा (बैठने, खड़े होने की स्वाभाविक रूप से) Posture
मुद्रा (जानबूझ कर अपनाया हुआ) Stance
मुद्रा Currency
मुद्रा स्थिति से संबन्धित (व्यक्ति की) Pecuniary *His pecuniary condition is very serious
मुद्रा से संबन्धित Monetary *Monetary condition of a bank
मुद्रा स्थिति से संबन्धित (देश, संस्था, आदि की) Financial *Company's financial condition
मुद्रा कोष Treasury
मुद्रा स्फीति Inflation
मुद्रा कोष (सरकारी) Fisc *Fiscal deficit is offset by fresh taxes
मुर्दा Deadbody, Corpse
मुर्दा से भय Necrophobia
मुर्दाघर Mortuary
मुर्दैनी (चेहरा) Funereal
मुनाफाखोर Profiteer
मुनाफाखोरी (कम कीमत में खरीद कर और फिर ऊँचे दाम में बेचकर) Arbitrage
मुफ्त में मिलने वाली (सलाह, आदि) Gratuitous
मुफ्त में मिला उपहार स्वरूप धन Gratuity
मुफ्त में जुगाड़ करना Wangle
मुफ्तखोरी करना Cadge (on)
मुफ्त भ्रमण (अन्य के खर्च पर) Junket
मुर्झाना (पौधे का धूप में मुर्झा कर झुक जाना) Wilt
मुर्झाना (पत्तों का नमी की कमी से सिकुड़ कर) Shrivel
मुर्झाना (पौधे का सूख कर) Wither, Blight
मुर्झाया (चेहरा) Pinched (with malnutrition)
मुनादी Proclamation
मुल्लमा Veneer
मुसलाधार Torrents *Torrents of abuse
मुसीबत में दौड़ कर सहारा देना/सहारा Succour *Family members run to provide succour to ailing ones *Presence of son was a succour to the ailing man
मुस्कुराना Smile
मुस्कुराना (बनावटी हँसी को मुँह पर लाकर) Simper
मुस्कुराना (किसी पर कटाक्ष के लिए) Smirk
मुस्कुराना (मुँह फैला कर) Grin
मुश्किल समय/परिस्थिति Predicament
मुहताज (किसी चीज का) Indigent (of)
मुहताज (रूपये-पैसे का) Impecunious
मुहावरा (प्रत्युक्त शब्दों के अर्थ से परे अपने विशेष अर्थ वाला) Idiom *Come a cropper or Talk turkey is an idiom
मुहावरा (शब्द समूह से व्यक्त) Phrase Carp and cavil is a phrase
मुहीम Compaign
मुहूर्त Auspicious time
मुहैया कराना (भोजन व्यवस्था) Cater *Cater to a large number of guests
मुहैया कराना (आवश्यक वस्तु, समाचार, आदि) Furnish (someone with needed time/bed)

मुहैया कराना (आवश्यक वस्तु को) Provide *customers' needs

मुहैया कराना (खाने-पीने की चीजों को, रोजमर्रा की चीजों को) Purvey *Purvey articles of daily use

मुहैया कराना (निकृष्ट आवश्यकता को) Pander *Newspapers tend to pander to the readers' liking for cheap scandals

मुहैया कराना (सफलता, खर्च, आदि) Afford *Perseverance afforded him success *I can't afford the expenses of the education of my kids *I can not afford him company

मूक अभिनय/मूक अभिनय करना Pantomime/ Mime

मूक स्वीकृति Tacit approval

मूर्ख/मूर्ख बनाना Fool/Befool, Hoodwink (आँख पर पट्टी बाँधकर) Gull

मूर्छा/मूर्छित Coma/Comatose

मूर्ति (व्यक्ति का रेखांकित चित्र) Icon

मूर्ति (देवता, देवी की) Idol

मूर्ति (गढ़ाई कर के बनाई हुई) Statue

मूर्ति (गढ़ाई करने के लिए मूर्ति का छोटा नमूना) Maquette

मूर्तिकार Sculptor

मूर्तिकारिता Sculpture

मूर्ति पूजा करने वाला Idolatry/Idolater

मूल निवासी प्रजाति का व्यक्ति Aborigine

मूल निवासी प्रजाति का पौधा Autochthon

मूल निवासी (किसी स्थान में जन्म से) Native

मूल (निवासी उत्पाद) Indigenous

मूल प्रजाति का Ethnic

मूल प्रजाति का अध्ययन Ethnology

मूलभूत Fundamental

मूल्य Price

मूल्यवान Precious

मूल्यानुसार Ad valorem

मूसलाधार Torrential

मूत्राशय की बीमारी का डॉक्टर Urologist

मेधा Merit

मेधाक्रम Rank

मेधावी Meritorious

मेनु के अनुसार (भोजन की कीमत) a la carte (opp. **थाली के अनुसार** table d'hote)

मेमियाना Bleat

मेल-जोल/मेल (झगड़े के बाद) Rapprochement

मेल-जोल करना/होना (अन्य तबके/विराधी पक्ष/असामाजिक तत्व के व्यक्ति के साथ) Hobnob *Politicians hobnob with criminals

मेल-जोल करना (किसी व्यक्ति के साथ) Interact

मेल खाना (नियम कानून से) Conform (to) *His behaviour does not conform to social norm

मेल खाना (दो भिन्न के सह अस्तित्व में) (be compatible (with)) *His habits are not compatible with those of his wife

मेला Fair

मेहनतकश मजदूरजन Proletariat

मेहनत करने की क्षमता का ह्रास होना (आरामदेह आदत होने से) Enervate

मेहरबान (व्यक्ति) Merciful

मेहरबान (कड़ाई से नियम पालन करवाने मे) Lenient

मेहरबान (भाग्य, ईश्वर, सितारे) Propitious

मेहरबान (मौसम) Clement

मेहरबानी करके किसी को कुछ देना/के लिए कुछ करना Vouchsafe *Vouchsafe reply to someone's query *Vouchsafe safe passage to a stranded person

मेजबान Host

मेष प्रजाति Capricorn

मैदान (खेल का) Grounds

मैदान Field

मैदान छोड़ कर भागना Beat the retreat

मैल Dirt

मैल (कान में जमने वाला) Wax, Earwax

मैला करना (जगह को) Defile

मैला करना (पवित्र जगह को) Desecrate

मैला करना (किसी के चरित्र, मान-सम्मान को) Tarnish

मैला करना (चमक को) Sully

मैली टंकी Cesspool

मैत्रीपूर्ण (व्यक्ति) Amiable

मैत्रीपूर्ण (बातचीत, समझौता) Amicable

मोड़/मोड़ना (टेढ़ा कर के) Bend

मोड़ना (कागज, कपड़े को दबा कर) Crumple

मोड़ना (तह लगा कर) Fold
मोड़ना (रास्ता, ध्यान) Divert
मोच Sprain
मोटा (शरीर) Obese
मोटापा Obesity
मोटी खाल/मोटी खाल का जानवर Pachyderm
मोतियाबिन्द Cataract
मोम Wax
मोलभाव करना (कीमत, शर्तों को तय करने में) Bargain
मोलभाव करना (कीमत पर बहस करके) Haggle
मोल लेना (नाराजगी, हानि) Incur
मोहताज (किसी आवश्यक वस्तु का) Indigent (of)
मोहपाश में बाँधना Enchant
मोहभंग होना Disillusion, Disenchant
मोहमाया Affection
मोहरा Pawn
मोहरा (दोषारोपण के लिए) Scapegoat
मोक्ष/मुक्ति Salvation
मौकापरस्त Opportunist
मौका देखकर फंदे से छुटकारा पाने वाला (कदम) Expedient
मौके का फायदा उठाना Avail oneself of opportunity
मौके को हाथ से नहीं जाने देना Sieze the opportunity
मौके का इन्तजार करना Bide time
मौके का लाभ उठाने वाला (कदम) Opportunistic
मौखिक/मौखिक परीक्षा Oral, Viva voce
मौज-मस्ती करने वाला (व्यक्ति) Happy-go-lucky (person)
मौत-मस्ती समारोह Pageantry
मौत के घाट उतारना Kill
मौन (बातचीत नहीं कर के) Silence *Keep silence in the class
मौन (आवाज बन्द कर) Mute *Keep volume of the television on mute *Mute protest
मौन (चुप रह कर) Mum *Keep mum
मौन रहना (शोर नहीं करने के लिए) Keep quiet
मौन रहना (बिना विरोध के स्वीकार करने में) Aquiesce
मौन स्वीकृति Aquiescence
मौन (स्वीकृति) Tacit (approval)
मौन रहने वाला (व्यक्ति) Taciturn
मौलिक Original
मौसम (समय विशेष पर) Weather *Rough weather
मौसम (स्थान विशेष का) Climate
मौसम का अनुमान Forecast
मौसम विज्ञान Meteorology
म्यान Sheath
मृग शावक Fawn
मृतक Deceased *The deceased demised huge property to his heir
मृत (नाम के पहले प्रत्युक्त) Late *His late father
मृत जानवर की चमड़ी उतारना Flay
मृत जानवर का उतारा हुआ चमड़ी Pelt
मृत पति के भाई से शादी करने का रिवाज Levirate
मृत पति से प्राप्त संपत्ति Dower
मृत पति से प्राप्त संपत्ति पर आश्रित विधवा Dowager
मृतप्राय Moribund
मृतप्राय (होने का स्वांग) Thanatoid
मृत होने का स्वांग करके पड़े रहना Play possum
मृत शरीर Dead body, Corpse
मृत शरीर (जानवर का) Cadaver, Carcass
मृत शरीर का दाह संस्कार करना Cremate
मृत शरीर देखने से भय Necrophobia
मृत्यु (अस्तित्व, जीवन का अंत होने से) Decease *Decease of his friend saddened him
मृत्यु (स्वजन का) Bereavement *Bereavement in the family
मृत्यु Death
मृत्यु (संपत्ति राजगद्दी हस्तान्तरण की अवस्था पैदा करने वाली) Demise *Demise of the King
मृत्युदान Euthanasia
मृत्युदण्ड Capital punishment
मृत्यु का भय Thanatophobia
मृत्यु पर दुखी होना/दुख Grieve/Grief
मृत्यु पर दुख व्यक्त (बयान देकर) **करना** Mourn
मृत्यु पर रूदन करना Keen

मृत्यु के बाद संपत्ति राजगद्दी किसी के नाम करना Demise
मृत्यु के कारण प्रियजन खोना/खोने की घटना Bereaved (of)/Bereavement
मृत्यु के बाद प्रियजन का जिंदा रहना Survive *He survived his wife for ten years
मृत्यु संदेश (समाचार पत्र में छपा हुआ) Obituary

य

यंत्र (काम करने के लिए सहायक) Apparatus
यंत्र (नापने का काम करने वाला) Instrument
यंत्र (निश्चित काम करने वाला) Machine
यंत्र (काम करने की सक्षमता प्रदान करने वाला) Equipment
यकीन Confidence
यतीम Orphan
यत्न Effort
यथार्थ Real
यथार्थवादी Realist
यथावत/यथास्थिति Status quo
यथावत (पूर्व स्थिति में) Status quo ante
यथाशक्ति मात्रा में (मदद आदि) Mite *Contribute one's mite
यथाशक्ति कुछ करने में सक्षम होना Afford
यथेष्ट Adequate
यथोचित परिस्थिति के अनुसार (समय के अनुसार) Appropriate
यथोचित (विषय के अनुसार उचित) Apt (reply)
यथोचित (स्थान के अनुसार) Apposite
यथोचित (पसंद के अनुसार) Felicitous
यथोचित (विषय वस्तु से संबन्धित) Germane, Relevant, Pertinent
यथोचित (अपराध के लिए दण्ड) Condign *Condign punishment
यदा-कदा Occasional
यश Glory
यशस्वी बनाना Glorify
यह नहीं तो कोई नहीं (जिसके बिना काम नहीं चले) Sine qua non, Indispensable
याचना/भावनायुक्त याचना Request/Plea *His plea for help moved us
याचना करना/याचना Request
याचना करना/याचना (बार-बार प्रार्थना करके) Solicit/Solicitation
याचना करना/याचना (मन के अंत:करण से) Entreat/Entreaty
याचना करना/याचना (भावना युक्त) Appeal/Plea
याचना करना (रो-गाकर) Implore
याचना करना (बार-बार जोर दे कर) Beseech
याचना करना (बार-बार पीछे पड़ कर, परेशान करके) Importune
याचना करना (घुटनो को मोड़ कर प्रार्थना कर के) Supplicate
यातना/यातना देना (शारीरिक) Torture
यातना देना (मानसिक) Torment
यातना देना (ललचा कर) Tantalize
यातायात Traffic
यातायात रोकने के लिए बाधक खूँटा Bollard
याद करना Remember
याद करना (पाठ) Memorize
याद करना (विगत घटना को) Recall, Recollect
याद करना (समारोह मना कर) Commemorate *Commemorate independence day
याद करना/याद/याद रखने में सहायक (पुराना समय/व्यक्ति को) Reminisce/Reminiscence/Reminiscent
याद करने के लिए सिर या ललाट पर ऊँगली दबाना Jog one's forehead
याद दिलाना Remind
याद दिलाने के लिए लिखित नोट Memorandum
याद दिलाने वाला सहायक Mnemon
याद में सूख कर कांटा होना Pine
याद रखना Remember, Keep in mind
याद रखने की कला Mnemonics
याद से बाहर (भूलने के कारण जनता द्वारा) Oblivion *Send someone to oblivion *Heroes of yester-years are now in oblivion
याद रखने में सहायक (युक्ति, कला) Mnemonic
यादगार क्षणों का संकलन Memoir
यादगार स्वरूप संग्रहित वस्तु (बीते समय की) Memento *Memento of childhood

यादगार स्वरूप वस्तु (किसी स्थान के भ्रमण का) Souvenir *Souvenir brought from foreign visit

यादगार स्वरूप वस्तु (देने वाले व्यक्ति को याद रखने में सहायक)/या किसी अवसर विशेष को याद करने के लिए) Remembrance *Give something as remembrance of Mother's day *The gift is my friend's remembrance

यादगार स्वरूप वस्तु (किसी व्यक्ति से संबन्धित) Memorabilia

याददाश्त Memory

यात्रा Journey

यात्रा (किसी स्थान की) Trip

यात्रा (एक जगह से दूसरी जगह) Travelling

यात्रा (कार्य के सिलसिले में) Tour

यात्रा (जगह-जगह की घूम कर) Itinerary

यात्रा (आनन्द मनाने के लिए घर से थोड़ी दूर की) Excursion

यात्रा (गाड़ियों में लिफ्ट मांग कर) Hitch-hiking

यात्रा (साहसिक अभियान पर) Odyssey

यात्रा (खुले आसमान, समुद्र में) Cruise

यात्रा (जंगल में शिकार के लिए) Safari

यात्रा (पर्वतारोहण के लिए) Trekking

यात्रा (रेगिस्तान जैसे कठिन रास्ते पार करने के लिए, दल में) Caravan *They caravaned through the desert

यात्रा (आनन्द मनाने के लिए किसी स्थान की) Jaunt

यात्रा (दूसरे के खर्च पर मजे के लिए) Junket *Offical junket

यात्रा (तीर्थ के लिए) Pilgrimage

यात्रा (खोज करने के मिशन पर) Expedition *Scientists' expedition to the north pole

यात्रा (समुद्री, दूसरे ग्रह के लिए) Voyage

यात्रा करना (पैदल) Peregrinate

यात्रा की जगहों का तय कार्यक्रम Itinerary

यात्रा में किसी स्थान पर कुछ समय के लिए ठहरना Sojourn

यात्री (भ्रमण के लिए) Traveller

यात्री (सवारी गाड़ी से जाने वाले) Passengers

यात्री का सामान Luggage

यात्री परिचारक/परिचारिका Steward/Stewardess

यार Chum, Pal

युक्ति/जुगत (शब्दों को याद रखने की) Mnemonics

युक्ति (चतुर योजना लागू करने की) Devious plan

युक्ति (काम में मदद की, यंत्र के उपयोग के लिए) Device, Contrivance

युक्ति (चालबाजी से युक्त) Artifice

युक्ति (किसी से योजनानुसार काम करवाने की) Manoeuvre *Manoeuvre people as desired

युग (किसी व्यक्ति, महत्वपूर्ण घटना का) Era *Era of Nehru regime

युगारंभ Epoch

युद्ध War

युद्ध (विनाशकारी) Armageddon

युद्ध (धर्म रक्षा, उद्देश्य पूर्ति के लिए) Crusade *Crusade against polio

युद्धनाद Cri de guerre

युद्ध का कारण Causus beli

युद्ध संबन्धी Martial

युद्ध के लिए तत्पर Bellicose

युद्धरत (देश) Belligerent

युद्धनाद करने वाला व्यक्ति Warmonger

युद्ध-विराम (कुछ समय के लिए) Truce/Ceasefire/Armistice

युद्ध के समय सेना में अनिवार्य भर्ती Conscription

युद्ध सामग्री Armament

युद्ध योजना Strategy

युद्ध कला Tactics

युद्ध छेड़ना Wage war *Wage war against corruption

योगदान Contribution

योगदान देना (किसी काम में) Contribute

योगदान देना (चंदा दे कर) Subscribe *Subscribe for temple construction

योग्य Worthy

योग्यता Qualification

योग्यता (जन्म से ही स्वाभाविक चरित्र में) Genius *Genius of Indian people keeps us united

योग्यता (असाधारण) Talent *Boy has talent for drawing

योग्यता जाँच अवधि Probation

योग्यता रहित चिकित्सक Quack

योग्यता का प्रमाण Credential
योग्यता का क्षेत्र (किसी व्यक्ति का) Province
*Politics is not my province
योजना Plan
योजना (युद्ध की) Strategy
योजना (धूर्तबाजी की) Stratagem
योजना (रणनीति की) Tactics
योजना का सूत्रधार Mastermind
योद्धा Warrior
योद्धा औरत Amazon
योद्धा (अन्य योद्धा से लड़ने वाला - मनोरंजन प्रदान करने के लिए) Gladiator

र

रंक Pauper
रंग (किसी वस्तु का) Colour
रंग (शरीर की त्वचा का) Complexion
रंग उड़ना Be discoloured
रंग उड़ना (डर के मारे चेहरे का) Appal, Become pale
रंग उड़ाना (धूप से, रसायन से) Bleach
रंगदारी Extortion
रंगना Colour, Paint
रंगना (केश को) Dye
रंगत/रंग-ढंग Mannerism, Style
रंगमंच Stage, Arena
रंगभेद की नीति Apartheid
रंग मलीन/हल्का पड़ना Fade
रंगरेली/रंगरेली का मजा लेना Revelry/Revel, Merrymaking
रंग-बिरंगा (छाप) Chequered, Variegated
रंग-बिरंगी छटा वाला Iridescent
रंगे हाथ पकड़ना Catch redhanded, Nab, Catch flagrante delicti
रंग बदलने वाला शीशा (धूप में) Chromatic glass
रंग विहीन (जीवन, भविष्य) Bleak
रंग का भिन्न प्रकार (हल्का या गाढ़ा) Shade
*Clothes of dark shades
रंग में भंग करने वाला व्यक्ति Spoilsport
रंगीन स्याही से चमकीला बनाना Emblazon
रंगीन स्याही से चमकीला बनाना (लाल रंग से) Rubricate
रंज Displeased
रईस Nobleman
रक्तपात Bloodshed
रक्तरंजित (संघर्ष) Sanguinary
रक्तश्राव रोकना Stanch
रक्त के समान लाल Sanguine (face)
रक्तचाप की बीमारी Hypertension
रक्त बहना/रक्त स्राव Bleed/Bleeding
रक्त स्राव रोकने वाली (दवा) Styptic
रक्षक (हानि का/खतरे का) Protector/Savior
रक्षा (हानि से) Protection
रक्षा (आक्रमण से) Defense
रक्षा करना (हानि से) Protect
रक्षा करना (खतरनाक स्थिति से) Save
रक्षा करना (आक्रमण से) Defend
रक्षात्मक Defensive
रक्षा प्राप्त व्यक्ति (किसी बड़े ओहदे के व्यक्ति का) — Protege (Feminine Protegee)
रक्षा कवच Armour
रक्षावाहिनी गृह Barracks
रक्षावाहिनी गृह (सार्वजनिक जगह में) Billet
रक्षावाहिनी गृह निवास Cantonment
रक्षित Protected
राक्षस Demon
रख-रखाव Upkeep, Maintenance
रख-रखाव करना Maintain
रखवाला Guard, Caretaker
रखैल Concubine
रगड़ Friction
रगड़ना Grind *Grind axe on a whetstone
रगड़ कर त्वचा छिल देना Chafe *Hard collar of the shirt chafed the nape
रगड़ कर खुरचना (सतह का) Abrade *Whipping abraded the skin surface
रगड़ कर खुरचना (साफ करने के लिए) Scour *He scoured the kitchen utensil
रगड़ कर खुरचना (सतह की ऊपरी परत से गंदा हटाने के लिए) Scrape *Scrape mud from the shoes

रगड़ से खुरचना (त्वचा का) Bruise

रगड़ कर खुरचना (किसी चीज को छोटे-छोटे टुकड़ों में) Grate *Grate onion

रगड़ खाने से आवाज करना (फर्नीचर के चूर का) Creak

रगड़ खाने से आवाज करना (हड्डी के जोड़ का) Crepitate

रगड़ खाने से आवाज करना (गाड़ी के ब्रेक का) Screech

रगड़ खाने से आवाज करना (लोहे की भारी प्लेट) Rattle *Window frames rattled in storm

रगड़ की आवाज के साथ रुकना Come to a grinding halt

रगड़ा (झगड़ने वाली बात पर बहस का) Tiff

रगड़ा (झगड़े में हाथापायी का) Skirmish

रगड़ा (झगड़े में परस्पर परेशान करने, आक्षेप का) War of attrition

रचना Creation

रचना करना Create

रचनात्मक (काम) Creative

रचनात्मक (सुझाव, कदम) Constructive

रचना की मूल प्रतिलिपि Manuscript

रचयिता Creator

रजामंदी Consent

रजामंदी युक्त Consensual

रटना (परीक्षा के लिए) Cram/Mug

रटना (बिना अर्थ समझे) Learn by rote

रटा-रटाया जवाब Stock reply

रटा-रटाया दोहराने वाला बयान Refrain *The refrain of the government attempting to control the price is of no avail

रटा-रटाया बार-बार कहने वाला नारा Bromide

रणनीति (खास मकसद हासिल करने की) Tactics

रणनीति (संपूर्ण मकसद हासिल करने की) Strategy

रणभूमि Battleground

रतौंधी Nyctalepia

रत्न Precious stone, Gem

रथ Chariot

रद्द करना (तय प्रोग्राम) Cancel

रद्द करना (समझौता, ठेका) Annul

रद्द करना (पूर्व आदेश) Countermand

रद्दी Scrap, waste

रफा-दफा करना Settle

रफूचक्कर होना Slink away

रफ्फू Darn

रम जाना (किसी काम में) (be) Engrossed

रमणीक Heavenly

रवैया Attitude

रस से भरपूर (फल) Succulent

रसद Provisions

रसिक (संगीत, कला का) Dilettante

रसीद (किसी वस्तु की पावती की) Receipt

रसीद (कीमत चुकाने, खर्च करने की) Voucher

रसोइया Cook

रसोइया (रेस्त्रां, होटल का) Chef

रसोइया (श्रेष्ट वर्ग का) Cordon bleu

रस्म अदायगी Formality

रस्म अदायगी वाला Formal

रस्मोरिवाज Custom

रस्साकशी Tug of war

रस्सी कूदने का खेल Skipping

रहन-सहन (जो लोगों की क्षेत्रिय पहचान में मदद करे) Shibboleth

रहना (किसी स्थान में निवास करना) Inhabit, Reside, Dwell

रहने लायक Habitable

रहने का ठिकाना Habitat

रहने वाला (किसी स्थान का) Inhabitant

रहने वाला होना (किसी स्थान का) Hail from *He hails from Gujarat

रहने के ठिकाने के अभाव में मारा-मारा फिरने वाला Tramp

रहम Mercy

रहस्य (समझ से परे) Mystery

रहस्य (गूढ़ विषय से युक्त) Arcana

रहस्य (जानकारी रहित गुप्त) Secret

रहस्य (पहेली जैसा) Enigma

रहस्यमय Mysterious

रहस्यमय Arcane

रहस्यमय पहेली Enigma

रहस्योद्‌घाटन (षड्यंत्र का) Expose

रहस्योद्‌घाटन (अज्ञात भेद का) Revelation

रहस्योद्‌घाटन (गुप्त बात का) Disclosure

रहस्योद्‌घाटन करना Expose'
रहस्योद्‌घाटन करना Reveal
रहस्योद्‌घाटन करना Disclose
राखदानी Ashtray
राज (सत्ता) Rule, Regime
राज उगलना Spill the beans
राजकाल Reign
राजतंत्र Monarchy
राजवंश Dynasty
राजद्रोह Lese majeste, Sedition
राजदूत के अधीनस्थ अधिकारी Envoy
राजदूत (कार्य विशेष के लिए अन्य देश में भेजा गया) Emissary
राजदूत (अन्य देश में नियुक्त) Ambassador
राजतिलक Coronation
राजनीति Politics
राजनीति (लाभ से प्रेरित) Realpolitik
राजनीति करना Politicking
राजनीतिज्ञ Politician
राजनेता Statesman
राजपाट देना (उत्तराधिकारी को) Demise
राजपाट त्यागना Abdicate
राजपाट चलाने वाला (अवयस्क राजा के शासन काल में) Regent
राजपाट चलाने वाले का काम Regency
राजा से संबन्धित Royal
राजा के समान Regal
राजा के समान भव्य Majestic
राजसी Royal
राजाज्ञा Imperial decree
राजी करना Persuade
राजी करने का काम Persuasion
राजी करने की क्षमता से युक्त Persuasive
राज्याभिषेक Coronation
रात में बार-बार पेशाब आने की बिमारी Nycturia
रात के समय से संबन्धित Nocturnal
रातभर में/रातभर के लिए Overnight *He stayed here overnight
राय/राय देना Opinion/opinionate, opine
राष्ट्र Nation
राष्ट्रीयता Nationality
रास्ता Path/course *He is on the right course
रास्ता (किसी जगह पर पहुँचने के लिए) Route
रास्ता (दो जगहों को जोड़ने वाला) Passage, Thoroughfare
रास्ता (बैठने के सीटों के बीच) Aisle
रास्ता रोकना (आगे बढ़ने से) Stymie
रास्ता रोकने के लिए उस पर खड़ा करने वाला खूँटा Bollard *Traffic police kept bollards on the road to divert traffic
रास्ते को पत्थर से पाटना Pave
रास्ते पर चलना Tread *Tread on the path of progress
रास्ते से भटका हुआ (व्यक्ति) Way ward
रास्ता से भटकना Stray, Divagate
राह दिखाना (दूसरो को उसी पथ पर आगे बढ़ने के लिए) Blaze the trail
राह में रोक कर आक्रमण करना Waylay *Insurgents waylaid the patrolling police
राह में रोड़ा अटकाना Put an obstacle/obstruct
राहजनी Mugging
राहत (कष्ट से) Relief *Aid to the flood victims came as a relief
राहत (दण्ड से कुछ समय के लिए टलने के कारण) Reprieve *Grant of bail gave reprieve to the accused
राहत (कष्ट से - कुछ समय के लिए) Respite *A drizzle gave respite from the sweltering heat in summer
रिक्त/रिक्त करना (सामान, बर्तन, आदि) Empty
रिक्त/रिक्त करना (रहने वाले लोगों को) Vacant/Vacate
रिझाना Woo *Woo voters with sops
रियाज Rehearsal
रियायत/छूट (कीमत में) Concession
रियायत/रियायत देना (नियम पालन से) Exemption/Exempt
रियायत (देय राशि में) Rebate
रियायत/रियायत देना (एक हिस्सा खर्च की भरपाई करके) Subsidy/Subsidize
रिवाज (सामाजिक) Custom, Mores
रिवाज (व्यक्तिगत) Practice

रिवाज (सर्वमान्य) Convention
रिवाज (वर्ग विशेष का) Mores
रिश्वत Bribe, Graft
रिश्वत देना (गलत काम, झूठी गवाही के लिए) Suborn
रिसना (दरार, छिद्र से) Seep
रिसना/टपकना (बूँद-बूँद) Trickle
रिसना (घाव आदि से मवाद का) Ooze
रिहा करना Release
रीढ़ Backbone, Spine
रूई का फाहा (घाव साफ करने के लिए) Cotton swab
रूई की पट्टी (घाव पर लपेटने के लिए) Gauze
रुक कर होने वाली Intermittent *Intermittent pain in the stomach
रुक-रुक कर कहीं-कहीं होने वाली (अनियमित/कभी-कभी) Sporadic *Sporadic incidents of arson were reported in the town
रुक-रुक कर जलने-बुझने वाली लाइट/बत्ती Strobe light
रुक-रुक कर (चलना/काम करना) In fits and starts *Move in fits and starts
रुक-रुक कर थोड़ी मात्रा में (मिलना/देना) In dribs and drabs *It is raining in dribs and drabs *Relief is coming in dribs & drabs
रुक-रुक कर हिचकोले खा कर चलना Lurch *The train lurched forward out of the platform
रुक जाना (चलते-चलते) Stop
रुक जाना (चलते-चलते अचानक) Halt *Brakes are applied to halt the vehicles
रुक जाना (काम करते-करते) Cease *Firing ceased across the border
रुकने का स्थान (विश्राम के लिए, कष्ट से बचने के लिए) Shelter
रुकने का स्थान (वर्षा, तूफान में ओट लेकर बचाव के लिए) Lee *A huge stone worked as a lee from the storm
रुकावट (see **अवरोध)** (रास्ते में प्रगति में) Obstacle, Hurdle
रुकावट (वार्ता, समझौता होने में) Impasse, Deadlock, Stalemate
रुकावट डालना Hamper or Hinder
रुकी हुई स्थिति में Stationary *The vehicle was stationary
रुखा लहजा में (जवाब) Curt, Blunt (reply)
रुचि (किसी काम को करने के प्रति) Knack, Predilection
रुचि (स्वादिष्ट भोजन-पदार्थ खाने) Palate *He has a palate for sweets
रुचि Tendency, Predilection, Flair
रुतबा Influence
रुझान (व्यक्ति का) Tendency, Inclination
रुझान किसी बात में लोगों का Trend
रुपया-पैसा (कमाया हुआ) Pelf/Lucre *Earn power and pelf *Lure of the lucre
रुपया-पैसा संबन्धित Pecuniary
रुपया-पैसा भेजना Remit
रुपए-पैसे का कमाई वाला (काम, पद) Lucrative
रूठना Sulk
रूठा हुआ Sulky, Sullen
रूढ़ीवादी (धर्म, विश्वास, आस्था के प्रति) Orthodox
रूढ़ीवादी (अपने विचारों में परंपरागत मूल्यों का पक्षधर) Conservative
रूद्ररूप Furiosity
रूप Appearance
रूप (भाव विशेष दर्शाने वाला) Countenance *Grievous countenance
रूपवान व्यक्ति Adonis
रूपरेखा में बदलाव/बदलाव करना Alteration/ Alter
रूपान्तरण करना (एक प्रकार की सजा, छुट्टी, आदि को दूसरे प्रकार में) Commute *Death sentence was commuted to life-term *Half-pay leave was commuted to full-pay leave
रूपान्तरण करना (रूप, आकार, स्वभाव में) Transform
रूपान्तरण करना (अन्य भाषा के अक्षरों में) Transliterate *Transliterate English words in Hindi alphabets
रूपान्तरण करना (जादू के कमाल से किसी वस्तु या व्यक्ति को अन्य रूप में) Transmogrify *The magician transmogrified a man into a lion

रूपान्तरण करना (सूक्ष्म जीवाणु का अपने बनावट में) Transmute

रूपान्तरण करना (कीट, जन्तु का विकास के दौरान अपने रूप में) Metamorphose *Larva metamorphose into butterfly

रूपान्तरित करने वाला (औरत जैसा दिखने में) **वस्त्र पहनने का शौकीन पुरूष** Transvestite

रेंकना Bray

रेंगना (पेट के बल) Crawl

रेंगना (साँप आदि का जमीन पर) Slither

रेंगना (धीरे-धीरे बिना आवाज किए) Creep

रेंग कर चलने वाला (जन्तु) Fessorial

रेंग कर चलने वाला जन्तु Reptile

रेकी (किसी स्थान की) Surveillance

रेखांकित करना Draw *Draw a line

रेखांकित करना (नक्शा) Trace *Trace a diagram

रेखांकित चित्र (देवी, देवता का) Icon

रेखांकित चित्र (व्यक्ति का) Portrait

रेगिस्तान Desert

रेत का पहाड़ Dune

रेतना File

रेती File

रोंगटे खड़े होना (भय से) Horripilation

रोंगटे खड़े होना (क्रोध, रोमांच, ठंड से) Bristle (up)

रोक (नियम बना कर किसी काम पर) Bar, Ban, Restriction

रोक-टोक Restriction

रोकथाम Prevention

रोकना (गतिमान वस्तु को) Stop

रोकना (प्रक्रिया को) Stall

रोकना (पकड़ कर) Hold

रोकना (जगह छोड़ कर जाने से) Detain

रोकना (रुकावट डाल कर) Inhibit

रोकना (नियम, कानून बना कर) Prohibit

रोकना (रास्ते में बाधा खड़ी कर) Obstruct

रोकना (रक्तस्राव को) Stanch, Staunch

रोकना (रास्ते में खड़े होकर) Stymie, Intercept

रोकना (बुरी स्थिति में गिरावट होने से) Stem *Stem the rot in the system

रोकना (शरीर के विकास को) Stunt

रोकना (बलपूर्वक) Prevent

रोकना (किसी को कुछ करने से) Restrain

रोकना (रकम अदायगी, परिणाम, निर्णय) Withhold

रोकना (स्वयं को कुछ करने से) Forbear *Forbore laughing

रोक पाने में असमर्थ (स्वयं को पेशाब लगने पर, अन्य स्वाभाविक क्रिया) Incontinent

रोक पाने के लायक नहीं (लालच, आकर्षण, आदि) Irresistible *Irresistible greed

रोक पाने लायक नहीं (जोश, हिम्मत) Indomitable *Indomitable will

रोग Disease

रोग के उपचार में नियम-पालन Regimen *Follow the regimen of treatment

रोग अवरोधक क्षमतायुक्त (दवा) Prophylactic

रोगजनक (जीवाणु) Pathogenic

रोगजनक कारण का पता लगाने के लिए जाँच Pathology

रोग होने की काल्पनिक आशंका से ग्रसित (व्यक्ति) Hypochondriac

रोग-व्याधि से अत्यधिक चिंताग्रस्त व्यक्ति Valetudinarian

रोगाणु Pathogens

रोगाणु रहित करना Disinfect

रोगी Patient

रोगी को जाँचने का घर/कमरा Clinic

रोगी को जाँचने से संबन्धित Clinical

रोगी के मन को भुलावा देने के लिए दवा के नाम पर कुछ दिया गया पदार्थ Placebo

रोचक Interesting

रोज की बात (किसी काम का होना) Order of the day, Routine

रोजगार Occupation

रोजी-रोटी Livelihood

रोड़े अटकाना Put obstacle

रोना Weep, wail

रोना (किसी की मृत्यु पर) Keen

रोबदार Awesome

रोबो(ट) Robot, Automaton

रोजमर्रा का (काम) Quotodian

रोजमर्रा के तौर पर बना भोजन (बिना खास तैयारी के) Potluck
रोमांच Thrill
रोष Resentment
रौंदना (पैरों के नीचे कुचलकर) Pound
रौंदना (कुचल कर चिपटा करके) Stamp, Trample
रौंदना (दुश्मन के क्षेत्र को कब्जे में लेने के लिए) Overrun
रौद्र Furious
रौनक (चेहरे पर) Brilliance
रौनक (दिखावे की) Pomp
रौनक (शानदार स्थान की) Splendour

ल

लंगड़ा Lame
लंगड़ाकर चलना (चोट लगने से) Limp/Hobble
लंगर (नाव का) Anchor
लंगर डालकर उससे नाव बांधना Moor
लंगोट Loin cloth
लंगोटिया यार Chum
लंपट Scoundrel
लंबवत Horizontal
लंबवत लेटना Lie prostrate
लंबा-पतला भू-भाग (अन्य क्षेत्र में घुसा हुआ) Panhandle
लंबा पतला भू-भाग (समुद्र में घुसा हुआ) Peninsula
लंबा करना Elongate *Elongate a rod by hammering
लंबा करना (खींच कर) Protract *Protract an elastic band
लंबा करना (समय की अवधि) Prolong *Prolong stay
लंबित Pending
लंबी नाक (बाहर की तरफ निकली हुई) Snout
लंबी नाक (जिसे जानवर घुमा-फिरा सके - जैसे सूँड) Proboscis
लंबी डग/डग मारना Stride
लंबी धुँआ रेखा/पानी रेखा (गुजरने वाले जहाज, नौका के पीछे बनने वाली) Wake
लंबे समय के अन्तराल पर (कुछ होना) Once in a blue moon
लंबे समय तक ठहरना (अनावश्यक रूप से) Linger *Foul smell of rotten onions lingered in the room
लंबे समय तक ठहरना (उम्मीद से ज्यादा) Tarry *He had to tarry on the station due to delay in train's arrival
लंबे समय तक बर्दाश्त करना Endure *I can no longer endure him
लंबे समय तक अस्तित्व में रहना/रहने वाला Endure /Enduring
लकड़ी Wood
लकड़ी (पेड़ की कटी हुई) Log
लकड़ी (फर्नीचर बनाने लायक) Timber
लकवा/लकवा मारना Paralysis/Paralyse
लक्षण (रोग के) Symptom
लक्षण (एक से अधिक) Syndrome
लक्षण (बीमारी होने से पहले दिखने वाला) Prodrome
लक्षण (व्यक्ति के चरित्र का) Attribute/ Characteristic
लक्ष्य (आक्रमण का) Target
लक्ष्य (हासिल करने का) Aim, Goal
लक्ष्य (प्रयास करने के लिए) Objective
लक्ष्य (मजाक उड़ाने का) Butt
लक्ष्य की खोज Quest
लक्ष्य-प्राप्ति का रास्ता Recourse
लक्ष्य-प्राप्ति के लिए संघर्ष Contend (for) *Contend for the first price/gold medal
लखपति Millionaire
लगन (उद्देश्य प्राप्त करने के प्रयास के प्रति) Zeal, Diligence
लगनशील Assiduous, Diligent
लगभग (करीब-करीब सटीक) Approximately *It costed approximately one thousand
लगभग (करीब-करीब) Almost *The work is almost complete
लगभग (मोटा-मोटी) About *It has costed about a thousand
लगभग (वर्ष) Circa *He was born circa 1950 A.D.
लगातार (समय तक चलते रहना) Continuous, Ceaselessly

लगातार थोड़ा रुक-रुक कर Continual
लगातार एक समान (प्रयत्न, आदि) Consistent
लगातार एक समान गाढ़ापन, प्रयत्न Consistency
लगातार एक थीम (उद्देश्य, चित्रकारी, डिजाइन में) Motif
लगातार एक थीम (नाटक, साहित्य रचना में) Leitmotif
लगातार अपनी बात पर जोर देते रहना Insist (on)
लगातार अस्तित्व में बने रहना Persist
लगातार अस्तित्व में बनाये रखना Perpetuate
लगातार प्रयत्नशील रहना Persevere
लगातार परेशान करना Nag
लगाम Bridle
लगाम को खींचने वाली रस्सी Reins
लगाम लगाना Rein (in)
लगाव Attachment
लगाव में दूरी आना Alienation
लगाव रहित/उदासीन Uninterested, Indifferent
लड़कियों की उम्रदार औरत संरक्षक (जो घर से बाहर साथ जाती है) Chaperone
लड़खड़ाना (चलने, बोलने में) Falter
लड़खड़ाना (चलने में - कमजोरी के चलते) Dodder
लड़खड़ाना (कीचड़ में चलने से दिक्कत के कारण) Flounder
लड़खड़ाना (हाथों का- काम करने में, गेंद पकड़ने मे) Fumble
लड़खड़ाना (थकावट से गिरते गिरते हो जाने से) Stagger
लड़खड़ाना (संतुलन खोने से) Stumble
लड़खड़ाना (शराबी जैसा चलते समय) Teeter
लड़खड़ाना (चलना सीखते बच्चे का चलते समय) Toddle
लड़खड़ाना (ठोकर लगने से) Trip
लड़खड़ाना (जैसे गिरने ही वाला हो) Totter
लड़खड़ाना (दाँए-बाँए हिलते हुए) Waddle
लड़खड़ा कर चलने वाला छोटा बच्चा Toddler
लड़ना Fight
लड़ना-झगड़ना Quarrel
लड़ाई/लड़ाई लड़ना (आमने-सामने होकर) Battle/Combat
लड़ाई के खेल में व्यक्ति या खूँखार जानवर से लड़ने वाला Gladiator
लड़ाई-झगड़ा करना Quarrel
लड़ाई-झगड़ा (सार्वजनिक जगह पर हंगामापूर्ण) Brawl
लड़ाई-झगड़ा (हंगामापूर्ण) Fracas
लड़ाई-झगड़ा (कारण का अता-पता रहित) Melee
लड़ाई-झगड़ा (विद्वेषपूर्ण) Row
लड़ाई-झगड़ा (कोलाहलपूर्ण) Rumpus
लड़ाई-झगड़ा (हाथापाई के साथ) Scuffle
लड़ाई-झगड़ा (हल्के-फुल्के किस्म का) Scrap *Usual scrap amongst peers
लड़ाका Quarrelsome
लड़ियों को लपेट कर बना हुआ रस्सा/रस्सा बनाना Plait
लचकना (बीच में अपने ही भार से) Sag
लचीला (मुड़ने में) Flexible
लचीला (रबर आदि, अपनी जगह पर वापस लौटने वाला) Elastic
लचीला (स्वभाव) Resilient, Pliant (Pliable)
लचीला (मस्तिष्क, विचार, शरीर) Supple
लचीला (शरीर) Lithe
लचीला (शरीर का अंग) Limber
लचीलापन (विचार, निर्णय में) Resilience
लजीला (स्वभावगत) Shy
लजीला (दिखावटी) Coy
लज्जा/लज्जाजनक Shame/Shameful
लज्जालुपन Shyness
लज्जित करना Abash, Mortify
लज्जित होना Ashamed, Mortified
लज्जित Bashful, Mortified, Ashamed
लज्जित होना (चेहरा लाल होकर) Blush
लटकना (किसी के सहारे से) Hang
लटकना (नीचे की तरफ झुककर) Droop *His body drooped in weariness
लटकना (अपने ही भार से नीचे की तरफ झुक कर) Sag
लटकना (ढीला होकर शरीर के अंग का) Prolapse
लटकाया हुआ (किसी से बांध कर) Suspended
लटकाना Suspend

लटकाना (कंधे से, गर्दन से किसी चीज को पट्टे से) Sling *Sling rifle shoulder *Sling hammock between two trees
लटका हुआ (माँसल) Flabby, Flaccid
लटका हुआ (कुत्ते आदि का कान) Floppy
लटका हुआ (मुर्झाया पत्ता) Wilted
लटका हुआ (शरीर, अंग) Drooping
लटका हुआ (निर्णय) Pending
लटका हुआ (पदार्थ) Pendent *Pendent locket in a necklace
लटका हुआ चेहरा Dour face
लटका हुआ गहने का लॉकेट Pendant
लट्टू Top
लठ्ठा (लपेटे हुए कपड़े का) Bolt
लत (आदत) Habit
लत्तर Creeper
लताड़ना Rebuke, Reprimand
लथपथ Drenched/Soaked
लदा हुआ Laden
लपकना (किसी की तरफ) Lunge forward
लपकना (किसी पर आक्रमण के लिए) Pounce upon
लपक कर जाना Bound for
लपट Flame
लपेटना (चादर, कवर में) Wrap
लपेटना (गोलाकार मोड़ कर) Roll
लपेटना (मोड़ कर) Fold
लपेटना (लड़ियों को आपस मे गुँध कर) Entwine
लपेटना (झंडे को, नाव के पाल को डंडे में) Furl
लपेटना (किसी वस्तु के उपर घुमा-घुमा कर) Twine (around), Wound
लफंगा Rogue
लबालब Overflowing, Full to the brim
लय/लयबद्ध Rhythm/Rhythmic
लयबद्ध पाठ/कविता Rhyme
ललकना Yearn, Long
ललक/लालच (भला-बुरा सोचने की शक्ति से परे) Temptation
ललकारना Challenge
ललकारना (खिलाफ में कुंछ करने के लिए) Dare
ललकारना (कुत्ते को किसी को काटने के लिए) Shoo
ललचाना (विवेक पर पर्दा डाल कर) Tempt
ललचाना (आकर्षण से) Allure
ललचाना (दूर से दिखा कर) Tantalize
ललचाना (लाभ की संभावना दिखा कर) Entice
लहजा (बोलने का) Tone & Tenor
लहर Wave
लहर के समान उफान में आगे बढ़ना Surge forward
लहराना (हाथ को उठाकर या झंडा लेकर) Wave
लहराना (हथियार) Brandish
लहराना (नाटकीयता पूर्वक, घमंड में किसी वस्तु को) Flourish, Flaunt
लहराना (हवा में) Flutter
लहलहाना Bloom
लहू-लुहान Gory
लहेंड़ा Vagabond
लांछन लगाना Asperse
लांछन Stigma/Aspersion
लॉकेट (लटकने बाला) Pendant
लॉकेट (जिसके अन्दर कुछ रख कर बंद किया जा सके) Locket
लॉटरी Sortition
लाइन होटल Motel
लागत Input, Investment
लागत से प्राप्ति Output
लागत से लाभ Profit
लागू करना (योजना) Implement
लागू करना (नियम आदि) Enforce
लागू करने की घोषणा करना (कानून को) Promulgate *Promulgate curfew in the town
लागू होना (तर्क, विचार) Hold good *His argument does not hold good in this matter
लागू होने से रोकना (नियम को) Put on hold, keep in abeyance
लागू शुल्क Tariff
लाचार/लाचारी Helpless/Helplessness
लाचारी (चुनने की आजादी नहीं होने की) Hobson's choice

लाचारी की परिस्थिति, जो कुछ करने में असमर्थ कर दे Force majeure
लाचारी (परिस्थिति की) Compulsion
लाचारी में कुछ करना be Constrained (to)
लाचारी में कुछ नहीं करना be restrained to
लाजवाब (व्यक्ति) **जिसका सानी न हो** Peerless, Nonpareil
लाड-प्यार का इजहार करना (खुश करने के लिए) Fawn अपने बच्चे पर Dote(on)
लादना (वजनी सामान को) Load
लादना (किसी के ऊपर भार, जवाबदेही) Thrust (upon)
लादना (किसी पर अपनी मर्जी) Foist
लापता व्यक्ति को कोर्ट में हाजिर करने का आदेश Habeas corpus
लापरवाह Careless
लापरवाही Negligence
लाभ (अधिक होकर) Gain *Gain in popularity
लाभ (व्यापार में, लागत में) Profit *Profit on investment
लाभ (किसी काम को करने से) Benefit, Advantage
लाभ उठाने का हक (अन्य व्यक्ति की संपत्ति का - संपत्ति को बिना बर्बाद किए) Usufruct
लाभ कमाने का अचानक प्राप्त जरिया/स्रोत Bonanza
लाभ कमाने के लिए दूसरे देश की तरफ से लड़ने वाला सैनिक Mercenary
लाभ की अचानक बरसात Windfall
लाभ की स्थिति/स्थान (दृश्य दिखाई देने में) Vantage *Vantage point for viewing something
लाभदायक (व्यापार) Profitable
लाभदायक (प्रभाव देने वाला) Efficacious *Efficacious medicine
लाभदायक (काम) Beneficial, Advantageous
लाभदायक (सीख आदि दे कर) Salutary *Punishment by strict teacher is salutary
लाभदायक स्थिति में रखना (किसी को समय आने पर) Stand someone in good stead in times of need
लाभांश (शेयरधारक का) Dividend
लाभांश (लाभ के एवज़ में मिलने वाली अतिरिक्त राशि) Bonus
लाभार्थी Beneficiary
लायक (कीमत के) Worth *The shirt is worth its price
लायक (काम के) Worthy, Deserving *Worthy for the job
लार Saliva
लार टपकना Slaver
लार बहाना (मुँह के कोने से) Drool/Slobber
लालच (इच्छित वस्तु पाने के लिए) Greed *Greed for what you do not have
लालच (आकर्षित करने वाला काम करने/पाने का) Temptation *Temptation for foreign goods *Temptation for power
लालच (आकर्षण के कारण) Lure
लालच (रुपये-पैसे का) Cupidity
लालच देना Allure
लालन-पालन Upsringing
लाल स्याही से चमकीला करना Rubricate
लालसा Lust
लालायित Tempted
लावारिस Waif
लावारिस बच्चा (अन्य के द्वारा पोसा गया) Foundling
लावारिस जानवर, वस्तु को रखने का बाड़ा/बाड़े में बंद करना Pound/Impound
लाश Dead body, Corpse, Cadaver
लाश (जानवर की) Carcass
लाश (जानवर की सड़ी हुई) Carrion
लिंग-विपरीत पोशाक पहनने वाला व्यक्ति Transvestite
लिखित कॉपी (कहानी की) Script
लिखित पंक्ति के ऊपर लिखकर जोड़ना Superscribe
लिखित पंक्ति के नीचे लिखकर जोड़ना Subscribe
लिखना Write
लिखना (घसीट कर) Scrawl
लिखना (जल्दी-जल्दी में) Scribble
लिखना (टेढ़े-मेढ़े अक्षर में) Squiggle
लिखने (किसी अन्य के द्वारा) **के लिए बोलना** Dictate

लिखापढ़ी-लिखित पत्रों का आदान-प्रदान Correspondence

लिखित बोल (गाने के) Lyrics

लिखित बोल (प्रार्थना के) Litany

लिखित बोल (सामूहिक गान के) Libretto *Libretto of the national anthem

लिखित सहमति देना (कागज के पीछे की ओर लिख कर) Endorse

लिखने की भाषा Script

लिपटना (किसी के शरीर से) Cling *Kids clang to each other in the dark *A snake clung with a horizontal bar

लिपटना (आलिंगन में लेकर) Hug *He hugged his friend

लिपि (भाषा की) Script

लिपि अन्तरण करना (अन्य भाषा के शब्दों का) Transliterate

लिपिक (बोले गये शब्दों को हाथ से लिखने वाला) Amanuensis

लिपिबद्ध करना (भाषण, बयान को) Transcribe

लिपिबद्ध कॉपी Transcription

लिप्त होना (गलत काम में साथ देकर) Collude, Connive

लिप्त होना (किसी काम में शमिल होकर) Indulge, Involve

लिप्तता Connivance, Indulgence, Complicity, Collusion, Involvement

लिहाज Regard *I hold him in high regard *I regard him

लिहाज (आदर युक्त, बुजुर्ग, विद्वान की मर्जी का) Deference *Deference for elderly person

लीक पर चलने वाला (कार्य/व्यवस्था) Conventional

लीक से हट कर चलने वाला Unconventional/ Offbeat

लीक पर चलना Tread a beaten track

लीन होना Engrossed

लीपना Smear, Smudge

लीपापोती करना (गलती पर) Extenuate

लीवर Liver

लीवर की बीमारी का डॉक्टर Hepatologist

लीवर की बीमारी Hepatitis

लुञ्ज-पुञ्ज Flaccid *Flaccid muscles

लुट जाना Be ruined

लुटाना (धन, संसाधन) Squander

लुटेरा Buccaneer, Marauder

लुटेरा (समुद्री जहाज का) Pirate

लुढ़कना (ऊँचाई से नीचे संतुलन बिगड़ने से) Topple *The toy on the table toppled down

लुढ़कना (अचानक ठोकर खा कर) Stumble, Tumble *The books tumbled down the rack

लुप्त होना Disappear, Vanish

लुभाना Charm

लुभाने के लिए दिया गया धन Largesse, Sop

लुभावना Charming

लूट का माल (लूट कर) Spoils

लूट का माल (कीमती सामान) Booty

लूट का माल (चोरी कर के) Swag

लूट-खसोट Spoliation, Plundering, Depredation

लूटना Rob

लूटना (भीड़ द्वारा सार्वजनिक संपत्ति) Loot

लूटना (व्यक्तिं से छीन कर) Rob, Mug

लूटना (कीमती सामान) Despoil

लूटना (आक्रमण कर के) Pillage/Plunder

लूटना (लूट का माल बोरे में भर कर) Sack

लूट-पाट (डकैती करके सार्वजनिक स्थान से) Heist *Bank heist

लूट-पाट (व्यक्तिगत सामान की) Larceny

लेकर आना (किसी वस्तु को कहीं जाकर) Fetch *Fetch a glass of water

लेखा-जोखा Account

लेखक का नाम - जिस नाम से वह लिखता हो Non de plume

लेखन-सामग्री Stationery

लेखा परीक्षक Auditor

लेखा नियंत्रक Comptroller

लेन-देन Transaction

लेप Poultice

लेपना (मलहम आदि) Rub

लेपना (गंदा करने के लिए) Smear

लेपना (धार्मिक संस्कार में तेल से शरीर को) Anoint

लेशमात्र Modicum
लैस करना (हथियार से) Equip
लोक-कथा Legend
लोकगीत Folk song
लोकतंत्र Democracy
लोकतांत्रिक Democratic
लोकपाल Ombudsman
लोकप्रिय Popular
लोकप्रिय अभियान में शामिल होना Ride on the bandwagon
लोकोक्ति Dictum
लोकोपकार Weal
लोकोपकारी Philanthrope
लोगों के मानने के अनुसार/मान्यतानुसार (तथ्य) Putative
लोगों को लगने वाला (तथ्य) Purported
लोगों को लगना Purport *The order purports to be official
लोगों को अपने पीछे चलने के लिए आकर्षित करने वाला Pied piper
लोगों के बीच वैमनस्य की आग लगाने की आदत Pyromania
लोगों को गलत काम के लिए उकसाने वाला Agent provocateur
लोगों की नजरों में गलत काम से अपना सम्मान गिराना Abase
लोगों में जिज्ञासा जागृत करना Capture people's imagination
लेटना Lie (p. Lay, pp. Lain)
लेटना (औंधे मुँह) Lie prone
लेटना (ऊपर मुँह कर के) Lie supine
लेटना (चारों खाने चित्त) Lie prostrate
लेटने की मुद्रा में Recumbent
लेटाना Lay (p. Laid) *Lay the patient on the table
लोटना (आनन्ददायक माहौल में) Wallow *Buffalow wallows in mud
लोटना (कष्टदायक माहौल में छटपटा कर) Welter *Welter in sweltering heat of summer season
लोटना (दर्द में छटपटा कर) Writhe
लोटना (मानसिक असहजता में) Squirm *Squirm in embarrassment
लोभ (पाने की इच्छा युक्त) Greed *Greed for amassing wealth
लोभ (आकर्षण से उत्पन्न) Temptation
लोरी Lullaby
लोलुपता Lust
लौ का काँपना Flicker
लौ को फूँक मार कर बुझाना Snuff
लौकिक Temporal
लौट कर वापस आना Return, come back
लौट कर हथियार के चलाने वाले को ही घायल करना Boomerang *His plan to harm me boomeranged
लौटाना (उधार लिए हुए को) Return
लौटाना (कर्ज) Repay
लौटाना (राशि) Refund

व

वंचित करना (संपत्ति से) Dispossess
वंचित करना (अधिकार से, पाने के मौके से) Deprive *Deprive someone of an opportunity
वंचित करन (मताधिकार से) Disenfranchise
वंचित करना (हक से - दण्ड स्वरूप) Forfeit
वंदना करना Sing paeans (to)
वंशज Progeny, Descendant
वंशवाद Dynasty
वंशजों में प्रथम को संपत्ति के अधिकार की व्यवस्था Primogeniture
वंशावली Lineage
वंशावली (जानवर की) Pedigree
वंशानुगत धन-संपत्ति Inheritance
वंशानुगत (बिमारी) Hereditary
वक्तव्य Statement
वक्ता Speaker, Orator
वक्राकार Curved, Crooked
वक्राकार (रेखा) Zigzag
वकील के पास लड़ने का केस Brief *Senior lawyers have numerous briefs

वगैरह et cetera, etc.
वचनबद्ध/वचनबद्धता Committed/commitment
वजन/वजन करना Weight/Weigh
वजन में खाली डब्बे का वजन घटाना Tare
वजनी Heavy
वजनी (महत्ता में) Ponderous
वजूद Raison d' etre
वज्राघात Bolt from the blue
वध/वध करना Murder/kill
वध (एक वर्ग के लोगों का अधिक संख्या में) Decimation
वध (एक वर्ग के लोगों का) Genocide
वध (माता का)/वध (पिता का) Matricide/Patricide
वध (आदरणीय व्यक्ति का) Parricide
वध (भाई का) Fratricide
वध (बहन का) Sororicide
वध (विदेशियों का) Xenocide
वध (पत्नी का) Uxoricide
वध (आदरणीय व्यक्ति का) Parricide
वध (अपने ही बच्चे का) Prolicide, Filicide
वध (पशु का) Slaughter
वध/हत्या (राजनेता, प्रसिद्ध व्यक्ति का) Assassination
वध करने वाला/हत्यारा (राजनेता का) Assassin
वध करना (राजनेता का) Assassinate
वन Forest
वन्य (प्राणी) Wild
वफादार (किसी व्यक्ति का) Loyal
वफादारी (किसी व्यक्ति का) Loyalty
वफादारी (पार्टी के प्रति) Allegiance
वफादारी (धर्म, आदि के प्रति) Fidelity
वफादारी (नौकर की मालिक के प्रति) Fealty
वयस्क (व्यक्ति) Adult
वयस्क (कीड़ा) Imago
वयस्क (पौधा) Mature
वयोवृद्ध Elderly
वरदान Boon
वरिष्ठ (पद में, योग्यता में) Superior
वरिष्ठतम संत/व्यक्ति Hierarchy
वरीय/वरिष्ठ (उम्र, अनुभव में) Senior
वरीयता Seniority, Superiority
वरीयता की सीढ़ी Echelon
वरीयता क्रम (पद में) Hierarchy
वरीयता क्रम (मौके, महत्ता में) Precedence
वर्ग (सामाजिक)/वर्गीकृत करना Class/Classify
वर्ग (गुणों के आधार पर)/वर्गीकृत करना Category/Categorise
वर्ग (सामूहिक नामकरण के आधार पर) Denomination
वर्ग (प्रजाति का) Species
वर्ग (लिंग के आधार पर) Gender
वर्ग (उत्पत्ति के आधार पर) Genus
वर्ग (कला, साहित्य की विधा के आधार पर) Genre
वर्गीकृत Generic
वर्गीकृत (प्रचार, सूचना, सरकारी दस्तावेज) Classified *Classified matters are kept as secret
वर्गीकरण Classification/Categorisation
वर्गीकरण में एक साथ रखना Club together
वर्चस्व Clout
वर्चस्व (मजबूत देश का कमजोर देशों पर) Hegemony
वर्जित Forbidden
वर्जित रिवाज Taboo
वर्णन Description
वर्तमान से पहले वाला Previous, Former
वर्तमान से पहले समय में Prior to
वर्तमान के बाद वाला Latter
वर्तमान के पहले वाला (घटना, उदाहरण) Precedent
वर्तमान (पदाधिकारी) Incumbent
वर्तमान से पहले वाला (पदाधिकारी) Predecessor
वर्तमान के बाद आने वाला (पदाधिकारी) Successor
वर्तमान समय में चालू Current
वर्दी Uniform
वर्दीधारी नौकर Lackey
वर्षगाँठ Anniversary
वर्षा की फुहार Shower, Drizzle
व्रत (भोजन रहित)/मांस रहित भोजन के साथ) Fast/Maigre
वश में करना Control

वशीभूत करना (जानवर को पालतू बना कर) Tame
वसंत Spring
वसंत कालीन Vernal
वसीयत Will, Bequest
वसीयत करना Bequeath
वसूलना (लाभ) Realise
वसूलना (कर्ज आदि) Recover
वस्त्र/पोशाक Dress, etc. (see परिधान)
वस्त्र धारण करना Don
वस्त्रागार Wardrobe
वहम/वहमी Superstition/Superstitious
वाँछित फलदायक Effectual
वाँछनीय Desirable
वाँछनीय वस्तु Desideratum
वाँछनीय वस्तु को पाने की इच्छा करना Desiderate
वांछित असर देने वाला Efficacious
वाक्युद्ध Altercation, Wrangling
वाकिफ होना (किसी बात से) be aware (of)
वाटिका Grove
वातावरण (किसी स्थान का) Ambience
वातावरण दूषित करना Pollute
वाद-विवाद Debate
वादा/वादा करना Commitment/Commit
वादा निभाना Honour commitment
वादा निभाने से चूकना Welsh
वादे से मुकरना Renege
वादी Plaintiff
वाद्य यंत्र की तार Chord
वाद्य यंत्र के तारों को बजाना Pluck, Strum
वाद्य यंत्र के तारों को बजाने वाली चपटी वस्तु Plectrum
वाद्य यंत्र के तारों की झंकार Twang
वापस करना (आगे बढ़ा कदम, पक्षी द्वारा फैलाया पंख, आदि) Retract
वापस करना (लिया हुआ पैसा) Refund
वापस देश लौटना Repatriate
वापस देश भेजना (अपराधी को अपराध कर्म की जगह पर सजा देने के लिए) Extradite
वापस पाना/हासिल करना (हक को) Reclaim
वापस पाना (खो जाने के बाद) Recover
वापस पाना (बर्बाद होने से बचा कर) Retrieve
वापस पाना (गिरवी पर रखे को) Redeem *Redeem property on mortgage
वापस बुलाना Recall
वापस लेना (कार्रवाई की योजना) Call off
वापस लेना (जमा पूंजी, प्रतियोगिता से अपना नाम, आदि) Withdraw
वापस लौटना (टकरा कर) Rebound
वापस लौटना Return
वापस लौटना (आवाज का) Reverberate, Echo
वापस लौटना (घटना के परिणाम के रूप में) Repercuss *Sea waves repercuss with great force after hitting up shores
वापस स्थापित करना (पहले की स्थिति) Restore
वापस स्थापित करना (किसी को उसके पद पर) Re-instate
वापस स्थापित करना (किसी को उसका छिन गया हुआ अधिकार) Restitution
वामहस्त (व्यक्ति) Sinistral (person)
वायुमंडल Atmosphere
वायु प्रवाहहीन ढक्कन Hermetic seal
वार करना (हथियार से) Assault
वार करना (दर्द, चोट देने के लिए) Inflict *Inflict pain/injury
वारदात Occurrence
वारिस Heir, Successor
वार्ता (किसी विषय-ज्ञान पर श्रोता से) Discourse
वार्तालाप (बातचीत के लिए) Conversation
वार्तालाप (लंबे समय तक चलने वाली) Palaver
वार्तालाप करना/(विरोधी पक्ष के साथ समझौते के लिए) Parley
वार्तालाप करना (किसी विषय पर) Converse, Discuss, Confer, Deliberate
वार्तालाप (विषय पर विचार के लिए) Discussion
वार्तालाप करना (बीती बातों के बारे में सुना कर) Confabulate
वार्तालाप/वार्तालाप करना (अध्यात्म पर, अलौकिक शक्ति से) Communion/Commune
वार्ता आरंभ करने के लिए विषय उठाना Broach
वार्षिकी Anniversary

वाष्पीकरण Evaporation
वास करना Inhabit
वासी (घर में रहने वाला) Inmate
वास्तव में (कानूनी तौर पर भले न हो) de facto *He is de facto head of the department
वास्तव में (कानूनी तौर पर) de jure
वास्तविक (तथ्य, परिस्थिति) Actual
वास्तविक (स्तित्व, घटना) Real *Real life *Real occurrence
वास्तविकता Reality
वास्तु कला/वास्तुकार Architecture/Architect
वाहवाही Commendation
वाह-वाह कर उठना (अच्छे प्रदर्शन पर) Wow
वाहियात Worthless, Useless
विकट (डरावना, भयानक) Formidable *Formidable enemy
विकट (आवश्यकता आदि) Grim *Grim neccessity
विकट (समस्या, आदि) Acute *Acute pain/ problem
विकराल Tremendous
विकलांग Disabled, Handicap
विकल्प (दो में से एक) Alternative
विकल्प (दो से अधिक में से एक) Option
विकल्प (मर्जी के अनुसार चुनने का) Preference
विकार Malaise
विकार रहित (स्वास्थ्य आदि) Sound
विकास (उन्नति युक्त) Development
विकास (वृद्धि युक्त) Growth
विकास प्रक्रिया (जन्तु आदि का क्रमशः समयानुसार) Evolution
विकसित होना (तेजी से आकार में) Burgeon *This towm soon burgeoned into a city
विकसित होना (तेजी से) Snowball *Skirmish snowballed into a fight
विकेन्द्रीकरण (जवाबदेही, कर्तव्य का) Devolution
विकेन्द्रीकरण (सत्ता, अधिकार का) Decentralisation
विकेन्द्रीकरण करना Decentralise
विकेन्द्रीकरण करना Devolve
विक्षुब्ध Dissatisfied, Disgruntled
विक्षिप्त Demented, Insane
विक्षिप्त अवस्था Dementia
विकृत (बिमारी से ग्रसित अवस्था) Morbid *Morbid health condition
विकृत (आकार में) Deformed
विकृत (मानसिकता) Perverse
विकृत मानसिकता का व्यक्ति Pervert
विकृत करना Disfigure, Deface
विक्रय/बिक्री Sale
विक्रय स्थल (हस्तकला वस्तुओं का) Emporium
विक्रेता Seller
विक्रेता (अवैध, प्रतिबंधित वस्तु का) Trafficker
विक्रेता Vendor, Hawker, Peddler
विक्रेता (फेरी लगा कर) Hawker, Pedlar
विक्रेता (खुदरा) Retailer
विक्रेता (थोक) Wholesaler
विक्रेता (सूई, धागा, बटन, रिबन आदि का) Haberdasher
विख्यात Famous, Renowned
विगत Past
विगत माह (Compare : **आगामी माह, चालू माह**) Ultimo mensem (Compare : Proximo mensem, Instant mensem)
विगत घटना पर विचार Retrospection
विघटन Disintegration
विघटित होना Disintegrate
विघ्न करना (हंगामा मचा कर) Disrupt
विघ्न करना (कठिनाई पैदा करके) Hinder, Hamper
विघ्न करना (व्यावधान डालकर) Disturb
विघ्न डालना (रुकावट डाल कर) Interrupt
विचरण करना (निश्‍चिंत भाव से) Sashay
विचलित (मन को) Distraught
विचलित करना (ध्यान) Distract
विचलित करना (मन) Perturb, Upset
विचलित करना (कठिनाई से हताश कर के) Faze, Daunt
विचारणीय (विषय) Ponderable
विचार Thought
विचार आदान-प्रदान करना Confabulate, confer, converse
विचार करना (गहन, एकाग्र हो कर) Muse Ruminate

विचार करना (किसी विषय के भिन्न पहलुओं पर) Deliberate

विचार करना (विरोधी पक्ष से - सहमति बनाने के लिए) Parley

विचार करना Consider *Consider pros and cons of a matter

विचार करना (आगामी कदम उठाने के विषय पर) Contemplate *He contemplates to resign his job *Meditate revenge

विचार करना (गहन ध्यान लगा कर) Cogitate, Reflect, Meditate

विचार करना (अप्रिय घटना पर) Brood

विचार करना (विगत घटना, समय पर) Retrospect

विचार करना (सोच के साथ) Mull *The government mulls over taking tough decision

विचार करना (नफा-नुकसान पर) Ponder

विचार करना (स्वयं अपने अन्दर झाँक कर) Introspect *Introspect one's own weakness

विचारमग्न (मुद्रा) Pensive (mood)

विचार व्यक्त करना Opine

विचारवान Prudent, Sagacious (person)

विचार-विमर्श करना Advise with

विचारशून्य (मस्तिष्क) Vacuous

विचारशील Considerate

विचित्र Strange

विचित्र (असामान्य लगने के कारण) Bizarre

विचित्र (उलटा-पुलटा होने के कारण) Preposterous *Preposterous planning

विचित्र (अन्य देश का होने के कारण) Outlandish *Outlandish fashion

विचित्र (अपनी तरह का अकेला होने के कारण) Peculiar *Peculiar person

विचित्र (लीक से परे होने के कारण) Queer *Queer notion

विचित्र (अन्य से अलग लगने के कारण) Odd *It looks odd

विचित्र भय पैदा करने वाला (भूत-प्रेत जैसा रहस्यमय) Eerie *Eerie silence in the dark jungle

विचित्र भय पैदा करने वाला (विदित, ज्ञात से परे होने के कारण) Uncanny *Uncanny feelings

विचित्र भय पैदा करने वाला (अलौकिक शक्ति के प्रभाव से घटित रहस्यमय होने के कारण) Weird *Weird cosmic events

विच्छेद करना Sever

विजय Victory, Conquest, Triumph

विजय (भारी हानि उठा कर प्राप्त) Pyrrhic victory

विजय प्राप्त करना (लड़ाई, जंग) Conquer

विजय प्राप्त करना (प्रतियोगिता में) Win *Win prize/election

विजयी Victorious

विजयी देश को पराजित देश के अपने क्षेत्र का एक भाग दे देना Cede

विजयी देश द्वारा पराजित देश के एक भाग को अपने देश में मिला देना Annex

विजेता (प्रतियोगिता में) Winner

विजेता (युद्ध में) Conqueror/Conquistador

विजेता (कठिनाई के ऊपर जीत हासिल करने वाला) Victor

विडम्बना (आशा या मंशा के विपरीत अवस्था होने की) Irony *Honest prime minister presiding over the corrupt administration is an unfortunate irony

विडम्बना (धारणा के विरुद्ध विचार की, एक तथ्य से निष्कर्षित परस्पर विपरीत तथ्य की) Paradox

वितरण Distribution

वितरण करना (देय राशि का) Disburse

वितरण करना (किसी चीज से थोड़ा-थोड़ा) Distribute *Distribute sweets to the boys

वितरण करना (मात्रा या वजन के अनुसार किसी वस्तु का) Dispense *Dispense medicine to the patients/tea in a cup to the customers

विदा करना Send off

विदाई के अवसर पर Valedictory

विदाई Valediction, Farewell

विदाई के समय पर (भाषण) Valedictory (Speech)

विदित होना (be) Aware (of)

विदूषक Jester

विदेश (सुदूर स्थित) Abroad

विदेश (समुद्र पर) Overseas

विदेश में बसे देशवासियों को वापस आने का आह्वान (राजा, सरकार द्वारा - देश की रक्षा के लिए) Letters avocatory
विदेशी/विदेश Foreigner/Foreign
विदेशी वस्तु का प्रेमी Xenophile
विदेशी वस्तु का विद्वेषी Xenophobe
विदेश जाना Go abroad
विद्यार्थी का मार्गदर्शक Pedagogue
विद्वता का ढोंग करने वाला व्यक्ति Charlatan
विद्वता झाड़ने वाला व्यक्ति Pedant
विद्वतापूर्ण Scholarly, Erudite *Erudite lecture
विद्वान व्यक्ति Savant
विद्वान (किसी विषय का) Scholar
विद्वेष की अनुभूति Antipathy
विद्वेष कारक Invidious *Invidious remark
विद्वेष फैलाना Foment rancour
विद्वेष भावना से ग्रसित Vindictive
विद्वेष भाव (हानि पहुँचाने की इच्छा युक्त) Malice
विद्वेष भाव (मन में कड़वाहट भरा हुआ) Spleen, Spite, Rancour
विद्रोह/विद्रोह करना Revolt
विद्रोह (सत्ता के खिलाफ) Rebellion
विद्रोह (अचानक विरोध प्रदर्शन के साथ) Putsch
विद्रोह (सैनिक का अपने अफसरों से) Mutiny
विद्रोह (सत्ता को मानने से इन्कार के रूप में) Insurgency
विद्रोह (सत्ता पलटने वाला) Revolution
विद्रोह (खुले सशस्त्र विरोध के रूप में) Insurrection
विद्रोह (आक्रामक प्रदर्शन/विरोध के रूप में) Uprising *People's uprising against the government policies
विद्रोही (सत्ता का विरोध करने वाला) Rebel
विद्रोही (सत्ता को मानने से इन्कार करने वाला) Insurgent
विधर्मी Heretic
विधर्मिता Heresy
विधवा Widow
विधाता Providence
विधान (compare **संविधान**) Statute (compare Constitution)
विधिवत Duly
विधि व्यवस्था Jurisprudence
विधि ज्ञाता Jurist
विधुर Widower
विध्वंस Destruction, Devastation
विध्वंस करना Devastate
विनती करना Urge, Entreat, Solicit
विनम्र (व्यवहार में) Courteous, Polite
विनम्र (स्वभाव में) Humble, Modest
विनम्रता (व्यवहार में) Courtesy
विनम्रता (स्वभाव से) Humility, Modesty
विनाश Destruction, Devastation
विनाश करना (तहस-नहस कर के) Ruin
विनाश करना (जड़ से उखाड़ कर) Eradicate
विनाश करना (अस्तित्व समाप्त कर के) Exterminate
विनाश करना (फलने-फूलने के साधन से वंचित करके) Extirpate *Wild species have been extirpated by deforestation
विनाशकारी उथल-पुथल Cataclysm
विनाशकारी बाढ़ Deluge
विनाशकारी घटना/विपदा Catastrophe, Disaster
विनाशकारी उपद्रव Mayhem
विनिमय Exchange
विनियोजन करना Invest
विनियोजन के लिए धन अलग करना Appropriate
विपक्ष Opposition
विपक्षी व्यक्ति Opponent
विपक्षी खिलाड़ी से गेंद छीनना Tackle
विनोदी Witty
विपदा (जान-माल का नुकसान वाला) Calamity
विपदा (प्राकृतिक घटना प्रदत्त) Disaster *Flood disaster
विपदा (कष्टकारी) Distress
विपरीत प्रभाव युक्त Adverse
विपरीत (रिपोर्ट, स्थिति)/**विपरीत अवस्था** Adverse/ Adversity
विपरीत गुण वाली वस्तु (किसी अन्य के) Antithesis *Water is an antithesis of fire
विफरना Take umbrage
विफल (प्रयास) Futile
विफल होना (किसी काम में) Fail

विफल होना (प्रयास का/कार्यक्रम का) Fizzle (out) *The bandh call given by a political party fizzled out
विफल होना (प्रयास से कुछ पाने में) Fail
विफल होना (कार्यक्रम का, शुरू होने के बाद) Fizzle (out) *Workers' strike fizzled out
विफल होना (परीक्षा में) Flunk
विफल होना (धड़ाम से गिर कर, योजना का) Come a cropper
विफल करना (प्रयास को) Foil *Police foiled a decoity attempt
विफल करना (प्रयास को नाकाम कर के) Defeat, Frustrate
विफल करना (प्रयास में अवरोध करके) Thwart
विफल करना (मौका देने से मना करके) Negate *The plan was negated by the denial of funds
विफलता Failure *Failure has disheartened him
विफलता (पूरी तरह एवं शर्मनाक) Fiasco
विफलता (परिणाम रहित होने से) Futility
विफलता (प्रक्रिया/व्यवस्था की- वांछित फल देने में नाकाम) Miscarriage
विभत्स (उटपटांग आकार होने के कारण) Grotesque
विभत्स (डरावना रूप/आकार होने के कारण) Awful
विभाजित Divided *Divided unity
विभाजित (मत, विचार) Fractured (opinion, decision)
विभाजन (स्थान, संपत्ति का) Partition
विभूषित करना Adorn (with)
विभिन्न प्रकार Variety *Variety of colours
विभिन्न प्रकार का Various *Various colours
विभिन्न प्रकार का (रंगों के दाग वाला) Variegated *Variegated patches on an animal's skin
विभिन्नतापूर्ण Heterogeneous *Heterogeneous group
विभिन्नता (विभिन्न प्रकार का होने के कारण) Diversity *Diversity of cultures
विभिन्न प्रकार का (कार्य) Manifold *Manifold duties of an employee
विभिन्न प्रकार की (गतिविधि) Multifarious *Multifarious activities
विभिन्नता (असमानता के कारण) Disparity
विभीषिका Horror
विभूषित Adorned
विमुख Averse (to)
वियोग Bereavement
विरक्ति (लगाव के प्रति) Indifference, Detachment
विरक्ति (किसी काम के प्रति नापसंदगी के कारण) Aversion
विरले Rarely
विरह में सूखना Pine
विराट् Vast, Stupendous
विरानगी Wilderness
विराम (किसी काम में) Pause
विरासत (समाज को मिली हुई) Heritage *Monuments are our national heritage *Our cultural heritage
विरासत (पूर्ववर्ती व्यक्ति, संस्था से प्राप्त) Legacy
विरासत (पुश्त-दर-पुश्त एक परिवार द्वारा संजो कर रख वाली) Heirloom
विरासत (पूर्वजों से मिली हुई) Inheritance
विरासत में देना (राज-पाट, संपत्ति का हस्तान्तरण करके) Demise *The king demised his throne to his successor
विरासत में देना (किसी को अपनी इच्छा से) Bequeath
विरासत में लेना (वंशज द्वारा) Inherit
विरुद्ध करना (किसी को खुद से) Antagonise
विरोध करना (आदेश का मानने से इन्कार) Defy
विरोध करना (निर्णय, प्रस्ताव का) Oppose *Oppose a proposal
विरोध करना (आपत्ति जता कर) Protest *Protest against new taxations
विरोध करना (प्रतियोगिता में प्रतियोगी का) Contest *I will contest him in the election
विरोध करना (तर्क से) Controvert
विरोध में बोलना (किसी की बात को काटने में) Contradict
विरोध करने का मुद्दा (बहस में) Contention
विरोध में होना Be hostile to
विरोध में होना (किसी के प्रति) Be averse to, be inimical to

विरोधाभासी/विरोधाभास Contradictory/ contradiction
विरोधाभास पूर्ण स्थिति Paradox *Paradox of a commedian being unhappy in real life
विरोधी (प्रतियोगिता में) Rival
विरोधी (असहमति जताने वाला) Dissident
विरोधी (विरोध में काम करने वाला) Antagonist, Opponent, Adversary
विरोधी को घेर कर आक्रमण करने से लाचार करना Checkmate
विरोधियों को झेलते हुए आगे बढ़ना Run the gauntlet
विरोधी स्वर Outcry
विलंब/विलंब शुल्क (पार्सल लेने में) Delay/ Demurrage
विलंबकारी (अनावश्यक देरी करके काम करने में) Dilatory
विलंबकारी (आक्रमण के बजाय दुश्मन को छकाने की रणनीति) Fabius
विलंब करना (धीरे-धीरे काम करके) Dawdle
विलंब करना (कल पर टाल कर) Procrastinate
विलंब करना (काम करने में आना-कानी करके, बेपरवाह होकर काम करके) Dilly-dally, Dally
विलय करना (किसी अन्य में समावेशित करके) Merge
विलय करना (अन्य में उसे बड़ा आकार देने के लिए) Coalesce
विलक्षण (असाधारण) प्रतिभाशाली (व्यक्ति) Prodigious
विलक्षण प्रतिभाशाली व्यक्ति Prodigy
विलक्षण प्रतिभाशाली बच्चा Child prodigy
विलाप करना (मृत्यु पर) Keen
विलाप करना Weep, Cry
विलासिता Luxury
विलासिता रहित (जीवन/व्यक्ति) Spartan/Ascetic
विलासी (कामुक भोग करने वाला) Licentious
विलुप्त Disappeared
विलुप्त (अस्तित्व) Extinct (species)
विलुप्त हो गई वस्तु का शेष रह गया (भाग) Extant
विवरण (लिखित) Description
विवरण (घटना का) Account
विवरण (घटनाक्रम के अनुसार) Chronicle
विवरण (मौखिक) Narrative
विवरण (व्यक्तिगत जीवन का) Memoir
विवरण (वस्तु की विशेषता का) Specification
विवश Helpless
विवाद (मतभेद के कारण) Dispute, controversy
विवाद खड़ा करना Impugn, Dispute
विवाद खड़ा करने वाला (काम) Polemic
विवादित (विरोध का विषय) Contentious, Controversial
विवाह (see शादी)
विविध (अनेकों प्रकार का छोटा-मोटा) Sundry *Sundry expenses
विविध (अनेकों प्रकार का मिला-जुला) Miscellaneous *Miscellaneous household articles
विविध रंगों का बदलता दृश्य Kaleidoscope
विविधता विहीन Monotonous
विवेक Discretion
विवेकपूर्ण Discreet
विशाल (मात्रा में) Huge *Huge quantity *Huge mass of rock
विशाल (आकार में) Giant/Gigantic, Gargantuan *A giant animal
विशाल (हाथी के समान) Jumbo (Size)
विशाल (भक्षी के समान) Gargantuan *Gargantuan crater
विशाल (राक्षस के समान) Humongous
विशाल (विस्तार में अमाप्य) Immense, Vast
विशाल (भारीपन में) Massive *Massive crane
विशालकाय (संस्था) Monolith
विशालकाय (जानवर) Behemoth
विशाल मानसिकता से पूर्ण (पसंद करने में) Catholic (taste)
विशाल व्यक्तित्व Titan
विशालकाय गाड़ी, यंत्र (जिसके नीचे सब कुचल जाए) Juggernaut
विश्राम (काम के बीच में) Short shrift, Recess
विश्राम करना Rest, Relax
विश्रामागार (घर में, होटल में) Lounge
विश्रामागार (यात्रियों के लिए) Resthouse, Dormitory

विशिष्ट (व्यक्ति) Distinguished
विशिष्ट (गुण में) Distinct
विशिष्ट वर्ग का होने का दंभी Snob
विशुद्ध Chaste
विशेषता (आकार, चेहरे का) Feature
विशेषता (लक्षण, गुण की) Attribute
विशेषता (अन्य से अलग करने वाली) Speciality
विशेषज्ञ Expert
विशेषज्ञ दल/समूह Panel of experts
विशेषज्ञता Expertise
विशेषाधिकार Privilege, Prerogative
विशेष मद में लगने वाला खर्च देना (किसी की सहायता में) Defray
विशेष शैली (सोच की, कार्यशैली का) Paradigm *Abusing power to earn money has become the modern paradigm of the politicians
विश्लेषण करना (किसी विषय का) Analyse *Analyse a poem
विश्लेषण करना (मिश्रण में विभिन्न हिस्सों का) Assay *Asay a metallic alloy
विश्व Universe
विश्वकोष Encyclopedia/Encyclopaedia
विश्वव्यापी (तथ्य, सच्चाई) Universal
विश्वव्यापी (बिमारी, समस्या) Pandemic
विश्वव्यापी लोगों का शहर/शहर से संबन्धित Cosmopolis/Cosmopolitan
विश्वसनीय (पहली नजर में) Plausible
विश्वसनीय (शंका रहित होने से) Believable *Believable person
विश्वसनीय (भरोसा होने के कारण) Trusted
विश्वसनीय (तथ्य के आधार पर) Credible
विश्वसनीयता (किसी की क्षमता पर) Credential
विश्वसनीयता (सच्चाई में) Credence *Lend credence to the report
विश्वसनीयता (किसी व्यक्ति की कही गई बातों में) Credit *A reputed person earns credit in whatever he says
विश्वासहीनता Discredit
विश्वस्त Reliable
विश्वास (किसी बात में) Belief
विश्वास का अभाव Unbelief
विश्वास नहीं करना Disbelieve
विश्वास (धर्म, धार्मिक पाठ में) Faith
विश्वास (किसी व्यक्ति में) Trust
विश्वास (धर्म विशेष में) Creed
विश्वास के योग्य (व्यक्ति) Trustworthy, Reliable
विश्वास (अपनी क्षमता में) Confidence
विश्वास से भरा हुआ Confident
विश्वासघात (पति या पत्नी का एक-दूसरे के प्रति) Infidelity
विश्वासघात (देश के प्रति) Treason
विश्वासघात (झूठ बोल कर) Perfidy
विश्वासघाती (झूठ बोलकर, धोखा देने वाला) Perfidious (person)
विश्वासघाती (देश के प्रति) Traitor
विश्वासघाती (मित्रों के प्रति) Judas
विश्वासघात (धोखा दे कर किसी व्यक्ति के प्रति) Betrayal
विश्वासपात्र Confidant
विश्वासपात्री Confidante
विश्वासपात्र समझ कर किसी को अपना राज बताना Confide (in)
विश्वासी मानसिकता वाला (व्यक्ति) Credulous
विष Venom
विष की काट Antivenom, Alexipharmic/Mithridatum
विष का दाँत Fang
विषम (परिस्थिति) Ticklish
विषमता/विसंगति (सामान्य से अलग) Anomaly
विषमता (नियम विसंगत होने से) Antinomy
विषमता (तर्कहीन होने के कारण) Paradox
विषयवस्तु (वाद-विवाद की) Issue, Bone of contention *A contentious issue
विषय-वस्तु (नाटक, कविता की) Theme
विषय-सम्मत Pertinent
विषय-सम्मत तथ्यों पर आधारित (व्याख्या, टिप्पणी आदि) Objective
विषय-सम्मत तथ्यों से परे (व्याख्या, टिप्पणी) Subjective
विषय-सम्मत होना Pertain (to)
विषय-सम्यक Relevant
विषाक्त Toxic
विषैला Poisonous

विसंगति (see विषमता)
विसंगति (स्थितियों में, बयानो में) Disparity
विसंगति (बयानों में) Discrepancy
विसर्जन करना/विसर्जन Immerse/Immersion
विस्तार Expanse
विस्फोट Explosion
विस्फोटक Explosive
विस्फोट करना (अचानक फट कर) Explode *A bomb exploded *An oiltanker exploded
विस्फोट कराना (बम का) Detonate
विस्फोटक का ढेर (जो कभी भी फट सकता है) Power keg *The country is sitting on the power keg of people's anger against polity
विस्फोट से उड़ाना Blow up
विस्तृत (विवरण) Detailed *Detailed report/explanation
विस्तृत (फैलाव) Extensive *Extensive area
विस्तृत (तैयारी आदि) Elaborate *Elaborate arrangement
विस्तार (क्षेत्र का) Expanse *Great expanse of sea
विस्तार (किसी चीज के दो छोरों के बीच का) Span *Span of a bridge
विस्तार (निर्माण का, समय, दूरी का) Extension *Extension of building
विस्तार करना (क्षेत्र में) Expand
विस्तार करना (समय, दूरी में) Extend
विस्तारपूर्वक Exhaustive
विस्तारपूर्वक व्याख्या करना Elaborate, Explain
विस्तारपूर्वक व्याख्या करना (भाषण में किसी विषय की) Expatiate (upon), Elucidate
विस्तारपूर्वक व्याख्या करना (काफी देर तक किसी विषय की) Dwell upon
विस्तारपूर्वक व्याख्या से परे Inexplanable, Inexplicable
विस्थापित (किसी स्थान से) Displaced *Displaced people were rehabilitated elsewhere
विस्थापित (स्थायी निवास स्थल से) Deracine *Deracine Jews settled in different countries before the creation of Israel
विस्थापित करके उसकी जगह लेना Supplant
विस्मयकारी (असाधारण होने के कारण) Marvellous
विस्मयकारी व्यक्ति/वस्तु) Marvel *A marvel of science
विहंगम दृश्य Panorama
विहंगम दृश्य (पतली फाँक से दिखने वाला) Vista
विह्वल करना Disconcert
विह्वल Disconcerted
विहीन होना (किसी चीज से) (be) Bereft (of)
विज्ञप्ति (समाचार रिपोर्टरों को देने के लिए) Communique
विज्ञप्ति (कार्यालयों द्वारा कर्मचारियों के लिए) Circular
विज्ञप्ति (पोप की पादरियों के लिए) Encyclical
विज्ञापन पट्ट Hoarding
विभत्स Grotesque, ugly
वीभत्स (उटपटांग होने के कारण) Preposterous
वीरता Bravery
वीरता (दिखावटी, दूसरों पर हावी होने के लिए) Bravado
वीरतापूर्ण कारनामा Bravura
वीरतापूर्ण कारनामों की लंबी गाथा Saga
वीरान Desolate
वेतन Salary
वेदना Agony, Distress
वेदनापूर्ण संघर्ष Throe *In the throes of struggle with terrorism
वेदी Altar
वेधशाला Observatory
वेष Guise
वेषभूषा (नाटक के पात्र की) Costume
वैकल्पिक Alternative
वैकल्पिक व्यवस्था से किसी चीज की आवश्यकता टालना Obviate *A.T.M. obviate the need of carrying cash
वैध (आधिकारिक मान्यता होने की वजह से) Valid *Valid passport/driving license
वैध (कानूनी मान्यता प्राप्त) Legal *Legal rights of a person
वैध (कानूनी शर्तों को पूरा करने के कारण) Legitimate *Legitimate child/action
वैध (कानून की इजाजत होने के कारण) Licit
वैधता समाप्त करना (see निरस्त करना)
वैध रूप से अधिकृत De jure (compare : De

facto = in fact, वास्तव में) *He might be de jure minister, his son is the de facto minister utilising powers
वैधानिक आदेश Mandate
वैभव Grandeur, Splendour
वैभव (शाही) Majesty
वैभवशाली Magnificent
वैरागी Recluse
वैराग Detatchment
वैरी Foe
वैमनस्य Enmity
वैरभाव Animus
वैरपूर्ण Inimical
वैवाहिक Matrimonial
वोट देने का हक Suffrage
वोट देने का हक देना Enfranchise
व्यंग्य (तीखे मजाक से) Sarcasm
व्यंग्य (सामाजिक कुरीतियों पर) Satire
व्यंग्य (अप्रत्यक्ष रूप से कटाक्ष करने वाले शब्दों के प्रयोग से) Pun
व्यंग्य (कटुतापूर्ण) Lampoon
व्यंग्य (दीवार पर अपमानजनक पोस्टर चिपका कर) Pasquinade
व्यंग्य करने वाला Punster
व्यंग्य चित्रण (किसी के हावभाव का) Caricature
व्यंजन Delicacy
व्यंजन पारखी Gourmet
व्यक्त करना (विचार) Express, state
व्यक्रव्य Statement
व्यक्ति की जीविकादायी संस्था Alma provender
व्यक्ति की शिक्षादायी संस्था Alma mater
व्यक्ति Person
व्यक्ति (अन्य के लिए पसंदीदा, स्वागत योग्य) Persona grata
व्यक्ति (अन्य के लिए स्वागत अयोग्य) Persona non grata
व्यक्ति (महत्ता युक्त) Personage *Great personage is visiting him oftenly *Noble personage
व्यक्ति का चरित्र, चाल-ढाल दर्शाने वाला पक्ष Persona *His amiable persona
व्यक्ति की कारगुजारी का सूचना-संग्रह Dossier
व्यक्ति के प्रति विश्वास Credit *People give credit to what he says
व्यक्ति का दृष्टिकोण Outlook
व्यक्ति की शिक्षादायी संस्था Alma mater
व्यक्ति की जीविकादायी संस्था Alma provender
व्यक्ति का विचार/मान्यता Ethos
व्यक्ति के काम करने की/तौर-तरीके की विशेषता Idiosyncrasy
व्यक्ति की व्यक्तिगत अचल संपत्ति Realty
व्यक्ति की व्यक्तिगत चल संपत्ति Personalty
व्यक्ति का व्यक्तिगत पशुधन एवं घरेलू सामान Chattel
व्यक्ति की ज्ञानविशेषता का क्षेत्र Forte *General knowledge is his forte
व्यक्ति की चरित्रिक कमजोरी Failings, Shortcomings
व्यक्तिगत Personal
व्यक्तिगत उपयोग की वस्तु Belongings
व्यक्तिगत अधिकार के अधीन (व्यवसाय) Proprietary
व्यक्तिगत अधिकार के अधीन व्यवसाय का मालिक Proprietor
व्यक्तिगत गुण/विशेषता Attribute *Generosity is his attribute
व्यक्तिगत रोजमर्रा का सामान Personal effects
व्यक्तिगत सरोकार (किसी बात से), Concern
व्यक्तिगत सामान (यात्री का) Baggage
व्यक्तित्व Personality
व्यक्ति विशेष का Individual (needs)
व्यग्र/व्याकुल Upset, Perturb
व्यभिचारी Dessolute, Debauch, Deprave
व्यभिचारिणी Coquette
व्यय Expenditure
व्यर्थ Futile, Vain, Distress
व्यवस्था Arrangement
व्यवस्था (सामाजिक) Order
व्यवस्था का भंग होना Breakdown
व्यवस्था सुधार Reform
व्यवस्थित करना (सजा कर) Marshall
व्यावधान/व्यावधान पैदा करना Interruption/ Interrupt

व्यवधान रहित Uninterrupted
व्यवसाय Profession
व्यवसाय के गलत तरीका अपनाने वाला व्यक्ति Shyster
व्यसन Addiction
व्यसनी Addicted, Upset
व्यस्त रहने के लिए काम Occupation
व्यवहार/व्यवहार करना (see आचरण)
व्यवहार में लाने लायक Practicable *Practicable plan
व्याकुल Agitated
व्याख्या करना (विद्वतापूर्ण अंदाज में) Expound
व्याख्या करना Explain, Expatiate, Elucidate
व्याख्यान (किसी विषय पर) Discourse
व्याज (असाधारण तौर पर ज्यादा) Usury
व्याधि Malady *Social malady *He is suffering from physical malady
व्यापक (सर्वसमावेशी) Catholic (Nature)
व्यापक (सीमा क्षेत्र में) Inclusive *Inclusive social progress
व्यापक (फैलाव, विस्तार में) Extensive
व्यापक (सर्वत्र लागू) Universal
व्यापक (विषय क्षेत्र में) Comprehensive *Comprehensive study of a subject
व्यापक अर्थ बताना (किसी शब्द का खास अर्थ के अलावा उसके अन्य खासियत का) Connote
व्यापक तौर पर दिखने वाला Commonplace, Ubiquitous *Social vices are commonplace
व्यापक रूप से व्याप्त Widespread, Rife *Crime is rife here *Rumour about him is rife
व्यापार Business
व्यापार चलाना Ply *Ply trade in scraps
व्यापार करने का अधिकार (व्यापारिक संस्था द्वारा दिया हुआ) Franchise
व्यापार करने का अधिकार पाने वाला Franchisee
व्यापारिक Commercial
व्यापारिक प्रतिबन्द्ध (किसी देश द्वारा अन्य देश पर) Sanction
व्यापारिक वस्तु विक्रेता/निर्माता संघ (नाजायज लाभ कमाने के लिए) Cartel
व्यापारिक विज्ञापन Commercials
व्यापारिक संस्थाओं का संघ Consortium
व्यापारिक सफलता प्राप्त (पुस्तक, फिल्म, अभियान) Blockbuster *The novel is a blockbuster
व्यापारिक क्षेत्र/जगत का धनी व्यक्ति Tycoon
व्यापारिक क्षेत्र का बड़े प्रभाव वाला व्यापारी Magnate
व्यापारिक क्षेत्र का राजा व्यापारी Baron
व्याप्त Wide spread, Pervasive
व्यायामशाला Gymnasium
व्यावहारिक Practical
व्यावहारिक (कदम/निर्णय) Pragmatic
व्यावहारिक (चतुरतापूर्ण कदम उठाने मे) Politic
व्यावहारिक (समझदारीपूर्ण कदम) Prudent
व्यावहारिक (सही निर्णय पर आधारित कदम) Sagacious
व्यावहारिक (स्वयं को उलझन से बचाने वाला कदम) Expedient
व्यावहारिकता Pragmatism
व्यावसायिक कार्य का प्रशिक्षु Apprentice
व्यूहरचना Tactics
वृतांत Description
वृद्ध Old person, Elderly person
वृद्ध (क्षीण मस्तिष्क से ग्रसित) Dotard
वृद्धतंत्र Gerontocracy
वृद्धावस्था के कारण (समस्या) Geriatric
वृद्धावस्था के कारण दिमाग की कमजोरी Senility
वृद्धावस्था की बीमारी का डॉक्टर Geriatrician
वृद्धि करना (अतिरिक्त स्रोत की सहायता से) Augment
वृद्धि बाधित करना (शारीरिक, मानसिक) Stunt
वृहत् आकार करना Magnify
वृहत्/विशाल (आश्चर्य में डालने वाला) Stupendous
वृहत् (काया का) Colossal
वृहत् (असाधारण आकार का) Gigantic, Gargantuan
वृहत् (हाथी जैसा) Mammoth
वृहत् (असाधारण मात्रा का) Enormous
वृहत् (विशालकाय राक्षस जैसा) Humongous
वृहत् साहित्य/कलाकृति Magnum opus
वृहत्तता Magnitude

वृक्ष भक्षी Phytophagous
वृक्ष समूह Coppice, Copse
वृक्षाश्रयी Arboreal (Creature)
वृक्षों के कतारो के बीच सड़क Boulevard

श

शंका (अज्ञात भय पैदा करने वाला) Apprehension
शंका (अनिश्चय के कारण) Misgiving *He has a misgiving about the return on investment
शंका (सबूत के अभाव में) Suspicion
शंका (विश्वास करने में हिचक के कारण) Doubt
शंका को कम करना Allay *His assurance allayed people's suspicion in the government policy
शंका से परिपूर्ण (तथ्य) Dubitable, Dubious
शंकालु Suspicious
शंकालु (सबूत के अभाव में शक करने वाला) Sceptic, Skeptic
शंकालु (स्वभाव से लोगों की नीयत पर शक करने वाला) Cynic
शंख Conch
शऊर Manners
शक Suspicion
शक Doubt
शक की नजर से देखना Look askance at
शकुन Omen, Augury *Bad omen *Good omen
शक्तिशाली व्यक्ति/शक्तिशाली Potentate/Potent, Mighty
शतक Century
शतवर्षीय व्यक्ति Centenarian
शताब्दी Centennial
शताब्दी समारोह Centenary
शपथ दिलाना Administer oath
शपथपत्र Affidavit
शपथ लेकर झूठी बयानबाजी Perjury
शपथ लेकर झूठ बोलना Perjure
शब्द को लंबा खींच कर बोलना Drawl
शब्दकोश (व्यक्ति या विषय विशेष का) Lexicon *There is no place of compassion in his lexicon
शब्द छोटा करना Abbreviate
शब्दजाल/शब्दाडंबर Hyperbole
शब्द-दर-शब्द (बात दोहराना) Ad verbatim
शब्द समूह कोश Thesaurus
शब्द ज्ञान भंडार Vocabulary
शब्द ज्ञान जाँच Cloze test
शब्दार्थ अध्ययन Semantics
शब्दावली सूची Glossary
शब्दार्थ ज्ञान/ज्ञान शास्त्र में पारंगत Lexicology/Lexicologist
शब्दानुसार (अर्थ आदि) Literal
शब्दों के प्रथम अक्षरों से बना शब्द Acronym
शब्दों को अन्य भाषा की लिपि में लिखना Transliterate
शब्दोच्चारण करना Pronounce
शब्दोच्चारण Pronunciation
शब्दोच्चारण का विशेष ढंग (जाति/समूह विशेष के लोगों का) Shibboleth
शब्दोंत्पति अध्ययन Etymology
शब्दों का आडम्बर (भाषण में) Bombast
शब्दों का आडम्बर युक्त (भाषण) Bombastic
शब्दों में बयान करने से परे/अकथनीय Ineffable *Ineffable sufferings
शर्मसार होना be abashed
शयन झूला Hammock
शरद ऋतु Autumn
शरण (बिना आशियाने के लोगों के लिए) Shelter
शरण (अपने घर-बार से उजड़े लोगों के लिए) Refuge
शरण (लाचार, लावारिस लोगों के लिए) Asylum *Asylum for orphans
शरण देना (सुरक्षित रख कर) Harbour *He harboured the criminals in his house
शरण देना/लेना (take/give) Refuge
शरण स्थल (वन्य जीवों के लिए) Sanctuary
शरण स्थल (कानून की पकड़, कठिन परिस्थिति से बचने के लिए) Haven *Politics has become a safe haven for the criminals
शरणस्थल (बेघर-बार लोगों के लिए) Refuge *Hill stations are havens for the tourists in summers

शरणार्थी Refugee
शरमाना (जिसमें चेहरा लाल हो जाए) Blush
शरमाना (अपनी गलती पर) (be) Ashamed
शराब पार्टी Bacchanalia
शराब के नशे में चूर Drunk
शराब तैयार करना Brew
शराब तैयार करने का स्थान Brewery
शराब पीने का शौकीन Oenophile (person)
शराब पीने का आदी/शराबी Bibulous (person), Drunkard
शरारत Mischief
शरारती Mischievous
शरीफ Gentleman
शरीर ऐंठना/छटपटाना (बेचैनी में, झेंप के कारण) Squirm *He squirmed in embarrassment
शरीर ऐंठना (दर्द में) Writhe *Writhe in pain
शरीर ऐंठना (संकुचित छेद से पार होने के लिए) Wriggle *Wriggle one's body to pass through a narrow slit
शरीर ऐंठना (जमीन पर पेट के बल आगे बढ़ने में) Slither *The snake slithered across the road
शरीर के अंग को काटना (डॉक्टर द्वारा बेकार अंग को) Amputate
शरीर के अंग को काटना/काट कर अलग करना (हथियार से) Dismember
शरीर के कटे अंग की जगह पर लगा कृत्रिम अंग Prosthesis
शरीर की आगे झुक जाने की बिमारी Kyphosis
शरीर की पीछे झुक जाने की बिमारी Lordosis
शरीर का जोड़ (कंधा) Shoulder
शरीर का जोड़ (कोहनी) Elbow
शरीर का जोड़ (गट्टा) Wrist
शरीर का जोड़ (घुटना) Knee
शरीर का जोड़ (टखना) Ankle
शरीर का फूलना Bloat
शरीर का भाग (गर्दन का सामने वाला) Throat
शरीर का भाग (गर्दन का पिछला भाग) Nape
शरीर का भाग (हाथ, पांव) Limb
शरीर का भाग (सीने का भाग) Thorax
शरीर का भाग (सिर से सीने के अंत तक) Bust
शरीर का भाग (सीने के नीचे से कमर के ऊपर तक) Midriff
शरीर का भाग (गर्दन के नीचे से कमर तक) Torso, Trunk
शरीर को ठोंक बजा कर जाँचना (डॉक्टर द्वारा मरीज के शरीर को) Palpate
शरीर को आगे झुका कर चलना/बैठना Slouch
शरीर की बनावट (आकार में) Figure *Slender figure
शरीर में जान फूँकना Rejuvenate
शरीर का (डर से, पीड़ा से, घृणा से) **सिहरना/कांपना** Wince
शरीर को (डर से, पीड़ा से) **पीछे खींचना** Flinch
शरीर की त्वचा पर का दाग (कटे का) Scar
शरीर पर चोट से उभरा निशान Wale, Welt
शरीर पर तिल Mole
शरीर पर थपथपा कर कुछ लगाना Dab *Dab talcum powder on your face
शरीर पर लेप लगाना (धार्मिक संस्कार में) Anoint
शरीर की स्वाभाविक क्षमता में कमी होने की उम्र/समय Climacteric
शरीर धारण (नया जन्म लेकर) Incarnation
शरीर धारण (मृत्यु के बाद पुनः जन्म लेकर) Re-incarnation
शरीर संरचना शास्त्र Physiology
शर्त (बात मानने के लिए) Condition *He accepted the demand on the condition of raising production
शर्त (माँग के रूप में) Stipulation *Treaty was accepted on the stipulation of certain concessions
शर्त (समझौता) Proviso *Contract of work was awarded with proviso of penalty for delay
शर्त के साथ (अगर-मगर के साथ) Qualified *He made a qualified support
शर्त/शर्त लगाना (दाँव पर लगाना, जुआ) Bet *I bet you can't do it
शर्त पूरी करना Comply (with)
शर्तिया Sureshot *Sureshot remedy/Success
शर्म Shame
शर्मनाक (आचरण गलत होने के कारण) Shameful *Shameful compromise
शर्मनाक (लोगों की नजर में गिरने वाला काम होने के कारण) Ignominious *Ignominious conduct

शर्म से चेहरा लाल होना Blush

शर्म से झेंपना (अपनी गलती पर खीझ के साथ) (be) Chagrined

शर्म से झेंपना (आत्म-सम्मान को ठेस लगने से) (be) Mortified

शर्मसार करना (किसी गलती पर) Abash

शर्मिन्दा करना Abash *A blunder committed by him abashed him

शर्मिन्दा करना (आत्म-सम्मान को ठेस पहुँचा कर) Mortify

शर्मिन्दा होना (be) Ashamed

शर्मिन्दा होने वाली/झेंपने वाली व्यवहार गलती Gaffe

शर्मिन्दा करने वाली गलती (सामाजिक कार्यक्रम में) Faux pas

शर्मिला Shy

शर्मिला (झेंपने वाला) Bashful

शर्मिला (झूठ में शर्म का नाटक करने वाला) Coy

शर्मिली (औरत, लड़की) Demure *Demure woman

शल्य चिकित्सा Surgery

शल्य चिकित्सक Surgeon

शव Dead body, corpse, cadaver

शव (मृत जानवर का) Carcass

शव (मृत जानवर का सड़ा हुआ) Carrion

शव गृह Mortuary

शवदाह Cremation

शववाह स्थल Crematorium

शवदाह संस्कार Funeral

शव परीक्षण Autopsy, Postmortem

शवपेटी Coffin

शवयात्रा Cortege

शव वाहिनी/शैया Bier

शव वाहक गाड़ी Hearse

शस्त्र Weapon

शस्त्रागार Arsenal, Armoury

शह देना (गलत काम पर आखें मूँद कर) Connive

शहरी Urban

शहरी रहन-सहन Urbanity

शहरी ढंग/रहन-सहन वाला Urbane

शहादत Martyrdom

शहीद Martyr

शत्रु Enemy

शत्रुतापूर्ण (प्रभाव, परिणाम, हानि करने वाला) Inimical *Inimical action

शांत (उत्तेजना रहित) Calm *Calm face

शांत (उकसाने पर भी उत्तेजित नहीं होने वाला) Placid *Placid person

शांत (विघ्न, हलचल, शोर-शराबा रहित) Tranquil *Tranquil mountains

शांत (भव्यता, वैभवपूर्ण) Serene *Serene sky

शांत (शोर-शराबा रहित) Quiet *A quiet place

शांत करना (हंगामा करने वाले को) Pacify *Pacify the agitated crowd

शांत करना (कठोर मूड (mood) को नरम करके) Mollify

शांत करना (मांग को पूरा करके) Appease *Appease appetite *Appease people by accepting demand

शांत करना (आराम/नींद की अवस्था में करके) Lull *Sing lullaby to lull the child to sleep

शांत करना (दर्द, दुख की स्थिति) Assuage *Assuage someone's hurt feelings

शांत करना (क्रोधित व्यक्ति को खुशामद करके) Placate *Placate an outraged person

शांत करना (डर, शंका) Allay *Assurance allayed his fear

शांत करना (दर्द, तकलीफ के एहसास को हर कर) Calmpose, Tranquilize

शांत करना (अफवाह, बातचीत करने वालों को) Hush *Hush up rumour *The crowd hushed as the speech was started

शांत करना (भूख, क्षुधा को) Sate, Satiate

शांत करना (उद्वेलित मन को) Sedate

शांत चित्त Cool/Sangfroid *Despite provocation he kept his cool *He commits crime with sangfroid

शांत भाव Composure

शांत भाव (क्रोध रहित) Temper *He lost his temper

शांत भाव (विभिन्न परिस्थितियों में) Equanimity

शांत मुद्रा युक्त (गंभीर अवसर पर)/**शांत, गंभीर मुद्रा** Solemn/Solemnity *Sitting solemnly throughout the religious rites

शांत मुद्रा युक्त (उदास वातावरण के कारण) Somber *Mourners were sitting with somber faces

शांत मुद्रा युक्त (स्वभाव से उल्लासहीन होने से) Staid *A staid person

शांत होना (तूफान का) Subside

शांति (उत्तेजना रहित) Calm

शांति (हलचल, तूफान से पहले की) Lull

शांति (झगड़ा, हंगामा रहित) Peace *Police restored peace in the town

शांतिपूर्ण Peaceful

शांतिपूर्वक समाधान का पक्षधर (पार्टी, दल में) Dove (opp. Hawk)

शांति व्यवस्था को बढ़ावा देने वाला (कदम) Eirenic (opp. Polemic)

शांति व्यवस्था पूर्ण Orderly

शाकाहारी व्यक्ति Vegan/Vegetarian

शाकाहारी (भोजन) Vegetarian (meal, dish)

शाखा Branch

शाखा निकलना Ramify

शागिर्द Follower, Adherent

शादी/शादी करना/शादी संबन्धित Marriage/ Marry/Marital

शादी समारोह में गाया जाने वाला गीत Epithalamium

शादी समारोह (शाही ठाठबाट युक्त) Wedding/ Nuptial

शातिर Shrewd, Cunning, Wily

शान Pride

शानदार Splendid, Magnificent

शान-शौकत एवं दिखावे में धन उड़ाना Splurge

शाप देना Curse, Imprecate

शाबाशी का नारा Bravo

शामत आना Woe befall *Woe befell him

शामिल करना (समिति, समूह में) Induct *He was inducted in the enquiry committee

शामिल करना (लिस्ट में) Include *His name was included in the voters' list

शामिल करना (विशेष कार्य, ज्ञान क्षेत्र में) Initiate *He was initiated into the secret mission

शामिल होना (अन्य लोगों के साथ किसी गतिविधि में भाग लेकर) Participate *Participate in discussion

शामिल होना (वाँछनीय गतिविधि में) Involve *Involve oneself in social activities

शामिल होना (आनन्ददायक, मजा देने वाला गतिविधि में) Indulge *Indulge in an undesirable activity *Indulge in pleasurable activity

शारीरिक (भोग, आनन्द) Carnal *Indulge in carnal pleasure

शारीरिक (दण्ड) Corporal (punishment)

शारीरिक (अस्तित्व, प्रभाव) Corporeal (existence)

शारीरिक (शक्ति, स्थिति) Physical (strength/ condition

शारीरिक अवस्था Fettle *The old man is in fine fettle

शारीरिक अक्षमता (बीमारी से) Cachexia

शारीरिक अक्षमता (गुण, मर्दानगी मे) Emasculation

शारीरिक अक्षमता (काम करने, परिश्रम करने की) Enervation *Luxurious life leads to enervation

शारीरिक इच्छा पर स्वयम का Control Continence

शारीरिक कष्ट Discomfort

शारीरिक कष्ट से ग्रसित/ग्रसित करना Afflicted/ Afflict *A number of ailments have afflicted him

शारीरिक परिश्रम करने वाला (काम) Blue collar (work)

शारीरिक क्षमता में बदलाव आने का उम्र Climacteric

शारीरिक यातना देना Torture

शारीरिक रूप से हट्टा-कट्टा Fit as fiddle

शारीरिक रूप पुनः धारण करना (अन्य जन्म में) Re-incarnate

शारीरिक व्याधि Malady

शारीरिक संरचना Constitution *A man of weak constitution

शालीन (व्यवहार) Modest

शालीनता Modesty

शालीनता रहित (व्यवहार) Brash

शावक (जानवर का) Calf

शावक (शेर का) Cub

शावक समूह (चूजों का) Brood

शावक समूह (पिल्लों का) Litter, kitten
शाश्वत Eternal
शाश्वत बनाना Perpetuate
शासक Ruler
शासन (किसी दल, व्यक्ति का) Rule *Rule of the Congress party *Rule of a dictator
शासन (काल/समय विशेष का) Regime *A decade of the Congress regime
शासन (सर्वोच्च सत्ताधारी का) Reign
शासन कला (शासक का) Governance
शासन व्यवस्था Polity *Indian polity is in the grip of scamsters
शासनतंत्र का अधिकारी वर्ग Bureaucracy
शासनतंत्र का अधिकारी Bureaucrat
शासन तंत्र का अधिकारी (चीन के शासन में) Mandarin
शासनादेश Mandate
शास्त्र (धार्मिक अनुयायी के लिए पूजनीय) Scripture
शाहखर्च (व्यक्ति, व्यवस्था) Opulent
शाही Royal
शिकंजा Grip
शिकन (चेहरे पर नाराजगी के) Frown
शिकन (त्वचा पर) Wrinkle
शिकन (ललाट पर) Furrow
शिकस्त Defeat
शिकायत (किसी काम, स्थिति से असंतुष्ट होने से) Complaint *Complaint against delay in decision
शिकायत (किसी के विरुद्ध अन्यायपूर्ण आचरण के लिए) Grievance *I have a grievance against him for treating me unfairly
शिकायत करना Complain
शिकायतकर्ता Complainant
शिकायत का निवारण/निवारण करना Redressal/Redress (grievances)
शिकार (अन्याय, दुर्घटना का) Victim
शिकार (हिंसक जानवर का, भोजन के लिए) Prey
शिकार करना Hunt
शिकार करना (गैर कानूनी ढंग से प्रतिबंधित क्षेत्र में) Poach
शिकारी Hunter
शिकारी जानवर Predator
शिक्षक Teacher
शिक्षक (व्यक्तिगत विद्यार्थी का) Tutor
शिक्षण कार्य Tuition
शिक्षण विधि Pedagogy
शिक्षण संस्था का पूर्व विद्यार्थी Alumnus (pl. Alumni)
शिक्षण संस्था की पूर्व विद्यार्थिणी Alumna (pl. Alumnae)
शिक्षण संस्था की किसी गतिविधि की टीम Varsity *He is on the varsity in tennis
शिक्षादायी संस्था (किसी व्यक्ति का) Alma mater
शिक्षाप्रद (कहानी) Didactic
शिक्षाप्रद कथा-कहानी (पशु-पक्षी, निर्जीव वस्तु के माध्यम से) Fable *Fable of a tortoise and hare
शिक्षाप्रद कथा (अन्य से तुलना करके) Parable
शिक्षाप्रद कथा (अप्रत्यक्ष रूप से सीख देने वाली) Allegory
शिखर (ग्रह के पथ पर आसमान में सबसे ऊँची बिन्दु) Zenith
शिखर (सफलता का, प्रसिद्धि का) Pinnacle
शिखर (पहाड़) Peak, Summit
शिथिल/शिथिलता Slack, Lax/Laxity
शिथिल होकर गिरना Slump
शिनाख्त करना Identify
शिलान्यास करना Lay the foundation stone
शिला स्तंभ Obelisk
शिला लेख Inscription
शिला लेख (कब्र पर) Epitaph
शिला लेख पट्ट Plaque
शिल्पकार/शिल्पकारी (गढ़ाई करके) Sculptor/Sculpture
शिल्पकार/शिल्पकारी (कुशल कारीगरी से बनाने वाला) Craftsman/Crafts
शिशु/शैशवकाल Infant/Infancy
शिशु देखरेख गृह Creche
शिशुरोग डॉक्टर Paediatrician
शिष्ट (आचरण) Civilized
शिष्टता Decorum
शिष्टमंडल Delegation
शिष्टमंडल का सदस्य Delegate

शिष्टाचार Etiquette
शिष्टाचार युक्त आचरण Formality
शिष्य Disciple
शीघ्र Soon
शीघ्र आने/पहुँचने/होने की तैयारी में (घटना, निर्णय) In the offing *Enactment of a new law is in the offing
शीघ्र बिफरने वाले स्वभाव का Short-tempered, testy, irascible
शीघ्र होने वाली (घटना) Imminent
शीघ्रता में (किया गया काम) Post haste *He left the meeting post haste
शीघ्रता से कुछ करना Do with despatch
शीघ्रता से Presto *Do it presto
शीघ्रता से काम करने (यंत्र पर चलने) वाला अंग Agile
शीतल Cool (**ठंडा** cold)
शीतकालीन Hibernal
शीर्षक Title
शीर्ष स्थल Plateau
शील (लज्जा) Modesty
शील हरण करना Outrage modesty
शीशी Ampoule, Vial, Fial
शीशी हिलाना (दवा या अन्य द्रव्य को ढालने के पहले) Succuss
शुक्रगुजार Obliged
शुगर की बीमारी Hyperglycaemia
शुद्ध नैतिकतापूर्ण आचरण में विश्वास करने वाला Puritan
शुद्ध Pure
शुद्ध (लाभ (खर्च काट कर), वजन, कीमत-टैक्स, छूट (काट कर), पैकेट का वजन काट कर) Net (Compare : सकल Gross) *Net profit/price/weight
शुद्ध वजन के लिए संपूर्ण वजन से घटाने वाला भार Tare
शुद्धिकरण (आत्मा में पाप बोध से) Purgation
शुद्धिकरण (भावनात्मक उफान से) Catharsis
शुद्धिकरण करना (दोष, गंदगी से) Purge
शुद्धिकरण करना (पवित्रता बहाल करने के लिए) Consecrate
शुद्धिकरण सूची Corrigendum (pl. Corrigenda)
शुभ मुहूर्त की (घड़ी, समय) Auspicious
शुभ संकेत (सांकेतिक घटना से) Augury *Good monsoon is augury of good harvest
शुभ संकेत देना Augur (opp. Portend)
शुभ यात्रा की कामना Bon voyage
शुभ-अशुभ सूचक लक्षण Omen
शुभेच्छा Benevolence
शुभेच्छु Benevolent
शुरुआत (स्तित्व में आने की) Inception
शुरुआत (घटनाक्रम की) Genesis
शुरुआती (कदम) Initial
शुरुआती दौर (प्रक्रिया का) Preliminary
शुरुआती अवस्था में (अस्तित्व में आने की प्रक्रिया) Incipient, Inchoate *Incipient stage of disease
शुरुआती अवस्था में (व्यवस्था, System) Fledgeling *Fledgeling democracy takes time to mature
शुरुआती कदम (किसी काम को करने में) Initiative
शुरुआती कदम (रणनीतिक योजना में) Demarche *Political demarche of opposition party
शुरुआती गतिरोध समाप्त करना (संबन्ध सुधार में, वार्तालाप में) Break the ice
शुरू करना (काम, कार्रवाई) Begin (opp. to end) *Work begins to progress
शुरू करना (मशीन चालन, आगे बढ़ना, दौड़ना) Start (opp. to stop) *Start engine
शुरू करना (सभा की कार्रवाई) Commence (opp. Conclude) *Commence the proceedings of the court
शुरू करना (पहला कदम उठाकर) Initiate
शुरू होने से पहले ही नाकाम करने वाला (कदम) Pre-emptive
शुल्क (आयात-निर्यात पर, होटल के कमरों/सेवा पर) Tariff
शुष्क (वस्तु, वस्त्र आदि) Dry (opp. Wet)
शुष्क (मौसम, खेत-जमीन) Arid *Desert's weather is arid
शुष्क (गर्मी, आग के तपन से) Parched *Parched throat
शुष्क जमीन पर उगने वाला पौधा Xerophyte

शुष्क होने की बीमारी (आँखों की) Xerophthalmia
शुष्क होने की बीमारी (त्वचा की) Xeroderma
शुष्क होने की बीमारी (केश की) Xerasia
शुश्रुषा करना Tend, Coddle
शून्य Void
शूरवीर/शूरवीरता Gallant/Gallantry
शेखी बघारना/बघारने वाला व्यक्ति Boast, Brag/ Braggart, Brat
शैतान Devil
शैतान/शैतान (बच्चा) Imp/Devil, Impish, Mischievous (Child)
शैतान (बच्चा) (तोड़-फोड़ करने वाला) Rogue *Rogue kids
शैतान बच्चा Infante terrible
शैतानी भरा (व्यक्ति) Diabolical, fiendish
शैली (काम करने की) Style, Modus operandi
शैली Pattern
शैली (रिवाज, तौर-तरीके की) Paradigm
शैशवकाल Infancy
शैक्षणिक (संस्था, आदि) Educational (institution, etc.)
शैक्षिक Academic
शोक Grief
शोक गान (मृत व्यक्ति की आत्मा की शांति के लिए सभा में) Requiem
शोक गान (मृत व्यक्ति के लिए शोक सभा में गाने वाला) Dirge
शोक गान (मृत व्यक्ति के अंतिम संस्कार समारोह के लिए) Elegy
शोक विलाप करना (मृत्यु होने पर) Keen
शोक मनाना (व्यक्तिगत हानि पर दुखी होकर) Grieve *He is grieving his wife's death
शोक मनाना (किसी की मौत का) Mourn *They mourned the demise of their colleague
शोक मनाना (असहनीय अवस्था पर) Lament *Lament over sorry state of the country
शोक संतप्त Aggrieved
शोक व्यक्त करना (मृत्यु पर) Mourn
शोक सभा Condolence meeting
शोख Impudent
शोचनीय (खराब स्थिति) Deplorable
शोध लेख (किसी विषय पर) Dissertation
शोभनीय Decorous
शोभनीय होना (व्यवहार का) Behove/Behoove *It does not behove you to use abusive language
शोभा बढ़ाना (अपनी उपस्थिति से किसी अवसर पर) Grace the occasion
शोर (तेज आवाज का) Noise
शोर (कमरे में गूँजने वाली आवाज का) Din *Din in the hall caused by people's talking
शोर (भीड़ का हंगामेदार) Uproar/Clamour Hullaballoo
शोर का मापीय स्तर Decibel *High decibel of the loudspeaker is disturbing
शोरगुल (अनेकों आवाजों के बेसुरे मिश्रण का) Cacophony *Cacophony of discordant noises
शोरगुल युक्त (कर्कश आवाज) Strident *Strident traffic noise *Strident hinge
शोरगुलयुक्त (शिकायत) Clamorous *Clamorous protest
शोरगुलयुक्त (अभिव्यक्ति) Vociferous *Vociferous demand
शोरगुलयुक्त (झगड़ा, विवाद, भीड़) Uproarious *Uproarious crowd
शोरबा (सिरूआ) Gravy
शोषण Exploitation
शोषण करना Exploit
शोहरत Fame, Popularity
शौक (आनन्द देने वाले काम करने का) Hobby *Philately is his hobby
शौक (मानसिक झुकाव होने से किसी काम को करने का) Predilection
शौकिया (कलाकार) Amateurish
शौकीन (सजने-धजने का) Dandy, Fop
शौचालय की पानी की टंकी Cistern
शौर्य गाथा Saga
श्मशान Cremation ground
श्लोक Hymn
श्वास Breathing
श्वास के साथ खींचना Inhale
श्वास छोड़ना Exhale

श्वास/श्वास लेना Breath/Breathe
श्वास क्रिया Respiration
श्वास अवरुद्ध होना Choke
श्वास धर्र-धर्र बजना Wheeze
श्वास लेना Breathe
श्वास अटकाना (डर से) Take breath out
श्वास रोक कर इन्तजार करना Wait with bated breath
श्वास फूलने से रुक कर सामान्य करना Catch breath
श्वास बंद होना (दम घुटने से) Asphyxiate

ष

षड़यंत्र (दो या अधिक लोगों का चुपके से करने वाला) Conspiracy
षड़यंत्र (गुप्त योजना बना कर) Plot
षड़यंत्र (शातिर योजना बना कर) Intrigue
षंड़यंत्रकारी गुट (सत्ता के विरुद्ध) Cabal
षड़यंत्र रचना Conspire, Hatch conspiracy
षड़यंत्र करने वाला सूत्रधार Mastermind of conspiracy

स

संकट (कठिन परिस्थिति उत्पन्न होने से) Crisis *The country is passing through grave crisis in the economy
संकट (हानिकारक परिस्थिति उत्पन्न होने से) Peril, Jeopardy *Bad health has put him in peril
संकट (सहायता की आवश्यकता वाला) Distress
संकटग्रस्त (सहायता अपेक्षी) Distressed
संकटमय घटना (विपत्ति ढाने वाला होने के कारण) Calamity *War is a national calamity
संकटमय घटना (प्राकृतिक कारण आपदा से) Disaster *Flood disaster
संकटपूर्ण Critical
संकट में डालना Imperil
संकट में सहायता देने वाला/संकटमोचक Samaritan
संक्रमण (छुआ-छुत से फैलने वाला) Contagion
संक्रमण (रोग के किटाणु से) Infection
संक्रमण (कीड़े-मकोड़े से) Infestation *Rodent infestation in the house causes harassment to the inmates
संक्रमण Infection
संक्रमण (छुआ-छुत से) Contagion
संक्रमित (रोग-किटाणु से) Infected
संक्रमित (कीड़े-मकोड़े से) Infested
संकर (पौधा/जानवर) Hybrid
संकरा (रास्ता) Narrow
संकरा रास्ता Alley
संकलन करना/संकलन Compile/Compilation
संकल्प/संकल्प लेना Resolution/Resolve
संकीर्ण विचार/मानसिकता युक्त Parochial (opp. **उदार मानसिकता युक्त** Catholic)
संकुचन (शरीर के प्रवाही अंग में) Stricture
संकुचन (आकार छोटा करने वाला) Contraction *Contraction of eye's pupil
संकुचन (खिंचाव होने के कारण नली के रास्ते में) Constriction
संकुचित Constricted
संकुचित मानसिकता Parochialism, Narrowmindedness
संकुचित Congested
संकेत (इशारा करने वाला) Beacon
संकेत (परिस्थिति, तथ्य की जानकारी का)/संकेत देना Indication/Indicate *Give indication of disliking by being indifferent
संकेत (चेतावनी, आदेश देने वाला)/संकेत देना Signal *Traffic signal becomes red for the stopping of vehicles
संकेत (हाथ, सिर हिलाकर हावभाव से) Gesture *A gesture of anger
संकेत (घटना के फलस्वरूप आगामी बात का)/संकेत देना Herald *Flowers blooming is the herald of the onsetting spring season
संकेत (बुरी घटना के आगमन का) Harbinger *Owl's hooting is understood to be the harbinger of disasters
संकेत (किसी घटना द्वारा भविष्य में अच्छा या बुरा होने का) Omen

संकेत (अपनी मंशा का किसी को देना) Tender *He made many tenders of desires to befriend me
संकोच Hesitation
संकोचयुक्त (व्यवहार, प्रयास) Tentative
संकोचरहित (व्यवहार) Informal
संक्षिप्त (कम समय लेने वाला जैसे भाषण, ठहरना) Brief *Brief speech *Brief stay
संक्षिप्त (काट-छाँट कर कम शब्दों में समाया हुआ) Concise *Concise dictionary/essay
संक्षिप्त (कम शब्दों में प्रभाव पैदा करने वाला) Terse *Terse statement
संक्षिप्त (कम शब्दों में रूखा जवाब) Curt *He gave a curt reply
संक्षिप्त (कम शब्दों में कहा बयान) Succinct *Succinct speech
संक्षिप्त करना (शब्द को Abbreviate *Et cetera is abbreviated as etc.
संक्षिप्तता Brevity *Brevity of speech
संक्षिप्त अंश (सिनेमा का) Trailer
संक्षिप्त अंश (किताब से चुन कर लिया हुआ) Excerpt, Abstract
संक्षिप्त संवादी Laconic
संक्षिप्त लेखन (पंक्तियों का) Precis
संक्षिप्त विवरण Resume
संख्या में प्रसार/प्रसार होना Proliferation/ Proliferate *Proliferation of population
संग-संग होने वाली (घटनाएँ) Concomitant
संग-संग बहने वाली (नदियाँ) Confluent
संग-संग स्थित Collateral *Collateral mountains
संगठन नियमावली Constitution of association
संगठित Cohesive, Organised
संगठित देश की व्यवस्था Body politic
संगत करना (संगीत गायन में) Accompany
संगत करना (बुरे काम में, अपराध कर्म में) Abet
संगत करने वाला व्यक्ति (बुरे काम में) Accomplice
संगति Company
संगम (नदियों का) Confluence
संगी Companion
संगीतविद Virtuoso
संगीत में प्रयोग करने वाला Exponent
संगीत का गुरु, श्रेष्ठ कलाकार Maestro
संगीन Serious *Serious crime/problem
संगीन जुर्म Felony
संग्रह (विभिन्न वस्तुओं का) Collection
संग्रह (एक विषय पर चुनिन्दा लेखों का विभिन्न स्रोतों से) Anthology
संग्रह (एक लेखक की कृति से चुना हुआ) Crestomathy
संग्रह (चित्रों का एक जगह चिपका कर) Collage
संग्रह (प्रदर्शित करने वाला नाटकों का) Repertoire
संग्रह (प्रदर्शित वन्य जीवों का) Menagerie
संग्रह (विभिन्न गीतों के अंश का एक गीत में पिरोया हुआ) Medley
संग्रह (विभिन्न प्रकार की कलाकृति के मिश्रण के रूप में) Melange
संग्रह (मनोरंजनार्थ कार्यक्रम में प्रस्तुतियों का) Potpourri
संग्रह (पठनीय लेखों का) Digest
संग्रहालय (प्रदर्शित करने के लिए पुरातन वस्तुओं का) Museum
संग्रहालय (दस्तावेजों को सुरक्षित रखने के लिए) Archive
संग्रहित करना Stock
संग्रहित सामानों की सूची Inventory
संग्राम Battle
संघ Union
संघटक Ingredients
संघर्ष Struggle
संघर्ष (लंबे समय से चलने वाला) Feud
संघर्ष (खूनी प्रतिशोधपूर्ण) Vendetta
संचय करना Accumulate
संचयित Cumulative
संचार माध्यम Communication
संचालक (रेडियो/टीवी पर कार्यक्रम) Anchor
संचालन करना Conduct
संचालक (कार्यक्रम का स्टेज पर/व्यवस्था का) Compere/Impressario
संचालन यंत्र/यंत्र नियंत्रण करना Helm/Steer
संजीवनी Elixir
संजो कर रखना (प्यार से) Cherish *Cherish the memory of native village
संजो कर रखना (यादें/उम्मीद) Nurture

संज्ञान लेना Take cognizance
संत Saint
संत पूजा Hagiolatry
संतरी Sentinel, Guard
संतान Offspring, Progeny
संतान से संबन्धित Filial
संतुलन (मानसिक, भावनात्मक) Balance
संतुलन (परस्पर विपरीत ताकतों में) Equilibrium
संतुलन (कठिन परिस्थिति में मन का) Equanimity, Poise, Composure
संतुलित Balanced, Poised
संतुष्ट (अपनी अवस्था/सफलता आदि से) Complacent
संतुष्ट (उम्मीद, आवश्यकता पूरी होने से) Satisfied *Satisfied with his achievements
संतुष्ट (और अधिक की चाहत रहित) Contented *Contented with what one owns and desiring no more
संतुष्ट (अन्य लोगों की अपेक्षा अपनी श्रेष्ठता के भाव से) Smug
संतुष्ट करना (मांग, आशा पूरी करके) Satisfy
संतुष्ट करना (मन तृप्त करके) Content
संतुष्टि (आशा, मांग पूरी होने से) Satisfaction
संतुष्टि (मन तृप्त होने से) Contentment
संतोषप्रद Satisfactory
संतोषी Contented
संदिग्ध Doubtful
संदेश Message, communication
संदेश (लिखित) Missive
संदेशवाहक Messenger, Courier
संदेश भेजना Transmit message
संदर्भ (विषय, परिस्थिति से संबन्धित) Context *His comment was out of context
संदर्भ (अन्य महत्वपूर्ण नजरिए से संबन्धित) Perspective *Policy on terror control is inadequate from the perspective of social reform
संदेस वाहक Messanger
संदेह/संदेह करना (निश्चय के बिना) Doubt
संदेह/संदेह करना (तथ्य के अभाव में) Suspicion/ Suspect
संदेह/संदेह करना (धोखा होने की आशंका के कारण) Mistrust *He mistrusts strangers *Mistrust of strangers prevents him from believing
संदेह (धोखा खा चुकने के कारण) Distrust *He distrusts his friend now
संदेह से परे (निश्चित होने के कारण) Undoubtful, undoubted
संदेह से परे (शंका रहित होने के कारण) Indubitable
संदेहास्पद (अनिश्चय की स्थिति के कारण) Doutful
संदेहास्पद (अनुचित प्रश्न खड़ा होने के कारण) Dubious *Dubious outcome *Dubious character
संदेहास्पद (शंका होने के कारण) Dubitable
संदेहास्पद मौत की जाँच करने वाला अधिकारी Coroner
संदेहास्पद स्रोत वाला (कहानी, बयान) Apocryphal *Apocryphal stories about a mysterious fort
संदेहास्पद स्रोत/लेखक द्वारा लिखित पुस्तक (कथा, लेख, आदि) Apocrypha
संदेही (आदतन किसी भी बात पर संदेह करने वाला) Sceptic, Skeptic
संदेही (लोगों के काम करने के पीछे इमानदार मंशा पर संदेह करने वाला) Cynic
संधि Treaty
संध्या बेला का Vesperal *Vesperal prayer
संन्यास Renunciation
संन्यासी (धार्मिक स्थान पर मान्यता प्राप्त) Saint
संन्यासी (आश्रम वासी) Monk
संन्यासी (भिक्षाटन करने वाला) Friar
संन्यासी (दुनियावी माया का त्याग करने वाला) Ascetic
संन्यासी (एकान्तवास में तपस्या करने वाला) Hermit
संन्यासी निवास (एकान्तवास में) Hermitage
संन्यासी निवास (आश्रम वासी संतों का) Monastery
संप्रदाय Sect
संप्रभुता Sovereignty
सांप्रदायिक Communal
सांप्रदायिकता Communalism
संपत्ति Property
संपत्ति (व्यक्तिगत) Personalty
संपत्ति (जो समय पर सहारा बन सके) Assets

संपत्ति (जमीन-जायदाद के रूप में) Realty
संपत्ति (चल संपत्ति - पैसा, आभूषण, आदि) Chattel, Personalty
संपत्ति हस्तान्तरण Bequest
संपत्ति हस्तान्तरण के लिए इच्छापत Testament
संपत्ति हस्तान्तरित करना (इच्छा पत्र लिखकर) Bequeath
संपदा Estate
संपन्न करना (काम) Accomplish
संपन्नता Prosperity
संपर्क Connection
संपर्क से फैलने वाली (बिमारी) Communicable, Contagious
संपादक Editor
संपादकीय Editorial
संपादित करना Edit
संपुष्टि करना Corroborate
संपूर्ण (संख्या/मात्रा में अविभाजित) Whole *He wanted not a piece of cake, but the whole of it
संपूर्ण (आय, वजन, आदि बिना टैक्स की कटौती के) Gross
संपूर्ण (सभी हिस्सों से युक्त, बिना कुछ छूटे हुए) Complete *Complete set/list
संपूर्ण (बिना कुछ भाग बचा कर रखे हुए) Entire *Entire effort was put in accomplishing the assigned task
संपूर्ण (सीमा रहित) Absolute *Absolute truth/freedom
संपूर्ण समूह (कलाकारों का, निर्मित वस्तुओं का) Ensemble *The ensemble of artists gave a stage performance
संपूर्ण समूह (व्यक्तियों का) Whole caboodle *Whole caboodle of revellers
संपूर्ण रेज (किसी बात, विषय, विचार का) Whole gamut *The whole gamut of emotions from grief to gaiety
संपूर्ण सदस्यों की भागीदारी के साथ (मीटिंग) Plenary *Plenary meeting/conference
संपूर्ण संदर्भों को समेटते हुए (विचार, कार्रवाई, आदि) Comprehensive *Comprehensive scheme
संपूर्ण से एक भाग अलग करना Hive off
संपूर्णता प्रदान करना (उद्देश्य, लक्ष्य को) Consummate
संपूर्णता प्रदान करना (हाथ में लिए काम को) Accomplish
संपूर्णता प्रदान करना (अधूरे को, कमी को) Complement
संप्रदाय Sect
संबन्ध में खटास Discord
संबन्ध में कड़वाहट होना Sour the relations
संबन्ध में दूरी आना (बिगाड़ होने से) Alienation/Alienate
संबन्ध में दरार/संबन्ध विच्छेद Estrangement/Estrange
संबन्ध में फिर से सुधार Rapprochement
संबद्ध करना (संस्था से संपोषित संस्था के रूप में) Affiliate *The institute is affiliated to a famous university
संबद्ध करना (विशेष गुण से) Attribute *Attributed his bad temper to his bad health *Attribute intelligence to him
संबद्ध करना (जिम्मेदारी से) Assign *Assign him to guard duty
संबद्ध करना (credit, श्रेय से) Ascribe
संबद्ध करना (अश्रेयस्कर काम से) Impute *Impute his ignorance to the failure
संबोधन/संबोधित करना Address
संबोधन का ढंग (दो भिन्न चीजों मे तुलना करके) Simile *'She is like a rose' is a simile
संबोधन का ढंग (उपमा पर आधारित तुलना करके) Metaphor
संबोधन का ढंग (विपरीत शब्द के प्रयोग से अपनी बात पर जोर देने वाला) Litote *'I am not a fool!' is a litote
संबोधन का ढंग (हर शब्द का एक ही अक्षर से शुरू होने वाला) Alliteration *'This brings power, pelf, prestige and perks' is alliteration
संबोधन का ढंग (प्रश्नवाचक शैली में अपनी बात पर जोर देना) Erotesis *Am I a fool ? *Shall I be frightened?
संभव (अनुमान के अनुसार होने लायक) Possible *His timely arrival is not possible
संभव (करने लायक) Feasible *Feasible plan/task *Plan in not feasible

संभव (चांस पर आधारित) Probable *Probable answer to the question

संभव (आशा के अनुरूप) Likely *It is likely to rain today

संभव (अवांछनीय परिणाम होना) Liable *Liable to suffer

संभव (प्रथम दृश्य सच प्रतीत होना) Plausible *His alibi is plausible

संभाग Compartment

संभालना (नींव की तरह) Support *Foundation supports a building

संभालना (भारी वजन को) Sustain (load)

संभालना (लकड़ी लगा कर गिरने से) Prop *Prop a falling tree to keep it erect

संभावना (अनुमान के अनुरूप) Possibility *There is strong possibility of success

संभावना (स्पष्ट तौर पर आगे दिखाई देता हुआ) Prospect *There is a good prospect of success

संभावना (कार्य संपादित होने की) Feasibility

संभावना (चांस पर आधारित) Probability

संभावना से दूर (कुछ होना) Remote possibility/chance

संभावना पहले ही समाप्त करना Preclude *Physical disability precludes his athletic career

संभावित (निकट भविष्य में स्पष्ट दिखता हुआ) Prospective *The salesman gave attention to the prospective buyer

संभावित (अनुमान के अनुरूप) Possible

संभावित खतरे का भय (जो हमेशा पीछा करता रहे) Spectre *Spectre of job loss haunts the private sector employees

संभ्रान्त Sophisticated

संयत/संयत करना (किसी को काम करने में) Restrained/Restrain

संयत/संयत करना (अपने आप को) Abstain/Abstention *Abstain from voting against a proposal

संयम (खाने-पीने में बरतने वाला) Abstinence *Abstinence from meat

संयम (किसी काम को करने में दिखाना) Restraint *The provoked man showed restraint from retaliating

संयम (खाने-पीने में मात्रा को कम करके) Abstemiousness

संयम (शारीरिक इच्छा पर नियंत्रण करके) Continence

संयम (प्रतिक्रिया स्वरूप कुछ कहने/करने में स्वयम पर) Forbearance

संयम रखना (कुछ करने में) Forbear *He wanted to retort but forbore

संयमी (खाने-पीने में कंट्रोल रखने वाला) Abstemious

संयमी (शारीरिक क्रिया पर कंट्रोल रखने वाला) Continent

संयोग Coincidence

संयोगवश घटना Happenstance

संयोगवश (होने वाली घटना) Fortuitous *Fortuitous encounter

संयोगवश (ईश्वरीय कृपा से होने वाली घटना) Providential *Providential escape from death in accident

संयोगवश सामना होना Chance upon

संयोगवश किसी चीज से टकराना Stumble upon

संयोजक Convener

संरक्षक (संस्था का) Patron

संरक्षक (बच्चे का) Guardian

संरक्षक (संग्रहालय का) Curator

संरक्षक (संपत्ति का) Custodian

संरक्षण (प्रकृति-प्रदत्त का) Conservation

संरक्षण (व्यक्ति/संस्था के लिए) Patronage

संरक्षण (प्रशिक्षण का) Tutelage *Learnt music under tutelage of eminent maestro

संरक्षण (सुरक्षित रखने के लिए) Protection

संरक्षण देना/करना (प्राकृतिक संसाधनों को) Conserve

संरक्षण देना/करना (संस्था को) Patronize

संरक्षण देना/करना (हानि से बचाने के लिए) Protect

संरक्षित क्षेत्र Protected area

संरक्षित व्यक्ति (किसी प्रभावी व्यक्ति द्वारा) Protege

संरक्षित औरत Protegee

संरक्षित राज्य (अन्य देश का) Protectorate

संलग्न करना (सिलाई कर के) Attach *Attach photo with application with the help of a stapler

संलग्न करना (एक साथ लिफाफे में बंद करके) Enclose *Enclose the cheque with a letter

संलग्न करना (आलेख के साथ, भवन के साथ, देश के साथ अलग भाग को) Annex *Annex additional building to the main office building for more space *China annexed Tibet with it

संलिप्तता (किसी के साथ गलत काम में) Collusion, Complicity

संलिप्तता (गलत काम को अनदेखा करके बढ़ावा देकर) Connivance

संलिप्तता (किसी काम में लालचवश) Indulgence *Indulgence in taking sweets

संलिप्तता (किसी काम में) Involvement *Involvement in crime/philanthropic activities

संवाद (नाटक के पात्र का) Dialogue

संवाद (दो पात्रों के बीच) Dialogue

संवाद (अपने-आप से बोला गया) Aside

संवाद (एक पात्र द्वारा लंबे समय तक बोला गया) Monologue

संवाद करना (लोगों के साथ) Communicate

संवाददाता Correspondent

संवाद संकोची (स्वभाव से चुप रहने वाला व्यक्ति) Taciturn

संवाद संयमी (जानबूझ कर चुप रहने वाला) Reticent *A reticent person does not talk about one's own affairs

संवारना (चोंच से पक्षी का अपना पंख) Preen

संवारना (केश) Caress

संवारना (घर, स्थान को) Spruce up

संवारना (जानवर, pet को) Groom

संवारा हुआ केश को अस्त-व्यस्त करना Tousle

संवारा हुआ (कमरा, घर आदि) Tidy

संविधान Constitution

संवेदन ग्राही (शरीर) Passible *Our body is passible to cold or hot weather

संवेदनशील (भावनात्मक बातों के प्रति) Sensible *Be sensible to others' sufferings *I am sensible to your kindness to me

संवेदनशील (प्रतिक्रिया, उत्तेजना पैदा करने वाले के प्रति) Sensitive *My skin is sensitive to sunlight

संवेदनशील (हानिकारक प्रभाव पैदा करने वाले के प्रति) Susceptible *He is susceptible to cold

संवेदनशील भावना Passion

संवेदनहीन त्वचा/गांठ Callus

संवेदना Condolence

संवेदना प्रकट करना (दुखी व्यक्ति से) Condole (with) *Condole with someone whose near & dear one has died

संवेदना रहित (शरीर) Impassible

संशय Doubt, Suspicion

संशोधन (सुधार के लिए प्रस्ताव, कानून मे) Amendment

संशोधन करना (प्रस्ताव, कानून, लिखित अंश मे बदलाव करके) Amend *Amend a draft before typing

संशोधन करना (लेख में गलती सुधार कर) Emend

संसाधन (प्राकृतिक रूप से उपलब्ध) Resources

संसाधन (कुछ करने के लिए आवश्यक उपलब्ध) Paraphernalia Means

संसाधन (आवश्यकता पूर्ति के लिए धन) Wherewithal *Wherewithals of livelihood

संसाधन की कमी Paucity of resources

संसार/दुनिया World

संस्कृति Culture

संस्कार/संस्कारहीन Culture/Uncultured

संस्करण Edition

संस्कार (व्यक्ति में पालन-पोषण से) Upbringing

संस्कार (धार्मिक अनुष्ठान) Rite

संस्था (शिक्षण कार्य करने वाला) Institution

संस्था (स्थापित किया हुआ) Establishment *A business establishment

संस्था (मिल कर गतिविधि चलाने वाली) Organization *Political organization

संस्था का अग्रिम पंक्ति का व्यवस्थापक Honcho

संस्थापक Founder

संस्था का साधारण कार्यकर्ता Rank and file

संस्थापना करना Found

संस्पर्शित Contiguous *Contiguous houses

संस्मरण समारोह Commemoration

संस्मरण (व्यक्ति/लेखक द्वारा खुद के जीवन की घटनाओं पर लिखित) Memoirs

संस्मरण (पुरानी बातों का) Reminiscence

संस्मरण स्वरूप संग्रहित वस्तु (बीते दिनों की याद स्वरूप) Memento *Trophies are his school day's mementos

संस्मरण स्वरूप संग्रहित वस्तु (दर्शनीय स्थान से लायी हुई) Souvenir *He has brought several souvenirs from the place he visited

संस्मरण स्वरूप संग्रहित वस्तु (किसी व्यक्ति से संबन्धित वस्तु के रूप में) Memorabilia *I have preserved my father's pen/watch as a memorabilia

संस्मरण स्वरूप वस्तु Remembrance *He gave me a gift as a remembrance

संहिता Code

सकना (कुछ करने में) Afford *I can't afford to maintain a car

सकल (आय) Gross (compare शुद्ध)

सकपका जाना be caught unawares

सकारना Accept, Acknowledge confess

सकारात्मक Affirmative

सकुचाना Hesitate

सकुचाहट Hesitation

सकुशल Safe

सक्रिय करना (व्यक्ति को) Activate *Motive activates one to strive for something

सक्रिय करना (मशीन को) Actuate *Force actuates the turbine

सक्षम (कुछ करने, सफल होने में) Capable

सक्षम (ताकत, प्रभाव में) Potent

सक्षम (कुछ होने की संभावना में) Potential

सक्षम होना (खर्च वहन करने में, हानि सहने में) Afford *I can't afford a car/luxurious living

सख्त (कदम, चेहरा आदि) Harsh, Austere, Strict, Stern

सख्ती Strictness

सगा (व्यक्ति) Consanguineous

सगा-संबन्धी Kin

सगाई Engagement

सगाई में बंधना Betroth, Plight

सघन (प्रयास) Intensive

सचमुच Veritable *A vertitable victory

सच प्रतीत होने की स्थिति Verisimilitude

सच होने की स्थिति (तथ्य, बयान की) Veracity

सच बोलने वाला Truthful

सच में Verily, Truly

सचित्र Illustrated

सचेत (किसी बात से) Aware (of)

सचेत (खतरे, समस्या में पड़ने से) Cautious, Alert

सचेत (संभावित खतरे के कारण) Wary (of) *Wary of cultivating friendship with the unknwon

सचेत (कुछ करने में अनिश्चित परिणाम के डर से) Chary (of) *Chary of acting tough or taking harsh measures

सच्चाई (मन की) Sincerity

सच्चाई (तथ्य, घटना) Truth

सच्चाई (तथ्य की, बयान की) Authenticity

सच्चाई (किसी के बात की) Verity

सच्चाई परखना Verify

सच्चाई परखने का काम/प्रक्रिया Verification

सच्चाई का अन्य स्रोत से पता करना Crosscheck

सजग रहना (किसी पर नजर रख कर) (be) Vigilant

सज-धज कर रहने वाला व्यक्ति Dandy, Dude, Fop

सजा/सजा देना Punishment/Punish

सजा/दण्ड स्वरूप Punitive

सजा को कम करना/करने का फैसला Remit/ Remission

सजा की सरकारी माफी Amnesty

सजा को कम कठोर सजा में बदलना Commute

सजा भुगतने का डर से मुक्ति Impunity

सजावट Decoration, Decor

सजावट करना (सुन्दरता प्रदान करने के लिए) Decorate

सजावट करना (प्लेट में रखे भोजन की) Garnish

सजावट करना (कहानी की अतिरिक्त घटनाओं से) Embellish *Embellish the speech with juicy anecdotes

सजावट करना (व्यक्ति की पोशाक में) Spruce *Kids were spruced up

सजावट करना (पक्षी द्वारा पंखों को चोंच से) Preen

सजावट करना (सुन्दरता में चार चाँद लगाने के लिए) Adorn

सजावट करना (खुरदरी सतह को आकर्षक एवं चिकने पदार्थ से ढक कर) Veneer

सजावट करना (केश को संवार कर) Caress

सजावट करना (घर की) Furnish

सजावट करने का तोरण, फूलों की लड़ी Swag, Festoon

सजा-संवरा (कमरा) Tidy

सजा-संवरा (केश) Kempt

सजा-संवरा (व्यक्ति) Groomed

सजा-संवरा रहने वाला व्यक्ति/सजीला व्यक्ति Dandy, Fop, Dude

सजावटी सामान (सस्ते आभूषण का) Trinkets

सजावटी झंडी/लड़ी (फूलों की)/**पत्तियों की)** Buntings/Festoon/Swag

सजावटी चादर (हाथी, घोड़े की पीठ पर ढकने वाली) Caparison

सजीव Live, Vivid

सट कर बैठना (अनेक लोगों का आपस में, अपने अंगों को समेट कर) Huddle

सट कर बैठना (गर्म एहसास के लिए) Snuggle

सटक जाना Be quiet meekly

सटा हुआ (पास-पास होने में) Contiguous *Contiguous buildings

सटा हुआ (शरीर से चुस्त) Snug (dress)

सटीक (उत्तर, तर्क) Cogent, Apt, Apposite

सटीक (विषय के उपयुक्त) Pertinent, Germane, Relevant

सठियाना Senesce, be senile

सड़न Putrefaction

सड़ने की प्रक्रिया Putrefication

सड़ना Rot

सड़ना Rot, Perish

सड़ना (लाश का) Putrefy

सड़ना (खराब होकर) Decay *Vegetables decay with time

सड़ना (शरीर के घाव का) Fester *The wound festered

सड़ा हुआ Rotten

सड़ा हुआ (खराब होने से) Decayed

सड़ा हुआ (लाश) Putrefied, Putrid

सड़ांध Stink, Stench

सड़ी पत्तियों का ढेर (खाद का काम करने वाला) Peat

सतर्क/सतर्कता Cautious, Careful, Vigilant/ Vigilance

सतत प्रयास करना Persevere

सतह के ऊपर उभरा हुआ (डिजाइन आदि) Relief

सतह में गड्ढा करके बना हुआ (डिजाइन) Intaglio

सतह में आघात से बना गड्ढा Dent *The impact made a dent in the car's body

सतह काट कर बना डिजाइन/लिखावट बनाना Carve *Carved his name on the stone

सतह पर छिछली मारते हुए फिसलना Richochet

सतह चमकाना Gloss

सतही (गहराई - पानी की, ज्ञान की) Shallow *Shallow river *Shallow knowledge

सतही स्थान (धारा, नदी में, जहाँ पैदल पार कर सके) Ford

सतही (तर्क, बहाना) Flimsy (Excuse, Argument)

सतही (गहराई का अभाव) Superficial (injury)

सतसंग Congregation

सताना (पीछे पड़कर लगातार) Persecute

सताना (शारीरिक कष्ट दे कर) Torture

सताना (मानसिक कष्ट दे कर) Torment

सताना (मजबूत द्वारा कमजोर को) Oppress *The tyrant oppressed his hapless people

सताने वाला (कदम, मौसम) Oppressive *Oppressive weather

सताये जाने का मानसिक भ्रम Paranoia

सत्तर वर्षीय व्यक्ति Septugenarian

सत्ता से हटाना Depose, Dethrone

सत्तारूढ़ होना Ascension to power or throne

सत्र Session

सत्रावसान Adjournment sine die

सत्कार Hospitality

सत्यानाश करना Put paid to *Careless move put paid to the plan

सत्यापन करना Attest, Authenticate

सत्यापित Authentic

सत्य आभाषित (तर्क, आदि) Plausible

सदमा Shock, Trauma

सदस्यता शुल्क Subscription
सदाचार Probity
सदाबहार Evergreen
सदाबहार (पौधा) Perennial (opp. पत्ता झड़ने वाला पौधा Deciduous)
सदी Century
सदृष्य लगना (किसी अन्य के) Resemble
सद्गुण Virtue (opp. **अवगुण** Vice)
सद्गुण से युक्त Virtuous
सद्भावना Goodwill, Benevolence
सद्भावना बढ़ाने वाला (कदम) Irenic, Eirenic
सद्भावना बिगाड़ने वाला (कदम) Polemic
सनक Whim, Craze, Mania
सनकी Crazy
सनसनीखेज Sensational
सनातन Ancient
सन्न होना Be stunned
सन्नाटा Stillness
सन्निहित Implied
सपाट Flat
सफल होना Succeed
सफलता Success
सफलता की ओर अग्रसर अभियान Bandwagon *Everyone wants to jump on the bandwagon of fight against corruption
सफलता की ओर अग्रसर अभियान में शामिल होना Jump on the bandwagon
सफलतापूर्वक संपन्न/सम्पन्न करना/संपन्नता Accomplished/Accomplish/Accomplishment
सफलीभूत Successful
सफलीभूत होने लायक (योजना) Viable *Viable plan
सफाया (मार कर हत्या करके) Cleansing *Ethnic cleansing
सफाई देना Clarify
सफाई (गंदगी हटाने के लिए) Cleanliness
सफाई (स्वास्थ्य को हानि से बचाने के लिए) Sanitation
सफाई संबन्धी Sanitary
सफेद झूठ Blatant lie
सफेद त्वचा का व्यक्ति Albino
सफेद दाग (त्वचा) Leucoderma
सबक Lesson
सब रोगों का एक इलाज/दवा Panacea
सबसे अलग (समूह में) Odd one out
सबसे अलग दिखने वाला (विशेषता में) Outstanding
सब्र Patience
सभी प्रकार का काम करने वाला सेवक Factotum
सभी का समान अधिकारपूर्ण तंत्र Pantisocracy
सभ्यता Civilization
सभ्रांत Sophisticated
समकक्ष पदाअधिकारी (अन्य संस्था में) Counterpart
समकालीन (पुरातन काल की चीजें) स्तित्व में आने वाला Coeval *Roman & Greek are coeval cultures
समकालीन (व्यक्ति) Contemporary *Nehru & Pant were contemporary
समकालीन (वस्तु, साहित्य, आदि) Contemporaneous *College friendship is contemporaneous with stay on campus
समझ Understanding *I have little understanding of politics
समझ (किसी बात, विषय के बारे में) Understanding *I have little understanding of politics
समझदार Sensible
समझदारी/समझदार (अपनी भलाई सोचने वाला) Prudence/Prudent
समझदारी (निर्णय लेने में) Sagacity/Sagacious
समझदारीपूर्ण (निर्णय, कार्य) Discreet, Judicious
समझदारी युक्त (सलाह) Sane (advice)
समझना (किसी बात को) Understand *Can't understand him
समझना (दिमाग लगा कर) Comprehend *Comprehend what is taught
समझने में अयोग्य (आवाज, कथन का स्पष्ट सुनाई नहीं पड़ने से) Intelligible *His feeble voice made him unintelligible
समझने योग्य (स्पष्ट सुनाई देने से) Intelligible
समझने योग्य (अर्थ स्पष्ट होने से) Comprehensible
समझने योग्य (लिखावट) Legible

समझने योग्य (विषय का अर्थ स्पष्ट होने से) Comprehensible *Comprehensible subject

समझ में आना (अचानक से) Dawn upon *A new idea dawned upon him

समझ से परे (रुक-रुक कर बोलने से) Incoherent

समझ से परे (ज्ञान क्षेत्र से बाहर होने से) Beyond one's ken *This subject is beyond my ken

समझ से परे (अर्थ स्पष्ट नहीं होने से) Incomprehensible

समझने की क्षमता से परे (विषय) Beyond one's ken *Science subject in beyond his ken

समझ से परे (विषय का अर्थ) Incomprehensible

समझ से परे (आवाज मद्धिम होने से किसी का बयान) Unintelligible *Significance of his remark was incomprehensible to me

समझ से परे (अस्पष्ट लिखावट, अक्षर) Illegible

समझ से परे (रहस्य) Inscrutable

समझाना (विषय की व्याख्या कर के) Expound

समझाना (किसी बात के महत्व को) Impress upon, Drive home

समझाना (विषय पर प्रकाश डाल कर) Elucidate

समझा-बुझा कर राजी करना Persuade

समझा-बुझा कर गलत काम करने से रोकना Remonstrate

समझौता (झगड़ा मिटाने का) Compromise

समझौता (देश के बीच) Treaty

समझौता (साथ देने का) Pact

समझौता (परिस्थिति से) Reconciliation

समझौता (जीवन से) Modus vivendi

समझौता (शर्तपालन का) Covenant

समझौता (काम करने, सेवा देने का) Agreement

समतल Level

समता Equality

समतुल्य Equivalent *One dollar is equivalent to 45 rupees

समर्थ Able, capable

समर्थक Follower, Supporter

समर्थन Support

समन्वय Coordination

समर्पण (किसी के समक्ष प्रस्तुत होकर) Surrender

समर्पण (किसी के समक्ष हार कर) Capitulation

समर्पण (किसी की इच्छा के आगे सम्मानपूर्वक) Deference *Courtesy demands one's deference to the wishes of elders

समर्पण (आदर्शपूर्ण विषय के प्रति) Dedication *Dedication to the cause of poor people

समर्पण (कर्तव्य, धार्मिक निष्ठा के प्रति) Devotion *Devotion to duty/one's faith

समर्पण करना (किसी के समक्ष) Surrender

समर्पण करना (दुश्मन के आगे) Capitulate

समर्पण करना (सम्मानित व्यक्ति की इच्छा के आगे) Defer (to)

समर्पण करना (बीमारी के आगे, किसी के दबाव के आगे) Succumb (to) *He succumbed to his injuries

समर्पण करना (आदर्श के आगे) Dedicate

समर्पण करना (कर्त्तव्य, निष्ठा के आगे) Devote *Devote one's life for a good cause

समर्पित (कर्तव्य के प्रति) Devoted

समर्पित (आदर्श के प्रति) Dedicated

समभाव (कठिन परिस्थिति में) Equanimity

समभाव (हरेक व्यक्ति के प्रति) Equity *Treat poor & rich with equity

समभाव कानून व्यवस्था Isonomy

समृद्ध Prosperous

समय/अवसर Time

समय (कुछ करने, होने का) Occasion *Birthday is an important occasion

समय आने पर मददगार साबित होना Stand one in good stead

समयकाल (निश्चित अन्तराल का) Period *He is absent for a long period

समयकाल (विशेष व्यक्ति, घटना आदि से संबन्धित) Era *Era of economic growth *Nehru era of the nation's history

समयकाल (विशेष बदलाव की शुरुआत का) Epoch *Privatisation ushered in epoch of fast economic growth

समयकाल (प्राचीन परंपरा, विशेषता का) Age *Stone age *Age of feudal satraps before dawn of nationhood

समयकाल (बहुत-बहुत लंबा) Aeons

समय का लाभ उठाना Make hay while the sun shines

समय बीतना Elapse

समय बिताने के लिए किया गया मनोरंजक काम Pastime

समयानुकूल तौर-तरीका (व्यवहार का) Decorum

समय से पहले परिपक्व (बच्चा, पौधा आदि) Precocious

समयसीमा Time limit

समयसीमा समाप्त होना Lapse *License has lapsed

समरसता (संबन्धों में) Harmony

समरसता (दिलों में, विचारों में) Concord

समरसता (भिन्न भागों में) Homogeneity

समरसता (भिन्न परिस्थितियों में) Correspondence

समरसता (भिन्न आवाजों में) Consonance

समरूप (देखने में) Identical

समरूप (बनावट आदि में) Homologous

समरूप नकल (किसी चीज की) Replica

समरूप जुड़वा Identical twins

समवर्गीय समूह Coterie, Clique

समवेदना Sympathy

समसामयिक Contemporary

समस्या की गंभीरता को कम करना Alleviate

समस्या Problem

समस्या निवारक Trouble shooter

समस्या से निपटना Cope (with) *Cope with harsh climate

समस्या से निपटना (लड़ कर, जूझ कर) Contend (with) *Contend with enemy for controlling the post

समस्या पर विजय पाना Tide (over)

समृद्धि Prosperity

समागम Congregation

समाज के बेहतरीन वर्ग के लोग Creme de la creme

समाज में स्थान (व्यक्ति का) Status

समाज-सुधारक Reformer

समाज Society

समाज से बहिष्कृत Ostracized

सामाजिक बुराई Malaise

समाधान Solution

समाधि Grave, Tomb

समाधि शिलालेख Epitaph

समान Equal, Alike, Akin (to)

समानता (दो तथ्यों, वस्तुओं में) Similarity *Similarity in their tastes

समानता (देखने में, रंग-रूप में) Resemblance *Resemblance in their faces

समानता (स्तर, मात्रा आदि में) Equality

समानता (भिन्न होने के बावजूद बाह्य रूप से) Semblance

समानता (आभासित) Similitude *Similitude of truth

समानता (दो भिन्न की कीमत, आदि में) Equivalence

समानता (स्तर, गुण, स्थिति में) Par *Gains and losses are at par

समानता (भिन्न भागों की परस्पर अनुरूपता में) Symmetry

समानता (भिन्न परिस्थितियों में) Correspondence

समानता (तुलनात्मक) Analogy *Analogy between heart and pump

समान दर्जे के व्यक्तियों में प्रथम स्थान रखने वाला व्यक्ति Primus inter pares

समाविष्ट/समाविष्ट करना Comprised/Comprise

समापन Conclusion

समापन करना Conclude

समापन समारोह Closing Ceremony

समापन के अवसर पर विदाई-भाषण Valedictory speech

समारोह Ceremony

समारोह संचालक Master of ceremony, (M.C.)/ Emcee

समालोचना करने वाला/समालोचना Critic/ Critique

समावेश करना (अधिकार) Vest *Authority is vested in the constitutional bodies

समावेश करना (आलेख, लेख में) Incorporate

समावेश करना (छोटे संस्था को बड़े संस्था में) Merge *Two departments were merged together

समावेश करना (वर्ग, लिस्ट, आदि में) Include

समावेश करना (दो संस्थाओं को एक बड़े संस्था के रूप में) Amalgamate *Two companies were amalgamated to form a new one

समावेशी Inclusive

सम्मान (आदर भाव से मिलने वाला) Honour *A meeting was held in honour of the dead

सम्मान (प्रसंशा युक्त आदर के रूप में) Esteem *I hold him in high esteem

सम्मान (व्यक्ति की पात्रता के अनुरूप) Dignity *The behaviour was below his dignity

सम्मान (लोगों की धारणा में सफलता पाने से मिलने वाला) Prestige *Award brings prestige

सम्मान को ठेस पहुँचाने के लिए किसी से मांगी गई माफी Amende honorable

सम्मान स्वरूप प्रदत्त Honoris causa, Honorary *Award given honoris causa *An honoris causa/honorany award

सम्मान में बट्टा लगाना Detract

सम्मान स्वरूप भुगतान (किसी प्रकार की सेवा देने के लिए) Honorarium

सम्मान में सिर झुकाना Bow

सम्मान में घुटना झुकाना Curtsy

सम्मान में टोपी निकाल कर सिर झुकाना Vail

सम्मान पर धब्बा Stigma

सम्मान हरण Outrage

सम्मानित (आदरभाव मिलने वाला) Honorable *An honorable post

सम्मानित (व्यक्ति की योग्यता के अनुरूप) Dignified *Dignified conduct

सम्मानित (सफलता पर मिलने से) Prestigious *Prestigious award

सम्मिलित (प्रयास) Concerted

सम्मिलित होकर हिस्सा लेना (भोजन, कार्यक्रम आदि में) Partake (of) *Partake of a feast *He would not partake in celebrations

सम्मेलन Conference

सम्मोहन/सम्मोहित करना (वशीकरण करने के लिए) Hypnotism, Mesmerism/Mesmerise, Hypnotize

सम्मोहित करना (आकर्षण से) Enchant, Bewitch

सम्मोहित करके मन मुताबिक काम करवाना Beguile

सम्मोहित कर के अपने पीछे-पीछे आने पर मजबूर करने वाला Pied piper

सम्राट Emperor

सम्राट की आज्ञा जैसा शीघ्र पालनार्थ (आदेश) Imperative, Peremptory (order, command)

सम्राट से संबन्धित Imperial

सम्राट जैसा सख्त, अन्य पर शासन करने वाला (व्यक्ति) Imperious

समीक्षा Review

समुचित Proper

समुचित दण्ड Condign punishment

समुचित ध्यान नहीं देने वाला (व्यक्ति, मंशा) Cavalier *Cavalier manners

समुचित दण्ड देना Mete out condign punishment

समुचित कर्म-फल पाना Get one's just deserts

समुद्र तट Shore, Coast

समुद्र तट (सपाट जहाँ नहाया जा सके) Beach

समुद्र तल से ऊँचाई (किसी स्थान की) Altitude

समुद्र मे घुसा हुआ जमीन का पतला भाग Peninsula

समुद्र तल पर बैठा हुआ (डूबा हुआ सामान) Lagan

समुद्र की लहरों पर तैरता हुआ (क्षतिग्रस्त नाव का टुकड़ा) Flotsam

समुद्र की लहरों पर चढ़ कर सवारी करना Surf

समुद्री जहाज का आश्रय स्थल Harbour

समुद्री जहाज पर माल लादने का स्थल Port

समुद्री लुटेरा Pirate, Viking

समुद्री (जीव/पौधा) Marine

समुद्री (जलवायु, व्यापार) Maritime

समुद्री (सेना) Naval

समुद्री सेना Navy

समुदाय Community

समूह (अनेकों संस्थाओं, कलाकारों आदि का) Group

समूह (किसी के समर्थकों का) Cohort *Cohort of admirers/fans/followers

समूह (दल के सदस्यों का नीतियों पर निर्णय लेने वाला) Caucus

समूह (महत्वपूर्ण व्यक्ति के सहायकों का) Retinue

समूह (कलाकारों का) Troupe, Ensemble *Ensemble of musicians

समूह (महत्वपूर्ण व्यक्ति के साथ चलने वाला सेवकों का) Entourage

समूह (एक जगह पास-पास स्थित वस्तुओं का) Cluster *Cluster of jhuggies in a slum

समूह (एक तरह के व्यक्तियों का, सहजन्मा पिल्लो का) Clutch *A clutch of women

समूह (पक्षी का एक साथ अंडों से निकला हुआ चूजों का) Brood

समूह (जानवर का एक साथ जन्मे पिल्लों का) Litter *Litter of puppies

समूह में रहने वाला Gregarious *Elephants are gregarious animals

समूह से अलग-अलग रहने वाला Seclusive (person)

समेटना (फैलाया हुआ पंख) Retract *The bird retracted its wings

समेटना (क्रिया-कलाप) Wind up *Wind up business

समृद्ध Prosperous

समृद्धि Prosperity

सरकारी नियंत्रण की नीति Dirigisme

सरकारी नियंत्रणमुक्त की नीति Laissez faire

सरदार Chieftain

सरपट Galloping

सरहद Border

सरसराहट Rustling

सरसरी तौर पर (देखना, पढना आदि) Cursorily *Cursory discussion *Cursory reading of papers

सरसरी निगाह से पढ़ना/देखना Browse *Browse over magazines

सरहद Border

सराबोर Drenched

सराहना/सराहनीय Appreciate, Praise, Applaud/ Praiseworthy

सरेआम Publicly

सलवटें (कपड़े पर) Crease

सलामती Welfare, Well-being

सलामती का एहसास Euphoria

सलाह Advice

सलाह देना Advise

सलाह जो अनसुनी चली जाए Cry in the wilderness

संवारना Caress, Groom, Preen

संवारा हुआ केश अस्त-व्यस्त करना Tousle

संवारा हुआ Tidy *Tidy hairs/room

सवार Rider

सवारी करना/सवारी Ride/Conveyance

सर्वजन-समान सत्ता Pantisocracy

सर्वत्र Everywhere

सर्वज्ञाता Omniscient

सर्वदा अस्तित्व में बनाए रखना Perpetuate

सर्वदेशीय (स्थान, व्यक्ति, मानसिकता) Cosmopolitan

सर्वधर्म मंदिर Pantheon

सर्वधर्म समभाव Pantheism

सर्वनाश (जल कर) Holocaust

सर्वनाश (तहस-नहस होकर) Annihilation

सर्वभक्षी Omnivore

सर्वव्यापी (अस्तित्व) Ubiquitous *Ubiquitous corruption

सर्वव्यापी (नियम, तथ्य, आदि बिना अपवाद के) Universal *Universal truth

सर्वव्यापी (ईश्वर, अलौकिक शक्ति) Omnipresent *Omnipresent God

सर्वव्यापी (धार्मिक अभियान) Ecumenical

सर्वविद्यमान Omnipresent

सर्वहारा वर्ग (श्रम पर आश्रित) Proletariat

सर्वशक्तिमान (व्यक्ति) Plenipotentiary

सर्वशक्तिमान (ईश्वर) Omnipotent

सर्वसमावेशी (विचार) Catholic *Catholic attitude/View

सर्वसम्मति Unanimity

सर्वसहमति Consensus

सर्व स्थानीय (होने वाली बिमारी) Pandemic

सर्वांगीण Allround, Inclusive

सर्वेक्षण Survey

सर्वेक्षण करना Survey

सर्वोच्च Supreme

सर्वोच्च (महत्ता का विषय) Paramount

सर्वोत्तम Par excellence

सशंकित Suspicious

सशरीर उपस्थित करने का आदेश (कोर्ट मे जज के द्वारा) Habeas corpus

सशर्त Conditional

सस्ता Cheap
सस्ते में खरीद कर अन्य स्थान पर ऊँचे दाम पर बिक्री Arbitrage
सस्ती लोकप्रियता Populism
सस्ती लोकप्रियता हासिल करने के लिए कुछ करना Play to the gallery
सहअनुभूति Empathy
सहनशीलता/संयम Forbearance
सह उत्पत्त (भूतकाल में) Coeval *Coeval mountains
सह उत्तराधिकारी Coparcener
सहकर्मी Colleague
सहकारी Cooperative
सहकालिक (वस्तु, घटना के आदि) Contemporaneous
सहकालिक (व्यक्ति के) Contemporary
सहगान Duet, Chorus
सहचर Consort
सहचारी Company, Companion
सहजन्मा चूजा समूह Brood
सहज महसूस करना (किसी के संगति में) Feel at home with
सहजन्मा शावक समूह Litter
सहज विश्वासी Credulous
सहजता से ठगा जाने वाला Gullible
सहजीविका (जीवों की परस्पर आधारित) Symbiosis
सहजीवी (जन्तु) Symbiont (opp. परजीवी Parasite)
सहजीवी (बिना हानि पहुँचाए दूसरे पर सहअस्तित्व के लिए आधारित) Commensal
सहनशीलता Tolerance
सहना/बर्दाश्त करना (नापसंद होने के कारण) Tolerate *I can't tolerate him in my company
सहना (विरोध, अनुशासनहीनता) Brook *Criticism will not be brooked
सहना (खीझ पैदा करने वाली बात, दर्द, तकलीफ, आदि) Bear *You need patience to bear his gaff
सहना (किसी के कारनामा को) Countenance
सहना (लंबे समय तक धैर्यपूर्वक) Endure *Endure injustice
सहना (धैर्य पूर्वक) Forebear
सहनीय (नापसंद होने के बावजूद) Tolerable
सहनीय (दर्द, आदि) Bearable
सहनिवास (अपना-अपना खर्च देकर) Pension
सहभागी/सहभागिता (अपराध कर्म में) Accomplice/Complicity
सहभागिता (अच्छे काम में) Collaboration
सहभागिता (किसी काम में) Participation
सहभागिता (बुरे काम में) Collusion
सहमत होना (अनुरोध से) Agree *Agree to what someone requested *He agreed to accompany me
सहमत होना (किसी के विचार से) Concur *Concur with someone's opinion or decision
सहमत होना (किसी के विचार से, बयान से, निर्णय से) Subscribe (to)
सहमति/सहमति देना (प्रस्ताव को) Approval/ Approve *Approve a plan/proposal
सहमति/सहमति देना Assent
सहमति/सहमति देना (कुछ करने के लिए) Consent *He consented to attend the meeting
सहमति देना (लोगों के मांगों पर) Accede
सहमति से होने वाला (काम) Consensual
सहमति देना (सुझाव, आदेश) Endorse *Endorse the payment order by signing on the back of the cheque
सहयोग (मर्जी से अच्छे काम में) Co-operation
सहयोग (विभिन्न विभागों, संस्थाओं में) Liaison *Liaison between the departments for the work's progress
सहयोग (मिल कर काम करने में) Collaboration *Work in collaboration with someone
सहयोग देना (साजिश में) Collude
सहयोग देना (अच्छे काम में) Cooperate
सहयोगिता करना/सहयोगिता (गलत काम में) Collaborate/Collaboration *Collaborate with the enemy against one's own country
सहलाना (स्नेहपूर्वक) Caress
सहलाना (प्रेमपूर्वक) Fondle
सहलाना (मर्द का औरत को प्यार में) Pet
सहवास करना Cohabit
सहसा Abrupt

सहस्त्राब्दी Millennium
सहानुभूति (किसी के दुख-तकलीफ में होने से) Sympathy
सहानुभूति (सार्वजनिक तौर पर किसी की दयनीय स्थिति पर) Commiseration *People's commiseration with poor people's plight
सहानुभूति (बेरुखी समाप्त होने के बाद मन में पैदा होने वाला) Ruth
सहानुभूति प्रकट करना (दुर्भाग्य/परिजन की मौत से दुखी व्यक्ति से) Condole *Condole with a person whose father has died
सहानुभूति प्रकट करना (दुख-तकलीफ पर) Sympathize
सहानुभूति प्रकट करना (दयनीय स्थिति पर) Commiserate
सहायक (काम निबटाने में मदद करने वाला) Helper
सहायक (मातहत में काम करने वाला) Assistant
सहायक (उच्च अधिकारी का) Aide
सहायक (शाखा) Subsidiary
सहायक (बल) Auxiliary (force)
सहायक (उद्योग) Ancillary (industry)
सहायता Help
सहायता लेना (प्रभावशाली कानून, शक्ति की) Invoke *Invoke special powers to control riots *Invoke God's blessings
सहायता मांगने जाना Approach
सहायता (तकलीफ में दौड़ कर पहुँचाना) Succour *Rush succour to people in distress
सहायता (जरूरत की पूर्ति कर के) Aid
सहायता (तकलीफ में आवश्यकता पूर्ति से) Relief *Relief to the flood victims
सहायता देना Assist, Help
सहारा लेकर उठंगना Recline
सहारा देना (नीचे से लग्गी लगा कर) Prop up
सहारा लेना Depend (on)
सही को सही, गलत को गलत कहना Call spade a spade
सही ठहराना (प्रमाणित होने पर किसी के दावा को) Vindicate *Results vindicated his claim
सही ठहराने लायक (निर्णय आदि) Tenable
सही प्रतीत होने वाला (बयान) Plausible
सही रास्ते से भटकना (go) astray
सही रास्ते से भटकने वाला Errant
सही-सही (त्रुटि रहित) Accurate *Accurate description
सही-सही (मात्रा समानता) Exact *Exact weight
सही-सही (नपा-तुला) Precise *Precise measurement
सही-सही (सच्चाई में) Actual
सहूलियत Convenience
सहोदर Sibling
सांकेतिक वार्तालाप Charade
साँढ से लड़ने का खेल दिखाने वाला Matador
सांत्वना (दुख कम करने, भुलाने के लिए) Consolation, Solace *The caring children are consolation to him when his wife died
सांत्वना देना (दुखी को) Console
सांत्वना देना (शोक-संतप्त को) Condole
साँप का भय Ophidiophobia
साँठ-गाँठ Nexus
सांप्रदायिक Communal
सांय-सांय की आवाज के साथ हवा बहना Susurrate
सांवला Swarthy
सांस के साथ अंदर खींचना Inhale
सांस में कठिनाई Apnea
सांस की तेज गति को सामान्य करना (सुस्ता कर) Catch breath
सांसारिक Temporal (affairs)
सांस्कृतिक Cultural
साकार (शरीर के रूप में) Corporeal (opp. Spiritual) *Corporeal existence
साकार करना (लक्ष्य, सपना) Realize
साक्षर Literate
साक्षरता Literacy
साक्षात्कार Interview
साक्षी Witness
साक्ष्य (दलील के पक्ष में प्रस्तुत) Evidence
साक्ष्य (गवाह द्वारा कोर्ट में दिये गये बयान के रूप में) Testimony
साक्ष्य देना Testify
साख Reputation, Credit
साजिश Conspiracy

साजिश करने वाला गुट (सत्ता के विरुद्ध) Cabal

साटना Affix

साथ छोड़ना (अपनों का) Desert

साथ छोड़ना (प्रेमी का प्रेमिका द्वारा) Jilt

साथ-साथ चलना/चलने वाला (संगति देने के लिए) Accompany/Companion

साथ-साथ चलना/चलने वाला व्यक्ति (किसी के साथ उसके सुरक्षा के लिए) Escort

साथ-साथ चलने वाला Simultaneous

साथ-साथ चलने वाली (सजा) Concurrent

साथ-साथ स्थित Collateral *Collateral ridges

सार्थक Meaningful

सादगी Simplicity

सादगीपूर्ण (जीवन, मूलभूत आवश्यकता रहित) Spartan *Live a spartan life

सादगीपूर्ण (अत्यंत कठोर) Austere *Austere life in monastery

सादगीपूर्ण (सांसारिक सुख का त्याग कर) Ascetic *Ascetic living of a monk

सादगीपूर्ण जीवन व्यतीत करने वाला व्यक्ति Spartan, Ascetic

साधन (काम करने के लिए) Paraphernalia

साधन-समपन्न Resourceful

साधनहीन (गरीब) Indigent

साधन जुटाना Marshall resources

साधारण सामाजिक वर्ग Plebeian

साधारण वर्ग के लोगों की पसंद बनना/होना Play to the gallery *Politicians always try to play to the gallery

साधारण वर्ग के लोगों को पसंद नहीं आने वाला (कलात्मक, शास्त्रीय साहित्य/संगीत, भोजन-पदार्थ आदि) Caviar to the general *Chinese food is caviar to the general

सान्निध्य Propinquity

साफ करना (गंदगी को) Clean

साफ करना (नापसंद चीज को, अशुद्धि को) Cleanse

साफ करना (पानी से धुलाई करके) Wash *Wash clothes

साफ करना (आग से जलाकर सतह पर चिपकी गंदगी को) *Bream

साफ करना (नाक की गंदगी को नाक छिड़क कर) Emunge *Emunge the nostrils

साफ करना (भरपूर पानी से बहा कर) Flush *Flush the drain

साफ करना (पवित्र जल से शुद्ध कर के) Lustrate *Lustrate your hands with holy water

साफ करना (कपड़े से पोंछा मार कर) Mop *Mop the floor

साफ करना (सतह को रगड़-रगड़ कर) Scour *Scour cauldron to remove the soot

साफ करना (पानी डाल कर घुमाते हुए) Swill *Swill the mouth *Swill a bucket

साफ-साफ बात करना Talk turkey

साफ-साफ बात कहने वाला (व्यक्ति) Straight forward

साफ सुथरा (चम-चम करता हुआ) (स्थान) Spick and span (room, house)

सामंजस्य (अपसी संबंन्ध में भिन्न सुरो में) Harmony *Harmony of various musical sounds

सामंजस्य (दो भिन्न समूहों में) Nexus *Nexus between politicians & criminals

सामंजस्य (दो भिन्न क्रिया-कलापों में) Coordination

सामंजस्य (आपसी संबन्ध में) Rapport *He has good rapport with his colleagues

सामंजस्य (एक मशीन के भिन्न कल-पुर्जों के चलने मे) Synchronization

सामंती Feudal

सामग्री (कार्य विशेष में काम आने वाला) Stuff materials *Food stuff

सामर्थ्य Ability

सामर्थ्य होना (कुछ करने की) Afford *I can't afford to bear the cost of it *I can afford to have a car

सामना करना (परिस्थिति का, अन्याय का) Cope with

सामना करना (चुनौती का) Confront

सामने का मुखड़ा (बहुसतही वस्तु का) Facet *Facets of a cut gem

सामाजिक Social

सामाजिक अनुष्ठान करना Solemnise *Solemnise marriage

सामाजिक मान्यता Ethos

सामाजिक समता Egalitarianism

सामाजिक संस्कृति की आधारभूत भावना Ethos *Our national ethos values human dignity

सामाजिक माहौल/परिवेश Milieu

सामाजिक प्रतिबंधित रिवाज Taboo *Incestuous relationship is a taboo

सामान भेजने के लिए किसी के सुपुर्द करना Consign

सामान्य Ordinary, Usual

सामान्य मान्यता के अनुसार Putative

सामूहिक गान Chorus

सामूहिक गायक दल Choir

सामूहिक वर्ग के लोगों की रहन-सहन, बोलचाल विशेषता (जिससे उनकी पहचान होती है) Shibboleth

साम्राज्य Empire

साम्राज्य क्षेत्र Realm, Domain

साया (चादर आदि के फैलाव जैसा) Pall, Shroud *Pall of smoke spread over the sky *Shroud of secrecy

साया (परछाईं) Shadow

साया (भूत का) Apparition

सार (मूलभूत महत्व युक्त) Essence *Freedom is the essence of our democracy

सार (विशुद्धतम अंश के रूप में) Quintessence

सार (आरोप का) Gravamen

सारांश (भावार्थ के रूप में) Summary, Abstract

सारांश (विषय की संक्षिप्त जानकारी) Synopsis

सारांश (मुख्य बिन्दुओं के रूप में) Gist

सावधान Beware

सावधान (आस-पास के खतरे से) Circumspect

सावधान करना Warn, Forewarn, Caution

सावधान रहने की चेतावनी (विक्रेता को) Caveat venditor

सावधान रहने की चेतावनी (क्रेता को खरीददारी करते समय) Caveat emptor

सावधान रहने की चेतावनी (यात्रियों को यात्रा के दौरान Caveat viator

सावधानीपूर्वक Cautiously

सावधानीपूर्वक (खतरों से सुरक्षा के लिए) Gingerly, Warily *They were moving gingerly in darkness

सार्वजनिक प्रशंसा/प्रशंसा करना (किसी के काम से सहमत होकर) Approbation/Commend

सार्वजनिक संपत्ति जलाना Arson *Mob indulged in arson

सार्वजनिक संपत्ति की तोड़फोड़ करना Vandalise *Vandalise public property

सार्वजनिक संपत्ति तोड़-फोड़ करने वाला Vandal

सार्वजनिक शयनागार Dormitory

साहस/हिम्मत (कठिन परिस्थिति से लड़ने का) Courage

साहस (दृढ़-निश्चय युक्त) Guts

साहस (अपराजेय) Grit

साहस (धैर्य-पूर्वक कष्ट झेलने का) Fortitude

साहस करना (कुछ करने का) Dare *Dare to fight with a stronger person

साहसी Courageous

साहसी (निडर) Bold, Brave

साहसी (परिणाम की परवाह नहीं करने वाला) Daredevil

साहसिक कार्य (खतरे से भरा हुआ) Adventure

साहसिक कार्य करना Venture

साहसिक यात्रा Odyssey

साहित्यकार Litterateur

साहित्यकार की महान कृति Opus, Magnum opus

साहित्यिक Literary

स्रावित होना Secrete

सिंहासन Throne

सिकुड़न (आकार में) Contraction *Can't is a contraction of cannot

सिकुड़न (त्वचा की झुर्री पड़ने पर) Wrinkle

सिकुड़न (धुलाई के कारण कपड़े में) Shrinkage

सिकुड़ना Contract *His eyebrows contracted in surprise

सिकुड़ना (धोने से कपड़े का) Shrink

सिकुड़ना (फलों/फूलों की ताजगी समाप्त होने से) Wither *Grapes withered

सिकुड़ना (पत्तों का सूख कर) Shrivel

सिकुड़ना (उम्रदार व्यक्ति की त्वचा का) Wizen *Wizened old man

सिकोड़ना Contort *He contorted his lips in disgust

सिक्का Specie, Coin
सिक्का ढालने की टकसाल Mint
सिक्का संबन्धी Numismatic
सिक्के का मुखड़ा, चित्त भाग Obverse side of coin (opp. Reverse side)
सिटकनी Latch
सिट्टी-पिट्टी गुम होना Be flustered
सिद्धहस्त (हस्तकला, हाथ से काम करने में कुशल) Dextrous *Dextrous worker
सिद्धांत (व्यक्तिगत आचरण का) Principle *Principle of honesty
सिद्धांत (व्यापक स्तर पर स्वीकृत) Tenet *Tenets of democracy include freedom of speech
सिद्धांत (प्रतिपादित) Doctrine *Dortrine of Freud's theory
सिद्धांत (धर्म, संस्था के विचारों का) Dogma *Political/Religious dogma
सिफारिश करना Recommend
सिर उठाना (शरीर को उचका कर) Rear head *The skycraper rears the above surrounding buildings *The horse reared its head *He reared his head to look across the window *Rebellion rears his head
सिर उठाकर पिछले पैरों पर खड़ा होकर उछलने की मुद्रा में (जानवर का) Salient (horse)
सिर उठाकर पिछले पैरों पर खड़ा (क्रोध की मुद्रा में जानवर) Rampant
सिर कलम करना Decapitate
सिर के केश का झड़ कर ललाट से पीछे खिसकना Recede *His hairline has receded
सिर के पीछे दिव्यचक्र Aura, Halo
सिर चकराना Reel
सिर चकराना (सिर पर चोट, आघात से) Daze, stun
सिर में चक्कर की बिमारी Vertigo
सिर चकराने का एहसास (ऊँचाई से नीचे देखने से) Acrophobia
सिर में चक्कर महसूस करना Feel giddy/giddiness
सिर चकराने वाला Dizzy *Dizzy height of a skyscraper
सिर पर चोट से चक्कर आना Concussion
सिर पर लटकी हुई (घटना, कार्रवाई) Impending *Impending arrest of someone
सिर पर लटका हुआ (खतरा) Hanging overhead
सिर पर लटकी हुई तलवार Democle's sword
सिर से टोपी उतारकर अभिवादन करना Vail
सिर से मारना Butt, Bunt
सिरूआ Gravy
सिलवट Crease
सिलाई का सामान विक्रेता (सूई, धागा, बटन आदि) Haberdasher
सिहरना (ठंड से) Shiver
सिहरना (डर, घृणा, गुदगुदी से) Wince
सिंहासन पर आरूढ़ होना Ascend the throne
सिसकना Sob
सींग Horn
सींग रहित (छाँट कर, काट कर) **जानवर** Pollard
सींचना Irrigate
सीखना Learn
सीखा-सीखा कर किसी बात की आदत (महत्व की) **डालना** Inculcate *Inculcate hygiening habits in kids
सीट पर दोनों तरफ पैर करके बैठना Sit astride, Straddle
सीटी बजाने वाला (कलाकार) Siffleur
सीढ़ी (बाँस, लोहे की बनी हुई) Ladder
सीढ़ी (मकान के ऊपरी मंजिल पर जाने के लिए बनी हुई) Stairs
सीढ़ी का पायदान (Ladder **का)** Rung
सीढ़ी का पायदान (Stairs **का)** Steps
सीढ़ी की रेलिंग Banistrade
सीधा बैठना या खड़ा होना Stand or sit upright
सीधा खड़ा (मुद्रा) Upright
सीधा तना हुआ Erect
सीधे रास्ते पर चलते-चलते अचानक एक तरफ मुड़ना Swerve *Moving car swerved on left side
सीधा-साधा/छल-कपट रहित (व्यक्ति) Naive, Ingenuous
सीधा-साधा व्यक्ति Simpleton, Ingenue
सीधे-सीधे (कुछ करना/किया हुआ) Outright *Outright rejection of the proposal
सीधे-सीधे (मुद्दे पर आना) Forthright *It is not possible to be forthright all the time

सीधे-सीधे (उसी क्षण, बिना देरी किए) Forthwith *The guilty employee was suspended forthwith

सीने से लगाना Hug, Cuddle

सीना तान कर घमंड में चलना Swagger

सीमा (दायरे की) Limit *Limit of tolerance

सीमा (देश की) Territory

सीमा निर्धारण (निर्वाचन क्षेत्र की) Delineation

सीमा निर्धारण (जमीन की, अधिकार या कर्तव्य की) Demarcation

सीमित दायरे में रखना (प्रयास विषयवस्तु, आदि को) Confine *Confine your efforts to completing the assigned task *Confine discussion to the subject matter

सीमित दायरे में रखना (किसी स्थान विशेष के) Intern

सीमित दायरे में रखना (कार्रवाई, choice, मात्रा आदि को) Restrict *Restrict choice and quantity of food

सीमित दायरे में रखना (चारदिवारी के) Immure *Traditional women immure themselves inside the house

सीमित दायरे में रखना (बन्द कोठरी, जेल के) Incarcerate *The criminal was incarcerated in the prison cell *He incarcerated himself in a room

सीमित मात्रा में खर्च/उपयोग करना Stint (on)

सीमित संसाधन में गुजारा करना Eke out *Eke out a living on meagre amount of pension

सीलन/सीलन होना Dampness/Damp

सुअर का खोभार Sty

सुखद Pleasant

सुखद (जीवन के क्षण) Palmy (days)

सुखद (दिन, मौसम) Balmy (childhood, weather)

सुख-सुविधा Amenity

सुख-सुविधा रहित Austere

सुर्ख लाल Ruddy (check)

सुखाड़ Drought

सुखी-सम्पन्न Well off

सुगम (सफलता, कार्य) Facile (victory, etc.)

सुगंध (फूल की विशिष्ट) Fragrance *Fragrance of rose

सुगंध (शराब, अत्तर की विशिष्ट) Bouquet

सुगंध (अनेक प्रकार के फूलों का मिश्रित) Redolence

सुगंध (अगरबत्ती की) Incense

सुगंध (मसाले, पकवान की) Aroma

सुझाव देना Suggest

सुड़कना (भोज्य) Slurp *Slurp milk

सुड़कना (पेय) Sip *Sip tea

सुड़कना (नाक से हवा, गंध लेने के लिए) Sniff *A sniffer dog is pressed into service for the trace of the culprit with the help of smell

सुड़कना (नाक से बहने वाले द्रव्य को - सर्दी लगने पर, या रोते समय) Sniffle, Snuffle

सुड़कना (नाक से तंबाकू चूर्ण) Snuff

सुदूर Remote *A remote village

सुदृढ़ करना Fortify *Fortify a diet with vitamins

सुधार Improvement

सुधारक Reformer

सुधार करना (अवस्था में) Improve *Improve health

सुधार करना (गलती) Correct *Corrected his pronunciation

सुधार करना (जूते, चप्पल के टूटे भाग को सिलाई करके) Cobble

सुधार करना (मशीन में गड़बड़ी को हटा कर) Rectify *Rectify defunct machine

सुधार करना (खराब स्थिति में) Meliorate, Ameliorate

सुधार करना (टूटे-फूटे, क्षतिग्रस्त को) Repair *Repair old buildings in order to renovate it

सुधार करना (कटे-फटे कपड़े की सिलाई से) Mend *Mend the torn clothes

सुधार करना (असंतोषजनक अवस्था में बदलाव से) Reform *Reform the society by abolishing the evil practices

सुधार करना (संशोधन करके) Amend

सुधार करना (लेख में गलती संशोधित करके) Emend

सुधार करना (मन से भ्रम, गलत धारणा को हटा कर) Disabuse *Disabuse someone's misplaced notion *Disabuse someone's illusions

सुधारगृह Reformatory

सुधारने लायक (असंतोषजनक आदत) Corrigible (opp. Incorrigible) *Corrigible bad habits

सुधारने लायक (क्षतिग्रस्त अवस्था) Reparable (opp. Irreparable)

सुधारवादी नीति (शासन में) Perestroika

सुन्दर हस्त-लेखन कला Calligraphy

सुन्दरता का प्रशंसक Aesthete

सुन्दर दिखने से संबन्धित Aesthetic

सुन्दरता बढ़ाने से संबन्धित (कदम, काम) Cosmetic

सुनना (कान में आला लगा कर) Auscultate

सुनने की विलक्षण शक्ति Clairsonance

सुनने में कर्णकटु Blatant *Blatant lie/noise

सूनसान Lonely, Desolate

सुनाई देने से संबन्धित Aural *Aural problem

सुनाई देने लायक Audible *His voice was not audible

सुनिश्चित करना (प्राप्ति, कार्रवाई) Ensure *Ensure success

सुन्न करना (अंग को) Benumb Numb *Extreme cold benumbed his limbs

सुनी-सुनाई बात Hearsay *Do not believe on hearsay

सुपुर्द करना (देखरेख के लिए) Entrust

सुप्रसिद्ध Renowned

सुयोग Good chance

सुयोग्य Eligible, Worthy

सुरंग Tunnel

सुरक्षा (बीमारी आदि से, आक्रमण से बचाव करने वाला) Protection

सुरक्षा (शारीरिक हानि से) Safety

सुरक्षा (खतरे से बचाव के लिए) Security *Assets are a security from bad times

सुरक्षा कवच Armour

सुरक्षा घेरा Cordon

सुरक्षा दल (साथ चलने वाला) Escort

सुरक्षा प्रहरी (क्षेत्र में घूमने वाला) Patrol *Patrolling party of policemen makes rounds of the assigned area

सुरक्षित Secured

सुरक्षित रखना (हानि से) Safeguard *Safegaurd one's interest

सुरक्षित रखना (विलुप्त होने से) Preserve *Preserve national heritage

सुरक्षित स्थान (खतरे से बचाने वाला) Haven

सुरक्षित स्थान में शरण लेना Ensconce

सुराख Hole *Made a hole in the wall

सुराख (सतह पर गड्ढानुमा) Cavity *Cavity in tooth

सुराग Clue

सुरीला Melodious

सुरूचिपूर्ण भोजन Delicacy

सुलगना (राख के बीच में बची आग का) Smoulder

सुलगाना (आग) Kindle

सुलह Reconciliation (see समझौता)

सुलझाना (समस्या) Resolve

सुलझाना (गांठ) Disentangle

सुविधा (काम करने की) Facility *Good transportation facility for commuting

सुविधा (आराम देने की) Convenience

सुविधा का अभाव Inconvenience

सुविधाजनक Convenient

सुविधा देना/सुविधाजनक बनाना Facilitate

सुशील Suave

सुशोभित (सजावट से) Adorned

सुसंस्कृत Cultured

सुसज्जित (पंडाल, स्टेज, आदि) Decorated

सुसज्जित (घर) Furnished

सुसज्जित (हथियार से लैस) Equipped

सुसुप्तावस्था (निष्क्रिय होकर) Dormancy *Dormocy period of a volcano

सुसुप्तावस्था (जाड़े के मौसम में ठंडा खून वाले जन्तु की) Hibernation

सुसुप्तावस्था (गर्मी के मौसम में) Aestivation

सुस्त (आलस से) Lazy

सुस्त (काम करने में) Sluggish *Sluggish movement

सुस्त (स्वभाव से) Indolent, Slothful

सुस्त (उत्साह की कमी से) Lethargic

सुस्त (थकान से/बीमारी से) Languid

सुस्त अनुभव कराने वाला (मदहोश करने वाला शारीरिक आनन्द में) Languorous *Languorous fragrance/scent/soft touch
सुस्ताना Relax
सुस्ताना (हार कर, लाचार होकर) Cool one's heels *The criminal is cooling his heels in prison
सुस्ताना (सांस फूलने पर) Catch one's breath
सुस्ती (आनन्ददायक मदहोश करने वाला एहसास से) Languor
सुहागिन Covert
सुहागिन (पति से अलग रहने वाली) Grass widow
सूँघने की शक्ति Olfaction
सूँघने से संबन्धित Olfactory (power)
सूँघने की शक्ति का ह्रास Anosmia
सूंघने की असाधारण क्षमता Hyperosmia
सूँड (हाथी की) Trunk
सूँड जैसे जन्तु की लंबी नाक Proboscis
सूई के जरिए शरीर में देने वाली दवा Parenteral
सूई रखने की पेटी Etui
सूई में धागा डालना Reeve
सूक्ष्म (आकार में) Minuscule *A minuscule photograph
सूक्ष्म (मात्रा, आदि) Minute *A minute difference
सूक्ष्म विवरण Minutiae *Give minutiae of each case
सूक्ष्म अन्तर (दो वस्तुओं में) Shade difference *There is a shade difference between them or their colours
सूक्ष्म अन्तर (शब्दों के अर्थों का) Nuance *Nuances of meanings of synonymous words are difficult to grasp
सूक्ष्म आभासित (प्रभाव) Subliminal *Subliminal effect of advertisements on people's mind
सूक्ष्म आभासित (अर्थ समझने में) Subtle *Subtle difference *A subtle smile on his face
सूख कर कठोर होना Indurate *The dough indurates when left unused
सूख कर काँटा होना (गम में) Pine
सूख कर काँटा होना (तकलीफ, बिमारी से) Emaciate
सूखे पत्तों को दबाने से टूटने की आवाज Rustle
सूखकर टेढ़ा होना (लकड़ी की तख्ती का) Warp
सूचना Information
सूचना (गुप्त रूप से इकट्ठा किया हुआ) Intelligence *Secret agency collects intelligence about the terrorists' activities
सूचना (किसी के बारे में अन्य स्रोत से मिली हुई) Feedback *Feedback about his activities was not favourable
सूचना देना Inform
सूचना देना (अप्रत्यक्ष रूप से, इशारे से, घुमा-फिरा कर) Intimate *Intimate about what one wants to do
सूचना पुस्तिका (संस्था के क्रिया-कलाप की) Brochure *Brochure of a company
सूचना पुस्तिका (मशीन के रख-रखाव की) Manual
सूचना पुस्तिका (शिक्षण संस्था में उपलब्ध कोर्स की) Prospectus
सूचित Informed
सूचित करने वाला पत्र/विज्ञप्ति (कार्यालय के कर्मचारियों को) Circular
सूचित करने वाला पत्र (पोप द्वारा पादरियों को) Encyclical
सूची (व्यक्तियों, वस्तुओं की) List
सूची (उपलब्ध पुस्तकों के पुस्तकालय में) Catalogue *Catalogue of the library books
सूची (होटल में उपलब्ध खाद्य वस्तुओं की) Menu
सूची (गोदाम में रखे सामानों की) Inventory
सूची (ग्राहक को भेजे हुए सामानों की, कीमत के साथ) Invoice
सूची (उपलब्ध सेवा की कीमत की) Tariff
सूजन Swelling, Oedema
सूजना Swell
सूझ-बूझ Wisdom
सूदखोर (गैर-वाजिब दर से सूद लेने वाला) Usurer
सूदखोरी (अत्यधिक दर से सूद पर उधार देकर) Usury
सूदखोरी Money lending
सूनसान Desolate
सूली पर चढ़ाना Hang on gallows
सूर्य संबन्धित Solar

सूर्योदय Dawn
सूर्यास्त Dusk
सूर्यास्त के बाद रात होने के ठीक पहले का हल्का प्रकाश Twilight
सेंकना (गरम पानी से/धूप में) Foment/Bask
सेंध मारकर चोरी करना/चोरी करने वाला Burgle/Burglar
सेवा-टहल करना (बिमार, लाचार वृद्ध को) Tend, Coddle
सेवानिवृत्त होना (निर्धारित आयु पर) Superannuate
सेवा-सत्कार करने वाला Host
सेवा-सत्कार कराने वाला/अतिथि Guest
सेवा-सुश्रुषा करना Coddle
सेवा में समर्पित Subservient
सैद्धान्तिक नारा (व्यक्ति, संस्था का) Motto
सैनिक Soldier
सैनिक टुकड़ी Contingent
सैनिक समूह Troop
सैनिक छावनी Cantonment
सैनिक दुर्ग (सुरक्षा घेरा युक्त) Garrison
सैनिक गृह (छावनी के अन्दर) Barrack
सैनिक गृह (छावनी से दूर किसी नगर में) Billet
सैनिक तख्ता पलट Coup d' etat
सैनिक द्वारा अपने अफसर की गोली मारकर हत्या करना Frag
सैनिक विद्रोह Mutiny
सैनिक शासक वर्ग Junta
सैलानी Tourist
सोंटा Truncheon
सोकर उठना Arise, Wake up
सोखना Absorb, Soak
सोचने की क्षमता का ह्रास करना Stupefy
सोचने का स्वाभाविक ढंग (किसी व्यक्ति का) Trait
सोच विचार करना (किसी विषय पर) Ponder
सोच-समझ कर खर्च करना Thrift
सोच-समझ कर खर्च करने वाला Thrifty
सोच-समझ कर खर्च नहीं करने वाला Wastrel, spendthrift
सोच-समझ कर किया गया (निर्णय, व्यवहार) Discreet
सोची-समझी (कार्रवाई) Deliberate
सौंपना Deliver
सौगन्ध Oath
सौगन्ध देना Swear
सौजन्य (सहायता करने वाली संस्था का) Auspices *A meeting was organised under the auspices of a government department
सौजन्य (व्यक्गित सहायता का) Courtesy
सौजन्य (परस्पर देशों के बीच) Comity
सौदा/सौदा करना Deal
सौभाग्य Fortune
सौ वर्षीय व्यक्ति Centenarian
सौभाग्यशाली Fortunate
सौरमंडल Solar system
सौवां साल (शताब्दी) Centenary
सौहार्द (दोस्ताना संबन्ध में) Amity
सौहार्द (खुशनुमा भाईचारे के माहौल में) Bon hommie
सौहार्दपूर्ण (दिल की गहराई से उत्पन्न) Cordial *Cordial relationship *Cordial reception to the guests
सौहार्दपूर्ण (माहौल) Congenial *The talks were held in a congenial atmosphere
स्तनधारी (जीव) Mammal
स्तंभ Pillar
स्तंभ (लेख, अखबार में) Column
स्तंभकार (अखबार का) Columnist
स्तंभ श्रृंखला (भवन में) Colonnade
स्तब्ध (अचानक आघात से) Stunned *I was stunned at receiving the bad news
स्तब्ध होना/हतप्रभ होना (आश्चर्य से) Be taken aback *His losing temper suddenly took me aback
स्तर (क्षमता का, गुण का) Calibre *A scholar of high calibre
स्तर (सामाजिक सम्मान का) Status *He enjoyed high social status in his town
स्तर (रहन-सहन का, बात-व्यवहार का) Standard *Standard of one's morality is impeccable
स्तर में गिरावट लाना (गुणवत्ता, शुद्धता में) Debase *Adulteration debases gold's purity
स्तर में गिरावट करना (मान-सम्मान में) Abase *Politicians have abased themselves

स्तर में गिरावट करना (पद में) Degrade *He was degraded to a lower rank in the party hierarchy

स्तुति (ईश्वर की सहायता के लिए) Invocation

स्तुति करना (व्यक्ति की महानता की) Sing paeans

स्त्री जाति से नफरत करने वाला Misogynist

स्थगन (मीटिंग) Adjournment

स्त्रीरोग विशेषज्ञ Gynaecologist

स्थगित करना (मीटिंग) Adjourn

स्थगित करना (संसद सत्र को अनिश्चितकाल के लिए) Adjourn sine die

स्थगित करना (संसद सत्र को) Prorogue

स्थगित रखना (कुछ समय के लिए टाल कर) Keep in abeyance

स्थगित रखना (अगले समय तक के लिए) Postpone

स्थान (शहर का क्षेत्र विशेष) Locality *Densely populated locality of the town

स्थान (कार्य-विशेष का) Location *Good location to build a house

स्थान (किसी काम के लिए चिन्हित या घटना के होने का) Site *This is the sight where a factory will come up *Site of accident

स्थान (फिल्म शूटिंग, विशिष्ट घटना या परिस्थिति से संबन्धित) Locale *The film was shot in a foreign locale *Warm locale in the hills

स्थान बदलना Relocate

स्थानान्तरित करना Transfer, Relocate

स्थानान्तरित करना (देश से बाहर) Deport

स्थानान्तरित करना (कैदी को अन्य देश में जहाँ उस पर मुकदमा चलना हो) Extradite

स्थानीय (रिवाज, व्यवस्था, समस्या आदि) Local *Local customs/problems/mode of transport

स्थानीय (उत्पाद, पैदावार) Indigenous

स्थानीय (वनस्पति, जीव-जन्तु, पेड़-पौधे) Autochthonous

स्थानीय (निवासी) Native

स्थानीय (मूल निवासी, आदिवासी) Aboriginal

स्थानीय (बिमारी) Endemic *Kalazar is endemic disease in this area

स्थानीय (प्रदेश विशेष का) Provincial

स्थानीय उत्पाद Indigene

स्थानीय निवासी (मूल) Aborigine

स्थानीय जीव-जन्तु, पौधा Autochthon

स्थानीय निवासी (जन्म से) Native

स्थानीय लोगों के लिए आकर्षक वस्तु (विदेशी मूल का होने से) Exotic *Exotic dress

स्थानीय लोगों के लिए विचित्र लगने वाला (अन्य जगह का होने के कारण) Outlandish

स्थापना (संस्था आदि की) Establishment/Foundation

स्थापित करना (संस्था आदि) Found, Establish

स्थापित करना (जाँच-पड़ताल) Institute, Set up

स्थापित करना (मशीन आदि का उसके स्थान पर) Install

स्थापित रीति-रिवाज को तोड़ने वाला व्यक्ति Iconoclast

स्थापित व्यवस्था की जड़ खोदना Subvert, Undermine

स्थायित्व Stability

स्थायी Permanent

स्थित/स्थिति Situated/Situation

स्थितप्रज्ञ Stoic

स्थितप्रज्ञ स्थिति Equanimity

स्थिति (बदलते हालात की वर्तमान में) Status

स्थिति (जैसा वर्तमान में है) Status quo *Status quo in the economy

स्थिति (जैसा पूर्व में था) Status quo ante

स्थिति (हालत) Condition *Health condition

स्थिति (घटना विशेष के कारण उत्पन्न) Event *In the event of rain, the meeting will be postponed

स्थिति (दुर्दशा पूर्व) Plight *His plight deserves pity

स्थिति (लाचारी में स्वीकार करने के अलावा कोई उपाय नहीं होने की) Fait accompli

स्थिति में सुधार करना Ameliorate

स्थिति से समझौता करना Reconcile (with)

स्थिर (बिना हिली-डुली अवस्था में, बिना बदलाव के) Steady *Steady ladder *Stand steady

स्थिर (अवस्था में बिना बदलाव के) Stable *Stable economy

स्थिर (बिना परिवर्तन के ठहराव युक्त) Static *Static population of the town over the years

स्थिर (एक स्थान पर रुका हुआ) Stationary *Stationary train *Stationary prices

स्थिरता Stability

स्थिरता भंग करना Destabilize

स्थिरता Stability, Steadiness

स्नातक Graduate

स्नातक कोर्स का दूसरा वर्ष का विद्यार्थी Sophomore

स्नातक होने वाला Graduand

स्नायु रोग का डाक्टर Neurologist

स्नेह/स्नेही Affection/Affectionate

स्नेह करना (प्रिय होने के कारण मन की गहराई से) Adore *He adores his grandchildren

स्नेह करना (पालतू कुत्ते का अपने पालने वाले के पैरों में लोट कर दुम हिला कर) Fawn *His pet fawned on his feet when he came back home

स्नेह करना (माँ द्वारा अपने बच्चे को बहुत अधिक) Dote (on) *The mother dotes on her only child

स्नेहपूर्वक नाक रगड़ना (किसी के शरीर से) Nuzzle

स्पंदन Vibration

स्पष्ट (दिखने वाला) Obvious

स्पष्ट (कहा गया, कथन) Explicit *Explicit order

स्पष्ट (लगने वाला) Apparent *His defeat was apparent

स्पष्ट (नजर में आने वाला) Evident *His anger was evident

स्पष्ट (पहचान में आने वाला) Distinct

स्पष्ट (समझने में) Lucid *Lucid speech/ Explanation

स्पष्ट (आँखों में चुभने वाला) Stark *Stark reality

स्पष्ट (ध्यानाकर्षित करने वाला) Conspicuous *His absence in the meeting was couspicuous to all present there

स्पष्ट (अलग दिखाई देने वाला) Salient *Salient features/traits

स्पष्ट (नजर के सामने खुला हुआ, खुलेआम दिखने वाला) Patent *Patent breach of rules

स्पष्ट उच्चारण Elocution *His elocution is impeccable

स्पष्ट अभिव्यक्ति Articulation *He gave articulation to his thoughts

स्पष्ट दिखाई पड़ने के लिए उचित स्थान Vantage point

स्पष्ट दिखाई पड़ने वाला (अन्य की अपेक्षा ज्यादा) Prominent (colour in a variagated cloth)

स्पष्ट परिलक्षित होना Manifest *Grief is manifest on his face *Hearty laugh manifested his pleasure

स्पष्ट समझ में आने लायक (वक्तव्य) Perspicuous

स्पष्ट समझने वाला (दूसरे की मंशा को) Perspicaceous (person)

स्पष्ट रूप से अनुभूत Palpable *Ubiquitous anxiety is palpable *A palpable lie

स्पष्ट शब्दों में किसी बात को कहना Talk turkey

स्पष्टता Clarity

स्पष्टीकरण Explanation

स्पष्टीकरण मांगना (शिकायत, गलत काम के लिए) Arraign

स्पर्धा Competition

स्पर्श करके महसूस करना Palpate *Palpate the patient's pulse

स्पर्श से महसूस करने लायक Tactile, Tangible

स्फूर्त (तेजी से काम करने वाला) Agile *Agile workman

स्फूर्त (जोश से भरा हुआ) Vibrant *Vibrant city life

स्मरण करना (दिमाग से किसी बात को) Remember *I can't remember the date

स्मरण करना (जीवन की विगत बातों को) Reminisce

स्मरणीय Memorable

स्मारक (व्यक्ति, घटना आदि के यादगार स्वरूप) Memorial *A war memorial *Gandhi memorial

स्मारक (व्यक्ति, घटना की याद में निर्मित) Monument

स्मारक (व्यक्ति की याद में भव्य निर्मित) Mausoleum

स्मारक (असली कब्र के स्थान पर बना हुआ) Tomb

स्मारक (नकली कब्र के स्थान पर बना) Cenotaph

स्वर्ग Heaven
स्वर्ग के समान स्थान Paradise, Eden
स्वर्गीय Late
स्वचालित (मशीन) Automatic
स्वचालित मशीन Automaton
स्वचालित इंजन Automobile
स्वच्छता Cleanliness
स्वच्छन्द Unrestrained
स्वच्छन्दता (संयम रहित मनमानी करने की) Abandon *They indulged in revelry with abandon
स्वजन Kin
स्वतंत्र Free
स्वतंत्रता Freedom
स्वतंत्रता (कुछ करने की) Liberty
स्वतंत्रता (मनमानी करने की) License
स्वतंत्रता (नियंत्रण रहित शासन की) Autonomy
स्वतंत्रता (आर्थिक) Autarky
स्वतंत्रता (गुलामी से, निर्भरता से) Independence
स्वतंत्र रूप से काम करने वाला व्यक्ति (अपने व्यवसाय में) Freelance *He is a freelance journalist
स्वतंत्र अस्तित्व Entity
स्वतः चलने वाली Automatic *Automatic reaction
स्वतः होने वाली (शारीरिक क्रिया) Involuntary *Involuntary cry in pain
स्वतः होने वाली (शारीरिक प्रतिक्रिया) Instinctive
स्वतः होने वाला (एहसास) Intuitive
स्वतः होने वाली (कार्रवाई) Spontaneous *Spontaneous applause greeted him
स्वदेश छोड़ कर विदेश में बसना Emigrate
स्वदेश लौटने (विदेश से) Immigrate
स्वदेशी (वस्तु आदि) Indigenous
स्व-प्रजाति का माँस खाने वाला Cannibal
स्वप्न (भविष्य के बारे में कल्पित) Vision
स्वप्न/दिन में स्वप्न (दिवास्वप्न) Dream/Reverie, Daydream
स्वप्न (डरावना) Nightmare
स्वप्न द्रष्टा (भविष्य में साकार होने वाला) Visionary
स्वभाव Nature
स्वभाव की कमजोरी/कमी Weakness, Folly
स्व महत्ता का भाव Ego
स्व प्रशंसक (व्यक्ति) Egotist
स्वयं को कष्ट देकर आनन्द की अनुभूति करने वाला Sadomasochist
स्वयं को गलत काम करने से रोकना Desist from
स्वयम्भू Self-proclaimed
स्वयं पर मोहित/आत्म मुग्ध Narcissistic
स्वयंसेवक Volunteer
स्वर परीक्षण (गायक का) Audition
स्वलिखित संदेश (प्रशंसको के लिए) Autograph
स्वल्पाहारी Abstemious
स्वशासन Autonomy
स्वशासित Autonomous
स्वसंतुष्ट (संभावित खतरे से अनभिज्ञ होकर अपनी सफलता पर) Complacent
स्व-संतुष्ट (अपनी महत्ता पर) Smug
स्वस्थ Healthy
स्वांग करना (छल करने के लिए) Affect, Feign, Pretend *Affect ignorance
स्वांग करना (मनोभाव की असलियत छिपाने के लिए) Dissemble *Dissemble one's true motive by pretending otherwise
स्वागत करना Welcome
स्वागत-सत्कार Hospitality
स्वाद Taste
स्वाद प्रदान करने वाला (मसाला आदि) Saporific
स्वाद का आनन्द लेना Relish, Savour
स्वाद चखना Taste
स्वादहीन Tasteless, Unsavoury, Insipid, Vapid, Unpalatable
स्वादिष्ट Tasty, Palatable, Savoury
स्वाभाविक आकर्षण Affinity
स्वाभाविक चरित्र (देश, संस्था का) Genius
स्वाभाविक दक्षता Talent
स्वाभाविक मानसिक प्रतिक्रिया Intuition
स्वाभाविक शारीरिक प्रतिक्रिया Instinct
स्वाभाविक मानसिकता सोच Trait *Aggressive trait
स्वाभाविक शारीरिक दशा (बैठने/खड़ा होने की) Posture *Drooping posture of a person

स्वाभाविक चाल Gait
स्वाभाविक झुकाव Flair
स्वाभाविक निष्कर्ष (अन्य निषकर्ष से उपजा हुआ) Corollary
स्वाभाविक पसंद Predilection
स्वाभाविक रुझान Aptitude, Knack
स्वाभाविक रूप से किसी को विद्यमान Inherent
स्वाभिमान Self-esteem/Ego *Hurt someone's ego
स्वामित्व Ownership
स्वायत्त Autonomous
स्वायत्तता Autonomy
स्वार्थ Self-interest
स्वार्थहीन (व्यक्ति) Unselfish
स्वार्थहीन (सेवा) Selfless
स्वार्थहीन (लाभ लेने में) Disinterested
स्वार्थ रहित दूसरों की भलाई चाहने वाला व्यक्ति Altruist
स्वार्थ से प्रेरित काम करने वाला व्यक्ति Egoist (opp. Altruist = **दूसरों के हित से, स्वार्थरहित**)
स्वार्थी Selfish
स्वावलंबी/स्वावलंबन Self-reliant/Self-reliance
स्वास्थ्य Health
स्वास्थ्य को लेकर चिंतित रहने वाला व्यक्ति Valetudinarian
स्वास्थ्यवर्धक (भोजन पदार्थ-शुद्धता से बनाया हुआ) Macrobiotic
स्वास्थ्यवर्धक (मौसम) Salubrious
स्वास्थ्यवर्धक (भोजन, प्रभाव) Wholesome *Wholesome exercise
स्वास्थ्यप्रद (साफ-सफाई युक्त स्थान, आदत) Hygienic
स्वास्थ्यप्रद साफ-सफाई Hygiene
स्वास्थ्य लाभ करना (बीमारी के बाद) Recuperate
स्वाहा करना Annihilate
स्वीकार करना (आधिकारिक कार्रवाई) Sanction *Sanction penal action
स्वीकार करना Accept *Accept someone's plea
स्वीकार करना (अपना दोष) Confess *He confessed his crime
स्वीकार करना (सच्चाई, तथ्य आदि का होना) Acknowledge *Acknowledge someone's claims
स्वीकृति देना (सहमति होने से) Consent *He consented to attend the meeting
स्वीकृति देना (योजना आदि) Approve *Approve plan *Approve policy
स्वेच्छा Volition *Do something on one's own volition
स्वेच्छाचारी Maverick
स्वेच्छापूर्वक Voluntarily *Do something voluntarily
स्वेच्छा से निर्णय लेने का अधिकार Discretion
स्वेच्छा से त्याग करना Renounce
स्वेच्छा के विरुद्ध होने वाला (शारीरिक क्रिया, आदि) Involuntary
स्वैच्छिक Voluntary *Voluntary action
सृजनकर्ता Creator
सृजन करना Create
सृजनात्मक Creative
सृष्टा Creator
सृष्टि Nature

ह

हंकबाज (बयानबाजी करने वाला) Rodomontade
हंकबाज (शेखी बघारने वाला, घमंड में बोलने वाला) Braggart
हंकबाज (अपनी बढ़ाई करने वाला) Egotist
हंकबाज (अपने ज्ञान का ढोल पीटने वाला) Pedant
हंकबाज (अपना महत्व प्रदर्शित करने वाला) Humbug
हंगामा (विरोध में शोर-गुल भरा) Brouhaha
हंगामा (धक्का-मुक्की, अफरा-तफरी युक्त) Commotion
हंगामा (क्रोधित भीड़ का) Furore
हंगामा (भीड़ द्वारा तूफान मचाकर) Tumult
हंगामा (भीड़ द्वारा अफरा-तफरी युक्त) Pandemonium
हंगामा (शोर-गुल भरा) Rumpus
हंगामा (गर्जना, चीख-चिल्लाहटपूर्ण) Uproar
हंगामा करना (जरूरी बात की ओर ध्यान खींचने के लिए) Clamour

हंगामा खड़ा करना (शिकायत करने के लिए) Raise cains (over)

हंगामा खड़ा करने वाला व्यक्ति Rabble rouser

हंगामापूर्ण (भीड़-भाड़) Tumultous

हंगामापूर्ण (ध्यानाकर्षण के लिए) Clamant *Clamant protestors

हंगामा रोकना Quell

हंगामेदार अवयवस्था Mayhem

हंडा (खाना पकाने वाला) Cauldron

हँसना Laugh

हँसना (ठहाका मारकर) Cachinnate

हँसना (उपहासकारी अंदाज में) Fleer

हँसना (कर्कश आवाज में) Guffaw

हँसना (मुँह दबा कर धीमी आवाज में) Chuckle

हँसना (मुँह बंद करके नाक से आवाज करके) Chortle (Chuckle + Snort)

हँसना (खी-खी करके) Giggle

हँसना (दबी आवाज में) Snigger/Titter

हँसमुख Jolly

हँसिया Sickle, Scythe

हँसिया के आकर का Crescent *Crescent moon

हँसी Laughter

हँसी में उड़ाना (किसी गंभीर बात को) Laugh off

हँसी उड़ाना (किसी बात की, व्यक्ति की) Laugh at/Ridicule

हँसी उड़ाना (निरादरपूर्ण) Mock, Deride

हँसी उड़ाना (घटिया टिप्पणी से) Jeer

हँसी उड़ाना (सार्वजनिक रूप से) Pillory

हँसी-मजाकपूर्ण कटाक्ष Persiflage

हँसी-मजाक (मजाकिया शब्दों के प्रयोग से) Pun

हँसी-मजाक (मजाकिया कटाक्ष से) Banter

हँसी-मजाक करने वाला Punster

हँसी-मजाक से लोगों को बहलाने वाला व्यक्ति Wag

हंसोड़ Jocular, Jocund

हक (संपत्ति पर) Title

हक देना Entitle

हकबकाना Be startled

हकलाना (पहले अक्षर को कई बार दोहरा कर) Stammer

हकलाना (पहला शब्द शुरू करने में) Stutter

हकलाने की बिमारी Alalia Syllabaris

हकीकत Fact

हक्का-बक्का (आश्चर्य की स्थिति में) Astounded/Amazed

हक्का-बक्का (भ्रम की स्थिति में) Confounded

हक्का-बक्का (आश्चर्यचकित होकर) Flabbergasted

हक्का-बक्का (सोचने की शक्ति हरने वाला) Stupefied, Perplexed

हड़कंप Panic

हड़ताल Strike

हड़पना (दूसरे के अधिकार को) Usurp

हड़पना (दूसरे का श्रेय) Arrogate

हड़पना (सार्वजनिक धन) Misappropriate

हड़पना (किसी को हटा कर उसकी जगह को) Supplant

हड़बड़ाना Be in a hurry

हचकोला Jolt

हटाना Remove

हटाना (किसी जगह से एक झटके में) Whisk *He whisked everything lying on the table

हटाना (लिखित अंश, नाम को मिटाकर) Delete *Delete someone's name from the list

हटाना (लिखे हुए को मिटा कर) Erase *Erase a wrong entry

हटाना (रिपोर्ट से आपत्तिजनक अंश को) Expunge

हटाना (लेख में संशोधन करने में किसी लिखित अंश को) Expurgate

हट्टा-कट्टा Robust, Sturdy

हट्टा-कट्टा (गठीला) Stout

हट्टा-कट्टा (भारी-भरकम) Burly

हठधर्मिता (घमंड भरी) Gall

हठधर्मिता (जिद्दी) Arrogance

हठधर्मिता (परिणाम की परवाह रहित) Temerity

हठधर्मिता (निडर) Audacity

हठधर्मिता (हिम्मत युक्त) Hardihood

हठधर्मिता (टस से मस नहीं होने वाली) Obstinacy

हठधर्मिता (परिणाम से बे-खबर) Presumptuousness

हठी (अपनी बात पर अड़ने वाला) Arrogant

हठी (टस-से मस नहीं होने वाला) Obstinate

हठी (अपनी राय पर कायम रहने वाला) Obdurate

हठी (हठ नही छोड़ने वाला) Stubborn

हठी (अन्य के विचार से सहमत नहीं होने वाला) Intransient

हठी (अच्छे सुझाव को लात मारने वाला) Recalcitrant
हठी (सुझाव से बेअसर रहने वाला) Refractory
हठी (मना करने पर नहीं मानने वाला) Intractable
हठी (समझाने-बुझाने से नहीं मानने वाला) Froward
हठी (आदेश की अवहेलना करने वाला) Contrary
हठी (जिद्दी एवं बदमिजाज) Churlish (Churl + Surly)
हठी (परिणाम की परवाह नहीं वाला) Presumptuous
हठी (निडर, हिम्मती) Audacious
हड्डी Bone
हड्डी बनने की प्रक्रिया Ossification
हड्डी का बनना Ossify
हड्डी रोग का डॉक्टर Orthopaedic
हड्डी-जोड़ का चटखना/बजना Crepitate
हड्डी-जोड़ को हाथों से बैठाने का इलाज Chiropractic
हड्डी जोड़ को हाथों से बैठा कर इलाज करने वाला Chiropractor
हतप्रभ (भय से) Appalled
हतप्रभ (सदमे से) Aghast
हतप्रभ (आश्चर्य से) be taken aback
हताश करना (खतरा होने से) Dismay *Sudden attack dismayed the troops
हताश करना (उम्मीद पर पानी फेर कर) Frustrate
हताश होना (निराश होकर) Despair, Despond
हताशा की दलदल Slough of despond
हताहत Casualty
हतोत्साहित (जोश खोने वाला) Dejected, Despondent
हतोत्साहित (निराश होकर कुछ भी खतरनाक कदम उठाने वाला) Desperate
हतोत्साहित अपराधी Desparado
हत्या (किसी व्यक्ति की) Murder
हत्या (नेता, मशहूर व्यक्ति की) Assassination
हत्या करना Kill
हत्या करना (मशहूर व्यक्ति की) Assassinate
हत्या करना (सैनिक द्वारा अपने ही अफसर की) Frag
हत्यारा Killer
हत्यारा (मशहूर व्यक्ति का) Assassin
हथकंडा Stratagem
हथकड़ी (एक हाथ की कलाई में बाँधने वाला) Handcuff
हथकड़ी (दोनों हाथों में बाँधने वाली जोड़ी) Manacles
हथियाना Grab
हथियार Weapon
हथौड़ी Hammer
हथौड़ी (जज द्वारा/auctioner द्वारा टेबल पर ठोंकने के लिए) Gavel
हथौड़ा (गदानुमा - एक छोर पर गोलाकार) Mace
हथौड़ा (भारी - किसी खूंटे को गाड़ने के लिए) Maul
हथौड़ा (भारी-भरकम) Sledgehammer
हथौड़ी (वाद्ययंत्र के तारों को बजाने वाला) Mallet
हद (क्षेत्र, आकार की) Limit
हद (फैलाव की) Extent
हमदर्द/हमदर्दी Sympathiser/Sympathy
हमनाम (किसी अन्य व्यक्ति का) Namesake
हमराज Privy *He is privy to my secrets
हमला करना (हानि पहुँचाने के लिए) Attack *Disease-causing bacteria attacked
हमला करना (घायल करने के लिए) Assault
हमला करना (दुश्मन की सीमा में घुस कर) Invade
हमलावर (स्थान, देश पर) Invader
हमलावर (व्यक्ति पर) Assailant
हमेशा के लिए Forever, For good *Leave a place for good
हरकत Bad activities
हरकारा Errand boy
हरण करना (बलात् उठाकर) Abduct
हरण करना (पैसे लेकर छोड़ने के लिए) Kidnap
हराना Defeat
हराना (प्रतियोगिता, खेल में) Beat, Trounce *The football team was trounced by the winning team
हराना (पूरी तरह से) Vanquish *Vanquish enemy
हरा-भरा Verdant
हरियाली Verdure, Greenery
हरेक (हर एक अलग-अलग) Each *Each of them sang a song

हरेक (समूह में से, कड़ी में से एक) Every *Everyone in the office *I remember every word you had said

हरेक प्रकार की बीमारी की दवा Panacea

हर्ज Harm

हर्जाना (हानि पहुँचाने के दण्ड-स्वरूप) Damages

हर्जाना (घाटा पूरा करने के लिए) Compensation

हर्जाना भरना (घाटा पूर्ति के लिए) Compensate

हर्जाना भरना (सहायता, सेवा के एवज में/नुकसान, तकलीफ के लिए) Recompense

हर्जाना भरने की जिम्मेवारी लेना (संभावित नुकसान से होने वाले घाटे की पूर्ति के लिए) Indemnify

हर्ष Pleasure

हर्ष (जीवन्त, आनंददायी) Joy, Delight

हर्षित Pleased

हर्षित (जीवन्त हर्षानुभूति से) Delighted

हर्षोन्माद Ecstasy

हलचल (com + motion) Commotion, Flurry

हल्का करने के लिए जहाज पर से सामान फेंकना Jettison

हल्की नींद Slumber

हल्कापन (पानी के अन्दर डुबाने से) Buoyancy

हल्कापन (हवा मे ऊपर उठने वाला) Levitation

हल्कापन (कम वजन के कारण) Imponderability, Weightlessness

हल्कापन (व्यवहार में गंभीरता रहित) Frivolity *Conduct/suggestion marked with utter frivolity

हल्कापन (किसी बात को गंभीरता से नहीं लेने वाला) Flippancy *Flippant nature of a person *Flippancy in one's attitude

हल्कापन (गंभीर विषय को हवा में उड़ा देने की प्रवृत्ति युक्त) Levity *Treat a serious matter with levity

हल्का पीला रंग (रोशनी का) Amber

हल्के-फुल्के ढंग से व्यक्त विचार (विषय से हट कर) Aside

हल्के-फुल्के ढंग से व्यक्त विचार (बातचीत, बहस के दौरान) Obitur dictum

हल्के-फुल्के ढंग से हठात रूप से व्यक्त (विचार) Off the cuff (remark)

हल्ला-हंगामा Uproar

हवस Greed, Lust

हवाई जहाज रखने का घर Hangar

हवा या द्रव्य अन्दर खींचना Aspirate

हवा की कमी से दम घुटना Asphixiate

हवा का अचानक झोंका Gust

हवा निकालना (किसी के घमंड का- उसे हताश कर के) To take the wind out of someone's sails

हवा निकालना (फुलाई हुई वस्तु से) Deflate *Deflate a cycle's tyre

हवा बाहर निकालना (बन्द जगह से) Vent out *Vent out gas from the tank

हवा में गुलाटी मारना Somersault

हवा में जमीन से ऊपर उठना Levitate

हवा में फैलना (गंध का) Pervade, Diffuse *Scent pervades the air

हवा में फैलना (छिद्रों से होकर) Permeate *Permeate through the porous mass

हवा में तैरते हुए आगे बढ़ना (धुँए का, संगीत के आवाज का, तैरते हुए) Waft *The streak of smoke wafted across the room

हवा में मंडराना Hover *A helicopter hovered over the field

हवा में उठना Levitate

हवा में लहराना (हाथ, कोई वस्तु) Wave *Wave hands to say goodbye

हवा में लहरा कर दिखाना (घमंडपूर्वक) Flaunt *Flaunt one's prized possession

हवा में लहराकर दिखाना (नाटकीय ढंग से) Flourish

हवा में लहरा कर दिखाना (हथियार को) Brandish *Brandish the gun to scare people away

हवा में मंडराना Hover

हवा से नमी सोखकर गीला होना (ठोस वस्तु का) Deliquesce

हवा से गर्मी सोखकर पिघलना Thaw

हवा हो जाना Vanish

हवादार बनाना (जगह को) Ventilate

हवादार (घर, कमरा) Ventilated

हवाला देना Refer, Mention

हवालात Custody

हवाले करना (वस्तु को देखरेख के लिए किसी के) Entrust

हवेली Mansion
हसरत Desire
हर्ष-विषाद से अप्रभावित Stoic
हर्ष-विषाद से हर्षोन्माद Ecstasy
हस्त कुशल Dexterous
हस्तकला Handicraft
हस्तकलाकार Craftsman
हस्तलेख Manuscript
हस्तलिखित Handwritten
हस्तरेखा से भविष्य की जानकारी Chiromancy, Palmistry
हस्तशिल्प Handicraft
हस्तक्षेप करना (प्रक्रिया में बाधा करके) Interfere
हस्तक्षेप करना (अन्य के मामले में) Meddle
हस्तान्तरण (संपत्ति का) Bequest
हस्तान्तरण/हस्तान्तरण करना (विजेता को देश का भाग) Cession/Cede
हस्तान्तरण करना (राजपाट) Demise
हस्तान्तरण करना (संपत्ति का) Bequeath
हस्तान्तरण करना (पद की कुर्सी) Demit
हाँकना (अपने बारे में) Vaunt *Vaunt one's achievements
हाँकना (बड़ी-बड़ी बाते करके) Brag
हाँफना Pant
हाँफने पर सुस्ताना Catch one's breath
हाजिर जवाब (व्यक्ति) quick-witted
हाजिर-जवाब युक्त उद्गार Bon mot
हाजिर-जवाब युक्र टिप्पणी करना Quip
हाजिर-जवाब युक्त मजाक Wisecrack
हाजिर-जवाब युक्त प्रत्युत्तर (बातचीत में) Repartee
हाजिर-जवाब की क्षमता Wit
हाथ की सफाई (गेंदों को हवा में उछाल कर पकड़ने की) Jugglery
हाथ की सफाई (जादूगरी से ठगने में) Sleight of hand
हाथ की सफाई (उंगलियों की करामात दिखा कर) Prestidigitation
हाथ की सफाई (जादू के खेल में) Legerdemain
हाथ की देखभाल Manicure
हाथ घुमा-घुमा कर खोजना (बक्से में, बर्तन में) Delve *He delved his pocket for coins
हाथ घुमा-घुमा कर खोजना (अंधेरे में, बिना देखे) Grope
हाथ घुमा-घुमा कर खोजना (शरीर, पॉकेट के ऊपर - छिपा कर रखी अवैध वस्तु का पता करने के लिए) Frisk
हाथ जैसे पकड़ने का काम करने वाला अंग (सूंड, पूँछ) Prehensile (trunk, tail)
हाथ में उठा कर वजन का अंदाजा लगाना Heft
हाथ में काम लेना (पूरा करने के लिए) Undertake
हाथ में काम लेने वाला Undertaker
हाथ में काम लेने वाला उद्यम Undertaking
हाथ में पकड़ना Grasp, Grab
हाथ में पकड़ना (जोर से) Grip
हाथ में पकड़ना (उलझने में, हाथापायी में) Grapple
हाथ से करने वाला (काम) Manual
हाथ से निकल जाना (समय, मौका) Run out
हाथ से पकड़ कर तोड़ना (डाल से) Pluck
हाथ से दबा कर हड्डी का जोड़ बैठाने वाला Chiropractor
हाथ-पैर फैला कर जमीन पर पसरा हुआ Prostrate
हाथ-पैर का एक साथ सहारा लेकर चढ़ाई चढ़ना Clamber
हाथ-पैर जड़वत होना (ठंड से) Benumb
हाथ-पैर जड़वत होना (डर से) Petrify
हाथ बढ़ाना (किसी को कुछ देने के लिए) Proffer *Proffer help
हाथ बढ़ा कर किसी बिन्दु पर पहुँचना Reach *I could not reach to the top of the almirah
हाथ हिलाकर इशारा करना (अभिव्यक्त करने के लिए) Gesture
हाथ हिलाकर नाटकीय ढंग से अपनी भावना अभिव्यक्त करना Gesticulate
हाथापाई Scuffle
हाथापाई करना Grapple
हाथी Elephant
हाथी (विशालकाय, लंबे बालों एवं ऊपर की ओर मुड़ा हुआ हाथी दाँतों वाला - जो अब विलुप्त है) Mammoth
हाथी (लंबे हाथी-दाँतों वाला) Tusker
हाथी की चिंघाड़ Trumpet
हाथी दाँत (मुँह से बाहर निकला हुआ) Tusk

हाथी दाँत का सफेद भाग Ivory
हादसा Mishap (pening)
हानिकारक (शारीरिक आघात करने वाला) Injurious
हानिकारक (प्रभाव में) Damaging
हानि करना (स्थिति में खराबी पहुँचा कर) Harm *Any wrong medicine will harm you
हानिकारक Harmful
हानिकारक (कुप्रभावी होने से) Deleterious
हानिकारक (प्रतिकूल प्रभाव देने से) Detrimental
हानिकारक (स्वास्थ्य के लिए जहरीला होने से) Noxious
हानिकारक घटना को टालना Avert, Stave (off)
हानिकारक घटना का अप्रिय परिणाम Aftermath
हानिकारक जन्तु से पौधा नष्ट होना Blight
हानिकारक प्रभाव को लाभकारी प्रभाव से कम करना Offset
हानिकारक प्रभाव से असुरक्षित Vulnerable
हानिकारक प्रभाव की संभावना से भरपूर (काम) Fraught (with)
हानिकारक बात को शुरू में ही समाप्त कर देना Nip in the bud
हामी भरना (सिर हिला कर) Nod
हामी भरना (सहमत हो कर) Assent
हाय-तौबा मचाना Lament
हार Defeat
हार (मैदान से पैर उखाड़ने वाली) Rout
हार कर समर्पण करना Surrender
हार कर समर्पण करना (गलत मांग के आगे) Capitulate
हार कर समर्पण करना (अधिक समर्थ व्यक्ति के आगे) Submit
हार मान लेना (प्रतिद्वंद्वी के आगे) Concede defeat
हार कर समर्पण करना (लड़ कर रोक पाने में असमर्थ होकर) Succumb
हार्दिक Cordial
हार्न बजाना Honk
हार्न बजाना (कर्कश आवाज में) Blare
हालत Condition
हाल-फिलहाल of late *They have patched up their differences of late
हालात (जिसमें व्यक्ति अपने को पाता है) Situation
हालात (घटना विशेष से संबन्धित) Circumstance
हावभाव (व्यवहार में परिलक्षित) Demeanour
हावभाव (चेहरे से परिलक्षित) Mien
हावी होना (अधिक संख्या या मात्रा में होने से) Overwhelm *A large number of enemy forces overwhelmed our troops on the post *He was overwhelmed with emotion
हावी होना (अपने प्रभाव से) Dominate *He dominated others with his superior knowledge
हावी होना (धमका कर, डर दिखा कर) Domineer *A bully domineers his peers
हावी होना (तर्क से समझा-बुझा कर) Prevail *Prevail upon the protestors
हावी होना (अपनी ताकत से) Overpower
हावी होने की स्थिति (कमजोर देशों पर मजबूत देश की) Hegemony
हावी होने से रोकना Overcome *He tried to overcome his emotions
हाशिया (लिखित स्थान के किनारे छोड़ा हुआ) Margin
हाशिया (किसी जगह के किनारे पर स्थित) Fringe *Fringe of a tennis court
हासिल करना (अपनी क्षमता से) Attain *The car engine attains speed of 100 kmh in 10 seconds
हासिल करना (प्रयत्न से) Obtain *Obtain permission
हासिल करना (लंबे प्रयत्न से) Acquire *Acquire knowledge/property
हासिल करना (व्यापारिक सौदा) Clinch *Clinch a huge supply order
हासिल करना (जुगाड़ लगा कर) Wangle *Wangle a pass for the cricket match
हासिल करना (लक्ष्य, उद्देश्य) Achieve
हासिल करना (मुफ्त में दूसरे से मांग कर) Scrounge *Scrounge a cigarette from the room-mate
हासिल करना (लाभ के रूप में) Gain *Gain profit *Gain body weight
ह्रास (स्वास्थ्य, स्थिति का बद से बदतर) Deterioration

ह्रास (स्वास्थ्य आदि से गिरावट) Degeneration, Decline

ह्रास (मात्रा में, संख्या में) Decrease

ह्रास (कीमत के स्तर में) Depreciation

ह्रास (नैतिकता का) Depravity

ह्रास (शक्ति, धन, उत्पादनशक्ति में) Impoverishment

ह्रास (पिघलने का, वाष्पीकरण से मात्रा में) Ablation

ह्रास (ठोस वस्तु की सतह का हवा से रगड़कर, जंग लगने से) Erosion

हास्य (घटना) Comic

हास्य अभिनेता Comedian

हास्य अभिनेत्री Comedienne

हास्य नाटक Comedy

हास्य नाटक (व्यवस्था पर कटाक्ष करने वाला) Skit

हास्य नाटक (हास्यास्पद घटनाओं से भरा हुआ) Sitcom

हास्यास्पद नाटक Farce

हास्यास्पद रूप/नकल (साहित्य की) Burlesque, Parody

हास्यास्पद रूप (सच्चाई, तथ्य का) Travesty *A fine of Rs. 100 for a serious crime is travesty of justice

हास्यास्पद कार्य से लोगों को हँसाने वाला Buffoon, Clown, Joker, Harlequin

हास्यास्पद (खिल्ली उड़ाने योग्य) Ridiculous *Ridiculous plan

हास्यास्पद (हंसाने की क्षमता युक्त) Risible

हास्यास्पद (खिल्ली उड़ाने योग्य उटपटाँग होने के कारण) Ludicrous *Ludicrous incident

हास्यास्पद (असामान्य लगने के कारण) Preposterous *Preposterous shape

हास्यास्पद (मनोरंजक होने के कारण) Droll *Droll antics

हाहाकार Lamentation

हिंसक (घटना) Violent

हिंसक (जानवर) Ferocious

हिंसा Violence

हिचकना (किसी भी कारण से) Hesitate *Hesitate to accept any challenge

हिचकना (कठिनाई के कारण आगे बढ़ने से) Baulk/Balk (at) *Balk at going further/making speech at the last moment

हिचकना (आपत्ति के कारण स्वीकार करने से) Demur *Demur at accepting a suggestion

हिचकना (अनिश्चय के कारण निर्णय लेने से) Dither

हिचकना (अनैतिक कार्य करने से) Scruple *Scruple at doing something unethical

हिचकिचाहट (किसी वजह से) Hesitation

हिचकिचाहट (आत्मविश्वास की कमी के कारण) Diffidence

हिचकिचाहट (गलत काम करने से मन में कचोट के कारण) Qualm *He has no qualm about lying

हिचकिचाहट (कार्य के अनैतिक होने के कारण) Scruple *He has no scruple about cheating

हिचकिचाहट युक्त (प्रयास, निर्णय, आदि अनिश्चय की स्थिति होने के कारण) Tentative *Make a tentative approach to solve any problem

हिचकिचाहट युक्त (प्रयास-आत्मविश्वास की कमी के कारण) Diffident

हिचकी Hiccup

हिचकोला (झटका लगने से) Jolt *Passangers felt a rude jolt when the train suddenly stopped

हिचकोला (तूफान में नाव की तरह) Lurch

हिचकोला (जोर-जोर से ऊपर उछल कर) Toss

हिजड़ा Eunuch

हित Interest

हितकारी (प्रभाव) Beneficial *Beneficial effect

हितकारी (कार्य) Beneficent

हितकारी (व्यक्ति) Benefactor

हितकारी कार्य का लाभ पाने वाला व्यक्ति Beneficiary

हितकारी प्रभाव देने वाला Salutary *Salutary advice/punishment

हितैषी Benevolent, Well-wisher

हिदायत Warning

हिदायत देना (कार्य पालन की, आदेश पालन की) Enjoin

हिदायत देना (कुछ नहीं करने की चेतावनी) Proscribe *He proscribed children from entering his studyroom
हिंडोला (बच्चे का) Cradle
हिफाजत Protection
हिनहिनाना Neigh
हिमपात Snowfall
हिमशंकु Icicle
हिमस्खलन Avalanche
हिमाकत करने से रोकना (कठिनाई दिखा कर) Daunt
हिमाकत करने से रोकना (परिणाम का भय दिखाकर) Deter *Ferocious dogs at the gate deter the trespassers
हिमाकत करने से रोकना (समझा-बुझा कर) Dissuade
हिमायत Support
हिम्मत (कठिनाई या खतरे से लड़ने की) Courage
हिम्मत (दृढ़-निश्चय युक्त) Guts *Mountain climbing requires guts
हिम्मत (अपराजेय) Grit
हिम्मत (उपयुक्त क्षमता होने के कारण) Gumption *He has the gumption to take up challenge
हिम्मत (कष्ट झेलने की) Fortitude *Fortitude to endure privation
हिम्मत (शूरता, दिलेरी, साहस) Mettle *He proved his mettle
हिम्मत चूकना Unnerve *Tough task unnerved him
हिम्मत चूकना (शारीरिक क्षमता के ह्रास से) Enervate *Luxurious lifestyle enervates one to labour hard
हिम्मत चूकना Lose nerve
हिम्मत जवाब देना (कठिनाई के कारण कुछ करने से) Daunt
हिम्मत जुटाना Marshal courage
हिम्मत तोड़ना (डर के मारे) Quail *Stern face of the headmaster quailed the students' courage
हिम्मत नहीं हारने वाला Indomitable, Undaunted
हिम्मत हारना (निराशा के कारण) Despond
हिरासत Custody
हिलना (लौ का) Flicker
हिलना (हवा में झंडे जैसा) Flutter
हिलना (दाएँ-बाएँ झूमते हुए) Sway *The Tree branches swayed in the storm
हिलना (पानी की लहर का ऊपर-नीचे) Undulate *Waves on the sea surface undulate
हिलना (टेलीविजन चित्र का) Wiggle
हिलना (चुम्बक का सूई जैसा) Jiggle
हिलना (डर से शरीर का काँपते हुए) Shudder
हिला कर रख देना (दिल को) Rattle
हिलाना Shake
हिलाना (हाँ में सिर की) Nod
हिलाना (जानवर द्वारा पूँछ को) Wag
हिलाना (दवा की शीशी को) Succuss *Succuss the vial before taking the medicine kept in it
हिलाना (आँखों की पलकों को) Bat *He batted his eyelids in surprise
हिलाना (घोल को चम्मच से) Stir
हिलाकर रख देना (आघात द्वारा) Rattle
हिसाब लगाना Estimate
हिसाब बराबर करना (किसी की ज्यादती का) Square up (with), Make even (with)
हिस्सा Portion
हिस्सा (किश्त के रूप में) Tranche (of loan, etc.)
हिस्सा (बँटवारे में मिलने वाला) Share
हिस्सेदार (संपत्ति में) Coparcener
हीन Inferior
हीनता का भाव Inferiority complex
हीन समझना (किसी को) Disparage
हृदय-रोग का डॉक्टर Cardiologist
हृदय विदारक Heart-rending
हृष्ट-पुष्ट (गठीले बदन का) Brawny
हृष्ट-पुष्ट (मजबूत कद-काठी का) Sturdy, Robust
हुँकार Clarion call
हुक्म Order
हुक्म बजाना (be) at beck and call
हुड़दंग Rumpus, Revelry
हुड़दंगी Hoodlum

हुज्जत करना (किसी बात पर आपत्ति जता कर) Cavil
हुज्जत करना (मोल-भाव में के लिए) Haggle
हुनर Skill
हुलिया Description, Identity
हूक/कसक Yearning
हू-ब-हू (उन्हीं शब्दों में) ad verbatim
हेंकड़ी Arrogance
हेंकड़ी निकालना Humble
हेंगा Harrow
हेर-फेर Alteration
हेरा-फेरी करना (हिसाब-किताब में, आँकड़ों में) Manipulate Bungle *The cashier manipulated the accounts in the register
हैरत Amazement
हैरान करना Harass
हैरानी-परेशानी (काम करने में पैदा अड़चनों से) Hassle
हैरान-परेशान करना (सता कर) Persecute
हैरान-परेशान किए जाने का मानसिक भ्रम Paranoia
हैवान Brute
हैसियत Status
होंठ को आगे निकालकर पानी की तेज धार निकालना Spout, Squirt
होंठ बिचकाना (नाराजगी आदि में) Pout
होंठ (आगे निकला हुआ) Pout
होंठों का कांपना Quiver
होड़ (देखा-देखी में नकल करने का) Race, Rat race
होड़ लगाना (एक-दूसरे को पछाड़ने की) Vie (for) *Vie for winning a contest
होनहार Talented
होनहार बच्चा Child prodigy
होना Happen
होनी Destiny
होश Sense
होश में आना Come to/Regain senses
होश में होना Be conscious
होश खोना Be unconscious
होशियार Clever
होशियार रहना Beware (of), be cautious (of)
हौंसला Morale
हौदा Saddle
हौज Reservoir
हौवा Bogey *Raise bogey of the terrorists

क्ष

क्षण Moment
क्षण (अत्यंत कम समय) Trice *I will come back in a trice
क्षणभर रुकने वाला (व्यक्ति) Transient *Transient tourists
क्षणभर रुकने वाली (अवस्था) Transitory *Transitory pain
क्षणभंगुर Ephemeral
क्षण-क्षण बदलने वाला (परिस्थिति, आदि) Volatile *Volatile political situation
क्षणिक Momentary
क्षणिक आवेश में In the spur of a moment
क्षणिक निद्रा Catnap
क्षत-विक्षत करना Mangle
क्षति उठाकर अर्जित जीत Pyrric victory
क्षतिग्रस्त करना Damage
क्षतिपूर्ति (see भरपाई, हर्जाना)
क्षतिपूर्ति करना/क्षतिपूर्ति Compensate/ compensation
क्षमता Capability
क्षमा Pardon
क्षमादान (सत्ता द्वारा राजद्रोही को दिया जाने वाला) Amnesty
क्षमायाचना Apology
क्षम्य Pardonable, Venial
क्षम्य अपराध/गलती Peccadilo
क्षम्य अपराध कर्मी Peccant
क्षितिज Horizon
क्षीण Feeble
क्षीण होना (ताकत का धीरे-धीरे) Abate *Intensity of pain abates after taking analgesic

क्षीण करना (कमजोर करके, हानि पहुँचा कर) Impair *Impair health *Impair good relations

क्षुद्र मानसिकता वाला Petty-minded

क्षेत्र विशेष का प्रतिरूप स्वरूप व्यक्ति Icon

क्षेत्रीय/क्षेत्राधिकार Regional/Jurisdiction

त्र

त्रस्त Afflicted

त्रासदी Disaster, Tragedy

त्रिमूर्ति Trinity

त्रिशूल Trident

त्रुटि (अपेक्षित से अन्यथा होने के कारण) Error *Error in spelling

त्रुटि (निर्णय लेने में जानकारी नहीं होने से) Mistake *You make mistakes in solving the maths problems

त्रुटि (आकार में, काम करने में) Defect *Defect in shape *Defect in a machine

त्रुटि (दोषपूर्ण) Fault *The accident occurred due to my fault

त्रुटि (पूर्णता में कमी) Flaw *Flaw in working of a machine *Flaw in a design

त्रुटि Error/Mistake

त्रुटि (गुमराह करने वाली) Fallacy

त्रुटि (मशीन, योजना में) Flaw

त्रैमासिक Quarterly

त्रैमासिक (सत्र, गर्भकाल का) Trimester *First trimester of pregnancy

त्रैवार्षिक Triennial

ज्ञ

ज्ञाता (पहुँचा हुआ) Wizard *Wizard of chemistry

ज्ञान देना (सवाल-जवाब के माध्यम से) Catechize

ज्ञान प्रदान करना Enlighten

ज्ञान प्रदान करने वाली संस्था Academy

ज्ञान प्रदान करने वाला Academician

ज्ञान प्रदान करने संबन्धी Academic

ज्ञान-सिद्ध व्यक्ति (कला का) Exponent

ज्ञान से परिपूर्ण Erudite

ज्ञान क्षमता Faculty

ज्ञान क्षेत्र Domain, Ken

ज्ञापन पत्र Memorandum

ज्ञानी Learned, Savant

ज्ञानी होने का दंभ भरने वाला/ढिंडोरा पीटने वाला Pedant

ज्ञानी होने का ढोंग करने वाला Charlatan

ज्ञापन Memorandum

श्र

शृंखला Chain

श्रद्धांजलि देना Pay one's respects, pay homage

श्रद्धांजलि देने के लिए शव रखना Lay-in-state

श्रद्धा Veneration

श्रद्धालु Devotee

श्रद्धेय/श्रद्धा Revered, Reverend, Respected/ Veneration, Reverence

श्राप Curse

श्राप (धर्मगुरु द्वारा दिया गया) Anathema

श्राप देना Curse, Imprecate, Anathematize

श्रमसाध्य Arduous

श्रेणी Rank

श्रेय देना Credit

श्रेय देने लायक Creditable

श्रेय हड़पना (किसी अन्य व्यक्ति का) Arrogate

श्रेष्ठ Excellent

श्रेष्ठ साहित्य/कला Classics

श्रेष्ठ संग्रह (साहित्य, आदि का) Anthology

श्रोतागण Audience

श्रोतागृह Auditorium

□□□

DICTIONARIES

9788178063089 • 500/-

9788178062167 • 500/-

9788178062426 • 250/-

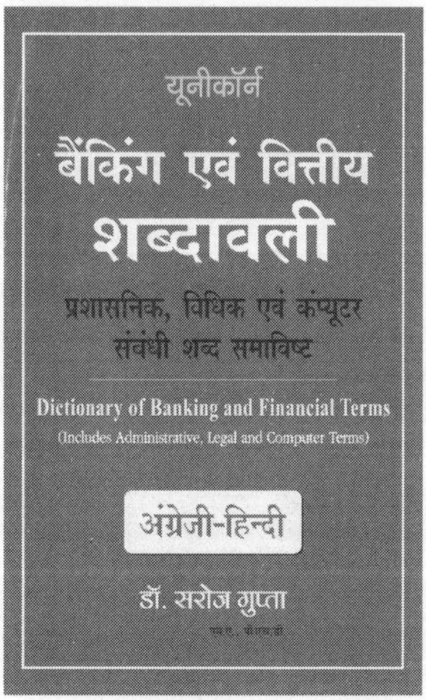

9788178063515 • 250/-